高等学校人工智能通识教育系列教材

U0771993

信息技术基础与生成式人工智能

主　编　卢　宇

副主编　李　斌　王明芬　张　洁

中国教育出版传媒集团

高等教育出版社·北京

内容提要

　　本书将信息技术与新兴的人工智能技术紧密结合,主要介绍信息技术基础知识和应用技能,生成式人工智能(AIGC)的基本原理及其在多个领域的应用实践,旨在为读者提供一个全面且实用的学习框架,帮助读者快速掌握信息技术与 AIGC 的融合应用。

　　全书共 6 章,主要内容包括:信息技术基础与 AIGC、WPS Office、AIGC+ 智能办公、AIGC+ 写作、AIGC+ 多媒体、AIGC+ 编程等。通过对本书的学习,读者可以全面掌握信息技术与 AIGC 的融合应用,提升在智能办公、写作、多媒体创作和编程等领域的实践能力。

　　本书可作为高等学校面向人工智能时代信息技术基础类课程的教材,也可以作为对 AIGC 技术感兴趣的读者的自学参考书。

图书在版编目（CIP）数据

　　信息技术基础与生成式人工智能 / 卢宇主编；李斌,王明芬,张洁副主编. -- 北京 : 高等教育出版社,2025. 8. -- (高等学校人工智能通识教育系列教材).

　　ISBN 978-7-04-065448-6

　　Ⅰ. TP3；TP18

　　中国国家版本馆 CIP 数据核字第 2025SP0390 号

Xinxi Jishu Jichu yu Shengchengshi Rengong Zhineng

策划编辑	唐德凯	责任编辑	唐德凯	封面设计	张　志	版式设计	明　艳
责任绘图	马天驰	责任校对	马鑫蕊	责任印制	存　怡		

出版发行	高等教育出版社		网　　址	http://www.hep.edu.cn
社　　址	北京市西城区德外大街4号			http://www.hep.com.cn
邮政编码	100120		网上订购	http://www.hepmall.com.cn
印　　刷	肥城新华印刷有限公司			http://www.hepmall.com
开　　本	787mm×1092mm　1/16			http://www.hepmall.cn
印　　张	21.25			
字　　数	430千字		版　　次	2025 年 8 月第 1 版
购书热线	010-58581118		印　　次	2025 年 8 月第 1 次印刷
咨询电话	400-810-0598		定　　价	43.00 元

前　言

在人类文明的历史长河中，每一次技术革命都深刻重塑着社会的生产方式和人类的生活方式。从蒸汽时代的火车到电力时代的高铁，从计算机的诞生到互联网的普及，信息技术的演进正推动着人类文明向更高维度跃迁。在当今数字化时代，信息技术的飞速发展正在深刻地改变着人们的工作、学习和生活方式。我们正站在一个崭新的历史节点——生成式人工智能（AIGC）的崛起，不仅标志着信息技术发展进入全新阶段，更预示着人类认知边界的突破与重构。AIGC作为信息技术领域的一项前沿技术，正以其强大的内容生成能力和广泛的应用场景，成为推动各行业创新与变革的重要力量。AIGC不仅能够高效地生成文本、图像、音频和视频等多模态内容，还能与传统信息技术深度融合，为用户提供更加智能化、个性化的体验。

本书的编写旨在为读者提供一个全面而系统的视角，深入探索信息技术基础与AIGC的融合与发展。我们希望通过本书，帮助读者从零开始，逐步掌握信息技术的核心知识，并深入了解AIGC技术的原理、应用及其对社会的深远影响。本书主要内容安排如下。

第1章中从信息技术的基础概念入手，详细介绍计算机系统、计算机网络、数据库和多媒体等关键技术，为读者构建了一个信息技术的理论框架。随后，深入探讨了AIGC技术，包括AI技术的原理、AIGC的生成机制及其在不同领域的应用案例。

第2章聚焦于WPS Office这一广受欢迎的国产办公软件，通过详细的教程和实例，展示了如何在实际工作中高效运用WPS文字、表格和演示功能。无论是文档的创建与编辑，数据的处理与分析，还是演示文稿的设计与制作，本书都提供了清晰的操作步骤和实用的技巧，帮助读者提升办公效率和技能水平。

第3～6章则进一步探讨了AIGC技术在不同领域的应用。深入分析了AIGC在智能办公、写作、多媒体和编程中的具体应用场景，包括WPS AI的文档编辑、PPT生成、数据分析、写作选题策划、图像生成、视频制作、代码生成以及Web界面设计等。通过对这些内容的学习，读者可以清晰地看到AIGC如何为各行业带来效率提升和创新机遇。

本书的编写团队由来自不同领域的教师组成，力求为读者呈现一本内容丰富、通俗易懂的教材。本书由卢宇任主编，李斌、王明芬、张洁任副主编。在编写过程中，编写团队的陈昕、陈丛两位老师负责了全书的图片编辑和案例开发工作。我们希望本书能成为读者在信息技术与AIGC领域的学习指南，激发大家对这一领域的学习兴趣和探索欲望。

最后，我们衷心感谢所有支持本书编写和出版的个人和机构。我们期待本书能为读者带来启发和帮助，同时也欢迎读者提出宝贵的意见和建议，以便我们在未来的修订中不断完善。作者邮箱：fzluyu@163.com。

教材编写组

2025年3月

目　录

第3章

第4章

第 1 章

信息技术基础与AIGC

1.1 信息技术基础

1.1.1 信息技术概述

1. 信息技术的发展历程

信息技术发展始于工业革命后。从最初的电报、电话通信，到后来的计算机、互联网，再到如今的人工智能、大数据等技术，信息技术经历了翻天覆地的变化。

早期，信息技术的核心在于通信，人们通过电报、电话等设备进行远距离的信息传递。随着电子技术的不断进步，计算机开始出现并逐渐普及，信息技术进入了全新的发展阶段。计算机的出现不仅提高了数据处理的速度和精度，还推动了信息技术在各个领域的应用。

随后，互联网技术的兴起进一步推动了信息技术的发展。互联网打破了地域和时间的限制，使得信息的传递和共享变得更加便捷。人们可以通过互联网进行在线交流、购物、学习等活动，极大地丰富了人们的生活和工作方式。

近年来，随着人工智能、大数据等技术的快速发展，信息技术又进入了一个新的发展阶段。这些技术不仅提高了信息处理的智能化水平，还为各个领域带来了前所未有的创新和变革。例如，在医疗领域，人工智能技术可以帮助医生进行疾病诊断和治疗方案制定；在金融领域，大数据技术可以帮助金融机构进行风险控制和客户服务优化等。

综上，信息技术的发展历程是一个不断创新和进步的过程。随着技术的不断发展，信息技术将在未来继续发挥重要作用，为人类社会带来更多的便利和发展机遇。

2. 信息技术在现代社会的重要性

信息技术已经渗透到人们生活的方方面面，成为现代社会不可或缺的一部分。在教育领域，信息技术为远程教育、在线教育提供了可能，使得知识的获取和传播不再受地域和时间的限制。学生可以通过互联网接受全球范围内优质的教育资源，提升自己的学习能力和竞争力。同时，信息技术也为教育资源的均衡分配提供了有力支持，有助于缩小城乡、区域之间的教育差距。

在商业领域，信息技术的广泛应用推动了电子商务的蓬勃发展。企业可以通过电子商务平台进行线上销售、营销推广和客户服务，降低运营成本，提高市场竞争力。消费者则可以在家中轻松购物，享受便捷的购物体验和丰富的商品选择。

此外，信息技术还在城市管理、环境保护、公共安全等领域发挥着重要作用。通过运用物联网、云计算等技术手段，可以实现对城市运行状态的实时监测和智能管理，提高城市管理的效率和水平。同时，信息技术也可以为环境保护提供数据支持和决策依据，帮助人们更好地应对环境污染和气候变化等挑战。在公共安全领域，信息技术可以应用于视频监控、人脸识别等方面，提高安全防范能力和应急响应速度。

1.1.2 计算机系统基础

1. 计算机硬件系统

计算机硬件是计算机系统的物质基础，它主要由五大部件组成：输入设备、输出设备、运算器、控制器、存储器。这些部件协同工作，共同完成计算机的各种任务，如图1-1所示。

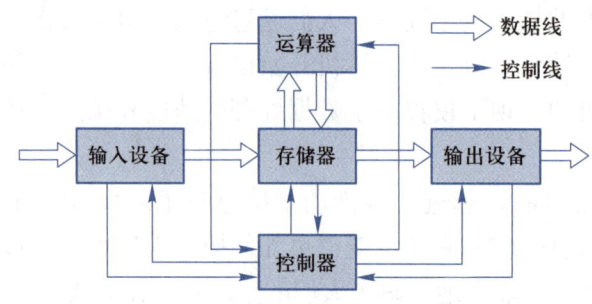

图1-1 计算机硬件系统结构

输入设备是计算机与用户进行交互的重要接口，常见的输入设备包括键盘、鼠标、扫描仪等。它们将用户输入的指令和数据转化为计算机能够识别的形式，然后送入计算机内部进行处理。

输出设备则将计算机处理后的结果呈现给用户，常见的输出设备有显示器、打印机等。显示器可以将计算机中的图像、文字等信息显示出来，而打印机则可以将这些信息打印到纸上，供用户查阅和保存。

运算器负责执行计算机程序中的指令，完成各种算术运算和逻辑运算。

控制器根据程序中的指令负责管理和控制计算机各个部件的工作。

现代计算机都是将运算器和控制器集成在一个芯片中，称为中央处理器（CPU），

CPU的性能直接决定了计算机的运行速度和效率。

存储器则用于存储计算机程序和数据，存储器又分内存和外存。内存是计算机内部的临时存储设备，它读写速度快，但容量相对较小。外存则包括硬盘、U盘等，它们容量大，可以长期保存数据，但读写速度相对较慢。

微型计算机是通过主板将各个部件连接起来，使它们能够相互通信和协同工作。主板上集成了各种电路和接口，为计算机提供了稳定可靠的运行环境。

2. 计算机软件系统

（1）操作系统

操作系统是计算机中最基本、最重要的系统软件之一，它负责管理计算机的硬件和软件资源，为用户提供友好、方便的使用界面。

操作系统的主要功能包括进程管理、存储管理、设备管理、文件管理和用户接口等。进程管理负责协调和分配计算机中各个程序的运行，确保它们能够高效地利用CPU资源。存储管理则负责内存的分配和回收，以及虚拟内存的管理，为程序提供足够的运行空间。设备管理负责控制和管理计算机的外部设备，如打印机、扫描仪等，使它们能够与计算机正常通信和工作。文件管理则负责组织和存储计算机中的文件和目录，提供文件的创建、删除、复制、移动等基本操作。用户接口则是操作系统与用户之间的桥梁，它提供了图形界面、命令行界面等多种交互方式，使用户能够方便地操作和管理计算机。操作系统的功能结构，如图1-2所示。

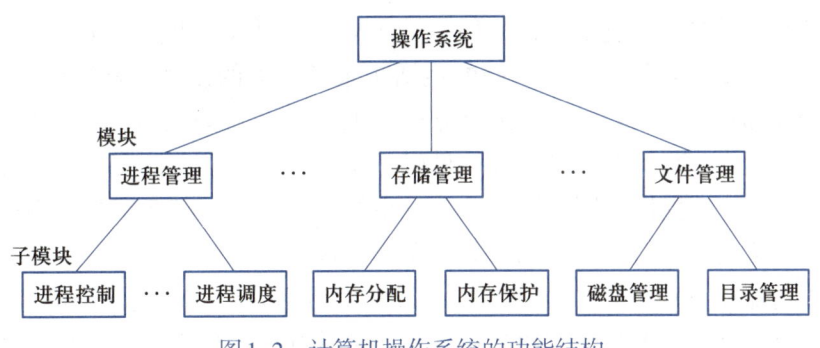

图1-2 计算机操作系统的功能结构

操作系统的种类繁多，按照不同的分类标准可以划分为多种类型。例如，按照用户界面和使用环境的不同，操作系统可以分为桌面操作系统、服务器操作系统、嵌入式操作系统等。桌面操作系统主要面向个人用户，提供图形化的用户界面和丰富的应用程序，如Windows、macOS等。服务器操作系统则主要面向企业和机构，提供高性能、高可靠性和高安全性的服务，如Linux、UNIX等。嵌入式操作系统则主要嵌入在各种智能设备中，如智能手机、智能家电等，为设备提供底层的控制和管理功能。常见的操作系统如图1-3所示。

图1-3　常见的计算机操作系统

（2）计算机应用软件

计算机应用软件，是专门为解决某一类应用问题而设计的软件。这类软件种类繁多，功能各异，涵盖了办公、娱乐、教育、科学计算、工程设计、网络通信等多个领域。例如：办公软件如WPS Office、Microsoft Office等，提供了文字处理、表格制作、幻灯片演示等功能，极大地提高了办公效率；娱乐软件如各类游戏、音乐播放软件等，丰富了人们的业余生活；教育软件则提供了在线学习、模拟考试等功能，有助于提升个人技能水平。

随着移动互联网的快速发展，各种手机端移动应用软件也应运而生，包括社交软件、购物软件、支付软件等，为人们的生活带来了极大的便利。社交软件，如微信、QQ等，为人们提供了便捷的在线交流方式，无论是朋友间的闲聊、工作上的沟通，还是学习上的讨论，都可以通过社交软件轻松实现，它不仅支持文字、语音、视频等多种形式的交流，还提供了朋友圈、动态分享等功能，让人们能够更直观地了解彼此的生活状态，拉近了人与人之间的距离。购物软件，如淘宝、京东、拼多多等，可以使人们随时随地浏览和购买各种商品，从日常生活用品到高端电子产品，应有尽有。这些购物平台不仅提供了丰富的商品选择，还常常推出各种优惠活动和促销策略，让消费者能够以更实惠的价格购买到心仪的商品。同时，购物软件还提供了在线支付、物流跟踪等功能，使得购物过程更加便捷和安全。

计算机应用软件不仅满足了人们在不同场景下的需求，还推动了各个行业的信息化进程。例如：在科学计算领域，专业的科学计算软件可以进行复杂的数学运算和模拟分析，为科研工作者提供了强大的工具支持；在工程设计领域，CAD（计算机辅助设计）软件可以帮助工程师进行三维建模和图纸设计，提高了设计效率和精度；在网络通信领域，即时通信软件和电子邮件软件使人们能够跨越地域进行实时沟通和信息交流。常用的计算机应用软件如图1-4所示。

图1-4　常用的计算机应用软件

随着云计算、大数据等技术的不断发展，越来越多的应用软件开始向云端迁移，形成了云应用软件。云应用软件不仅具备传统应用软件的功能，还具备更高的可扩展性、灵活性和安全性。用户可以通过互联网访问和使用云应用软件，无须在本地安装和维护软件，大大降低了使用成本和时间成本。

总之，计算机应用软件在现代社会中发挥着越来越重要的作用，它们不仅提高了人们的工作效率和生活质量，还推动了社会的信息化和智能化进程。随着技术的不断发展，未来还将涌现出更多创新性的应用软件，为人们的生活和工作带来更多惊喜和便利。

1.1.3　计算机网络技术

1. 计算机网络的基本概念

（1）计算机网络的定义

计算机网络是互连的、自治的计算机的集合。其中，"互连"是指利用通信链路连接相互独立的计算机系统，"自治"是指互连的计算机系统彼此独立，不存在主从或者控制与被控制的关系。从技术范畴来看，计算机网络是计算机技术与通信技术相互融合的产物。

（2）计算机网络的组成

一个计算机网络由资源子网和通信子网构成。

资源子网：负责信息处理，包括提供资源的主机和请求资源的终端，它们都是信息传输的源节点或宿节点，有时也统称为端节点。

通信子网：负责全网中的信息传递，主要由网络节点（也称为转接节点或中间节点）和通信链路组成。网络节点的作用是控制信息的传输和在端节点之间转发信息；通信链路即传输信息的信道，它们可以是电话线、同轴电缆或光电缆，也可以是无线电、卫星或微波信道。

（3）计算机网络的功能

计算机网络的功能主要体现在三个方面：信息交换、资源共享、分布式处理。

信息交换：这是计算机网络最基本的功能，主要完成计算机网络中各个节点之间的通信。用户可以在网上传送电子邮件、发布新闻消息、进行电子商务活动等。

资源共享：网络上的计算机不仅可以使用自身的资源，也可以共享网络上的资源。这些资源包括软、硬件资源，如计算处理能力、大容量磁盘、高速打印机、绘图仪、通信线路、数据库、文件等。

分布式处理：一项复杂的任务可以划分成许多部分，由网络内各计算机分别协作并行完成有关部分，使整个系统的性能大为增强。

（4）计算机网络的分类

计算机网络的分类方式有很多种，可以按地理范围、拓扑结构、传输速率和传输介质等分类。

① 按地理范围分类。

局域网（LAN）：地理范围一般在几百米到 10 km 之内，属于小范围内的连网。

城域网（MAN）：地理范围可从几十千米到上百千米，可覆盖一个城市或地区，是一种中等形式的网络。

广域网（WAN）：地理范围一般在几千千米左右，可以跨越国家，属于大范围连网。

② 按拓扑结构分类。

总线型拓扑结构：一种共享通路的物理结构，信道共享，连接的节点不宜过多，总线自身的故障可以导致系统的崩溃。

星形拓扑结构：以中央节点为中心，将若干外围节点连接成辐射式互连结构，安装简便、结构简单、费用低，便于维护和管理。

环形拓扑结构：将网络节点连接成闭环结构，信号顺着一个方向从一台设备传到另一台设备，安装容易、费用较低、电缆故障容易查找和排除，但当节点发生故障时，整个网络就不能正常工作。

树形拓扑结构：形似一棵"根"朝上的树，与总线型拓扑结构的，主要区别在于总线型拓扑结构无"根"，易于扩展且故障也容易分离处理，树形结构对根的依赖性强。

网状拓扑结构：网络中的节点通过多条链路与不同的节点直接相连接，网络可靠性高，一条或多条链路故障时，网络仍然可以联通，但网络结构复杂、成本高。

混合拓扑结构：由两种以上简单拓扑结构网络混合连接而成的网络，易于扩展，可以根据不同规模和需要选择不同的网络结构，但结构复杂、管理与维护成本高。

③ 按传输速率分类。

传输速率快的称为高速网，传输速率慢的称为低速网。网络的传输速率与网络的带宽有直接关系。

④ 按传输介质分类。

传输介质是指数据传输系统中发送装置和接收装置间的物理媒体，按其物理形态可以划分为有线和无线两大类。

（5）计算机网络协议及网络模型

网络协议：在计算机网络中一系列的通信规则称为网络协议，如数据的格式、以什么样的控制信号联络、具体传送方式，发送方怎样保证数据的完整性、正确性，接收方如何应答等。

网络互连模型：为了解决不同网络系统中网络协议不一致给网络连接和网际之间节点的通信造成的不便，国际标准化组织ISO推出了"开放系统互连参考模型"即OSI-RM。

计算机网络的基本概念涉及定义、组成、功能、分类以及网络协议和网络模型等多个方面。这些概念是理解和构建计算机网络的基础。

2. 因特网（Internet）的基础知识

（1）因特网的定义与起源

因特网是一个全球性的计算机网络，由许多小的网络（子网）互连而成，每个子网中连接着若干台计算机（主机）。它以相互交流信息资源为目的，基于一些共同的协议，如TCP/IP协议簇，并通过各种连网设备和通信线路互连而成。因特网起源于1969年的美国，现已发展成为连接全球数十亿台计算设备的超级网络。

（2）因特网的组成与结构

硬件系统：包括计算机设备（如服务器、客户机）和通信网络设备（如交换机、路由器、通信线路等）。这些设备共同构成了因特网的基础设施，支持着数据的传输和处理。

软件系统：包括网络操作系统、网络协议软件等。这些软件为网络中的计算机提供通信和控制功能，确保数据能够准确、高效地传输。

网络信息：指在计算机网络上存储和传输的信息，包括文本、图像、音频、视频等多种形式的数据。

因特网的结构通常分为底层网、中间层网和主干网三个层次。底层网为大学校园网或企业网，中间层网为地区网络和商用网络，最高层为主干网，一般由国家或大型公司投资组建。

（3）因特网的功能与应用

电子邮件（E-mail）：目前使用最广泛的系统之一，允许用户通过因特网发送和接收信件。

文件传输（FTP）：允许用户将文件从一台计算机传输到另一台计算机上，是Internet中最早的服务功能之一。

远程登录（Telnet）：为用户提供一种登录到Internet其他计算机中的途径，方便用户远程访问和使用其他计算机的资源。

万维网（World Wide Web，WWW）：一个集文本、声音、图像、视频等多媒体信息于一身的全球信息资源网络，是Internet的重要组成部分。用户可以通过浏览器访问和浏览Web页面上的信息。

新闻组和电子公告牌（Usenet/BBS）：为用户提供讨论和交流的平台，用户可以在这里发布和查看各种专题讨论和留言。

（4）因特网的特点与优势

全球性：因特网连接着全球的计算机和设备，使得信息能够跨越国界进行传输和共享。

交互性：因特网提供了多种交互方式，如电子邮件、在线聊天等，使得用户能够方便地与他人进行沟通和交流。

资源共享：因特网使得用户能够方便地访问和共享各种资源，如软件、数据库、文件等。

开放性：因特网是一个开放的网络，任何符合标准的设备都可以接入并与其他设备进行通信。

（5）因特网的安全与隐私

随着因特网的发展，网络安全和隐私保护问题也日益突出。用户在使用因特网时需要注意保护自己的个人信息和隐私，避免泄露给不法分子。同时，也需要采取一些安全措施来防范网络攻击和病毒等威胁。

因特网是一个全球性的计算机网络，具有多种功能和广泛的应用。在享受因特网带来的便利的同时，我们也需要关注其安全和隐私问题，并采取相应的措施来保护自己的信息安全。

3. 网络安全与防护

网络安全是指网络系统的硬件、软件及其系统中的数据受到保护，不因偶然的或者恶意的原因而遭受到破坏、更改、泄露，确保系统连续可靠正常地运行，网络服务不中断。随着云计算、物联网、大数据、5G等新兴技术的兴起，以及经济全球化的发展，网络安全问题日益严重，数据安全、隐私保护等问题越来越被重视。以下是对网络安全与防护的详细分析。

（1）网络安全风险种类及影响

网络安全风险种类繁多，且对个人、企业和国家都构成了严重威胁。以下是一些主要的风险种类及其影响。

① 网络诈骗：随着互联网技术的发展，网络诈骗逐渐呈现专业化、规模化、智能化的特点。诈骗团伙通过伪造网站、发送虚假信息等手段，诱骗用户泄露个人信息或进行资金转账，给用户造成巨大的经济损失。

② 数据泄密：全球重大的数据泄密事件频发，涉及用户敏感的隐私信息被泄露，

影响到用户的隐私安全、金融安全等。对于企业而言，数据泄密可能导致商业机密被窃取，造成严重的经济损失和声誉损害。

③ 网站篡改：攻击者通过入侵网站后台，篡改网站内容或植入恶意代码，以传播虚假信息或进行网络攻击。这种行为不仅损害了网站的声誉，还可能对用户的计算机安全构成威胁。

④ 新型病毒：如勒索病毒等，通过利用系统漏洞或用户的不当操作进行传播，加密用户文件并索要赎金。这类病毒对个人用户和企业都造成了极大的困扰和经济损失。

⑤ DDoS攻击：攻击者通过控制大量的计算机或其他设备，向目标服务器发送海量的请求，导致服务器资源被耗尽，无法正常提供服务。这种攻击方式对企业网站、电商平台等关键业务系统的正常运行构成了严重威胁。

（2）网络安全防护措施

为了有效应对网络安全风险，需要采取一系列防护措施来确保网络和信息系统的安全稳定运行。以下是一些主要的防护措施。

① 加强网络安全意识教育：提高员工和用户的网络安全意识，教育他们识别网络钓鱼、社会工程学等攻击手段，避免单击不明来源的超链接和附件，不在公共场所使用不安全的Wi-Fi网络等。

② 设置强密码并定期更改：个人信息保密，不在网上随意发布敏感信息。同时，对个人和重要文件进行定期备份，以防止数据丢失或损坏。

③ 安装和维护最新的防病毒软件：及时更新病毒库，确保能够识别和清除最新的病毒和恶意软件。同时，定期进行系统安全检查和病毒扫描，及时发现并修复安全漏洞。

④ 使用防火墙和数据加密技术：防火墙可以阻止未经授权的访问和数据传输，而数据加密技术可以确保数据在传输过程中的安全性。此外，还可以使用网络隔离技术（如隔离卡或网络安全隔离网闸）来进一步提高网络的安全性。

⑤ 定期更新操作系统和应用程序：确保安全补丁得到及时应用，以减少系统漏洞被利用的风险。同时，对于不再支持或存在严重安全漏洞的操作系统和应用程序，应及时进行升级或更换。

⑥ 部署安全设备和系统：如Web应用防火墙（WAF）、入侵检测系统（IDS）、入侵防御系统（IPS）等，这些设备和系统可以对网络流量进行实时监控和检测，及时发现并阻止网络攻击。

⑦ 实施访问控制策略：限制不必要的网络连接和服务，对网络资源的访问权限进行严格控制。实施最小权限原则，只授予必要的访问权限，以降低内部人员泄露信息或进行恶意操作的风险。

⑧ 制定应对网络安全事件的预案：定期演练应急响应流程，确保在发生网络安全

事件时能够快速有效地进行处理。同时，遵守相关的法律法规和行业标准，制定并实施网络安全政策。

1.1.4　数据库技术

数据库技术也是一种信息技术，主要用于对数据进行组织、存储、处理和共享。它的主要功能包括数据的存储、查询、更新、管理和安全控制等。通过数据库技术，可以实现对数据的快速查询、高效管理和安全控制，从而满足各种应用场景的需求。

随着大数据时代的到来，数据库技术也在不断创新和发展，以适应日益复杂的数据处理需求。在现代社会中，数据库技术已经广泛应用于企业管理、商务、金融、医疗、教育以及社交网络等多个领域，成为信息化建设的重要支撑。例如：在企业管理系统中，数据库技术可以帮助企业高效地存储和管理大量的业务数据，支持企业的日常运营和决策分析。在电子商务平台中，数据库技术可以保障交易数据的安全性和完整性，提供稳定的在线交易环境。在社交网络平台中，数据库技术可以支持大规模用户数据的存储和检索，实现快速的信息分享和交流。

随着云计算、大数据等技术的不断发展，数据库技术也在不断创新和演进。例如，分布式数据库、云数据库等新型数据库技术的出现，进一步提高了数据处理的效率和可扩展性，为各种应用场景提供了更加灵活和高效的数据解决方案。数据库技术是大数据处理的基础设施之一。在大数据时代，数据库需要具备更高的可扩展性、更强的数据处理能力和更灵活的数据模型来应对多样化海量的数据。首先，数据库可以用于存储和管理大数据，包括结构化数据和非结构化数据等。其次，数据库管理系统提供了高效的数据查询和检索功能，可以快速地获取和分析数据。此外，数据库技术还可以与其他技术（如云计算、人工智能等）结合，实现更高级的数据分析和挖掘功能。

因此，数据库技术与大数据技术相辅相成。数据库技术的发展为大数据的处理提供了更好的基础设施和技术支持，而大数据的涌现也推动了数据库技术的不断创新和发展。随着技术的不断进步和应用场景的不断扩展，大数据和数据库技术将在更多领域得到应用和发展。

1.1.5　多媒体技术

1. 媒体

媒体一词的英文（media）来源于拉丁语"Medius"，意为两者之间，即媒体是传播信息的媒介。它是指人借助用来传递信息与获取信息的工具、渠道、载体、中介物或技术手段，也指传送文字、声音等信息的工具和手段。可以把媒体看作实现信息从信息源传递到受信者（信息接收方）的一切技术手段。其中包括了两层主要含义：一是承载信息的物体，二是信息的表现形式或传播形式。

承载信息的物体是媒体最基本的含义，指的是能够存储、传递信息的实体。例如，书本、报纸、磁带、磁盘、光盘等均属于承载信息的物体。

信息的表现形式，指的是文字、声音、图像、动画等承载信息的形式。这些形式通过不同的媒体渠道进行传播，并广泛地被人们接受和理解。

2. 媒体的分类

媒体的分类可以从不同的角度进行，以下是几种常见的分类方式。

（1）基于信息表现形式的分类

感觉媒体：直接作用于人的感觉器官，使人产生直接感觉的媒体。例如，声音（如音乐、语音）、图像（如照片、视频）、触觉媒体（如盲文）等。

表示媒体：传输感觉媒体的中介媒体，即用于数据交换的编码。例如，图像编码（如JPEG、MPEG）、文本编码（如ASCII码、GB 2312）、声音编码等。

表现媒体：进行信息输入和输出的媒体。例如：输入媒体包括键盘、鼠标、扫描仪、话筒、摄像机等；输出媒体包括显示器、打印机、喇叭、耳机等。

（2）基于存储和传输特性的分类

存储媒体：用于存储表示媒体的物理介质。例如，硬盘、软盘、光盘（如CD-ROM、DVD）、U盘、半导体存储器（如ROM、RAM）等。

传输媒体：用于传输各种信息的物理介质或信息传输系统中在发送器和接收器之间的物理通路。例如，电缆、光缆、电磁波等。

（3）基于传统与现代媒体的分类

传统媒体：电视、广播、报纸、期刊（杂志）、图书、户外媒体（如路牌、灯箱广告）等。

现代媒体（或称为新媒体）：随着科学技术的发展逐渐衍生出来的新型媒体形式。例如，互联网媒体（如网站、博客、社交媒体）、自媒体、电子杂志、数字媒体平台等。

（4）基于运营机构的分类

新闻出版类媒体：如报社、杂志社、出版社等。

广播类媒体：如无线电广播站、网络广播台等。

电影电视类媒体：如电影院、电视台、网络视频平台等。

互联网类媒体：如门户网站、社交媒体平台、视频网站等。

3. 多媒体

多媒体是指将文本、图像、音频、视频、动画等多种信息类型集成在一起，通过计算机技术和数字媒体平台进行展示、传输和交互的综合信息处理形式。它不仅仅是一种信息载体，更是一种融合了多种感官体验的信息传播方式，能够为用户提供更加丰富、生动和直观的信息内容，广泛应用于教育、娱乐、广告、通信等多个领域，极大地推动了信息的多样化和交互性的发展。

多媒体的"多"可以从多个维度进行理解，其中包括了多种信息类型、多种交互方式、多种技术手段、多种应用场景。

多种信息类型：多媒体首先指的是多种类型的信息或媒体形式的结合。这包括但不限于文本、图像、音频、视频、动画等。这些不同类型的媒体形式可以相互补充，共同传达更丰富的信息。例如，在一份多媒体报告中，可能既有文字描述，又有图表展示数据，还有视频片段提供现场情况，使得信息更加生动、直观。

多种交互方式：多媒体还意味着用户可以通过多种方式与信息进行交互。这包括使用键盘、鼠标、触摸屏、语音识别等输入设备，以及通过显示器、扬声器等输出设备接收信息。这种交互性使得多媒体应用更加灵活和个性化，用户可以根据自己的需求和兴趣来获取信息。

多种技术手段：多媒体的实现依赖于多种技术手段，如数字压缩技术、流媒体技术、虚拟现实技术等。这些技术使得多媒体内容能够在不同的设备和网络环境中高效传输和呈现。同时，随着技术的不断发展，多媒体的形式和交互方式也在不断演变和创新。

多种应用场景：多媒体广泛应用于各个领域，如教育、娱乐、广告、医疗等。在教育领域，多媒体可以帮助学生更直观地理解知识；在娱乐领域，多媒体为人们提供了丰富的视听享受；在广告领域，多媒体可以吸引更多的注意力；在医疗领域，多媒体可以用于辅助诊断和治疗等。这种广泛的应用场景使得多媒体成为现代社会不可或缺的一部分。

这些"多"共同构成了多媒体的丰富性和多样性，使得多媒体成为现代社会中一种强大的信息传播和交互工具。

4. 多媒体技术

多媒体技术是一种综合性的信息处理技术，它集成了文本、图像、音频、视频、动画等多种媒体元素，并利用计算机硬件和软件系统进行采集、编辑、存储、传输和展示。这种技术不仅允许用户以多种形式创建和体验信息，还提供了交互式的功能，使用户能够积极参与和控制信息的呈现过程。多媒体技术广泛应用于教育、娱乐、广告、设计、通信、医疗等多个领域，通过增强信息的表现力和交互性，极大地提升了信息传达的效果和用户体验。

多媒体技术的基本特征涵盖了多样性、集成性、交互性、实时性、非线性、数字化、多维性和可控性。

① 多样性：处理对象涵盖多种媒体形式。其中包括文本、图形、图像、音频、视频等。文本——文字、数字、符号等；图形——由点、线、面等几何元素构成的图形，如图表、示意图等；图像——由像素点阵构成的静态画面，如照片、绘画等；音频——声音信息，如音乐、语音、音效等；视频——由一系列连续的图像帧组成的动态画面，如电影、动画等。每种媒体形式都有其独特的表现力和信息承载能力，多媒

体技术可以将它们有机融合，创造出更加丰富、生动的信息表现形式。

②集成性：多媒体技术能够将文字、图像、音频、视频等多种媒体元素有机地融合在一起，形成一个统一、协调的信息整体。这种集成性不仅体现在媒体元素的多样性上，更在于这些元素能够相互补充、相互增强，共同传达出更加丰富、生动的信息。

③交互性：交互性是多媒体技术的关键特征之一，它允许用户与多媒体内容进行双向交流。用户可以根据自己的需求和兴趣，选择性地获取、探索和处理信息，从而实现了更加个性化、灵活的学习和工作方式。

④实时性：多媒体技术要求系统能够在人的感官可接受的时间内完成信息的交互和处理。无论是音频的播放、视频的流畅传输，还是用户与多媒体内容的交互操作，都需要在极短的时间内完成，以确保用户体验的连续性和流畅性。

⑤非线性：多媒体技术的非线性特点改变了人们传统循序性的读写模式。借助超文本链接的方法，多媒体技术可以将内容以一种更灵活、更具变化的方式呈现给用户，使用户可以按照自己的需要、兴趣等来选择信息。

⑥数字化：由于多媒体技术建立在计算机基础上，而计算机只能识别由0和1组成的二进制数据，因此在多媒体系统中，所有的多媒体信息都用数字信号来表示，这使得信息的存储、传输和处理变得更加高效和便捷。

⑦多维性：多媒体技术具有信息处理范围的空间扩展和放大能力，它能将输入的信息进行变换加工，增强输出信息的表现能力，丰富显示效果。这种信息空间的多维性使得信息的表达方式更加多样化和生动化。

⑧可控性：多媒体技术是以计算机为中心，综合处理和控制多媒体信息，并按人的要求以多种媒体形式表现出来。用户可以通过计算机对多媒体信息进行控制，如播放、暂停、快进、后退等，从而实现对信息的灵活管理。

5. 多媒体技术的发展

多媒体技术从1946年发展至今，始终与计算机技术、通信技术、互联网技术等多领域、多学科密切相关，相互促进，共同推动了信息技术的快速发展。多媒体技术的发展进程可大致归纳如下。

（1）1946年，第一台计算机ENIAC问世

1946年2月14日，世界上第一台通用电子计算机ENIAC在美国宾夕法尼亚大学诞生，标志着计算机科学的开端。

（2）20世纪50年代，数字录音系统诞生

1956年，美国贝尔实验室成功开发了世界上第一个数字录音系统，标志着数字音频技术的诞生。

（3）20世纪60年代，超文本概念提出

1965年，纳尔逊（Ted Nelson）提出了超文本（hypertext）的概念，为多媒体技术

的发展奠定了基础。

图形用户界面的雏形：1963年，伊万·萨瑟兰（Ivan Sutherland）的"斯凯变换器"（Sketchpad）成为世界上第一个实现图形用户界面（GUI）的软件。

（4）20世纪70年代，多媒体技术萌芽

20世纪70年代，多媒体技术的一些概念和方法开始出现，如超文本的概念被提出。

数字图像处理技术的发展：美国国家航空航天局（NASA）在20世纪60年代对月球表面图像的数字化处理，推动了数字图像处理技术的发展。

（5）20世纪80年代，个人计算机普及

1981年，IBM推出了第一台个人计算机，为多媒体技术的普及奠定了基础。

图形用户界面的引入：1984年，苹果公司推出了Macintosh计算机，其内置的图形用户界面和多媒体功能使得多媒体技术开始走进千家万户。

1984年，索尼公司推出了世界上第一台消费级CD播放器，CD技术的出现极大地推动了数字音频的普及。

（6）20世纪90年代，万维网诞生

1991年，蒂姆·伯纳斯-李发明了万维网，为互联网的普及提供了平台。

多媒体技术的快速发展：1992年，MPEG-1标准发布，数字视频技术逐渐成熟，多媒体技术的发展进入了一个新的阶段。

多媒体个人计算机标准：1990年，MPC（multimedia personal computer）Level I标准的发布，使得全世界的计算机制造商和软件发行厂商有了共同的遵循标准，带动了CD出版物的流行。

（7）21世纪初，移动计算设备崛起

2007年，苹果公司推出了iPhone，标志着智能手机时代的到来，移动设备成为多媒体内容的重要传播平台。

随着技术的进步，720p和1080p高清视频逐渐普及，用户对视频质量的要求不断提高。

（8）21世纪10年代，虚拟现实（VR）和增强现实（AR）技术发展

21世纪10年代，虚拟现实和增强现实技术开始进入消费市场，为用户提供了全新的沉浸式体验。

2016年，短视频应用如快手和抖音在中国市场迅速崛起，吸引了大量用户和内容创作者，推动了短视频的流行。

（9）21世纪20年代，AI技术在多媒体中的应用

21世纪20年代，人工智能技术开始广泛应用于多媒体内容的创作和编辑，提高了视频创作的效率和创意。

这一时期，元宇宙概念也逐渐兴起，推动了虚拟现实和增强现实技术的发展，为用户提供了更加丰富的虚拟世界体验。

1.2 AIGC基础

AIGC（artificial intelligence generated content，人工智能生成内容，通常译为生成式人工智能），利用深度学习、自然语言处理、计算机视觉等先进技术，模拟人类的创造力和思维方式，自动生成文字、图像、音频、视频等多种类型的内容。AIGC的出现，极大地丰富了内容创作的形式和手段，提高了内容生产的效率和质量。同时AIGC也为各行各业带来了新的发展机遇和挑战，在媒体、广告、教育、娱乐等领域，人们均可借助AIGC技术实现内容的快速生成和个性化定制。AIGC的核心在于利用算法和模型来模拟人类的创造力和思维能力，从而生成具有一定创意和价值的内容。

1.2.1 AI技术

AI（artificial intelligence，人工智能）技术是一门内容广泛而复杂的学科，涵盖了多个关键技术领域，这些技术共同构成了AI系统的核心，使其能够模拟人类的智能行为。

1. AI的发展阶段

AI的发展经历了如下6个核心阶段。

第一阶段（理论探索与图灵检验）：此时期的研究重点在于理论层面的深入探索，以及尝试对人脑行为进行理解和模拟。阿兰·图灵提出了图灵检验的概念，为机器智能设定了评判标准。

第二阶段（人工智能的初步兴盛）：1956年的达特茅斯会议标志着"人工智能"这一术语的诞生。随后的几年里，众多人工智能应用问世，并在一些基本任务中实现了突破。

第三阶段（专家系统兴盛期）：此时期，专家系统变得普及，人工智能得以仿效人类专家做出决策。这一阶段，推动了人工智能技术在特定领域内的广泛应用，为后续的智能化进程奠定了基础。

第四阶段（知识工程与机器学习）：随着人们对人工智能期望的提高，知识工程成为研究热点。通过构建大规模的知识库和推理机，人工智能系统开始具备更强的问题解决能力。同时，机器学习技术的兴起，使得人工智能能够通过数据学习和优化自身性能，进一步提升了其智能水平，尤其是神经网络技术的发展。在这个阶段，IBM的Deep Blue国际象棋系统击败了世界冠军，这是AI发展的重要里程碑。

第五阶段（互联网与大数据驱动的智能）：互联网的普及和大数据技术的兴起，为人工智能提供了丰富的数据源和计算资源。这一时期，人工智能开始广泛应用于搜索引擎、推荐系统、智能客服等领域，极大地改善了人们的生活和工作方式。同时，深度学习等技术的突破，使得人工智能在图像识别、语音识别、自然语言处理等复杂任务上取得了显著进展。

第六阶段（人工智能的普及与预训练模型的融合）：当前，人工智能正逐步渗透到各行各业，从智能制造到智慧城市，从智慧医疗到金融科技，人工智能正在推动传统产业的转型升级，为经济社会发展注入新的活力。同时，随着技术的不断进步和成本的降低，人工智能将逐渐普及到更广泛的用户群体，成为人们日常生活中不可或缺的一部分，伴随预训练模型GPT和Bert的崛起，使得AI在许多自然语言处理任务上的表现已经接近人类的水平。从AI到AIGC的转变，正是AI应用领域的延伸和拓展，是AI技术发展和应用范围扩大的自然结果，是AI技术更深入地融入人类日常生活中的一种体现。

2. AI的技术领域

AI技术主要涉及以下领域。

（1）机器学习

机器学习是AI的核心技术之一，它使计算机能够自动从数据中学习并改进其性能，而无须显式的编程。机器学习算法通过分析数据，发现其中的模式或规律，从而构建出能够预测或决策的模型。这一技术广泛应用于金融领域的信用评估、欺诈检测，以及零售业的商品推荐、库存管理等领域。

（2）深度学习

深度学习是机器学习的一个分支，它利用深度神经网络（DNN）模拟人脑的学习过程，实现更复杂的数据表示和模式识别。深度学习通过多层非线性变换，自动从数据中提取出高层次的抽象特征，这些特征对于复杂模式的识别至关重要。在医疗领域，深度学习算法可以分析医学影像，辅助医生进行疾病诊断；在自然语言处理、计算机视觉等领域，深度学习技术也取得了显著的成果。

（3）自然语言处理（NLP）

NLP是研究人类语言与计算机之间相互作用的技术。它旨在使计算机能够理解、生成和处理人类语言，包括语音识别、文本分类、信息抽取、机器翻译等多个方面。NLP技术的应用非常广泛，如智能客服、智能音箱、机器翻译等。随着深度学习的发展，NLP技术取得了显著的进步，特别是在文本生成、语言理解和对话系统等方面。

（4）计算机视觉技术

计算机视觉技术是指使计算机能够理解和处理图像和视频的技术。它包括图像分类、目标检测、人脸识别、场景理解等多个方面。计算机视觉技术在自动驾驶、安防监控、医疗影像分析等领域发挥着重要作用。通过深度学习，计算机视觉系统能够自动从图像和视频中提取出有用的信息，并据此做出决策或执行任务。

（5）语音识别与合成

语音识别技术是指将人类语音转换为文本的技术，而语音合成技术则是将文本转换为语音的技术。这两种技术在智能助手、智能家居、自动驾驶等领域有着广泛的应用。例如，智能音箱可以通过语音识别技术接收用户的语音指令，并通过语音合成技术将结果反馈给用户，实现智能家居的智能化控制。

（6）专家系统

专家系统是一种模拟人类专家决策过程的智能计算机系统。它利用领域专家的知识和经验，通过推理和判断，为用户提供专业的建议和解决方案。专家系统在医疗诊断、故障诊断、金融投资等领域有着广泛的应用。

（7）机器人技术

机器人技术是AI技术的重要组成部分，它涉及机器人的设计、制造、控制和应用等方面。机器人技术已经在制造业、服务业、医疗等多个领域得到了广泛应用。

（8）推荐系统

推荐系统是一种根据用户的历史行为和偏好，为用户推荐感兴趣的内容或产品的智能系统。推荐系统广泛应用于电商、社交媒体、在线视频等领域。

（9）强化学习

强化学习是一种通过不断试错和优化来学习最佳策略的技术。它模拟了生物体在环境中通过不断尝试和学习来适应和生存的过程。强化学习在自动驾驶、游戏AI等领域有着广泛的应用。

（10）生物识别技术

生物识别技术是一种通过识别个体的生物特征来进行身份验证和识别的技术。它包括指纹识别、面部识别、虹膜识别等多种方式。生物识别技术在安全监控、金融支付、智能手机解锁等领域有着广泛的应用。

（11）知识图谱

知识图谱以图的形式表示实体、概念和它们之间的关系。知识图谱能够整合不同来源的信息，形成一个统一、全面的知识体系。在搜索引擎、智能问答、推荐系统等领域，知识图谱发挥着重要作用。通过知识图谱，系统可以更准确地理解用户的查询意图，提供更精确、丰富的回答和推荐。

（12）智能决策

智能决策是一种利用人工智能技术进行决策制定的方法。它通过分析大量数据、识别模式和趋势，以及应用复杂的算法和模型，来辅助或替代人类进行决策。智能决策在金融投资、供应链管理、医疗诊断等多个领域展现出巨大的潜力。通过智能决策，企业可以更快速地响应市场变化，制定更优化的战略计划，从而提高竞争力和运营效率。

1.2.2　AIGC技术

AI向AIGC的跃迁看似是一个顺理成章的演进过程，但仅凭这些技术变迁本身并不足以让AIGC备受瞩目，真正掀起这场热潮的"催化剂"是ChatGPT的推出，其标志如图1-5所示。

图1-5　Open AI的ChatGPT技术

1. ChatGPT简介

ChatGPT是Chat Generative Pre-training Transformer的缩写，直译为"聊天生成式预训练变换器"。

Chat：指的是聊天或对话。在ChatGPT中，Chat代表了这个模型可以进行自然语言对话的能力。ChatGPT可以被视为一个可以进行自然语言交互的聊天机器人。

G（generator）：代表生成器。在ChatGPT中，这个生成器通常指的是其核心的自然语言生成能力，它可以根据给定的上下文生成新的文本，它的语言回应自然而流畅。

P（pre-training）：通常指预先的知识或预训练数据。在ChatGPT中，P指的是模型在训练之前所学习到的知识，这些知识来自大量的文本数据，使得模型能够理解和生成自然语言文本。

T（transformer）：指的是在ChatGPT模型中使用的技术架构——Transformer。Transformer是一种基于自注意力机制的神经网络架构，它能够捕捉语言中的上下文信息，并生成高质量的自然语言文本。

综上所述，ChatGPT是一个基于Transformer架构的聊天机器人模型，它具有强大的自然语言生成能力，并且通过预先学习大量的文本数据来获取知识和理解语言的能力。

2. 内容创作方式的演进

专业生成内容（PGC）：典型代表是传统媒体机构和专业内容生成人员创建的新闻、电影、音乐和图书等，这些内容具有高质量和专业性，但这些内容的生成通常需要较长的时间和较多的资源。

用户生成内容（UGC）：典型代表是Web 2.0时代背景下，内容创建者从专业人员转为大众，任何人都可以在博客、微博、论坛等平台上发布他们的作品。这大大增加了内容的多样性和创新性，但同时也带来了内容质量和可信度的问题。

人工智能生成内容（AIGC）：它就像一支马良神笔，拥有无尽的创造力。这支笔的特别之处在于，它是由AI打造的。来自AI的理解力、想象力和创作力的加持，它可以根据指定的需求和样式，创作出各种内容，如文章、短篇小说、报告、音乐、图像，甚至是视频。AIGC的出现，就像是打开了一个全新的创作世界，为人们提供了无尽的可能性。

内容生成方式演进如图1-6所示。

图1-6　内容生成方式演进

3. AIGC的应用领域

文字：作为AIGC基础内容之一，能够实现与人类的实时对话，创作出风格多样的文本，包括诗歌、故事，乃至计算机代码等。

图像：基于文字描述或现有图片，AIGC能够生成多种风格的图像。它能够辅助人类进行绘画和设计，激发创意思维。AIGC的图像功能大致可分为图像生成工具和图像编辑工具两大类。

视频：AIGC能够根据文字描述，创作出情节连贯的视频内容，如广告、电影预告、教学视频、音乐视频等。同时，它也可作为视频剪辑的辅助工具。

音频：AIGC能够制作逼真的音效，涵盖语音克隆、语音合成、文本转特定音效、音乐创作、声音效果制作等。

游戏：AIGC能够协助完成游戏的多个方面，包括剧情设计、角色设计、配音与音乐、美术原画、动画制作、3D模型构建、地图编辑等。

虚拟人：AIGC能够创造虚拟明星、虚拟恋人、虚拟助手、虚拟朋友等。这些存在于非物理世界（如图片、视频、直播、一体服务机、VR）中的产物，可具备多重人类特征。

1.3 练 习 题

1. 信息技术发展经历了哪四个主要阶段?

2. 计算机硬件系统由哪五大部件组成?

3. 中央处理器(CPU)的两大核心功能是什么?

4. 计算机的内存和外存的主要区别是什么?

5. 列举计算机操作系统的主要功能。

6. 计算机网络的信息交换、资源共享、分布式处理功能分别指什么?

7. 网络拓扑结构的总线型、星形、环形拓扑结构各有什么优缺点?

8. 数据库技术主要实现对数据的哪些操作?

9. 多媒体技术的"多"体现在哪些方面?

10. 当前AI技术在多媒体领域有哪些创新应用?

11. ChatGPT名称中的"G""P""T"分别是指什么?

12. 对比PGC、UGC和AIGC三种内容生成方式的特点。

13. AIGC在音频和游戏领域分别能生成哪些内容?

第2章

WPS Office

办公软件可以帮助用户创建和编辑文档，对相关的数据资料进行统计和分析，并通过演示文档展示动态效果，在日常的工作和学习中提高效率。办公软件已经成为日常工作所必需的基础软件。目前常用的办公软件有 Microsoft 公司的 Microsoft Office 系列软件和金山公司的 WPS Office 系列办公软件。本章中的所有案例均以 WPS Office 2023 为模板。

2.1　WPS Office 工作界面

从 WPS 官网可以下载 WPS Office 个人版，安装到计算机后，该软件会自动在桌面上添加 "WPS Office" 快捷图标，双击启动后即可进入 WPS Office 工作界面，如图 2-1 所示。

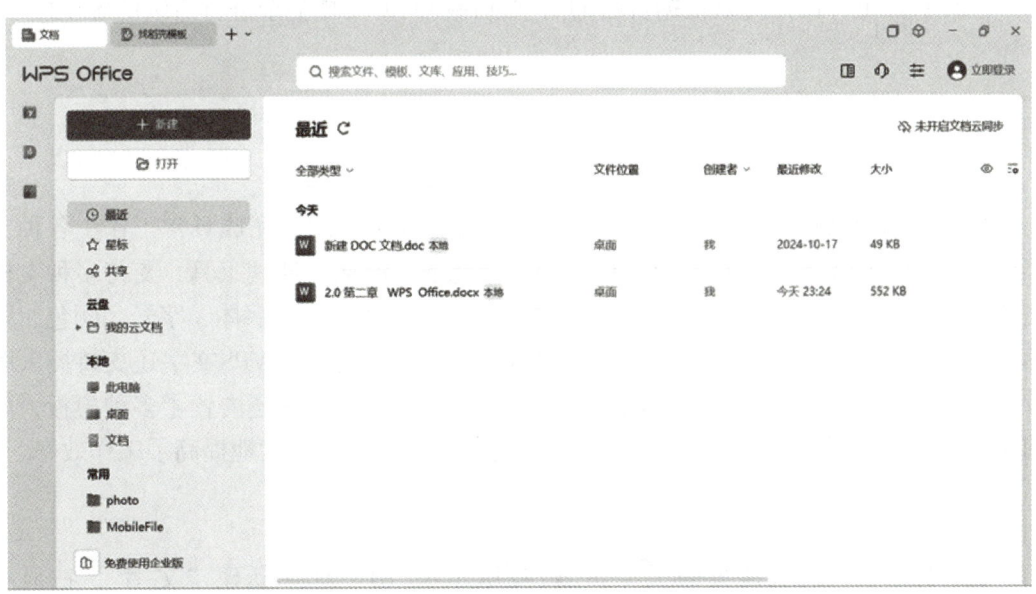

图 2-1　WPS Office 的工作界面

WPS Office提供免费版本和会员版本，单击右上角"立即登录"按钮，可以通过微信、QQ账号等多种扫码方式登录WPS会员，体验包括云文档在内的更多功能。

在WPS Office工作界面中，用户使用鼠标单击"新建"按钮，将弹出文档新建类型的选择窗口，如图2-2所示。

图2-2　WPS Office的新建界面

在该页面上，用户可以根据自己的需求选择不同的文档类型进行后续的各项操作。

2.2　WPS文字

WPS文字是WPS Office的一款文字处理组件，能帮助用户完成日常工作中各种文档的制作，并按要求打印和输出。这是一个功能强大的文字处理工具，支持多种文档格式，如doc、docx、txt等。它提供了丰富的文字编辑功能，如字体、字号、颜色、段落对齐等，使得用户能够轻松地进行文档编辑和排版。同时，WPS文字还支持插入图片、表格、公式等元素，使得文档更加生动和丰富。此外，它还内置了多种模板，如简历、报告、合同等，方便用户根据场景进行使用或改写，极大地提高了工作效率。

2.2.1　文档的创建

在WPS Office的新建页面上（如图2-2所示），用户选择新建"文字"，在显示出的页面中选择"空白文档"即可创建一份空白的WPS文档，同时进入WPS文字的工作界面，如图2-3所示。WPS文字的默认文件扩展名为.wps，同时可以兼容.doc或者.docx格式文件。

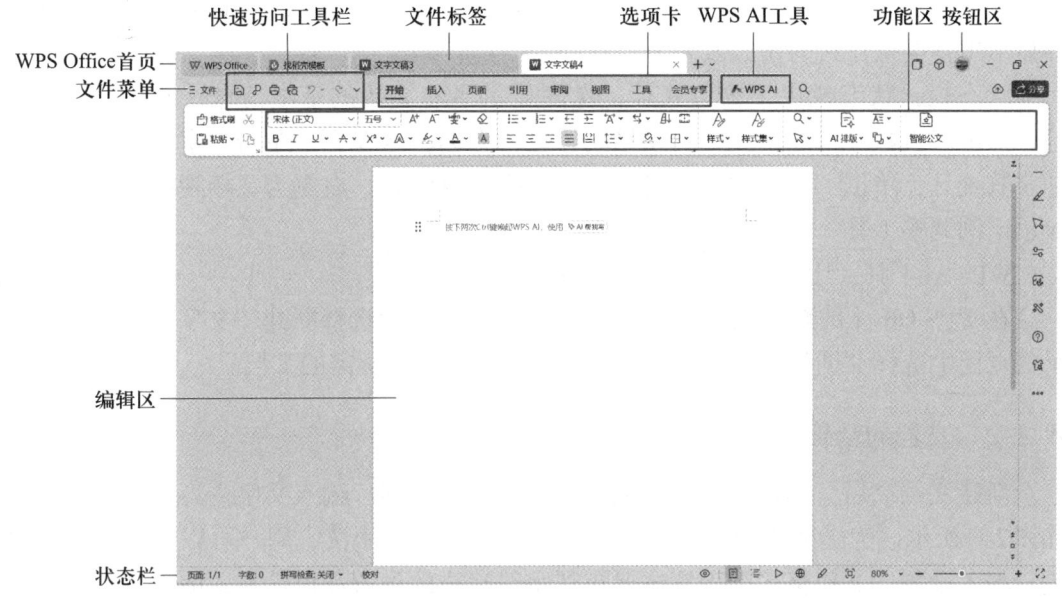

图2-3　WPS文字的工作界面

WPS文字的工作界面主要由WPS Office首页、文件标签、按钮区、文件菜单、快速访问工具栏、选项卡、功能区、编辑区、状态栏、WPS AI工具等部分组成。各部分的作用描述如下。

WPS Office首页：用于返回WPS Office的首页面，即回到图2-1所示状态。在首页面可以管理所有文档文件夹，包括最近打开的文档、计算机上的文档、云文档、回收站等。

文件标签：用于显示当前新建或者打开的WPS文档，单击不同的文件标签，可以完成文档编辑窗口的切换。单击文件标签右侧的关闭按钮，可以关闭单个文档。

按钮区：用于显示工作窗口、用户登录信息、应用市场入口按钮和窗口的基本操作按钮（如最小化、向下还原、关闭等）。单击该区域的关闭按钮可以关闭当前打开的所有文档，并退出WPS文字软件。

文件菜单：提供文档的新建、打开、保存、另存为、打印、输出、备份等操作，部分操作还提供了二级菜单供用户选择。

快速访问工具栏：该区域用于放置一些使用频率较高的工具。默认情况下，该工具栏包含了保存、输出、打印、打印预览、撤销和恢复等按钮。用户也可以根据自身使用需求进行自定义管理。

选项卡：WPS文字根据功能将不同的工具归类到选项卡中，单击不同的选项卡后，用户可以看到不同的操作工具。

功能区：功能区是选项卡存放工具的区域，每一个选项卡中的工具根据细化的功能主题进一步分类放置。

编辑区：编辑区是WPS文字的主要工作区域，用于完成文本内容的输入、编辑，并显示出各类操作后的排版效果。

状态栏：状态栏位于窗口底部，左侧显示当前文档的基本信息，如页数、字数等；单击"页数"可显示文档目录结构，显示在编辑区左侧；单击"字数"可查看详细字数统计；单击"拼写检查"可以快速切换检查状态。右侧为文档视图切换工具和显示比例调整工具。

WPS AI工具：用于唤醒WPS自带的各类AI工具。

在WPS Office的新建页面上（如图2-2所示），用户选择新建"文字"后，可在显示的页面中选择"创作工具"或者各类模板，快速生成所需的文档。

2.2.2　文档的基础编辑

新建文档之后，用户就可以在文档中输入文字内容。输入文字内容后，文档效果如图2-4所示。为了使文档格式更加规范，内容方便于阅读，用户可以对文档的格式进行相关设置。文档格式的设置主要包括字符格式的设置和段落格式的设置。字符格式主要包括字体、字号、颜色、下划线、上下角标等；段落格式主要包括对齐方式、缩进、行距、字间距等。本节将基于图2-4中的文档介绍文档格式的相关操作。

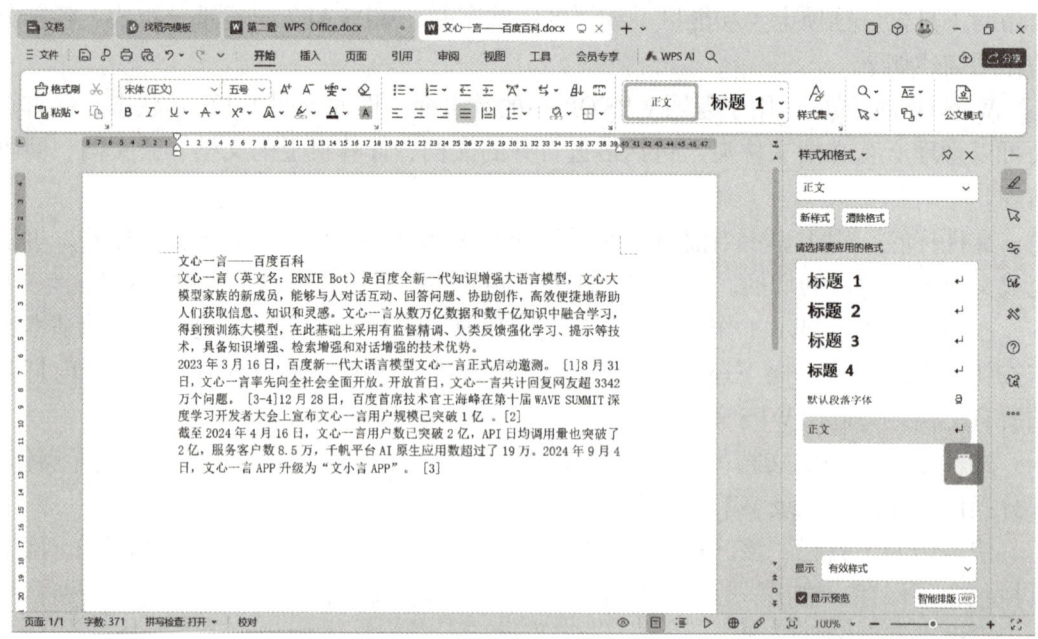

图2-4　在空白文档中输入文字

字体和段落的设置是WPS文字中的常用操作，用户可通过功能区中的工具快速设置，也可进入字体和段落的对话框进行设置，如图2-5、图2-6所示。对话框中的设置内容比功能区更全面。

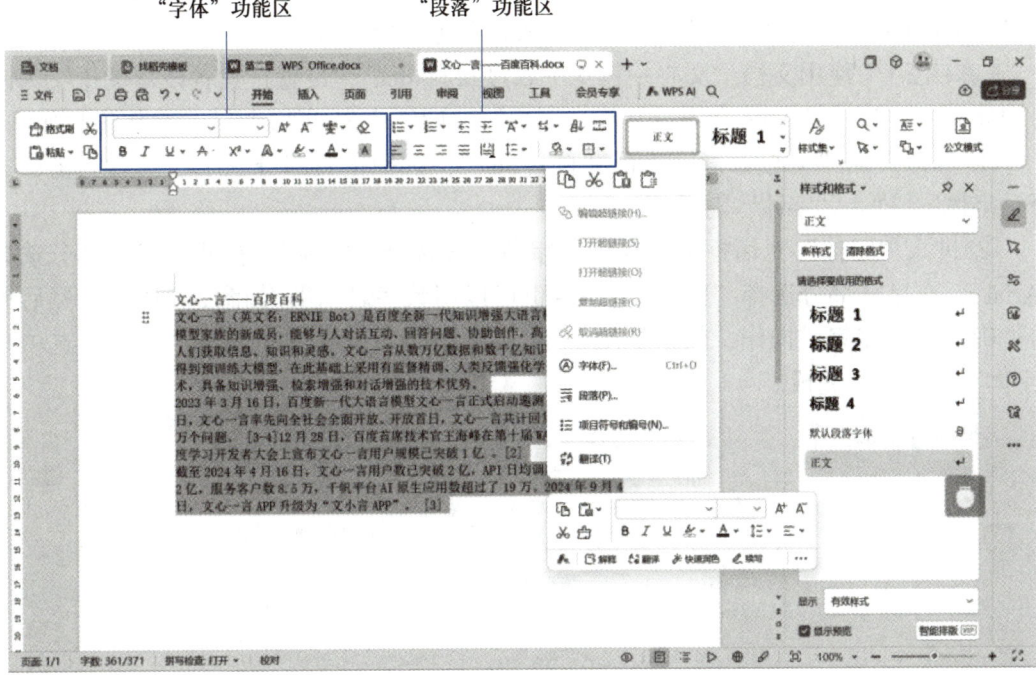

图2-5 "字体"功能区和"段落"功能区

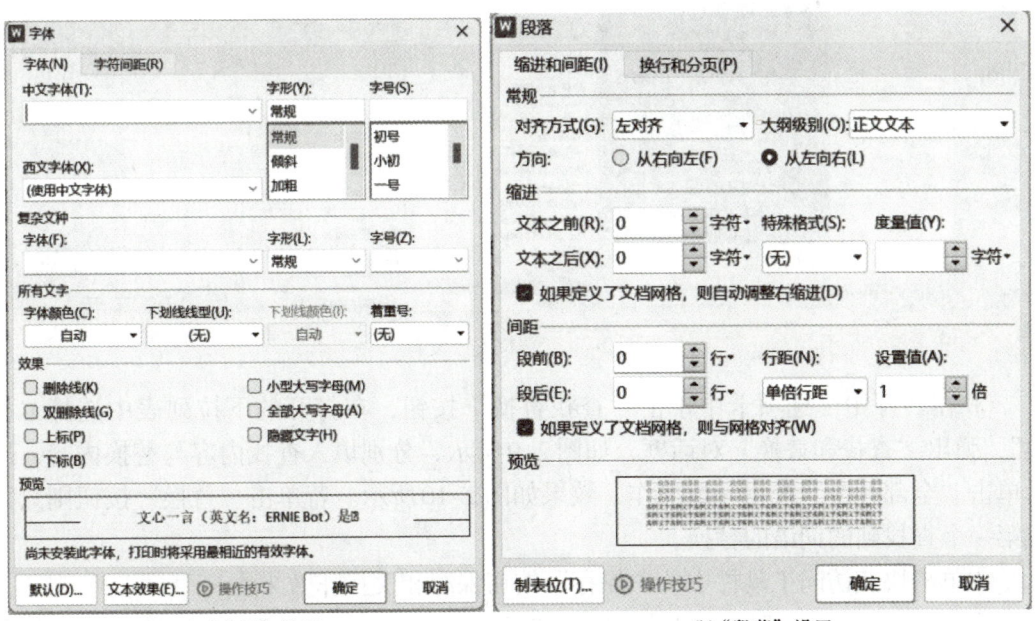

(a)"字体"设置 (b)"段落"设置

图2-6 "字体"设置和"段落"设置

1. 字体格式的设置

WPS文字中允许对文档的中文字符和英文字符设置不同的字体，并提供了文本的查找和替换功能。当文档中多次出现相同文本时，WPS文字所提供的查找功能和批量替换功能能够提高文档的编辑效率。具体操作参考案例2.1。

【案例2.1】使用文档"文心一言——百度百科.doc"，设置正文各段落的中文为四号宋体、西文为四号Arial字体，并将"用户"一词修改为"使用者"。操作步骤如下。

① 打开文档"文心一言——百度百科.doc"，选中正文部分三个段落后右击，选择"字体"，进入"字体"对话框。

② 进入"字体"对话框后，在中文字体部分选择"宋体"，在西文字体部分选择"Arial"，在字号部分选择"四号"（字号也可以用数字表示），如图2-7所示，然后单击"确定"按钮完成操作，效果如图2-8所示。该部分操作也可以在"开始"选项卡"字体"组中直接完成。

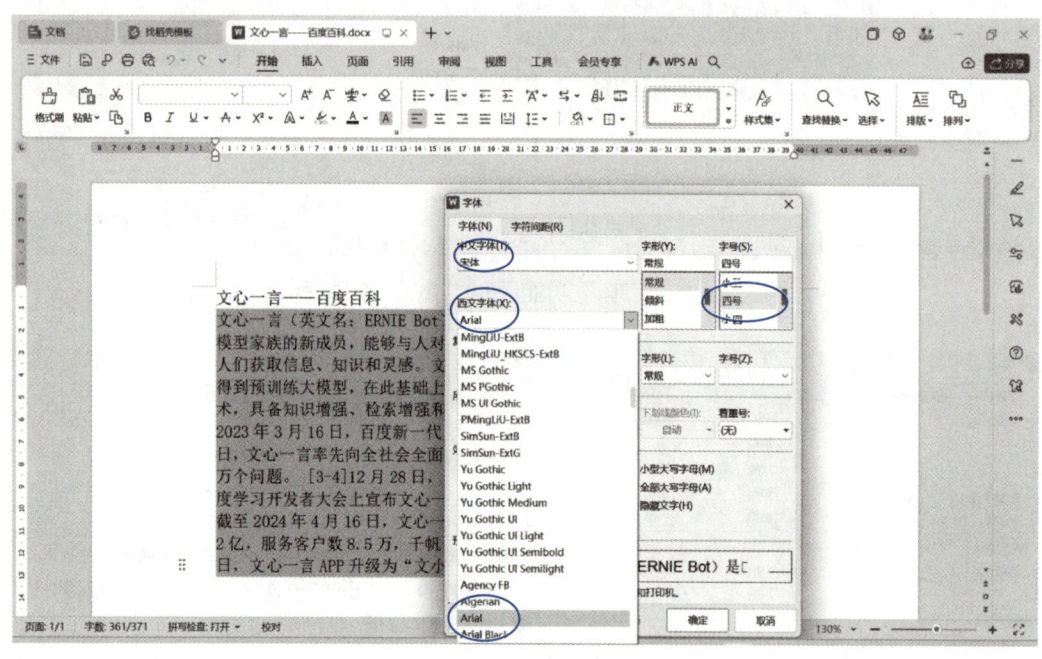

图2-7 字体字号设置

③ 在"开始"选项卡中单击"查找替换"按钮，在打开的下拉列表中选择"替换"，弹出"查找和替换"对话框，如图2-9所示，分别填入查找内容与替换内容，最后单击"全部替换"按钮完成操作，效果如图2-10所示。若单击"替换"按钮则只完成第一个查找到的词语的替换。

④ 单击快速访问工具栏中的"保存"按钮保存相关操作效果。

除了基本的字体字号设置外，WPS文字还允许对文字内容进行特殊设置，如上标、超链接、脚注等。具体操作参考案例2.2。

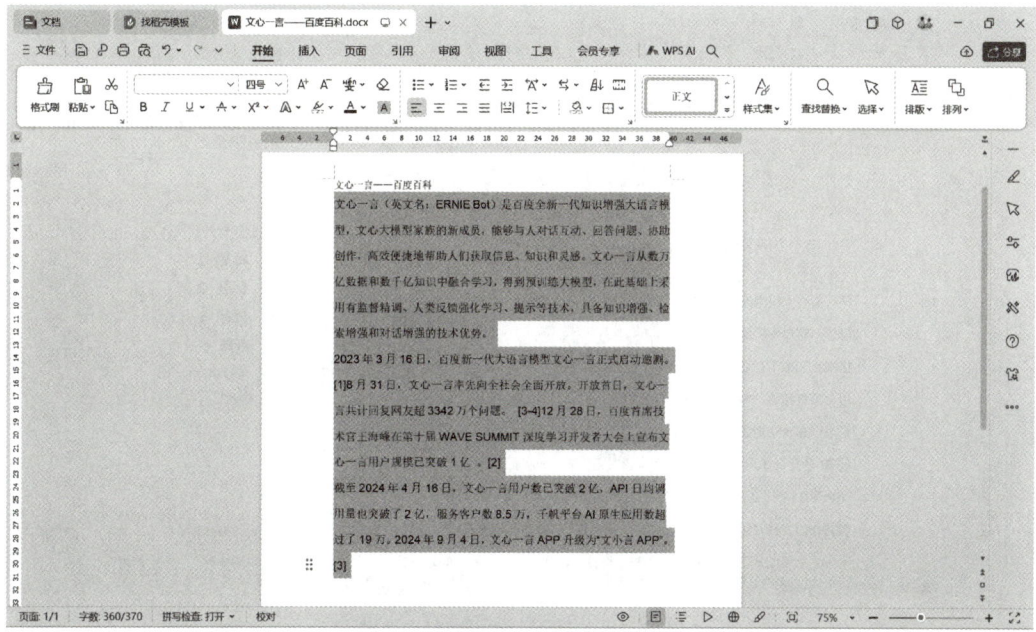

图2-8　字体字号设置操作效果

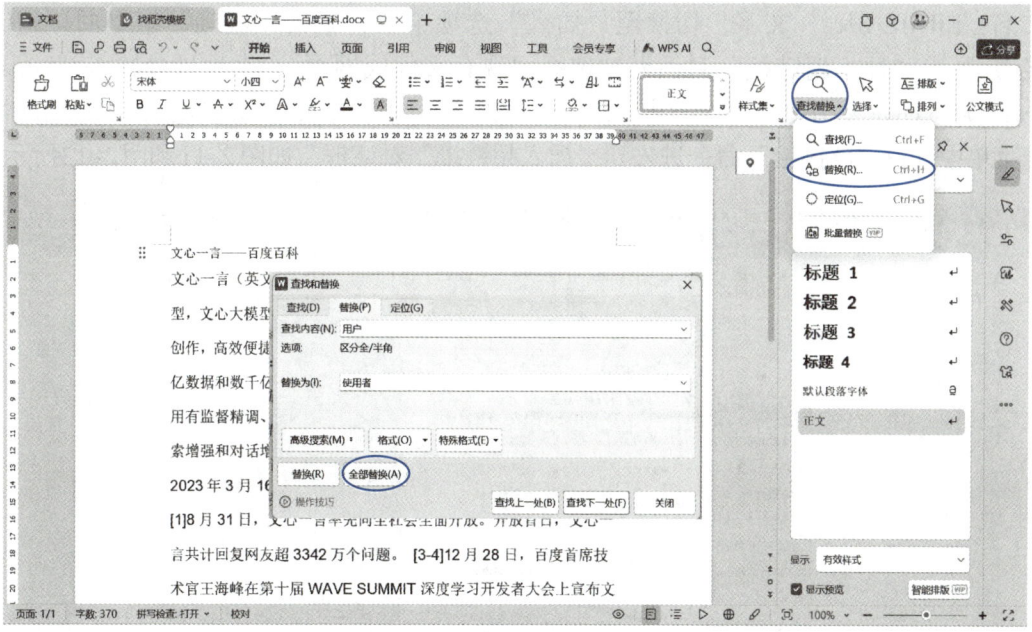

图2-9　查找与替换设置

【案例2.2】在案例2.1的操作基础上，为正文第一段中的"文心一言（英文名：ERNIE Bot）"添加超链接"https://yiyan.baidu.com/"。将正文第二段分为宽度为18字符的等宽两栏，两栏间添加分隔线。将文中的[1]、[2]、[3]设置为上标。具体操作如下。

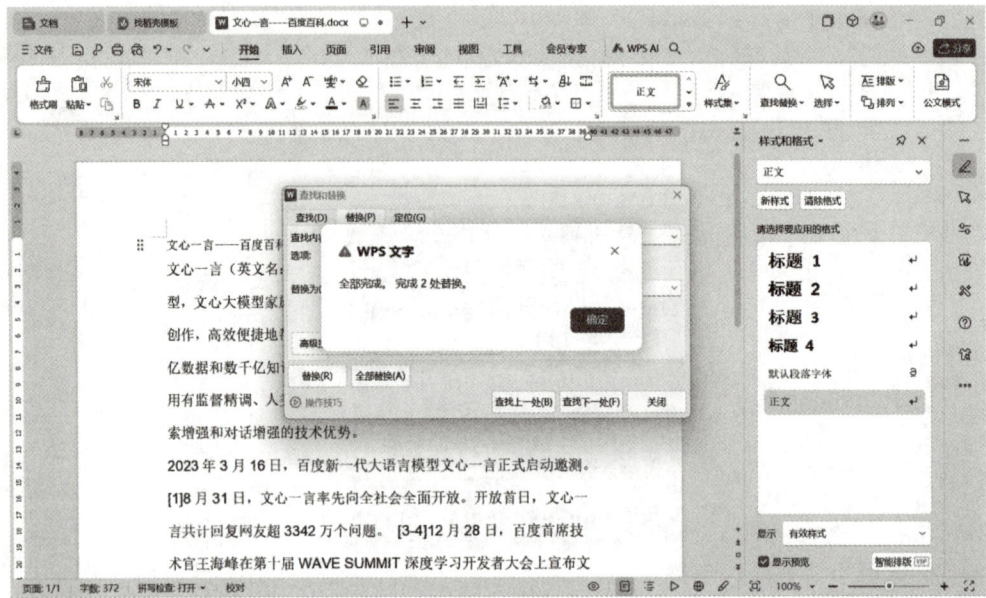

图2-10　查找与替换操作效果

①打开文档"文心一言——百度百科.doc"，选中正文第一段中的"文心一言（英文名：ERNIE Bot）"文字，切换至"插入"选项卡下，单击"链接"组中的"超链接"，弹出"插入超链接"对话框，选择"现有文件或网页"，在地址处输入"https//yiyan.baidu.com/"，单击"确定"按钮。选中文字后，用户也可以通过右击，在弹出的快捷菜单中选择"超链接"命令进入到"插入超链接"对话框，如图2-11和图2-12所示。

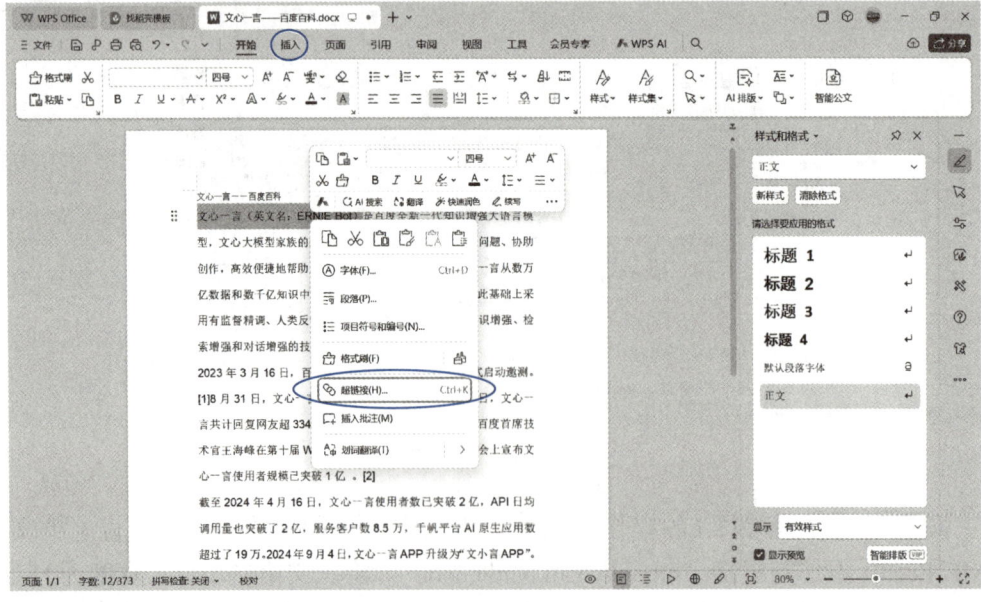

图2-11　进入"插入超链接"对话框的方法

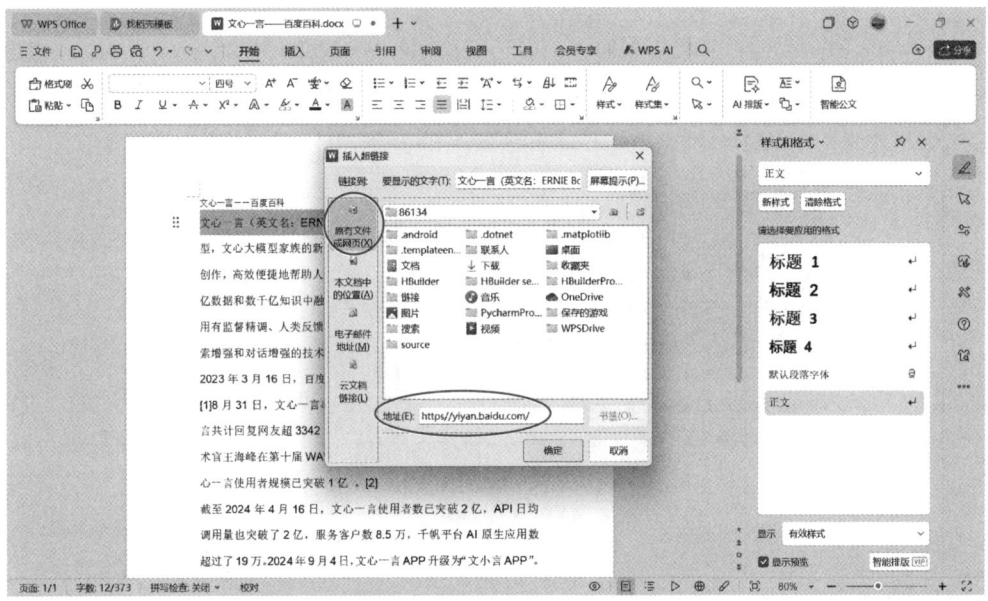

图2-12　"插入超链接"对话框

　　② 选中正文第二段的内容，切换至"布局"选项卡下，在"页面设置"组中，单击"分栏"下拉按钮，选择"更多分栏"，弹出"分栏"对话框，设置栏数为"2"，宽度为"18字符"，选中"栏宽相等"和"分隔线"复选框，单击"确定"按钮。具体操作如图2-13和图2-14所示。用户若不选中"栏宽相等"复选框，则可以对每一个栏宽进行个性化设置。

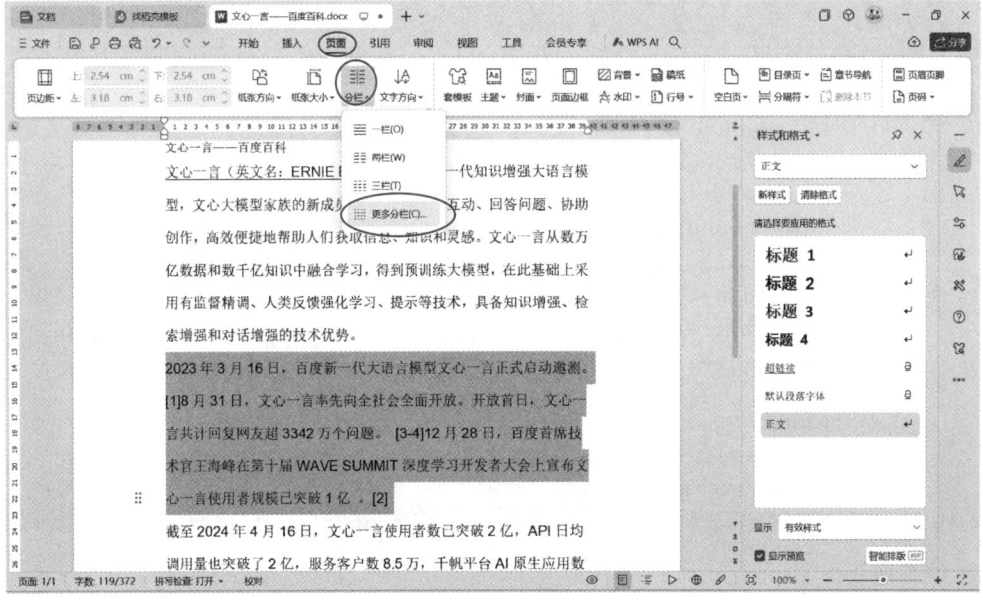

图2-13　进入"分栏"对话框的方法

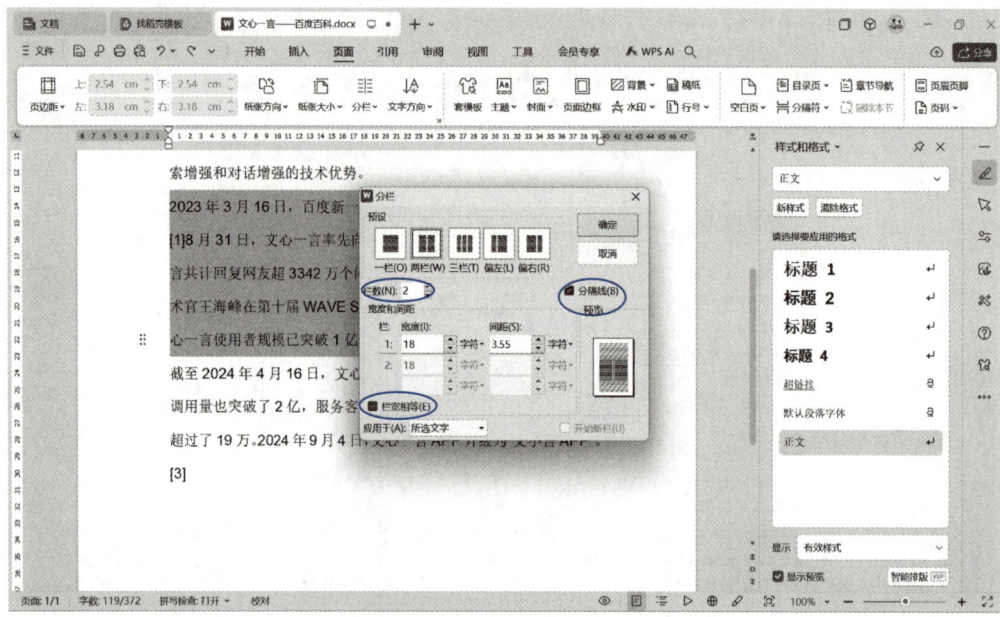

图2-14　"分栏"对话框

③ 选中正文中对应内容"[1]"，进入"字体"对话框，选中"上标"复选框，然后单击"确定"按钮，具体操作如图2-15所示。除了上标、下标设置，在该对话框中，用户还可以设置字体加粗、字体倾斜、着重号、下划线等。

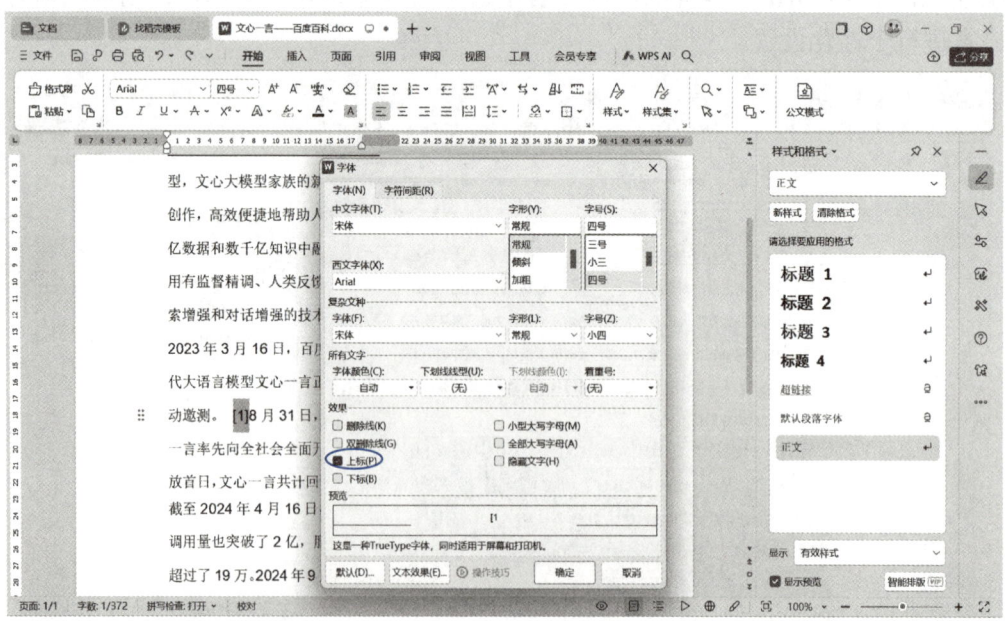

图2-15　设置字体效果为上标

④ 选中"[1]"，单击"开始"选项卡中的"格式刷"按钮，再通过鼠标选中"[2]"，

可以快速将"[1]"所具有的格式快速应用到文字"[2]"上，如图2-16所示。同理，用户可以借助格式刷快速完成对文字"[3]"的设置。

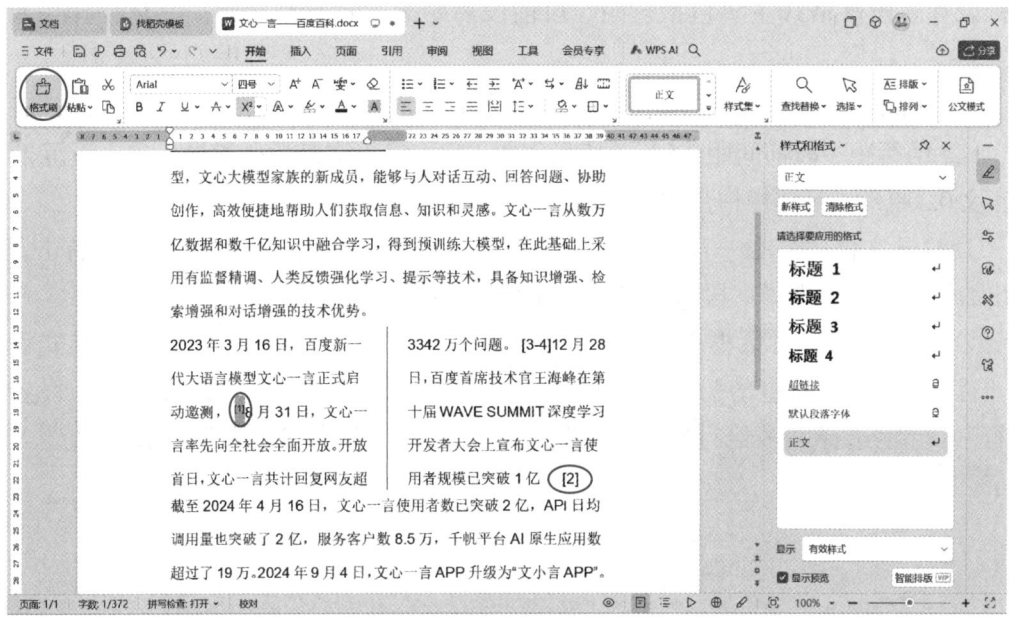

图2-16 格式刷的使用

⑤ 上述步骤操作效果如图2-17所示，最后单击"保存"按钮保存文档，然后关闭文档。

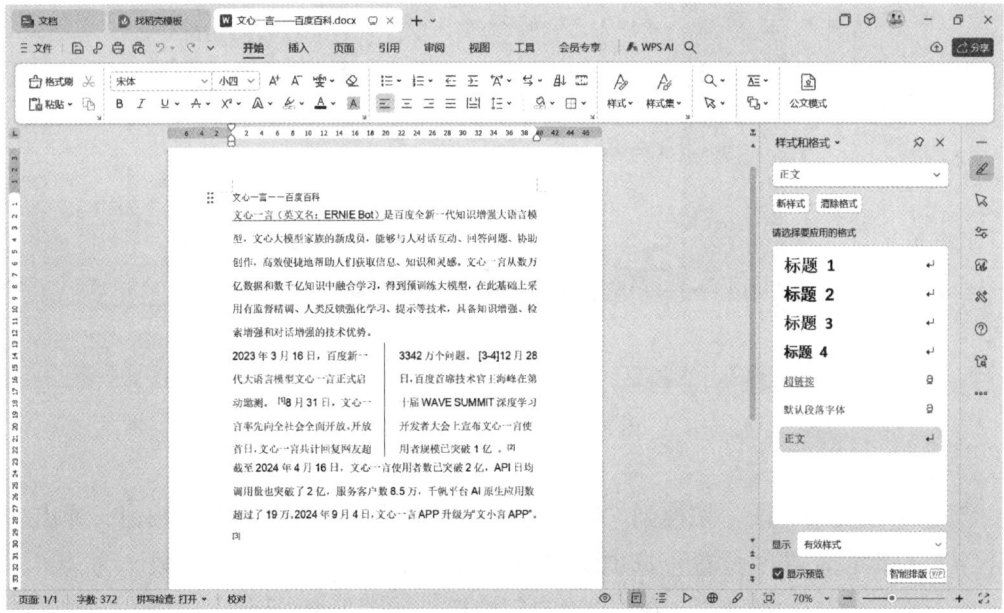

图2-17 案例2.2操作效果

2. 段落格式的设置

为了使文档有更好的排版效果，除了设置字体格式外，用户还可以对段落格式进行设置。段落格式主要包括行距、段前段后距离、首行缩进等。具体操作可参考案例2.3。

【案例2.3】在案例2.2的操作基础上，设置正文各段落的段落格式为首行缩进2字符、1.25倍行距、段前间距0.5行、段后间距1行；将正文最后一段设为首字下沉2行、距正文0.2厘米。具体操作步骤如下。

① 打开文档"文心一言——百度百科.doc"，选中正文部分三个段落后右击，在弹出的快捷菜单中选择"段落"，进入"段落"对话框。

② 在"段落"对话框中选择"缩进和间距"选项卡，将缩进的特殊格式设置为"首行缩进"，缩进值为"2字符"，段前间距设置为"0.5行"，段后间距设置为"1行"，行距选择"多倍行距"，设置为"1.25倍"，单击"确定"按钮，如图2-18所示。

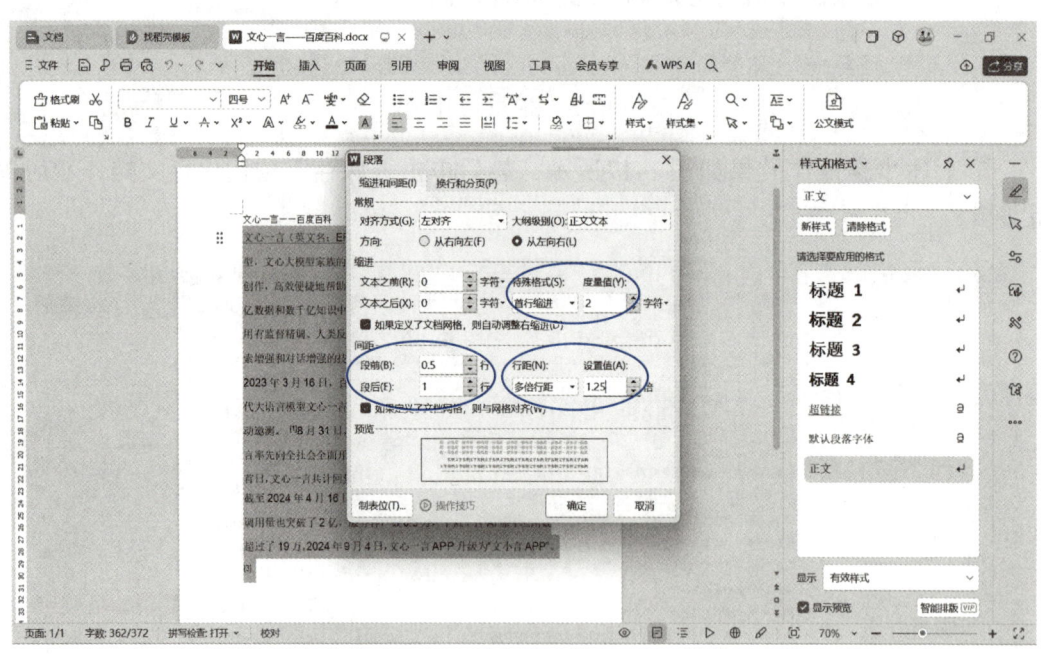

图2-18　段落格式的设置

③ 选中正文第三段，切换到"插入"选项卡，单击"首字下沉"按钮，弹出"首字下沉"对话框。在"位置"选项组中单击"下沉"，设置"下沉行数"为"2"，设置"距正文"为"0.2厘米"，单击"确定"按钮，如图2-19所示。

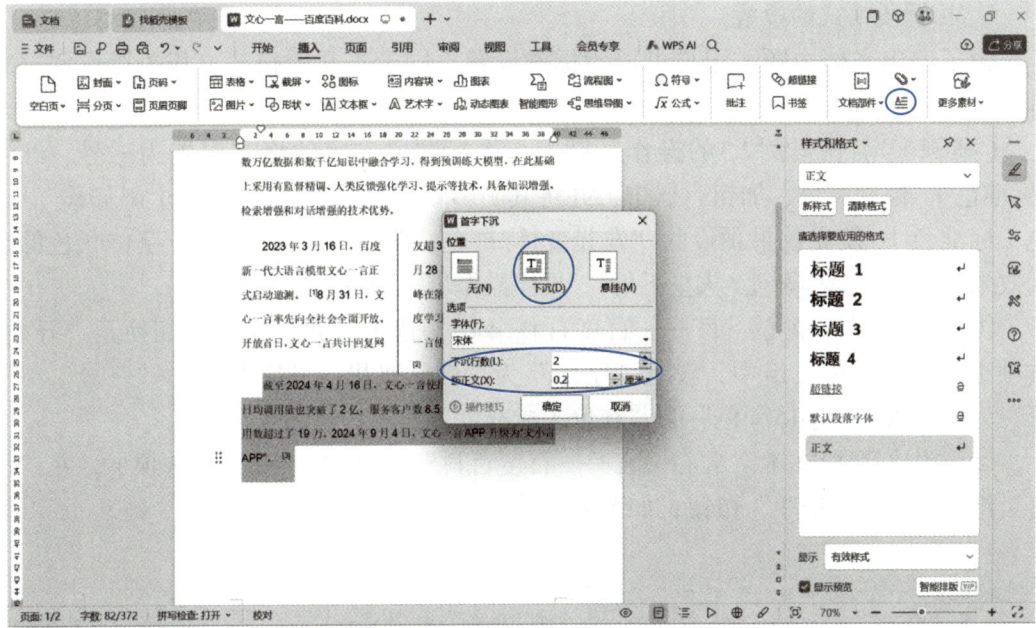

图2-19　"首字下沉"格式的设置

④ 上述步骤操作效果如图 2-20 所示，最后单击"保存"按钮保存文档，并关闭文档。

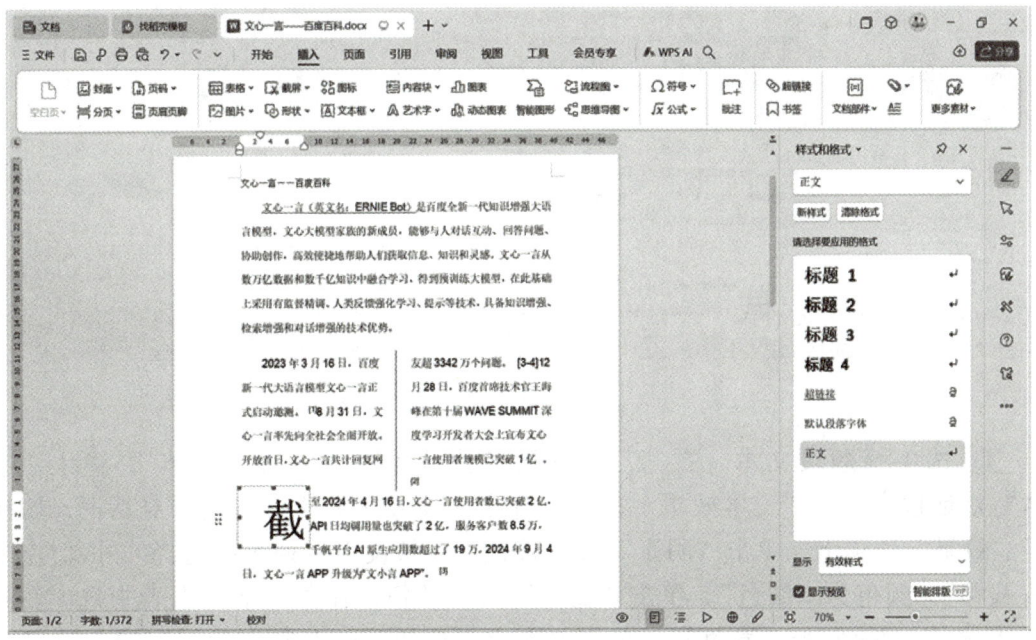

图2-20　案例2.3操作效果

3. 标题段格式的设置

为了突出文档主题，用户可以为标题设置不同于正文的格式，相关操作详见案例2.4。

【案例2.4】在案例2.3的操作基础上，将标题段文字的格式设置为三号、红色（标准色）、微软雅黑、加粗、居中，并将其阴影效果设置为"外部/左上斜偏移"、红色（标准色），发光效果预设为"发光变体/橙色，5pt发光，着色3"，字体颜色的渐变效果设置为"矩形渐变/从左下角"。具体操作步骤如下。

① 打开文档"文心一言——百度百科.doc"，选中标题段文本，切换至"开始"选项卡，在"字体"组中，设置"字体"为"微软雅黑"，"字号"为"三号"，"字形"为"加粗"，"字体颜色"为"红色（标准色）"。

② 选中标题段文本"文心一言——百度百科"，切换至"开始"选项卡，在"段落"组中，单击"居中"按钮，如图2-21所示。

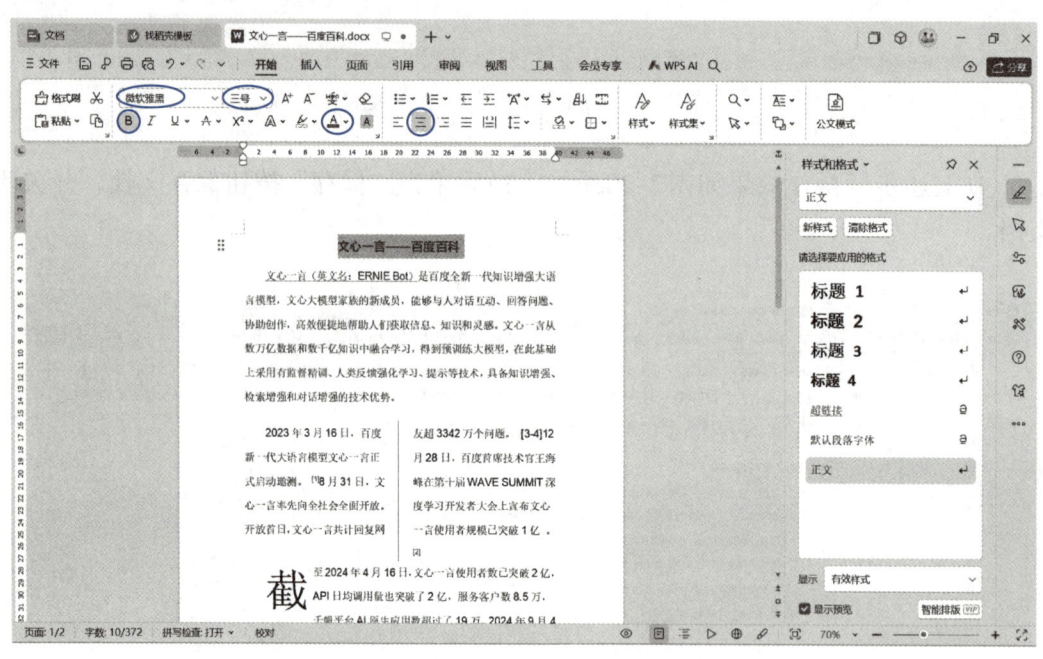

图2-21　案例2.4中的字体、段落设置

③ 选中标题段文本，右击，在弹出的快捷菜单中选择"字体"，进入"字体"对话框，单击"文本效果"按钮，弹出"设置文本效果格式"对话框，切换至"效果"选项卡，单击"阴影"展开按钮，在预设下拉列表中选择"外部/左上斜偏移"，颜色为"红色"。单击"发光"展开按钮，在预设下拉列表中选"发光变体/橙色，5pt发光，着色3"，单击"确定"按钮。以上操作如图2-22（a）、（b）所示。

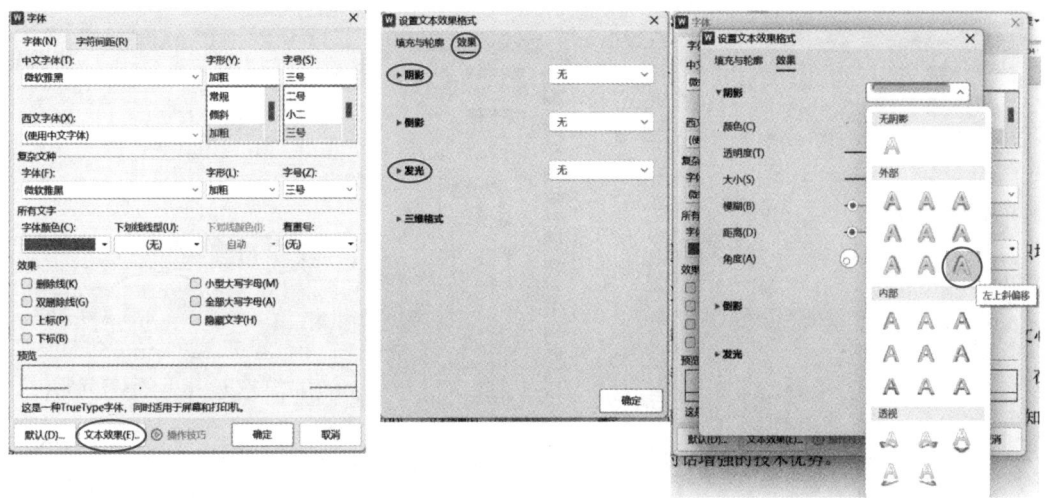

(a) 设置格式

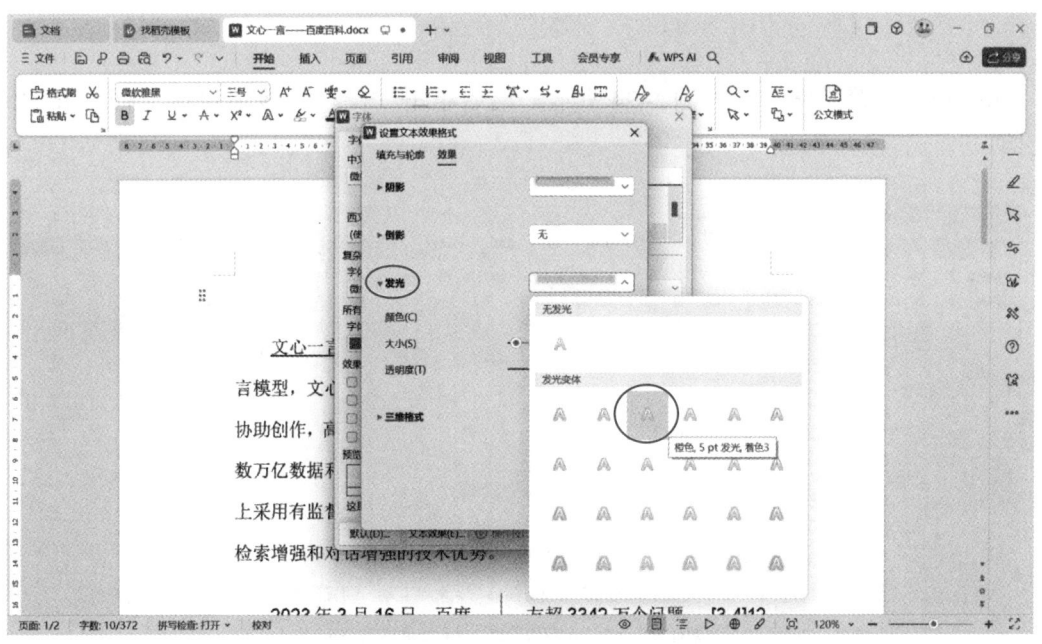

(b) 设置颜色

图2-22 字体"文本效果"设置

④ 选中标题段文本，右击，在弹出的快捷菜单中选择"字体，"进入"字体"对话框，单击"文本效果"按钮，弹出"设置文本效果格式"对话框，在"文本填充与轮廓"选项卡，单击"文本填充"，选中"渐变填充"单选按钮，单击"预设渐变"下拉按钮，选择"矩形渐变/从左下角"，单击"确定"按钮。以上操作如图2-23所示。

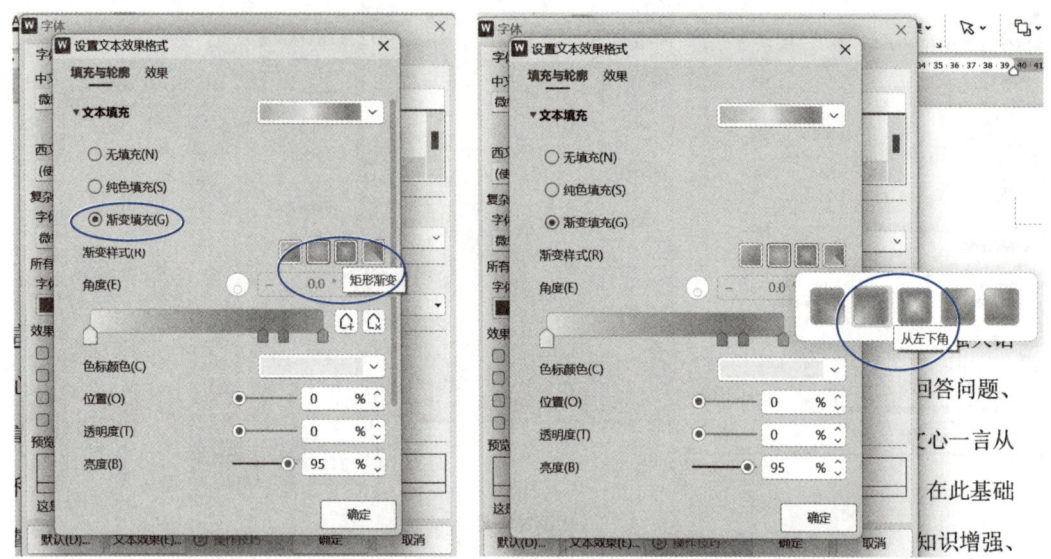

图2-23 字体"填充效果"设置

⑤上述步骤操作效果如图2-24所示，最后单击"保存"按钮保存文档，并关闭文档。

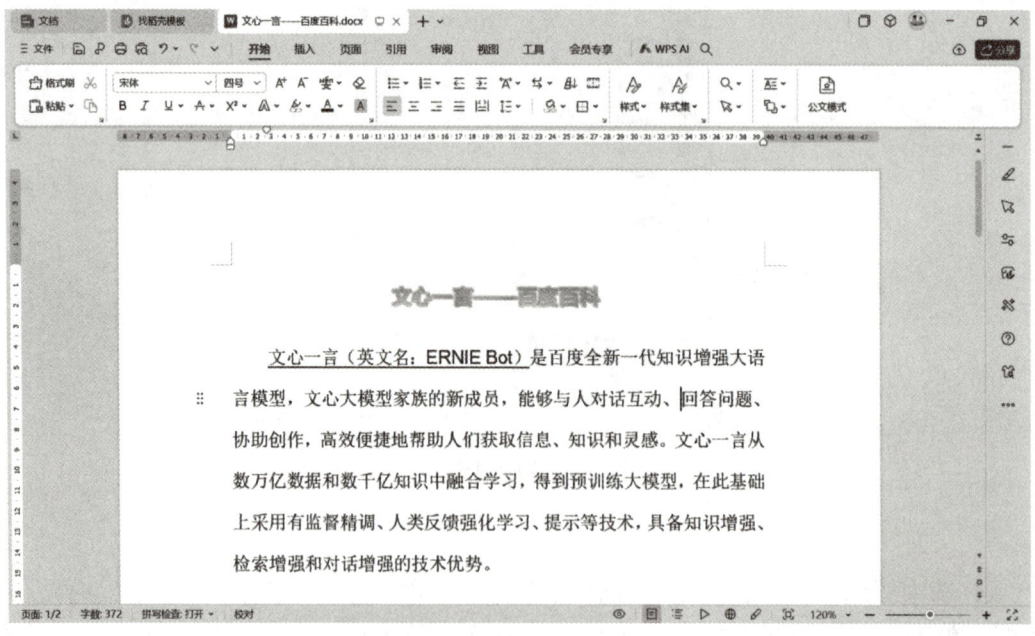

图2-24 案例2.4操作效果

通过对字体格式、段落格式和标题格式的设置，文档已经具有了初步的排版格式。如果用户需要对不同位置的文本进行相同设置的话，可以利用"格式刷"完成，也可以通过"样式"进行设置。

2.2.3 文档的样式与项目编号

在文档中，如果存在较多需要设置格式的内容，用户逐一通过设置字体格式、段落格式和标题格式来完成，会耗费大量时间。WPS文字提供了样式设置的功能，可以用于提高文档的编辑效率。样式是一组格式的集合，其中可以集成字体、段落等不同的格式。样式能够简化格式设置操作，完成文档的快速编排。相关操作详见案例2.5。

【案例2.5】在文档"光源的发光效率.doc"中，在标题段之前插入"绿色极简风"样式封面；将标题段设置为"标题1"样式并居中对齐；将文中所有蓝色文字的段落设置为"标题2"样式，并将其字体格式修改为小三号、蓝色（标准色）、黑体、加粗，段落格式修改为单倍行距、段前间距1行、段后间距0.5行。设置正文第一段文本轮廓为实线："主题颜色，印度红，着色2，深色25%，宽度0.7磅"。具体操作步骤如下。

① 打开文档"光源的发光效率.doc"，选中标题段文字"光源的发光效率"，切换至"插入"选项卡，单击"封面"下拉按钮，选择"通用"模板下的"绿色极简风"封面，如图2-25所示。

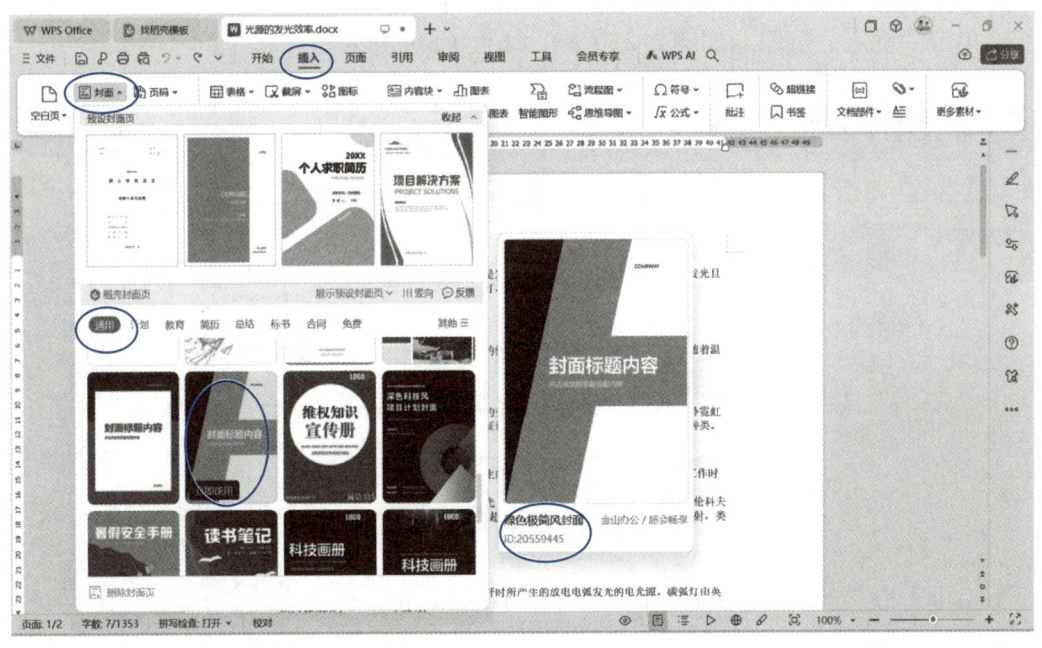

图2-25 插入"绿色极简风"封面

② 选中标题段"光源的发光效率"，在"开始"选项卡的"样式"组中，选择

"标题1"，保持选中的状态，在"段落"组中选择"居中对齐"，如图2-26所示。

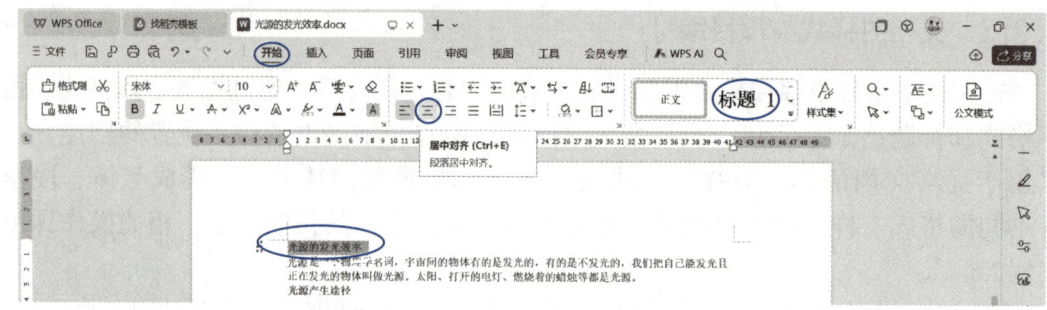

图2-26 选择并应用样式

③选中文中任意一蓝色文字（如"光源产生途径"），在"开始"选项卡中单击"编辑"组中的"选择"下拉按钮，选择"选定所有格式类似的文本"。在"开始"选项卡的"样式"组中，选择"标题2"；将光标置于"样式"组中的"标题2"样式上方，右击，在弹出的快捷菜单中选择"修改"，弹出"修改样式"对话框，单击"格式"下拉按钮，选择"字体"，弹出"字体"对话框，将"中文字体"设置为"黑体"，字形设置为"加粗"，字号设置为"小三"号，字体颜色设置为"标准色-蓝色"，单击"确定"按钮。再次单击"格式"下拉按钮，选择"段落"，弹出"段落"对话框，将段前间距设置为"1行"，段后间距设置为"0.5"行，行距设置为"单倍行距"，单击"确定"按钮。如图2-27（a）、（b）、（c）所示。

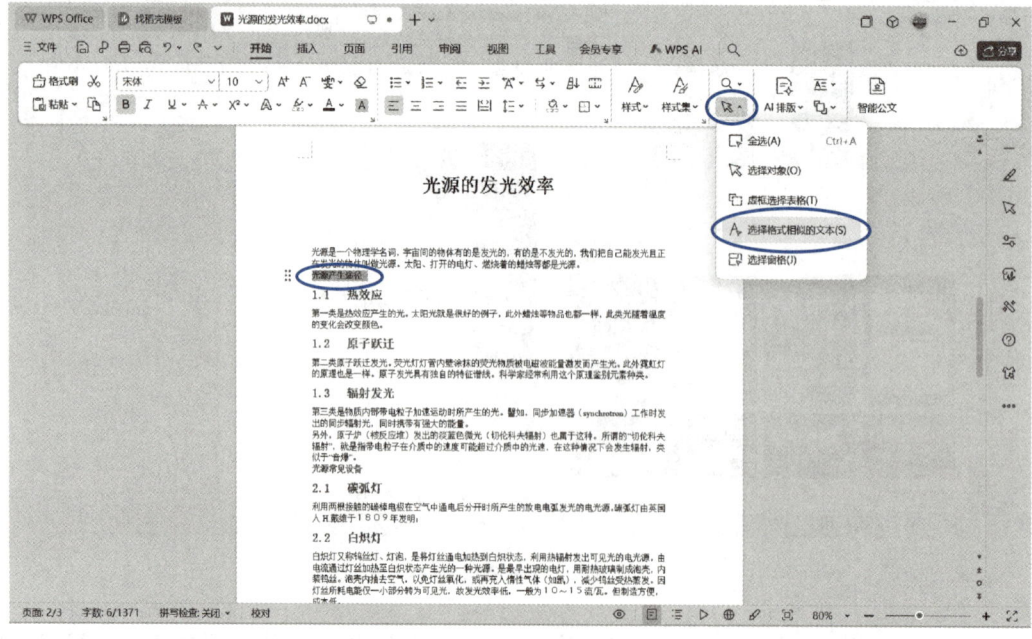

(a) 选定文本

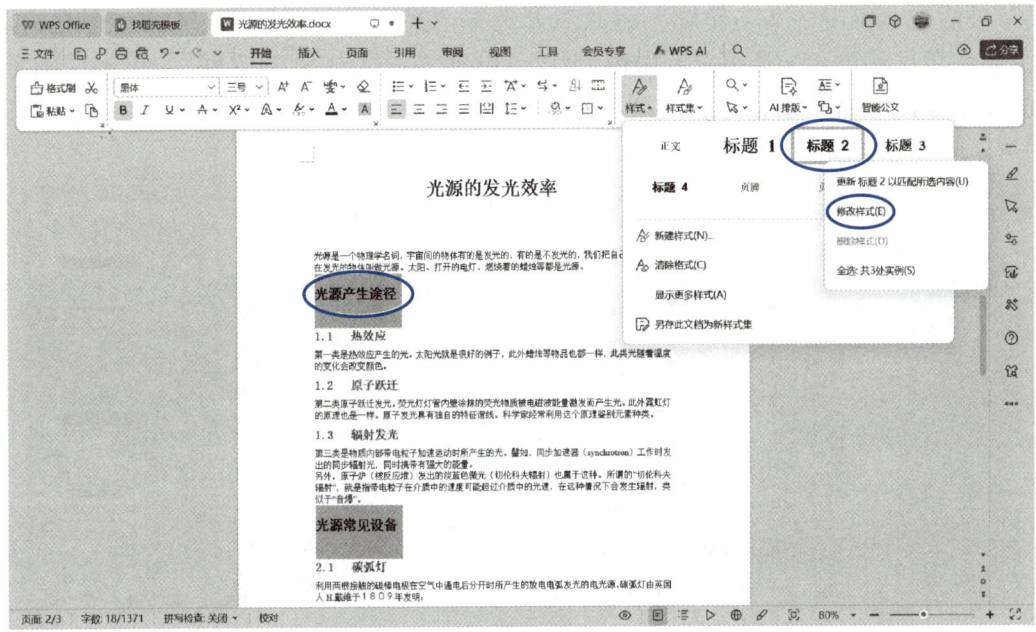

(b) 修改样式

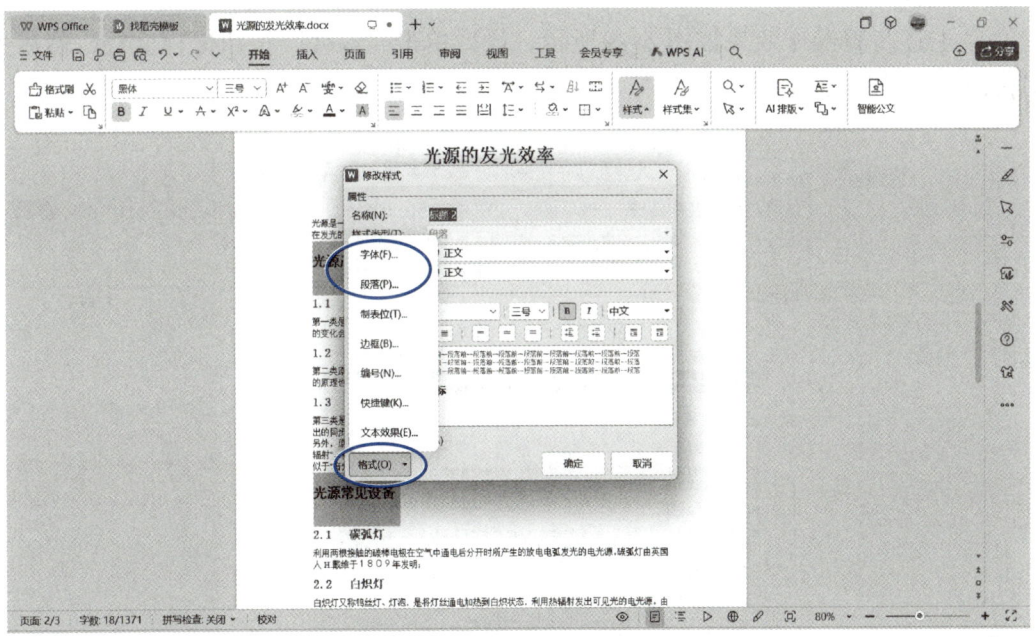

(c) 选择"段落"

图2-27 修改并应用样式

④ 选中正文的第一段,在"开始"选项卡的"字体"组中,单击右下角对话框启动器按钮,弹出"字体"对话框,单击"文本效果"按钮,弹出"设置文本效果格

式"对话框,单击"文本轮廓"将其展开选中"实线"单选按钮,设置"颜色"为"主题颜色,印度红,着色2,深色25%",设置"宽度"为"0.7磅",单击"确定"按钮返回到"字体"对话框,继续单击"确定"按钮,如图2-28所示。

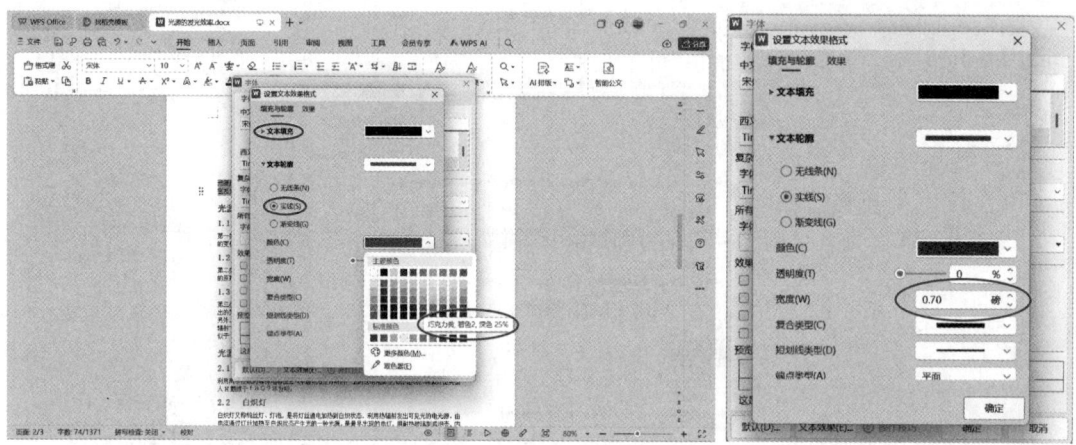

图2-28　文本轮廓设置

⑤ 上述步骤操作效果如图2-29所示,最后单击"保存"按钮保存文档,然后关闭文档。

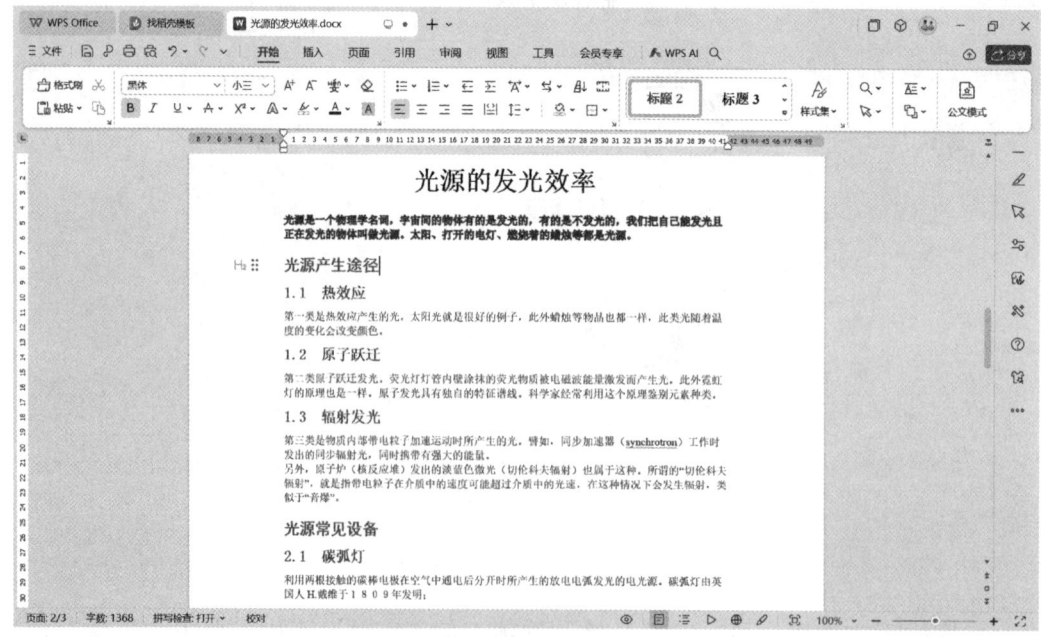

图2-29　案例2.5操作效果

　　项目符号一般用于并列关系的段落。在WPS文字中，用户既可以添加内置的项目符号，也可以自定义项目符号。具体的设置方法详见案例2.6。

　　【**案例2.6**】在案例2.5的基础上，为所有"标题2"样式的段落添加1　2　3……样式的自动编号；将所有"标题3"样式段落（如"1.1 热效应"）的中文字体设置为"微软雅黑"、西文字体设置为"Arial"；为节标题"3光源技术指标"下的6个段落添加黑色爱心项目符号样式，爱心字符代码为2665（字体为"普通文本"）。具体操作步骤如下。

　　① 打开文档"光源的发光效率.doc"，选中文中"标题2"样式（如"光源产生途径"），在"开始"选项卡中单击"编辑"组中的"选择"下拉按钮，选择"选定所有格式类似的文本"。再次单击"编号"按钮，在"编号"选项卡中，选择"自定义编号"，如图2-30（a）所示；在弹出的"项目符号和编号"对话框中，选择"1.2.3 ..."样式的编号，如图2-30（b）所示；单击"自定义"按钮，在弹出的"自定义编号列表"对话框中，将"①."修改为"①"，单击"确定"按钮，再次单击"确定"按钮，如图2-30（c）所示。

　　② 按照①中的操作选择所有符合"标题3"样式的文字，包含"1.1热效应"等。将光标置于"样式"组中的"标题3"样式上方，右击，在弹出的快捷菜单中选择"修改"，弹出"修改样式"对话框，单击"格式"下拉按钮，选择"字体"，弹出"字体"对话框，将"中文字体"设置为"微软雅黑"，"西文字体"设置为Arial，单击"确定"按钮，再次单击"确定"按钮。

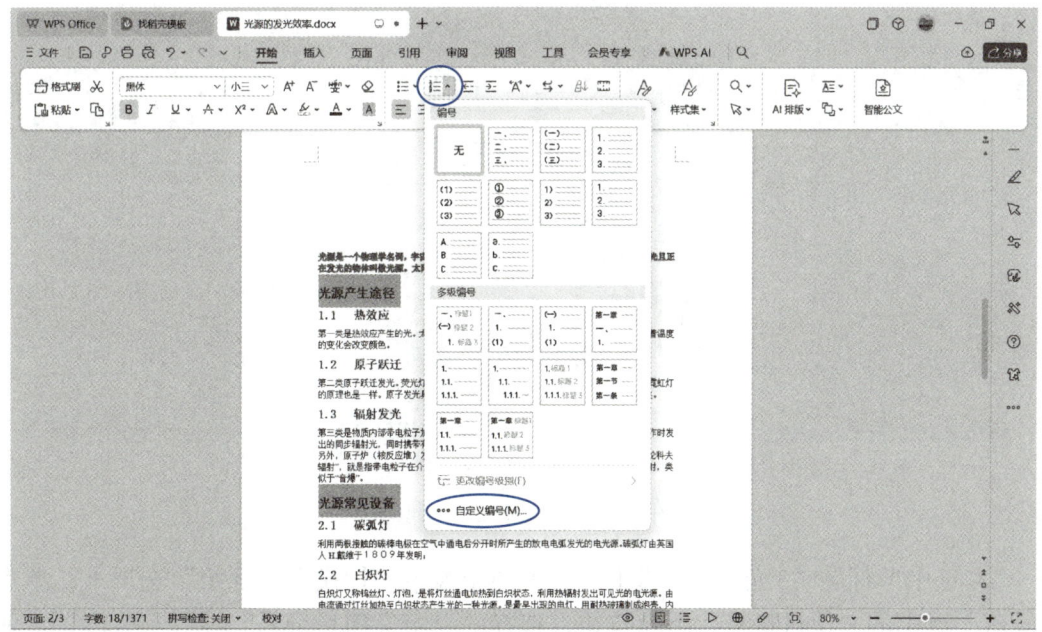

(a) 选择"自定义编号"

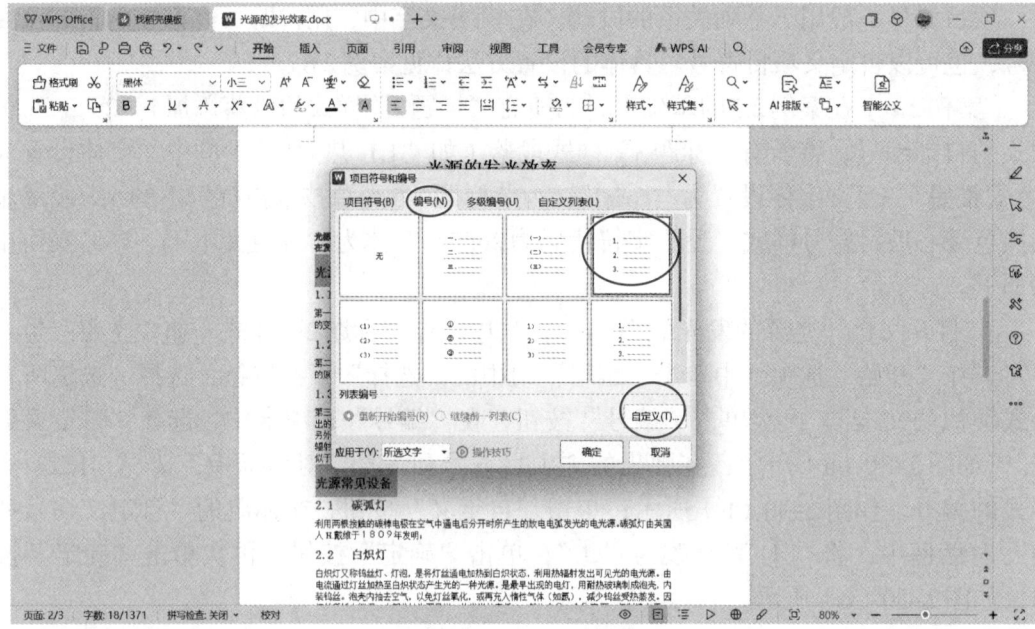

(b) 选择"1.2.3…"样式的编号

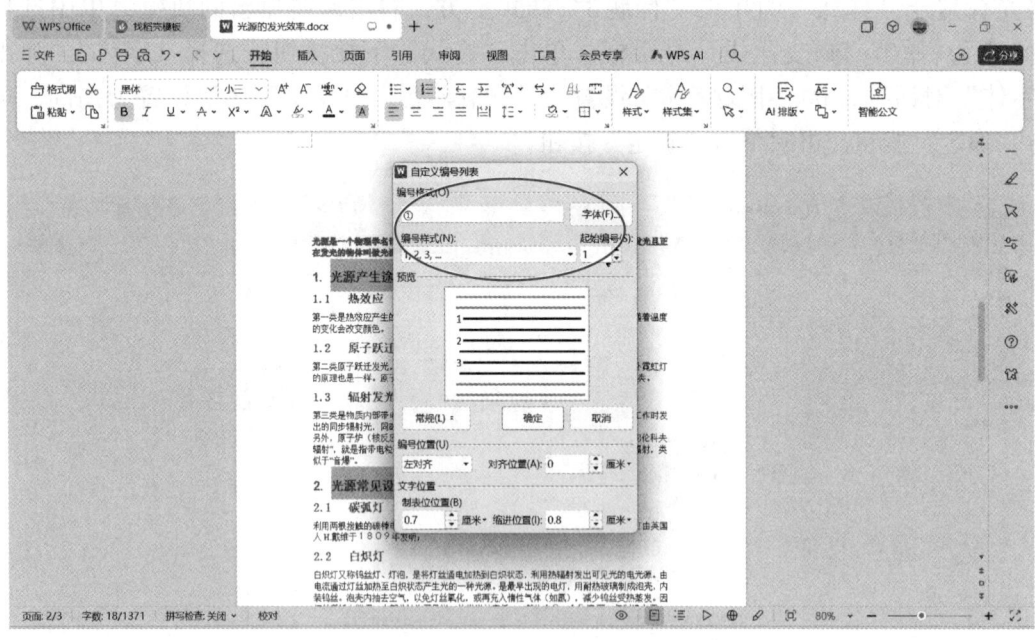

(c) 将"①."修改为"①"

图2-30 自定义新样式编号

③ 选中节标题"3光源技术指标"下的6个段落,切换至"开始"选项卡,单击"段落"组中的"项目符号"下拉按钮,选择"自定义项目符号"(图2-31(a)),弹出"项目符号与编号"对话框,选择"项目符号"选项卡,选中任一符号,单击"自

定义"按钮（图2-31（b）），弹出"自定义项目符号列表"对话框，单击"字符"按钮；在弹出的"符号"对话框中，在下方的"字符代码"后输入"2665"（Unicode十六进制），（图2-31（c））单击"插入"按钮，再单击"确定"按钮。

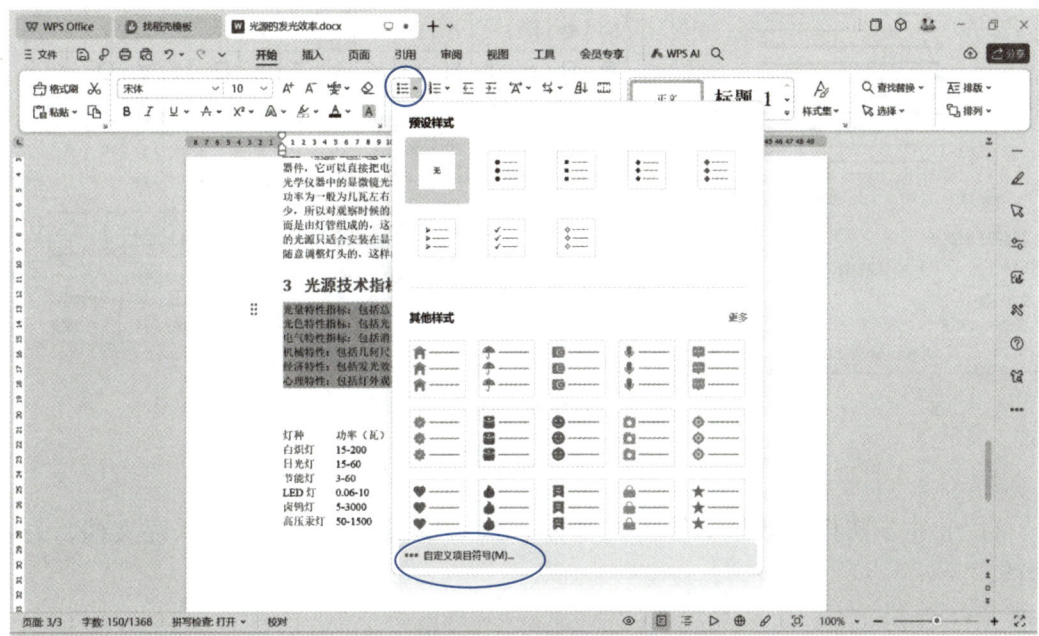

(a) 选择"自定义项目符号"

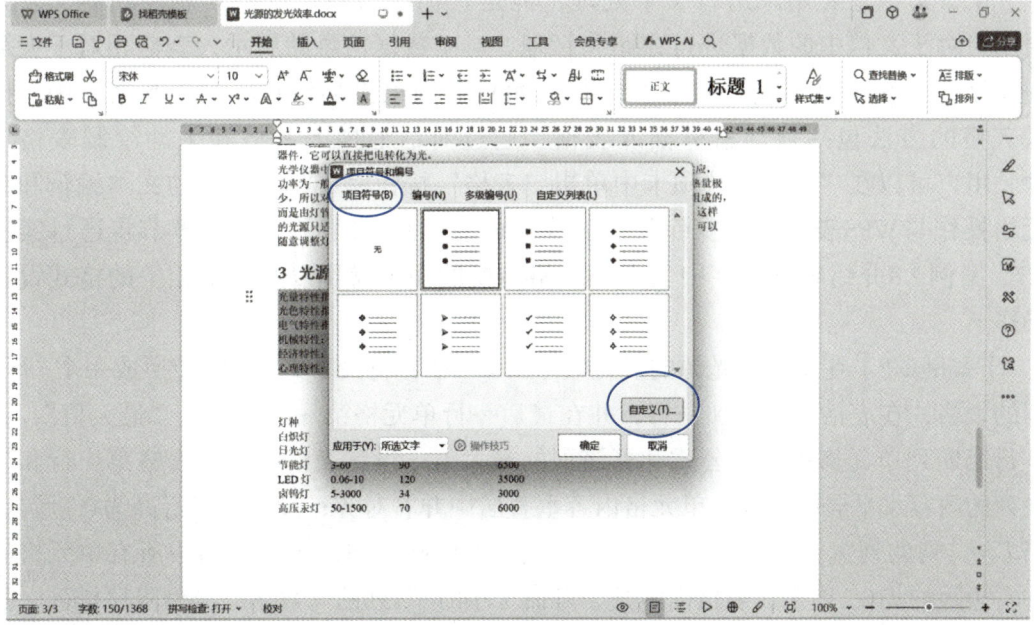

(b) 单击"自定义"按钮

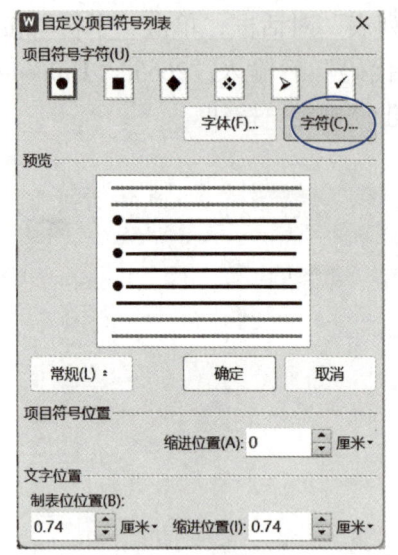 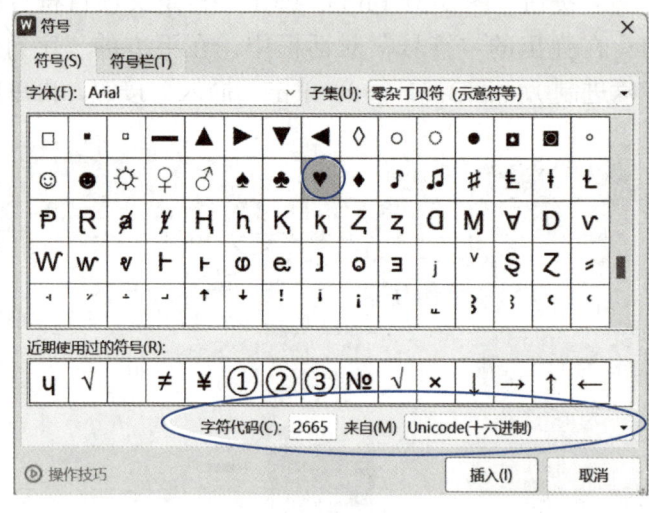

(c) 输入 "2665"

图2-31 自定义项目符号

④ 上述步骤操作效果如图2-32所示，最后单击"保存"按钮保存文档，关闭文档。

2.2.4 文档的表格操作

WPS文字主要用来进行文字处理，但是它仍然为用户提供了表格功能，以方便用户对于文档中的数据进行存储和管理。对于数据信息的展示，表格相对于大篇幅文字而言更有利于用户查看和记忆，而且条理也更加清晰。在WPS文字中，插入表格的方法包括拖动鼠标插入表格、通过对话框插入表格和手动绘制表格三种。用户可以在"插入"选项卡中单击"表格"按钮完成，表格中的文本编辑和单元格操作与WPS表格中的操作类似，读者可以翻阅2.3节的内容。本节将通过案例2.7、案例2.8介绍WPS文字中文本与表格转换的相关操作以及表格相关的格式设置操作。

【案例2.7】在文档"光源的发光效率.doc"中，将最后7行文字转换成一个7行4列的表格；在表格下方添加一行，并在最后一行单元格第一列中输入"最大值"，在该行第四列单元格中利用公式计算该列的最大值；设置表格居中，表格第一行和第一列的内容水平居中、其余单元格内容垂直居中并右对齐；设置表格行高为0.7厘米，第1～4列的列宽分别为2厘米、2.5厘米、3.5厘米、2.5厘米，表格中所有单元格的左右边距均为0.2厘米；表格内容按"寿命（小时）"列的"数字"类型降序排列。具体操作步骤如下。

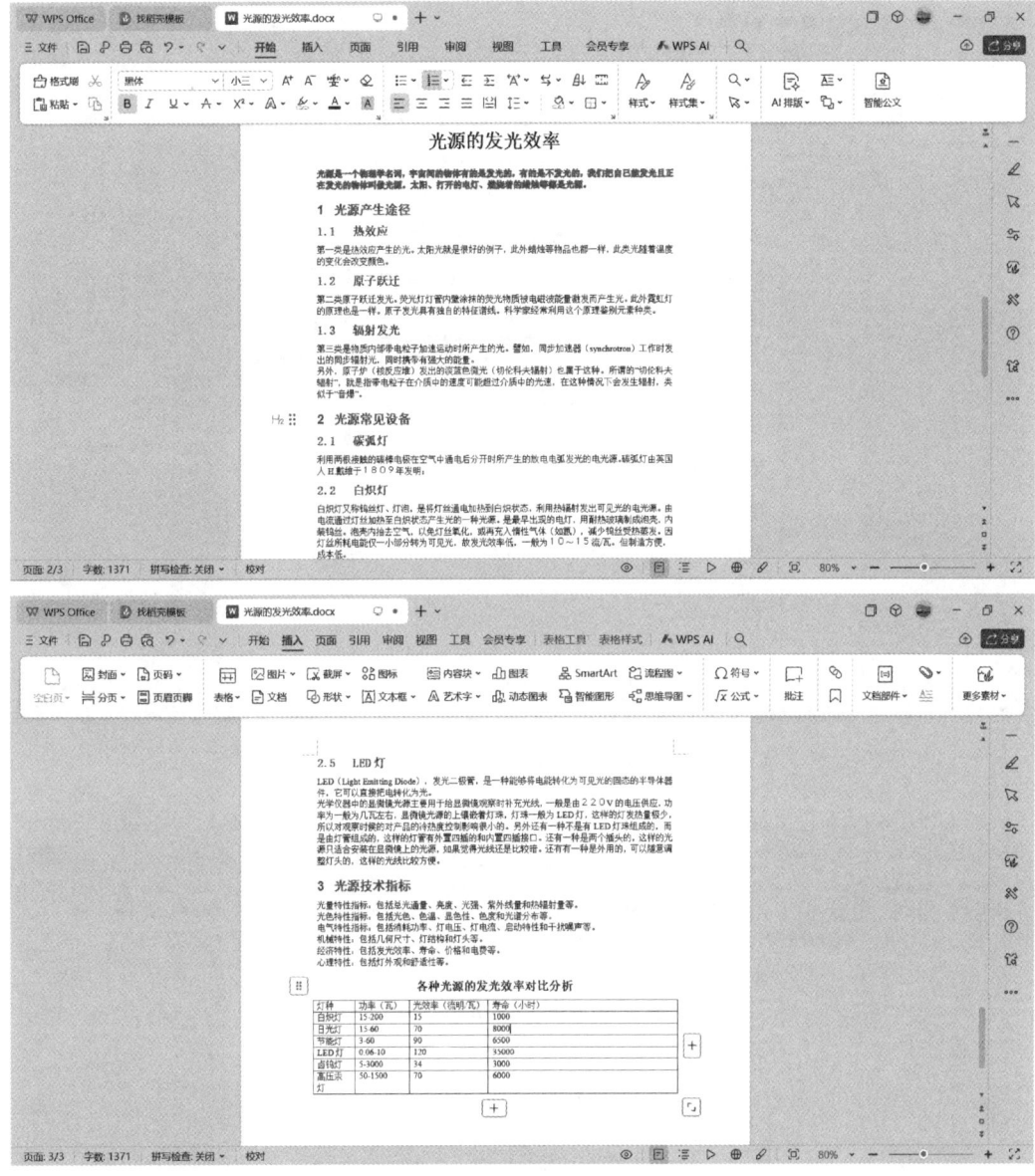

图2-32 案例2.6操作效果

① 打开文档"光源的发光效率.doc"，选中最后7行文字，切换至"插入"选项卡，单击"表格"下拉按钮，选择"文本转换成表格"，弹出"将文字转换成表格"对话框，单击"确定"按钮，如图2-33所示。

② 移动鼠标停留在表格上方，表格下方和右方出现如图2-34的"加号"按钮，单击下方的"加号"按钮，在表格下方增加一行（注：右侧按钮用于新增列）。然后在新插入行的第一列单元格内输入"最大值"。上述新增行列的操作也可以在选中表格最后一行任意单元格后，在"表格工具"选项卡中单击"插入"按钮后，选择相应菜单来完成。

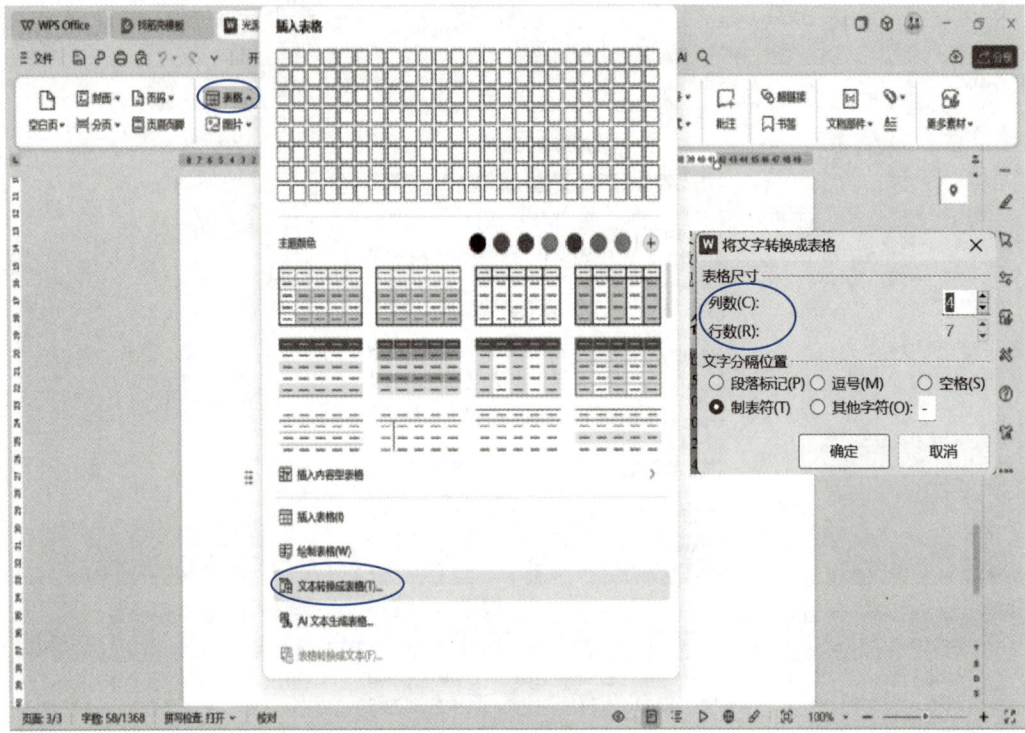

图2-33　文本转换成表格

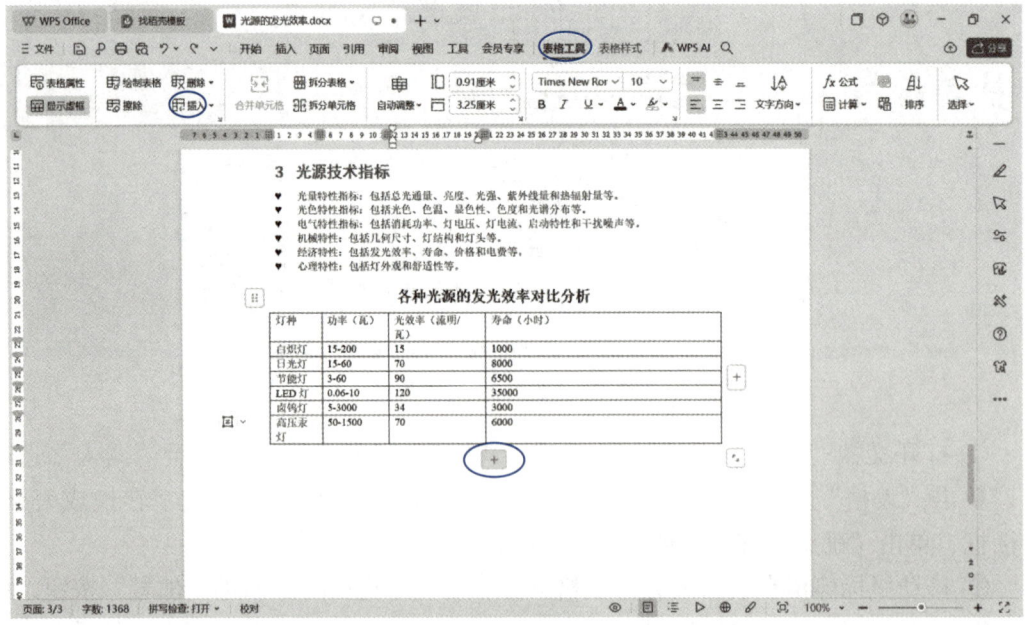

图2-34　为表格增加行

③ 将光标置于表格最后一行第四列单元格中，在"表格工具"选项卡中单击"fx

公式"按钮，弹出"公式"对话框。在"公式"文本框中输入"=MAX(ABOVE)"，单击"确定"按钮，如图2-35所示。

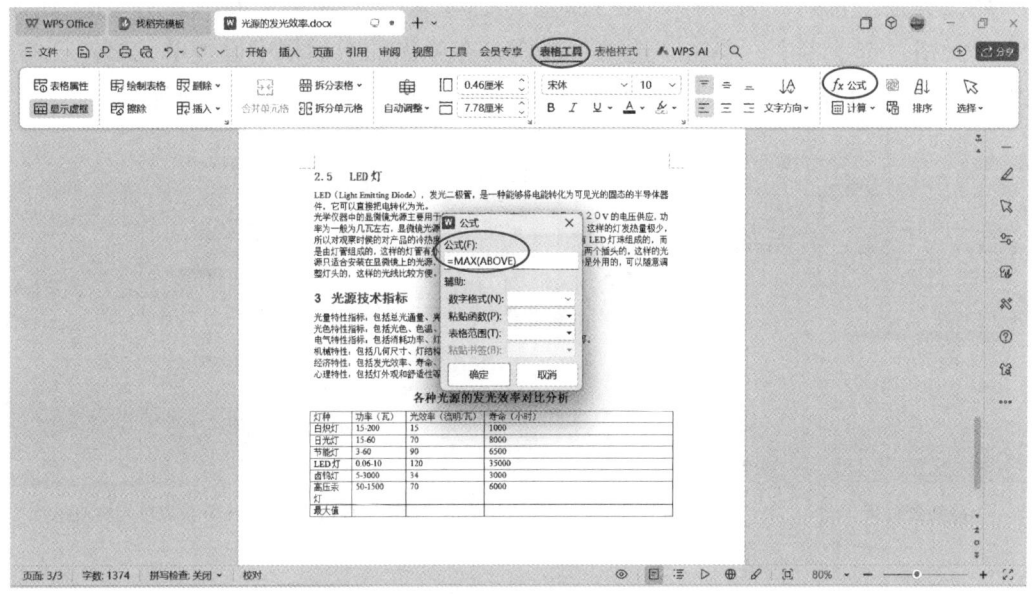

图2-35　表格应用公式

④选中整个表格，单击"表格工具"选项卡，单击"表格属性"按钮，在弹出的"表格属性"对话框中选择"表格"选项卡，在"对齐方式"组中单击"居中"按钮，单击"确定"按钮，如图2-36所示。

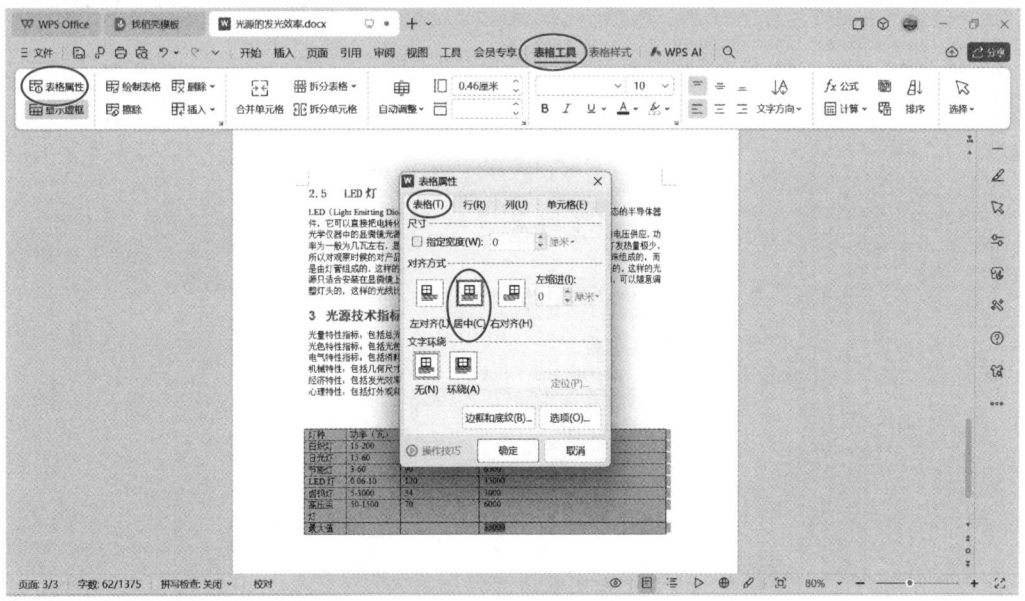

图2-36　表格居中设置

⑤ 选中整张表格，进入"表格属性"对话框，在"行"选项卡中设置高度为0.7厘米，如图2-37（a）所示。在"列"选项卡中通过"前一列""后一列"按钮切换每一列，分别设置列宽为2厘米、2.5厘米、3.5厘米、2.5厘米，如图2-37（b）所示。在"单元格"选项卡中，单击"选项"按钮，在弹出的对话框中设置单元格左、右边距为0.2厘米，如图2-37（c）、图2-37（d）所示。最后单击"确定"按钮。

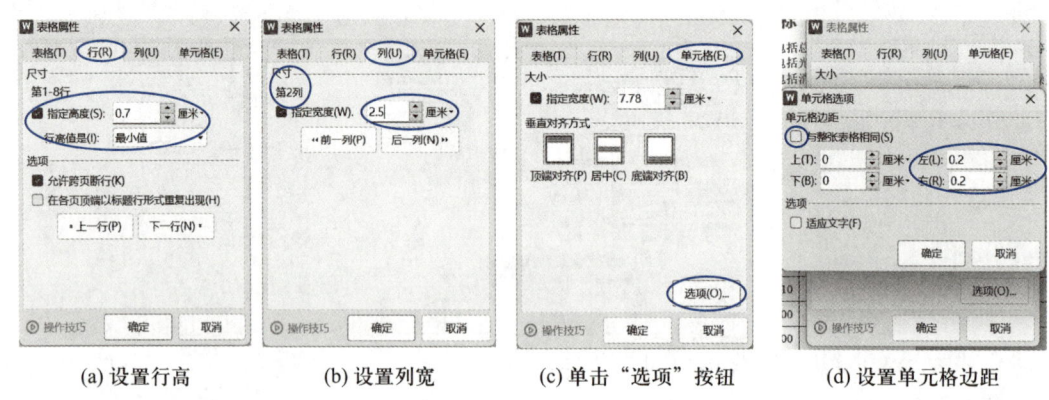

(a) 设置行高　　　　(b) 设置列宽　　　　(c) 单击"选项"按钮　　　　(d) 设置单元格边距

图2-37　表格属性设置

⑥ 选中表格第一行，在"表格工具"选项卡中单击"水平居中"按钮，如图2-38所示。选中表格第一列重复上述操作。选中表格中剩余部分的单元格，在相同选项卡位置选中"垂直居中"和"右对齐"。

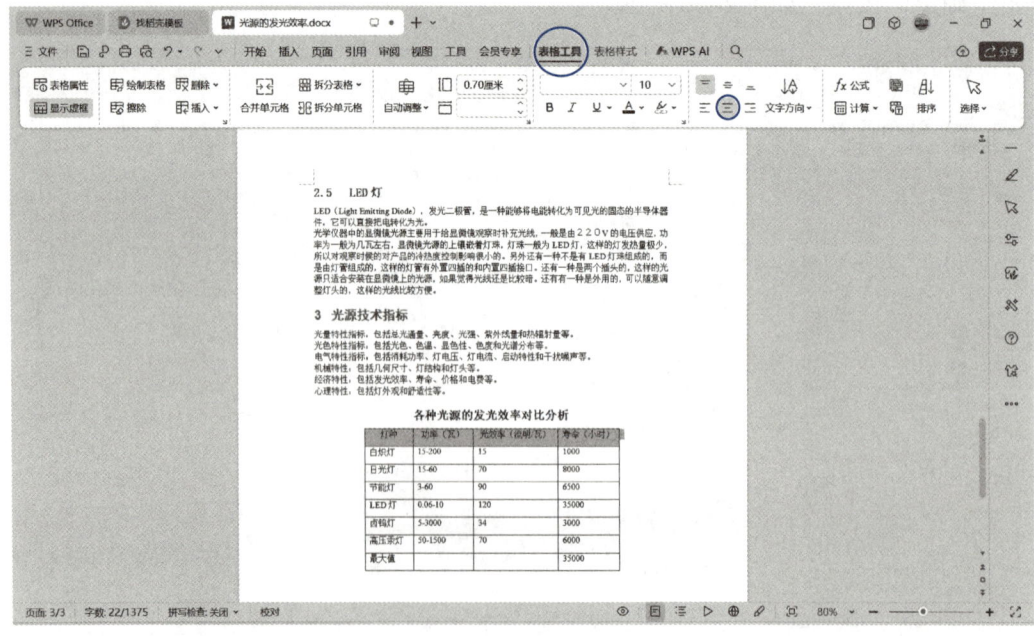

图2-38　表格文本内容居中设置

⑦选中表格第一行至第七行，在"表格工具"选项卡中单击"排序"按钮进入相应对话框，选中左下角的"有标题行"，在"主要关键字"部分选择"寿命（小时）"，在"类型"部分选择"数字"，并选中"降序"单选按钮，最后单击"确定"按钮，如图2-39所示。

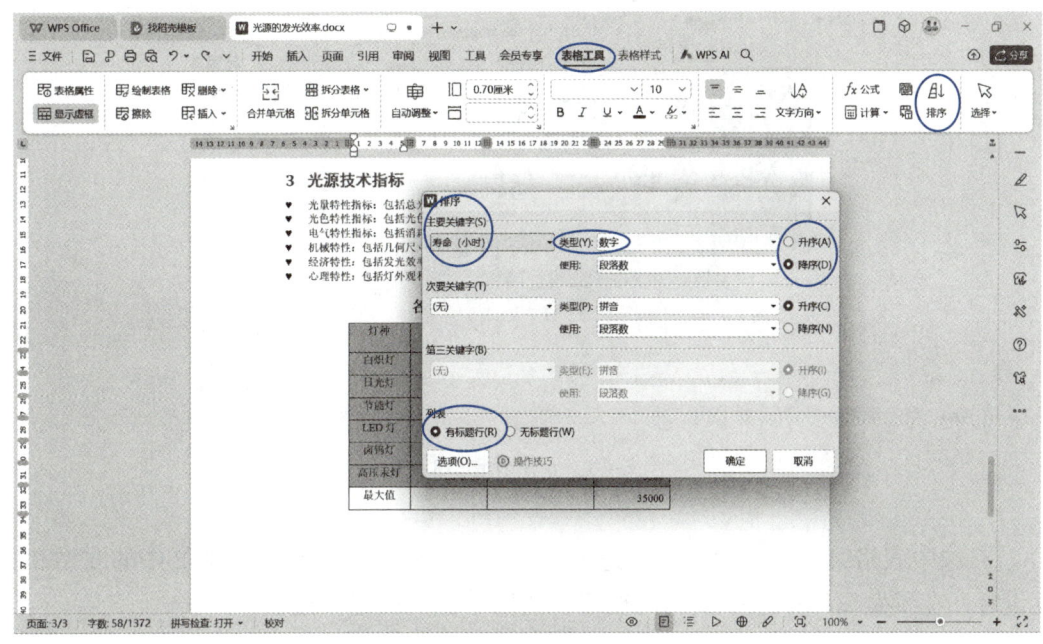

图2-39　表格内容排序设置

⑧单击"保存"按钮保存文档后，关闭文档。

【案例2.8】在文档"光源的发光效率.doc"中，设置表格外框线和第一、二行间的内框线为1.5磅红色（标准色）双实线、其余内框线为0.5磅红色（标准色）单实线；设置表格底纹颜色为主题颜色"巧克力黄，着色6，浅色80%"。具体操作步骤如下。

①打开文档"光源的发光效率.doc"，选中整张表格，在"开始"选项卡中单击"边框"右侧下拉按钮，在弹出列表中选择"边框与底纹"，弹出对应对话框，如图2-40所示。在对话框中选中"自定义"，选择线型为"双实线"，选择颜色为"标准色红色"，选择宽度为1.5磅，在预览窗口中单击上边框和下边框，然后单击"确定"按钮。

②选中表格第一行，进入"边框和底纹"对话框，如图2-41（a）所示，在预览窗口中选中单元格下框线。

修改线型为"单实线"，宽度为"0.5磅"，在预览窗口中单击纵向内框线，如图2-41（b）所示，然后单击"确定"按钮。

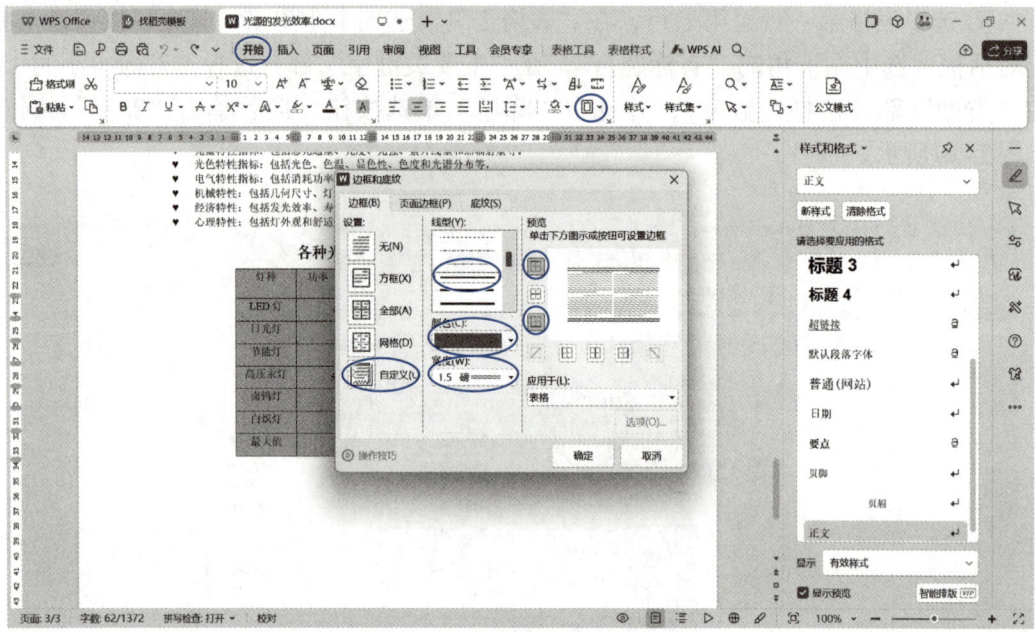

图2-40　表格外框线设置

③选中表格第二行至第八行，进入"边框和底纹"对话框，参考②中的线型和宽度设置，在预览窗口中选中横向内框线，然后单击"确定"按钮。

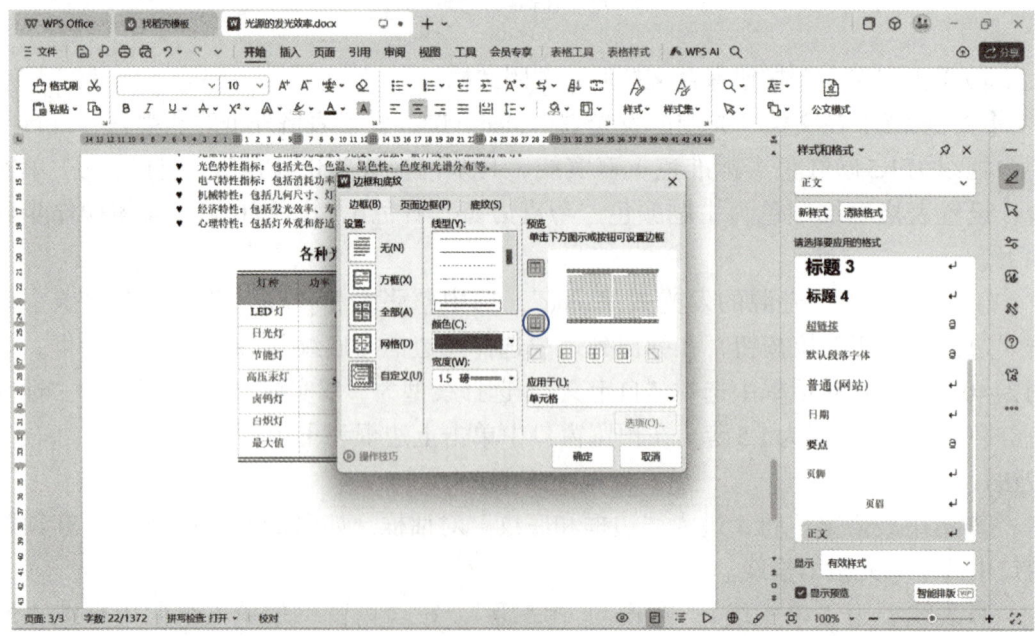

(a)"边框和底纹"对话框

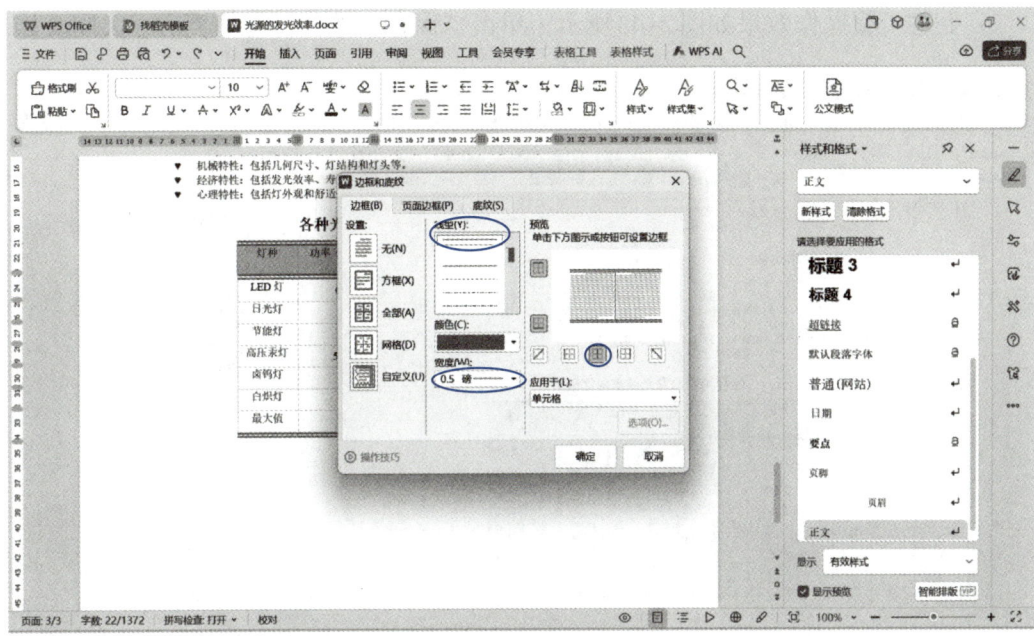

(b) 设置纵向内框线

图2-41 表格第一行内框线设置

④ 选中整张表格，进入"边框和底纹"对话框，选择"底纹"选项卡，单击颜色，在弹出的列表中选中"巧克力黄，着色6，浅色80%"，单击"确定"按钮，如图2-42所示。

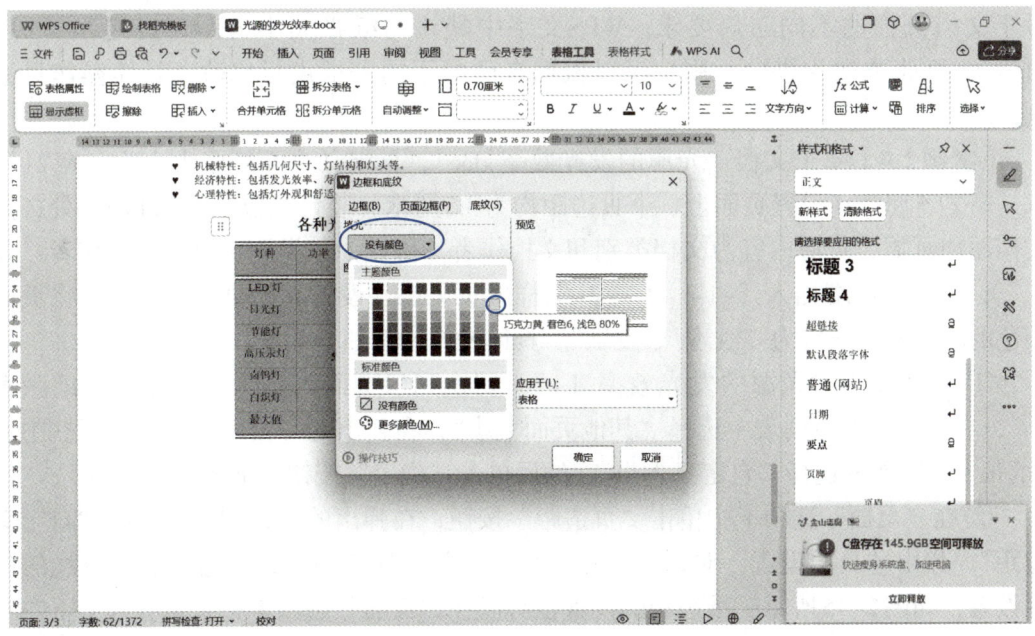

图2-42 表格底纹设置

⑤ 上述步骤操作效果如图2-43所示，单击"保存"按钮保存文档后，关闭文档。

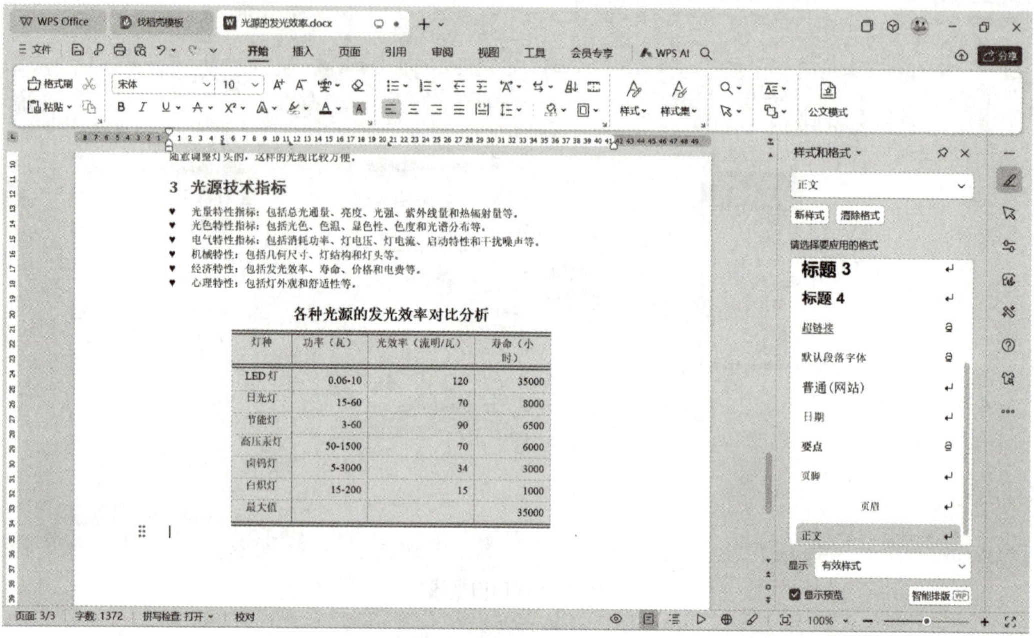

图2-43　案例2.8操作效果

2.2.5　文档的页面设置与打印

WPS文字提供了页面大小、方向、页边距等不同的设置方式，以适应不同用户对于文档页面的不同布局要求。WPS文字中默认的纸张大小为A4（21厘米×29.7厘米），纸张方向为纵向，用户可以根据自己的不同需求进行修改，具体操作见案例2.9。

【案例2.9】基于文档"光源的发光效率.doc"，自定义页面纸张大小为：宽21厘米、高27.5厘米；设置页面上、下页边距均为3.5厘米，装订线位于左侧1厘米处；为文档添加页眉，页眉内容为文档类别和文档作者（格式为"类别：科技类；作者：张三"）；在页面底端插入"-1- -2- -3-"样式页码，并设置起始页码为"1"；将页面颜色的填充效果设置为"纹理/羊皮纸"。具体操作步骤如下。

① 打开文档"光源的发光效率.doc"，切换到"页面"选项卡，选择"纸张大小"，在弹出的下拉列表中选择"其他页面大小"，在弹出的"页面设置"对话框中的"纸张大小"部分选择"自定义大小"，然后单击"确定"按钮，如图2-44所示。

② 在"页面"选项卡中单击"页边距"按钮，在弹出的下拉列表中选择"自定义边距"，弹出"页面设置"对话框，在"页边距"选择卡中进行页边距和装订线的相关设置，如图2-45所示。页边距的设置也可以在"页面"选项卡中直接输入上下左右的页边距。

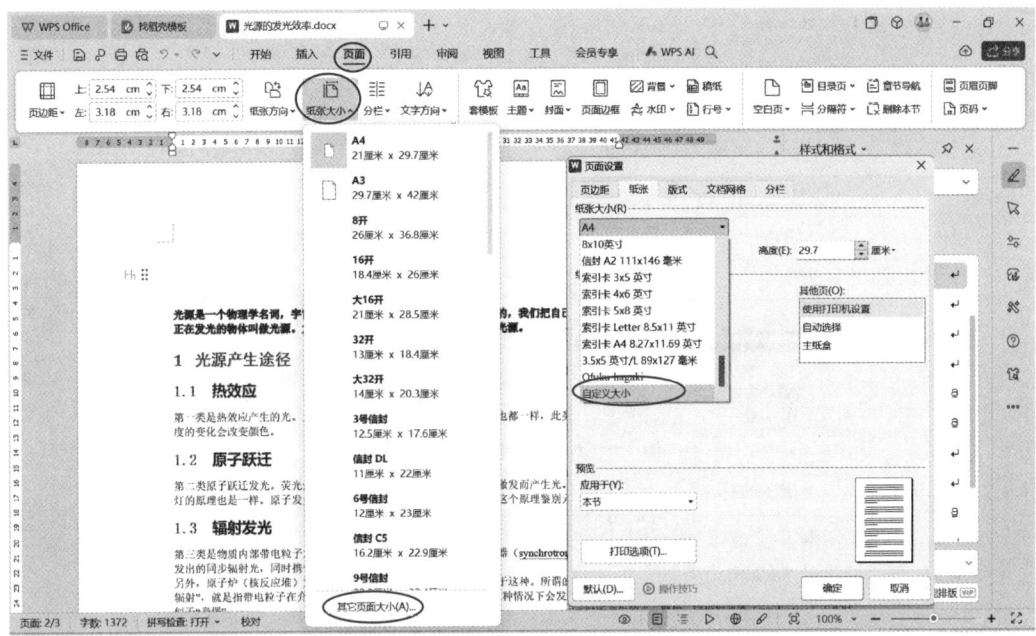

图2-44 页面纸张大小设置

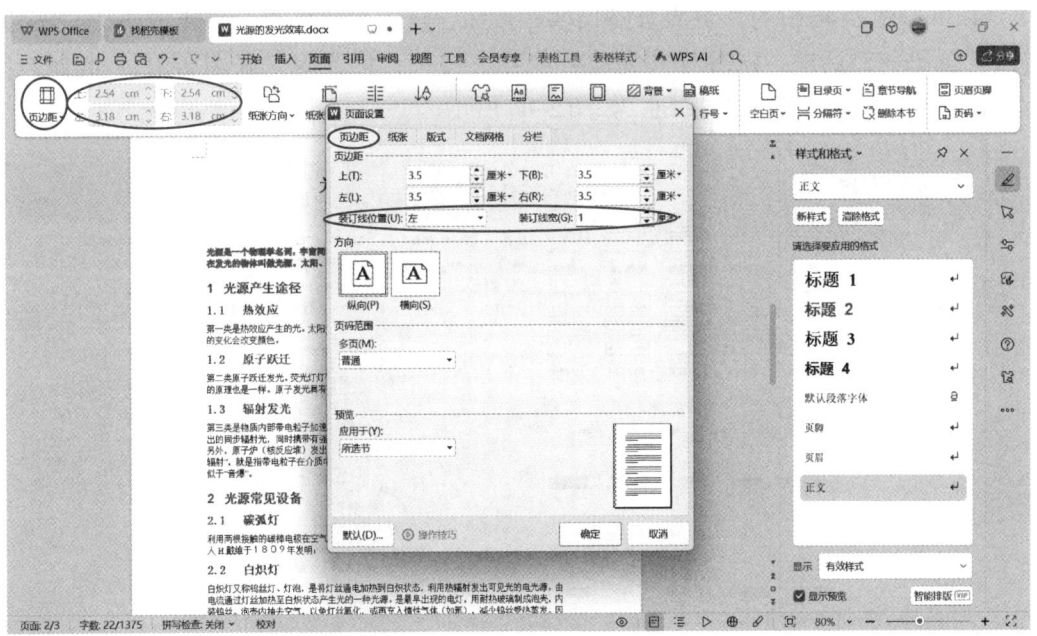

图2-45 页边距与装订线设置

③在"页面"选项卡的最右侧单击"页眉页脚"按钮，选项卡中将增加"页眉页脚"选项卡；通过"页眉页脚"选项卡可进入文档的页眉区域，如图2-46所示，用户可以在该区域内输入"类别：科技类；作者：张三"。

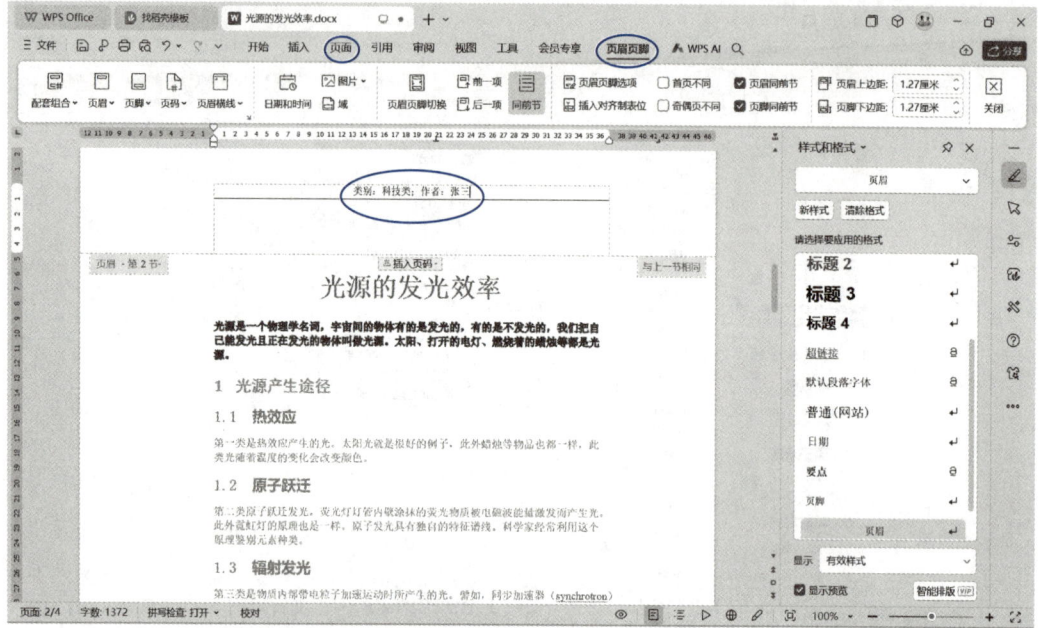

图2-46　页眉设置

④ 单击图2-46中的"页眉页脚切换"按钮，进入页脚区域，单击"页码"按钮，进入"页码"对话框，选择样式为"-1-　-2-　-3-"，位置为"底端居中"，起始页码为"1"，然后单击"确定"按钮，如图2-47所示。

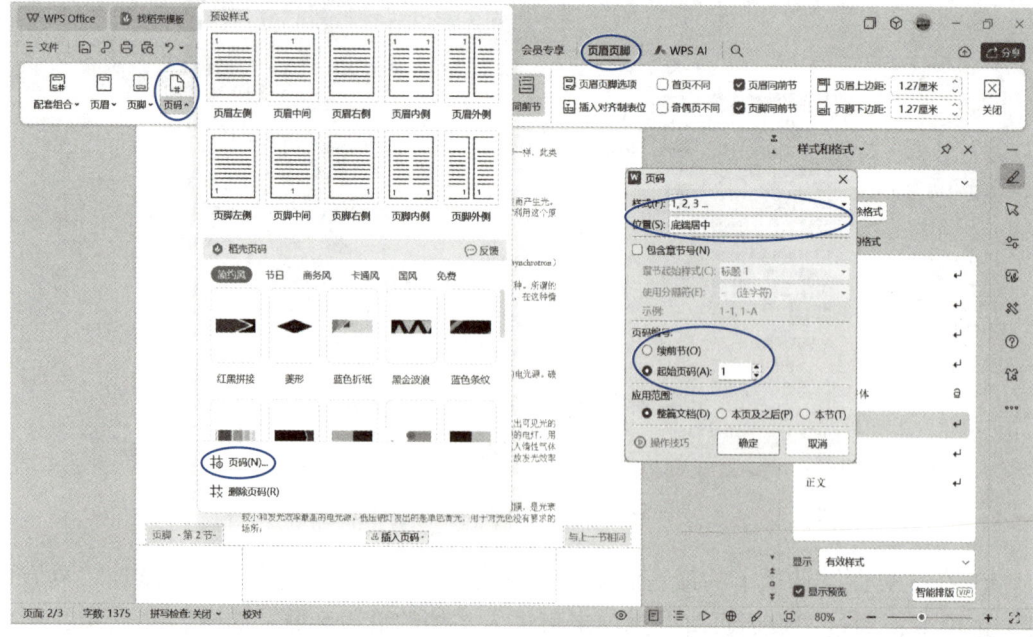

图2-47　页脚设置

⑤ 在正文中任意位置单击，退出"页眉页脚"编辑状态。在"页面"选项卡中单击"背景"按钮，在"其他背景"中选择"纹理"，在弹出的"填充效果"对话框中选择"横格纸纹"，然后单击"确定"按钮，如图2-48所示。

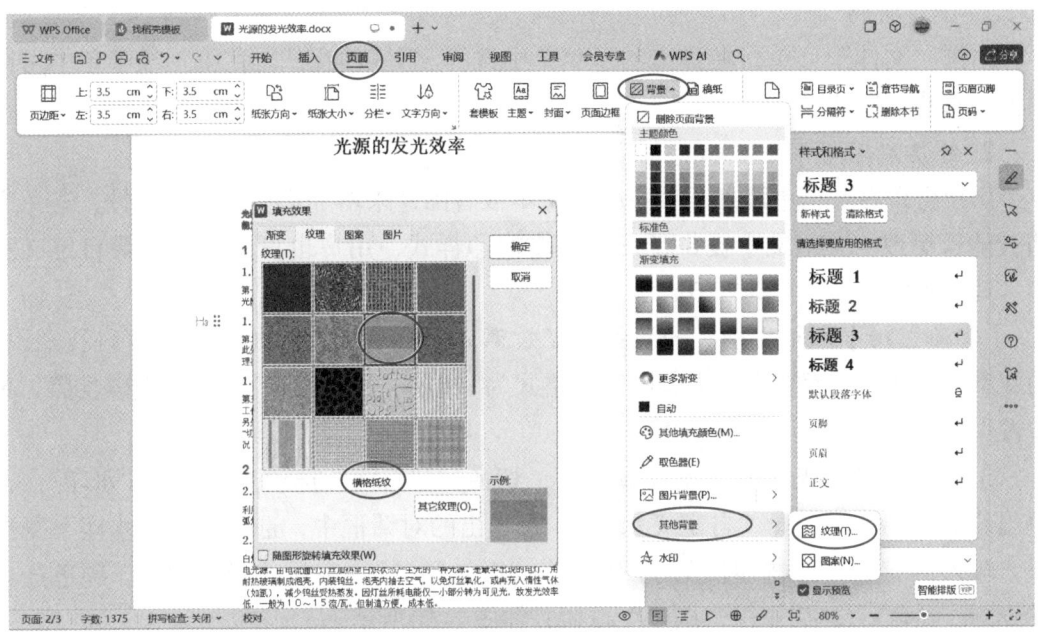

图2-48 页面背景设置

⑥ 上述步骤操作效果如图2-49所示，单击"保存"按钮保存文档后，关闭文档。

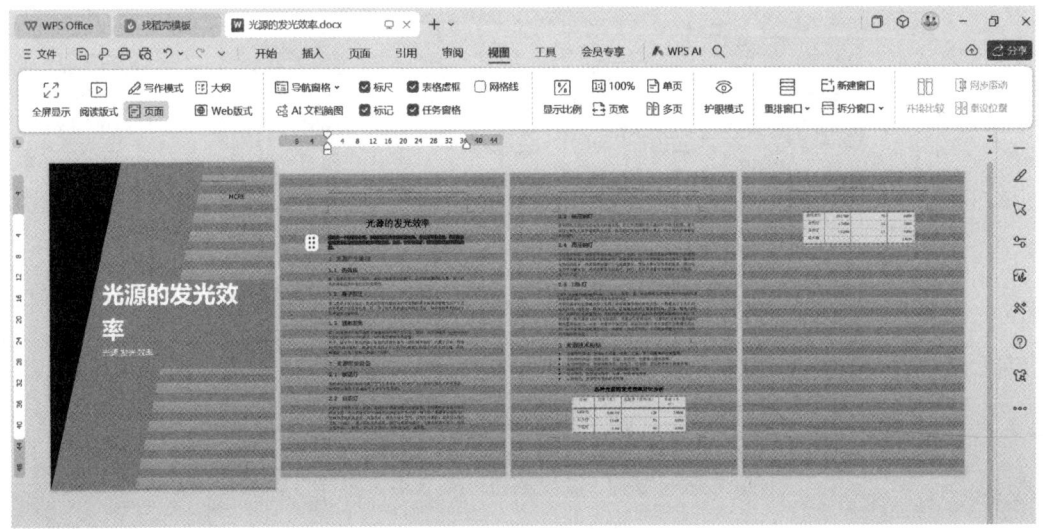

图2-49 案例2.9操作效果

2.2.6 文档的保护

用户可以通过设置密码和添加水印的方式对完成编辑的文档进行保护，具体操作方法如下。

1. 设置密码

单击"文件"菜单，在弹出的子菜单中选择"文档加密"，在下一级菜单中可以根据不同的选择进行操作。

2. 添加水印

用户可以在文档中添加一些特殊的文本或者图片来增加文档的可识别性，避免文档被随意更改。WPS文字提供了一些文本水印样式，用户也可以根据需要自定义水印。具体操作可参考案例2.10。

【案例2.10】基于文档"光源的发光效率.doc"，为页面添加内容为"科技知识"的文字型水印，并设置水印内容的字体格式为120磅、红色（标准色）、微软雅黑。具体操作步骤如下。

① 打开文档"光源的发光效率.doc"，切换到"页面"选项卡，选择"水印"，在弹出的下拉列表中选择"自定义水印"，在弹出的对话框中，选中"文字水印"复选框，输入内容为"科技知识"，字体选择"微软雅黑"，字号选择"120"，颜色选择"标准色 红色"，然后单击"确定"按钮，如图2-50所示。

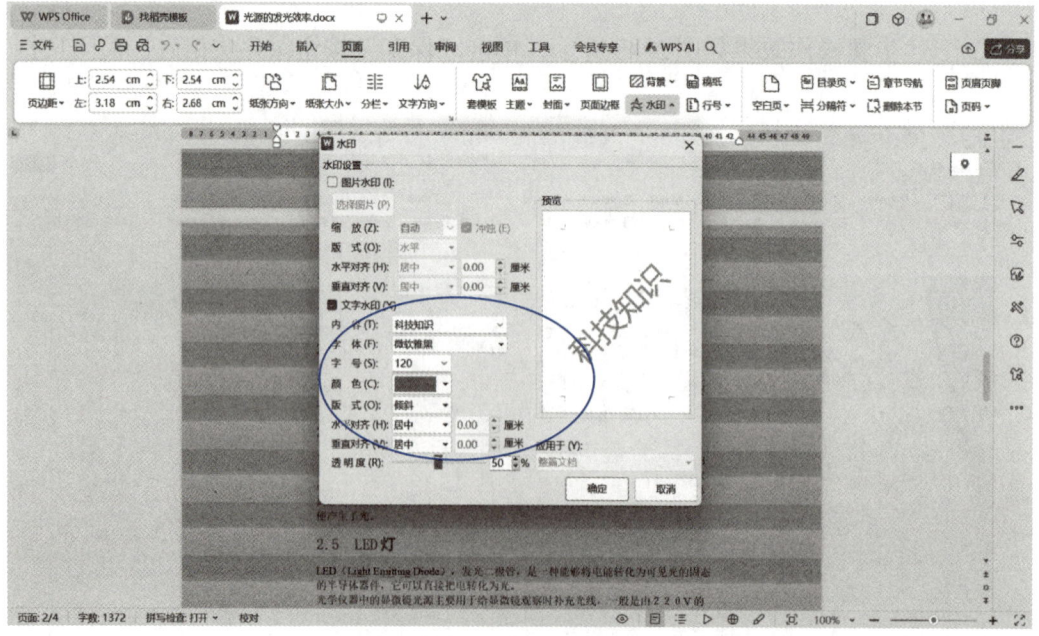

图2-50　页面的水印设置

② 上述步骤操作效果如图2-51所示，单击"保存"按钮保存文档后，关闭文档。

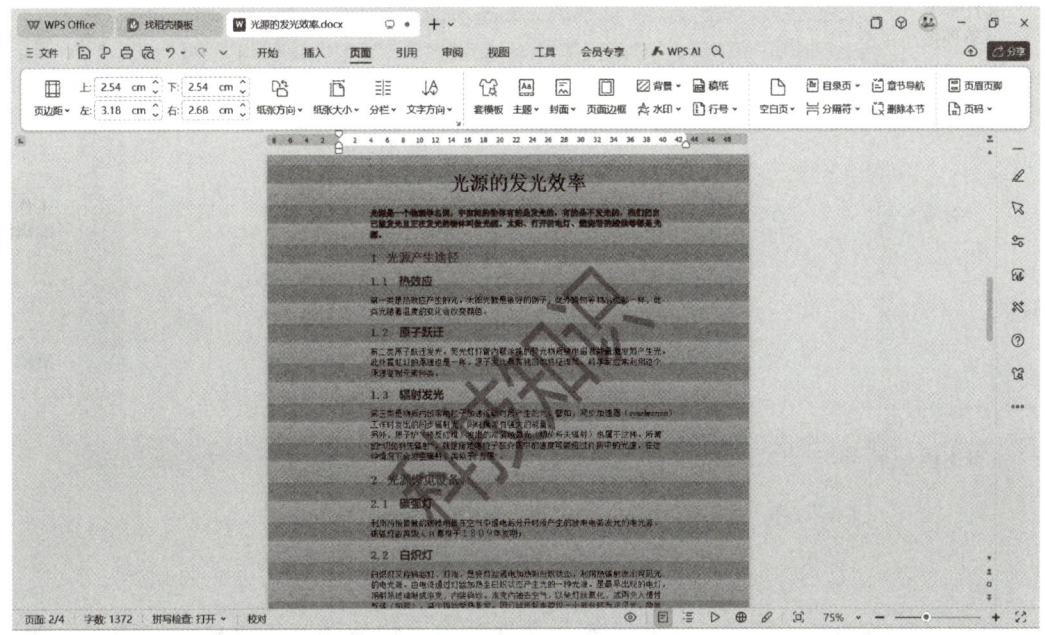

图2-51 案例2.10操作效果

2.3 WPS表格

WPS表格是WPS Office中非常重要的一个组件，专门用于处理表格，能够帮助用户快速地存储、统计和分析日常工作中的各种数据。这是一个强大的电子表格软件，具有类似于Microsoft Excel的功能。它能够处理大量的数据，支持多种数据格式，如.xls、.xlsx等。WPS表格提供了丰富的数据分析工具，如公式计算、图表制作、数据筛选等，使用户能够更加方便地进行数据处理和分析。此外，它还支持数据透视表功能，帮助用户快速分析大量数据。在打印方面，WPS表格支持手动顺序双面打印、手动逆序双面打印、拼页打印、反片打印等多种应用。

2.3.1 WPS表格的工作界面

WPS表格工作界面主要是由WPS Office首页、文件标签、按钮区、文件菜单、快速访问工具栏、选项卡、WPS AI工具功能区（单击选项卡时显示）、名称框、编辑栏、行号、列标、工作表编辑区、工作表标签、状态栏、滚动条等部分组成，如图2-52所示。WPS表格的默认文件后缀为.et，同时可以兼容.xls或者.xlsx文件格式。

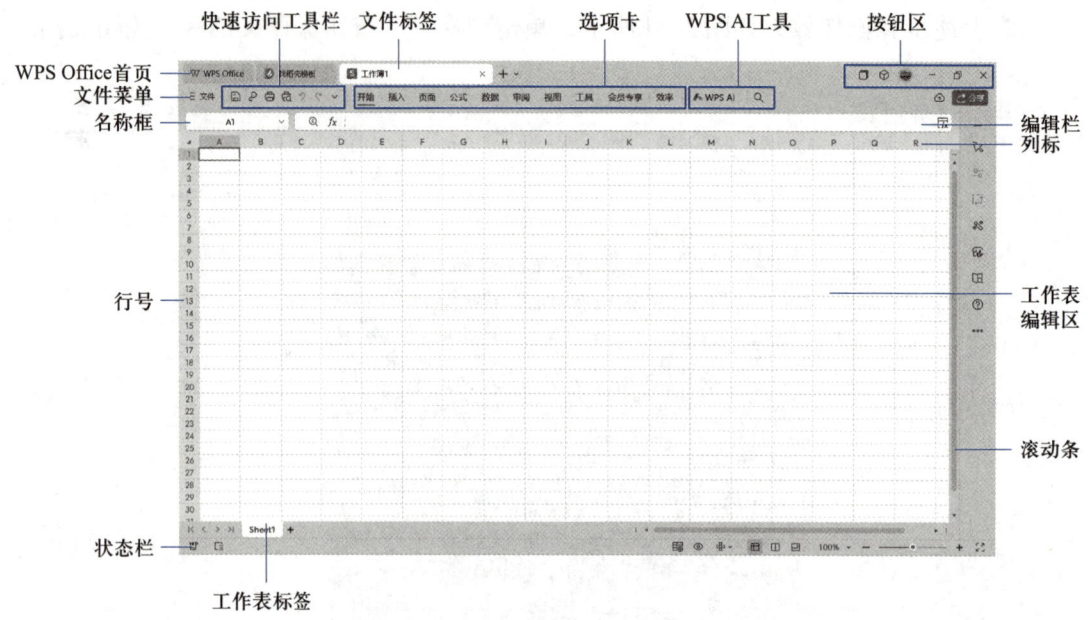

图2-52　WPS表格工作界面

其中，WPS Office首页、文件标签、文件菜单、快速访问工具栏、选项卡、功能区、按钮区、状态栏和滚动条部分的作用与WPS文字的工作界面中相同模块是相同的，其余部分的作用描述如下。

名称框：用于显示所选单元格或单元格区域的由行号和列标组成的地址及定义的名称。

编辑栏：用于显示或编辑所选单元格中的内容，单击"浏览公式结果"按钮，可在编辑栏左侧的框中显示所选单元格中的公式；单击"插入函数"按钮，可打开"插入函数"对话框。

行号：用于显示工作表中的行，以1，2，3，4……的形式编号。

列标：用于显示工作表中的列，以A、B、C、D……的形式编号。

工作表编辑区：用于编辑表格内容，工作表编辑区是由一个个单元格组成的，每个单元格都拥有一个由行号和列标组成的唯一单元格地址。

工作表标签：用于显示当前工作簿中的工作表名称，单击工作表标签右侧的"插入工作表"按钮，可插入新工作表。

2.3.2　工作簿操作

工作簿相当于一个小册子，工作表相当于这个小册子中的某一页。在WPS表格中，如果要制作表格，就需要首先新建工作簿，然后再在工作簿的一张工作表中编辑、保存和处理数据。

1. 新建工作簿

单击"WPS Office"首页按钮，单击"新建"按钮，并选择"表格"就可以进入表格新建页，用户可以根据自己的需要选择"空白表格"或者各类可视化图表，也可以通过选择"创作工具"进行新建。用户选择"空白表格"后会自动生成一个名为"工作簿+数字编号"的空白工作簿。

2. 保存工作簿

完成工作簿内容的编辑或修改之后，用户可以通过以下几种方式保存工作簿文件。

① 单击"文件"菜单，选择"保存"命令或者使用Ctrl+S组合键。

② 单击快速访问工具栏中的"保存"按钮。

③ 单击"文件"菜单，选择"另存为"命令，弹出"另存为"对话框，在其中可以对保存位置、保存名称、保存类型进行设置。第一次单击"保存"按钮时也会弹出"另存为"对话框。

3. 加密保护工作簿

为了保护文件数据，防止他人查看或修改表格中的数据，用户可以通过设置密码保护工作簿的结构和工作簿内容。密码保护的具体设置操作为：选择"文件"菜单中的"文件信息"命令，在打开的子菜单中选择"文档加密"，在对话框中开启或关闭"文档加密保护"模式。在"密码加密"对话框中允许用户分别对打开权限和编辑权限进行设置。

4. 分享工作簿

"文件"菜单中的"分享发送"命令允许用户将表格文件分享给其他人。这项操作有利于完成表格数据的多用户录入、编辑或审核、查看。

5. 退出 WPS 表格

选择"文件"菜单的最后一项"退出"或者单击右上角的"关闭"按钮都可以退出WPS表格应用。

2.3.3 工作表操作

在WPS表格中，工作表是工作簿的组成部分，是具体数据的载体。工作表的基本操作包含了创建、添加、删除、重命名、复制、移动、隐藏、显示、保存等。

1. 添加或插入工作表

默认情况下，新建的工作簿中只包含一张工作表"Sheet1"，用户可以根据需求添加新的工作表。具体的操作方法为：在已有工作表标签上右击，在弹出的菜单中选择"插入工作表"，弹出对应对话框，在"插入数量"数值框中设置新建工作表的数量，在"插入"部分设置新工作表的插入位置，最后单击"确定"按钮结束操作，如图2-53所示。

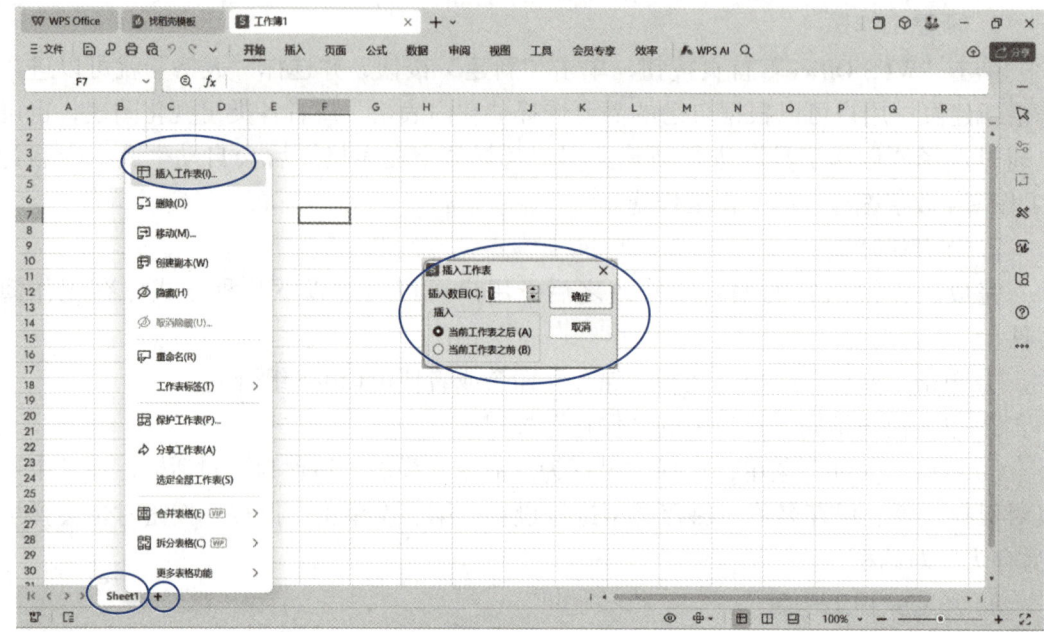

图 2-53 添加工作表

　　添加新的工作表的操作也可以通过已有工作表标签右侧的"+"按钮快捷完成，该按钮将会在当前工作表之后添加一张新的工作表。

2. 重命名工作表

　　在WPS表格中，添加的工作表将自动以"Sheet+数字"的形式命名。为了更好地查看和管理工作表，用户可以根据表格的数据内容对工作表进行重命名。其操作方法为：双击工作表标签，工作表名称进入蓝底白字的选中状态（可编辑状态），此时，用户可以输入新的名称，按Enter键确认操作。

3. 移动或复制工作表

　　在WPS表格中，用户可以通过移动工作表的操作将某张工作表移动到同一工作簿的其他位置或者移动到其他工作簿中；当用户需要制作相同结构的工作表时。可以通过复制工作表的操作快速完成。具体操作方法为：在工作表标签中选中要移动的工作表，右击，在弹出的快捷菜单中选择"移动"，弹出对应对话框，在"工作簿"下拉列表框中选择目标工作簿，在"下列选定工作表之前"列表框中选择位置，最后单击"确定"按钮，完成操作，如图2-54所示。此操作将把选定的工作表插入到指定的工作表之前。

　　上述操作中如果选中"建立副本"复选框，则将完

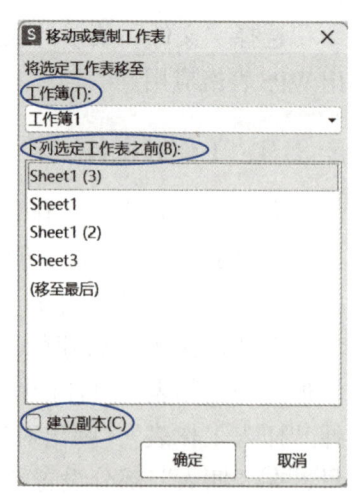

图 2-54　移动或复制工作表

成工作表的复制。在工作表标签中选中要复制的工作表，右击，在弹出的菜单中选中"建立副本"复选框，将在当前工作簿选中工作表之后插入副本工作表，默认名称为"原文件名（2）"。

在不同工作簿之间进行工作表的移动和复制时，用户必须通过菜单操作实现。在同一工作簿之间进行工作表的移动和复制时，用户可以通过拖动鼠标的操作快速实现。具体操作方法是：将鼠标移动到需要移动的工作表标签上，按住鼠标左键不放，将鼠标拖动到目标位置后释放左键，就可以完成工作表的移动。用户在按住Ctrl键的同时移动工作表，就可以快速完成工作表的复制。

4. 隐藏或显示工作表

在WPS表格中，如果一个工作簿中的工作表数量太多，或者为了避免工作表内容被其他人看到及更改，用户可以根据需要设置部分工作表的显示与隐藏。具体操作方法是：在工作表标签中选中要操作的工作表，右击，在弹出的菜单中选择"隐藏"，所选工作表将被隐藏起来。当需要显示工作表时，可以在任意工作表标签上右击，在弹出的菜单中选择"取消隐藏"，在弹出的对话框中选择需要显示的工作表，单击"确定"按钮，选中的隐藏工作表将被显示出来。

5. 保存工作表

用户可以通过以下几种方式保存工作表文件。

① 单击"文件"菜单，选择"保存"命令或者使用Ctrl+S组合键。

② 单击快速访问工具栏中的"保存"按钮。

2.3.4 单元格操作

单元格是工作表的基本组成单元，也是接收数据的基本单元，通过行号和列标用户可以定位到每一个单元格。在编辑工作表的过程中，用户可以完成单元格的基本操作，如插入单元格、删除单元格、合并单元格、设置单元格边框和调整单元格的行高和列宽等。该部分操作与WPS文字中提供的表格功能类似，但是更为强大。

1. 数据获取

在WPS表格中，工作表中可以接收的数据类型比较多，例如文本、数值、日期、时间等。为了提高效率，用户可以根据实际情况采取不同的方法来获取数据。数据的获取可以通过用户的录入操作完成，也可以通过导入外部数据源完成。常规的录入操作方法如下：先使用鼠标单击需要输入内容的单元格，进入可编辑状态，然后输入相应的内容。

WPS表格可以接收的外部数据源格式包括Excel文件、文本文件、数据库文件等非WPS文件格式。具体的操作方式是：在工作簿中单击"数据"选项卡，选择"获取数据"，在下拉列表中根据具体的数据源格式进行选择，如图2-55所示。

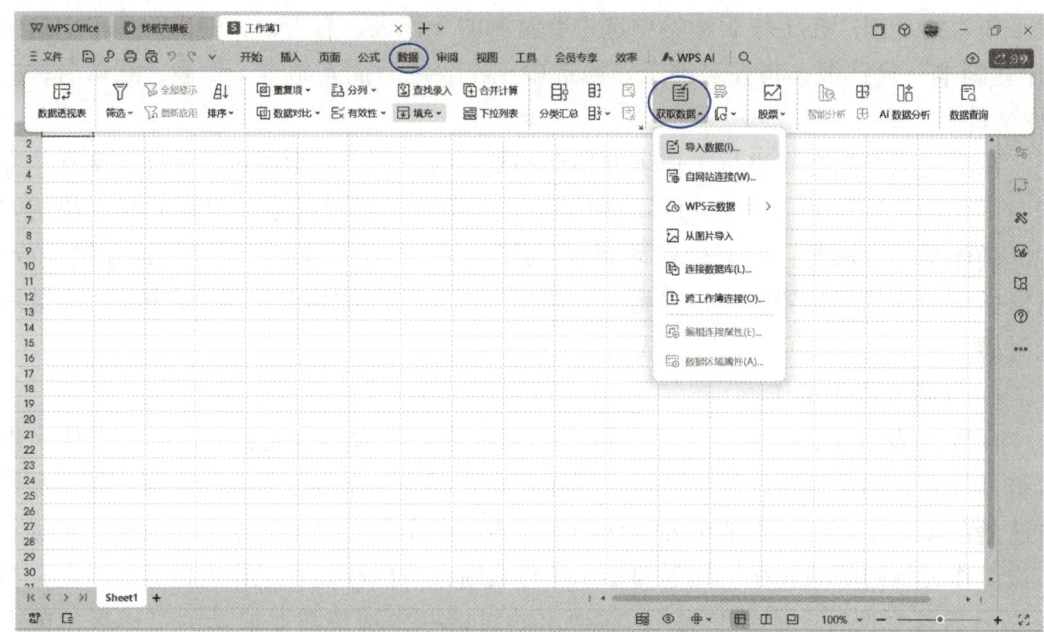

图2-55　导入外部数据

除此之外，用户单击"数据"选项卡，选择"填充"，选择相应的菜单就可以在工作表的同一行或同一列中输入重复数据或者有规律数据。

2. 插入单元格

在WPS工作表中，用户可以根据需要插入单个单元格，也可以插入整行或者整列的单元格。具体的操作方法有以下两种。

① 选中单元格，单击"开始"选项卡中的"行和列"按钮，在弹出的菜单中选择"插入单元格"，再次选择"插入单元格"，在弹出的对话框中对单元格的插入方式或行列的数量进行设置，或者直接选择在上下左右某一个方向插入新的行或列，如图2-56所示。

② 选中单元格，右击，在弹出的菜单中选择"插入"，也可以完成插入单元格的各项设置。

3. 删除单元格

在WPS工作表中，删除单元格可以通过以下两种方法来实现。

① 选中单元格，单击"开始"选项卡中的"行和列"按钮，在弹出的菜单中选择"删除单元格"，结合弹出菜单并根据需要进行单元格的删除、行的删除或者列的删除。

② 选中要删除的单元格，右击，在弹出的快捷菜单中选择"删除"，也可以完成删除单元格的各项设置。

4. 调整单元格行高和列宽

在WPS工作表中，行高和列宽的设置会影响单元格中的数据显示，也会影响表格的总体美观程度，因此用户需要为表格设置合理的行高和列宽。具体的操作方法如下。

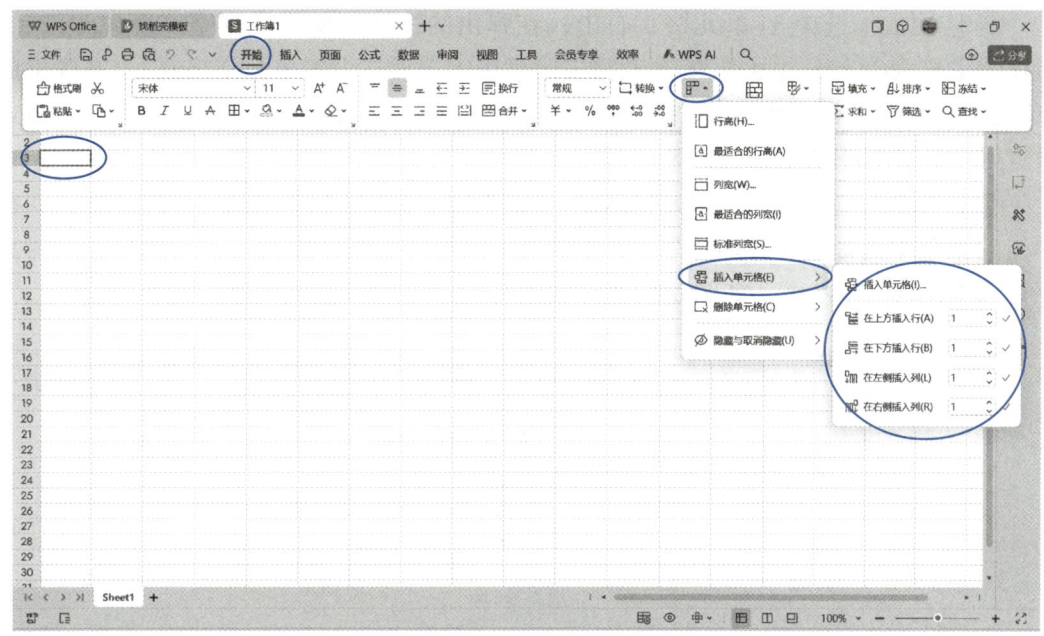

图2-56 插入单元格

① 直接通过鼠标拖动设置：将鼠标移动到最左边的行标上，找到需要调整行高的行，将鼠标停留在该行与下一行的行线上，当鼠标指针变为十字形状时，按住鼠标左键不放并向下移动，直到高度合适时释放鼠标，即可完成行高的调整。使用相同方式在列的分隔线上进行操作，即可完成列宽的调整。

② 选中要统一设置的单元格区域，单击"开始"选项卡中的"行和列"按钮，在弹出的菜单中选择"行高"或者"列宽"，就可以为选中区域设置统一的行高值或者列宽值。

③ 选中要统一设置的单元格区域，单击"开始"选项卡中的"行和列"按钮，在弹出的菜单中选择"最合适的行高"或者"最合适的列宽"，则选中区域将会根据单元格的内容自动调整为最合适的行高和列宽。

5. 合并单元格

在制作表格标题或者不规则的表格时，用户经常需要将多个连续的单元格合并为一个单元格，并进行相应的格式设置。这时就需要用到合并功能。"开始"选项卡中提供了"合并"单元格的操作按钮，具体的操作方法参考案例2.11。

【案例2.11】打开"案例1.xlsx"工作簿文件，选择Sheet1工作表，将工作表改名为"学生成绩统计表"；将A1单元格中的文字格式设置为：红色，粗体，24号；将A1:G1单元格合并为一个单元格，文字居中对齐。具体操作步骤如下。

① 打开文档"案例1.xlsx"，在工作表标签区双击"Sheet1"使其进入可编辑状态，更改名称为"学生成绩统计表"。

② 使用鼠标选中A1单元格，右击，在弹出的快捷菜单里设置字体颜色为红色，粗体，字号为24号；也可以在弹出的快捷菜单中选择"设置单元格格式"，在弹出的"单元格格式"对话框中选择"字体"选项卡，进行相应设置（该部分字体相关格式设置可以参考WPS文字部分的相关操作）。

③ 使用鼠标选中A1:G1单元格区域，在"开始"选项卡中单击"合并"按钮，在弹出的菜单中选择"合并居中"，即可使选择单元格区域合并为一个单元格，同时文字处于单元格居中状态，如图2-57所示。

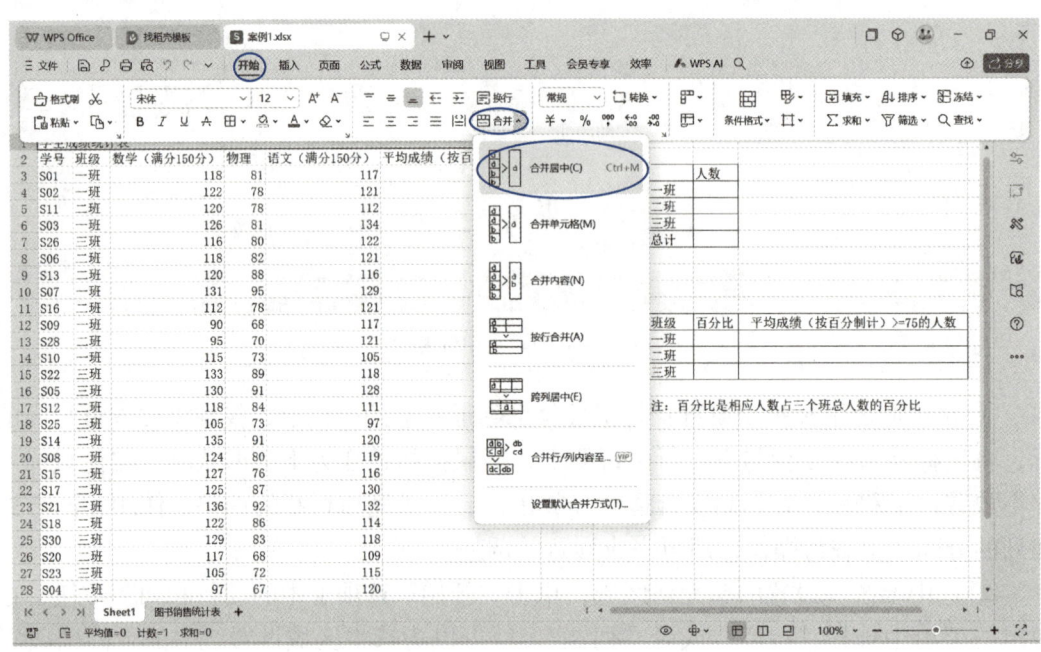

图2-57　合并单元格

④ 单击快速访问工具栏中的"保存"按钮，保存文件。

2.3.5　公式的使用

公式是WPS表格中对于数据进行计算和分析不可缺少的工具，它是以等号"="开头，将各类运算符号、常量、单元格数据等组合在一起形成的表达式。

1. 输入或修改公式

用户可以在单元格中输入公式，也可以在编辑栏中输入公式，都是先输入等号，再根据公式格式输入需要的运算符、常量或者单元格数据。单元格数据可以通过单元格引用进行获取。例如，要将单元格D4和E4中的数据相加，结果放入到F4中，可以采取如下的操作方式：首先选择单元格F4，双击进入可编辑状态，依次输入等号"="，单击单元格D4（此时D4单元格会进入被选状态，由虚线框包围，F4单元格中会出现"D4"编号），输入运算符号"+"，再单击单元格E4输入"E4"编号，公式输入完成；然后按Enter键确认。完成公式输入并确认后，所选单元格F4中将显示计算结果，编辑栏中显示公式。

当输入的公式存在错误时，用户可以进行修改。具体方法是：先选中需要修改的单元格，在单元格或者编辑栏中进行修改，也可以删除公式后重新输入。

需要注意的是，在WPS表格的公式中，数学运算符与我们所习惯的有所区别，在WPS中常用的运算符形式为：*（乘）、/（除）、>=（大于或等于）、<=（小于或等于）和<>（不等于）。

2. 复制和填充公式

当若干单元格中的公式相同时，用户可以通过填充或者复制的方式快速完成计算。

复制公式的具体操作为：选中包含公式的单元格，右击，在弹出的快捷菜单中选择"复制"，再单击需要计算的单元格，右击，在弹出的快捷菜单中选择"粘贴"，即可完成操作。

填充公式的具体操作为：选中包含公式的单元格，将鼠标指针移动到单元格右下角，当鼠标指针变为"+"形状时，按住鼠标左键不放，拖动至需要计算的单元格，释放鼠标后即可计算出结果。

以上操作中涉及的数据引用都是属于单元格的相对引用。

3. 单元格引用

单元格引用是指通过行号和列标确定单元格位置，WPS表格会根据位置查找单元格，从而获取该单元格中的数据完成公式的计算。单元格的引用有相对引用、绝对引用和混合引用三种。

相对引用是指公式中给出的单元格地址会随着目标单元格的位置变化而自动变化。例如：在单元格F4中计算公式为D4+E4，将公式复制粘贴到F7中时公式会自动变化为D7+E7。

绝对引用是指公式中使用的是单元格的绝对地址，不管复制到哪一个单元格中，公式中引用的单元格都不会变化。绝对引用使用"$"符号来锁定单元格位置。例如：在单元格F4中计算公式为D4+$E$4，将公式复制粘贴到F7中时公式会变化为D7+$E$4。该公式中使用了混合引用，既包含了相对引用，又包含了绝对引用，相对引用部分按照规则进行变化，绝对引用部分不发生任何变化。绝对引用的设置也可以单独只对行或只对列进行操作。

2.3.6　函数的使用 ·· ▫️

使用公式只能完成一些简单的计算操作，如果用户需要完成复杂计算，可以使用函数功能实现。WPS表格中提供的常用函数包括：SUM（求和）、IF（条件判断）、VLOOKUP（查找）、RANK（排名）、AVERAGE（求平均值）、MAX（求最大值）、MIN（求最小值）等。具体的操作方法详见案例2.12。

【**案例2.12**】打开"案例1.xlsx"工作簿文件，选择Sheet1工作表，计算每个学生按百分制计的平均成绩置于"平均成绩（按百分制计算）"列（数值型，保留小数点后1位）；利用IF函数计算"备注"列，如果学生平均成绩大于或等于82，填入"A"，否则填入"B"，利用COUNTIF函数分别计算一班、二班、三班的人数置于J4:J6单元格区域；利用SUM函数计算三个班的总人数置于J7单元格内，利用COUNTIFS函数分别计算每班平均成绩按百分制计算75分及以上学生的人数分别置于K13:K15单元格区域；分别计算每班按百分制计算平均成绩75分及以上的人数占三个班总人数的百分比（百分比型，保留小数点后2位）置于J13:J15单元格区域内。利用条件格式将F3:F32单元格设置"培安紫，着色4，淡色40%"渐变填充数据条。具体操作步骤如下。

① 打开文档"案例1.xlsx"，选中F3单元格，输入函数公式"=(C3/1.5+D3+E3/1.5)/3"，按Enter键完成输入，如图2-58所示。

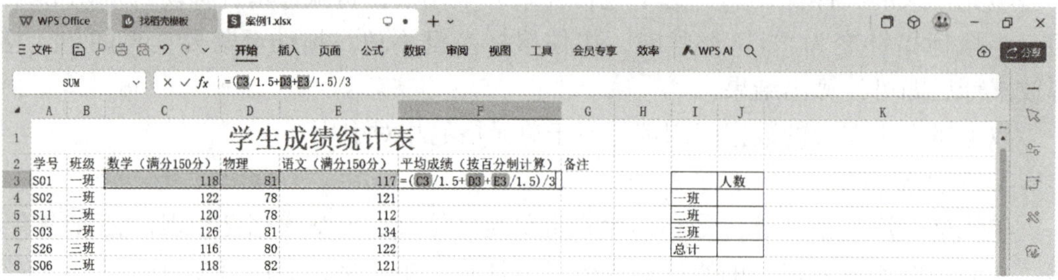

图2-58　输入公式

选中F3单元格，将鼠标指针移动到单元格右下角，如图2-59所示，当鼠标指针变为"+"形状时，按住鼠标左键不放，拖动至单元格F32后释放鼠标，完成单元格区域F3:F32内的计算。

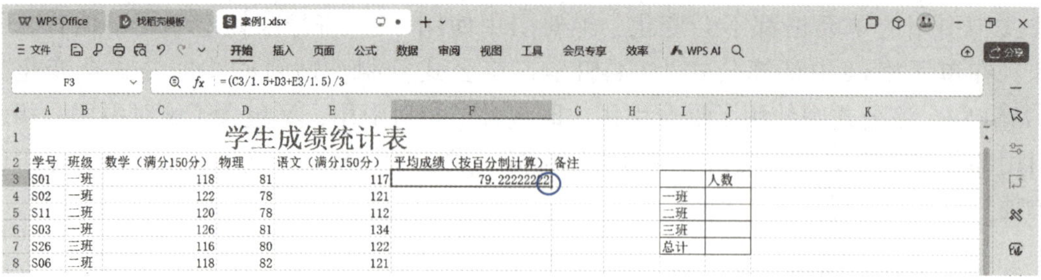

图2-59　填充公式

选择单元格区域F3:F32，右击，在弹出的快捷菜单中选择"设置单元格格式"，进入"单元格格式"对话框，在"数字"选项卡中选择分类为"数值"，并设置小数位位数为1，最后单击"确定"按钮，如图2-60所示。

图2-60 单元格格式设置

② 选中G3单元格，单击编辑栏左侧的"插入函数"按钮，弹出"插入函数"对话框，完成所需函数的选择和查找，如图2-61所示。

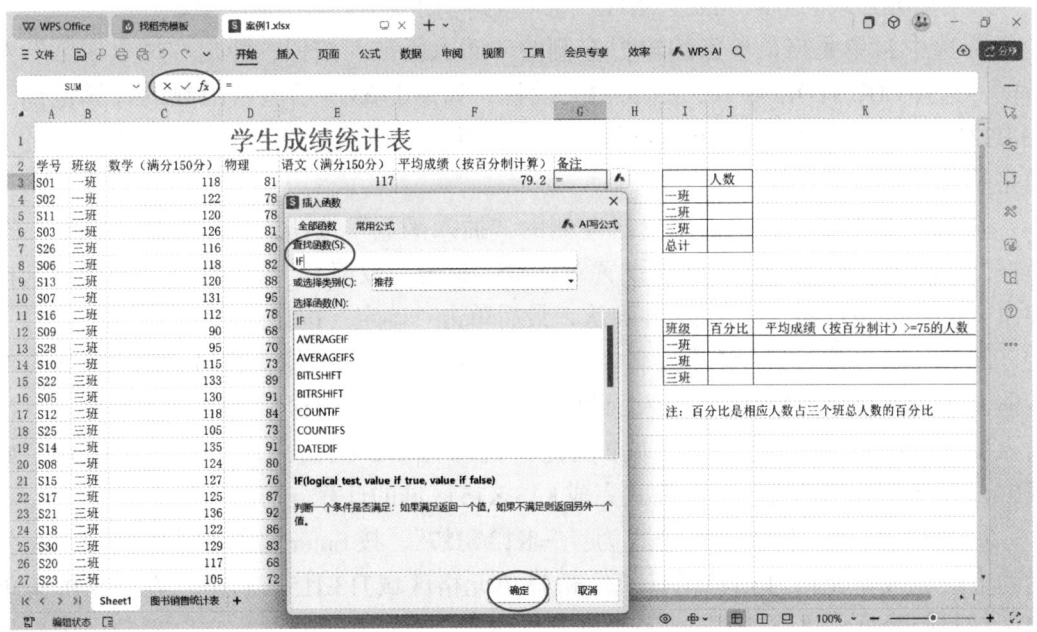

图2-61 插入函数

在弹出的函数参数设置框里分别设置测试条件和最后取值，最后单击"确定"按钮，如图2-62所示。

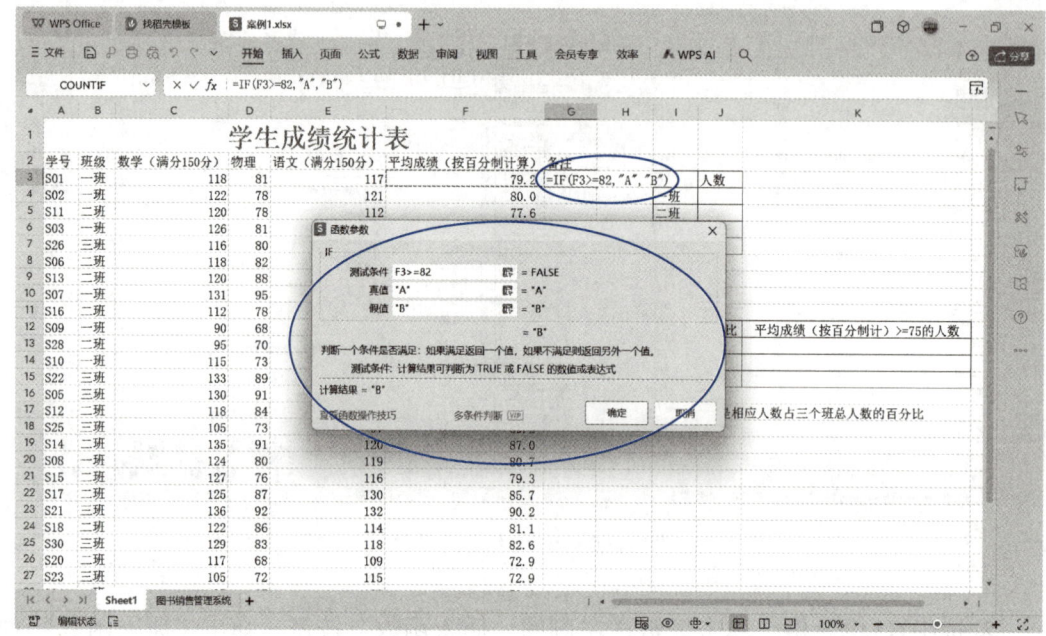

图2-62　IF函数参数设置

采用填充公式的方式完成"备注"列其他单元格的计算，可参考②。

③ 选中J4单元格，单击编辑栏左侧的"插入函数"按钮，弹出"插入函数"对话框，选择COUNTOIF函数，完成相关设置，如图2-63所示。该函数的计算范围为B3:B32区域，并不跟随目标单元格而改变，因此使用了绝对引用。采用填充公式的方式完成J4:J6区域的计算，可参考②。

④ 选中J7单元格，单击编辑栏左侧的"插入函数"按钮，弹出"插入函数"对话框，选择函数SUM，进入函数设置对话框，单击"数值1"编辑框最后的区域选择按钮，选中J4:J6区域，按Enter键确认，最后单击"确定"按钮。

⑤ 选中K13单元格，单击编辑栏左侧的"插入函数"按钮，弹出"插入函数"对话框，选择函数COUNTIFS，进入函数设置对话框，分别对区域和条件进行设置，当输入完区域1和条件1之后，区域2位置将自动弹出，最后单击"确定"按钮，如图2-64所示。采用填充公式的方式完成K13:K15区域的计算，可参考②。

⑥ 选中J13单元格，输入公式为："=K13/$J$7"，按Enter键盘确认。使用填充公式的方法完成单元格J13:J15的计算。选择单元格区域J13:J15，右击，在弹出的菜单中选择"设置单元格格式"，进入"单元格格式"对话框，在"数字"选项卡中选择分类为"百分比"，并设置小数位数为2，最后单击"确定"按钮。

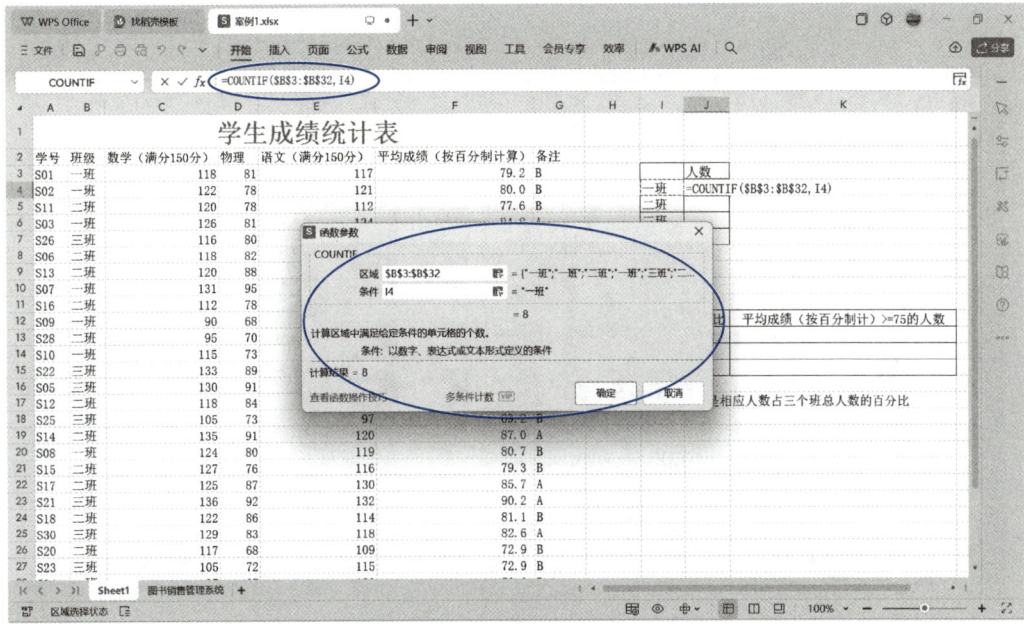

图2-63 COUNTIF函数参数设置

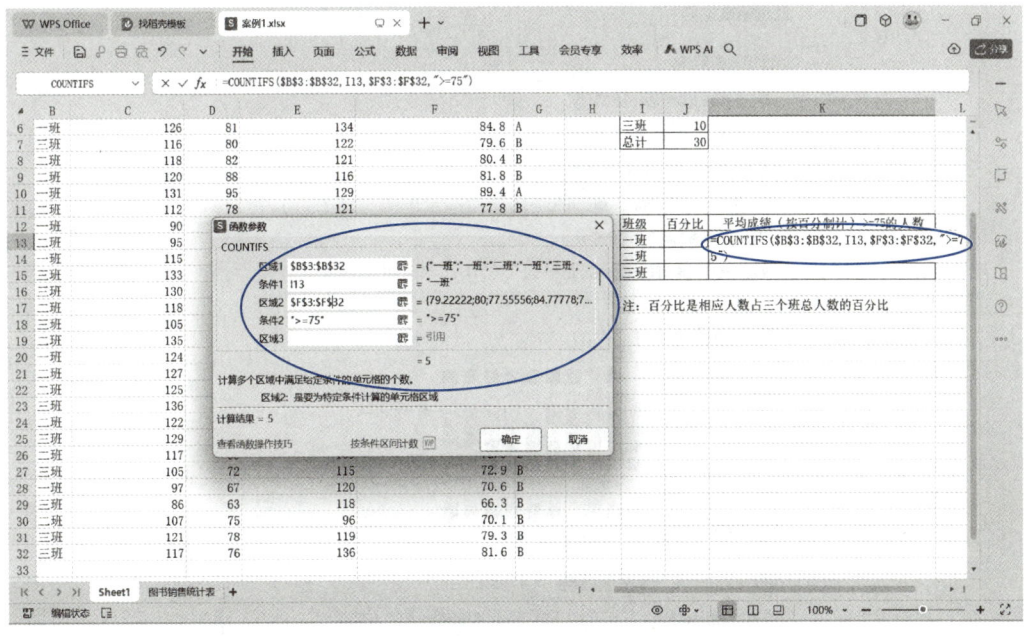

图2-64 COUNTIFS函数参数设置

⑦ 选择单元格区域F3:F32，在"开始"选项卡中单击"条件格式"，在弹出的下拉菜单中选择"数据条"→"其他规则"，如图2-65所示。在弹出的"新建格式规则"对话框中选择填充类型为"渐变填充"，颜色为"培安紫，着色4，浅色40%"，其余保持默认，然后单击"确定"按钮，如图2-66所示。

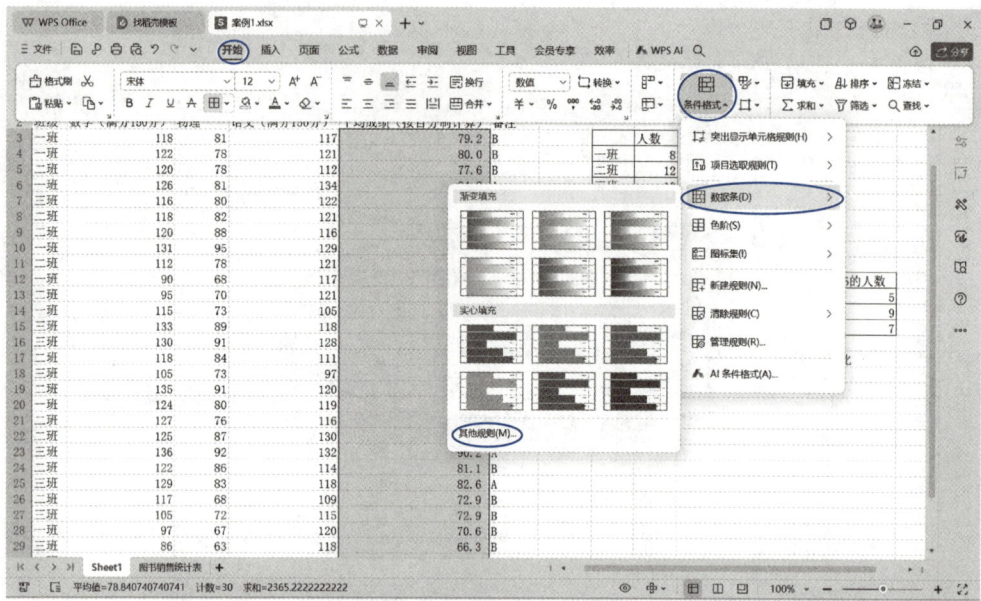

图2-65　"条件格式"→"数据条"设置

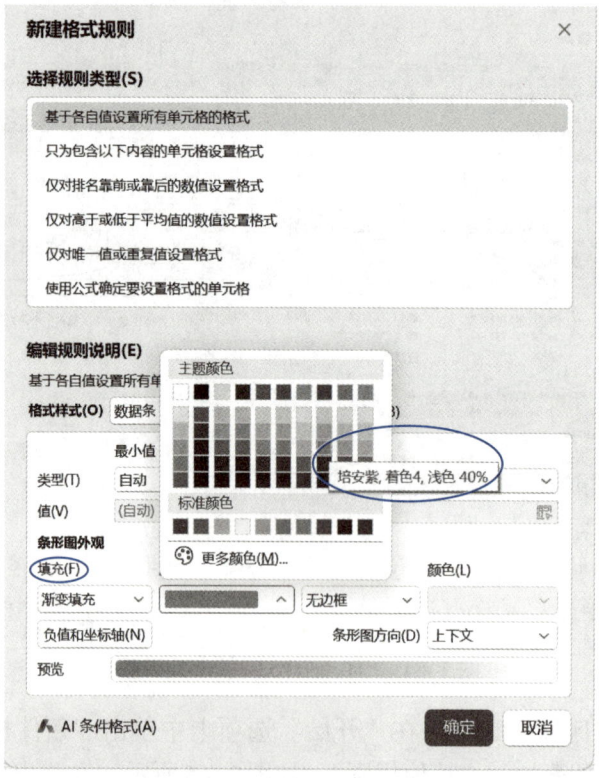

图2-66　"新建格式规则"对话框

⑧ 单击快速访问工具栏中的"保存"按钮，保存文件。所有操作效果如图2-67所示。

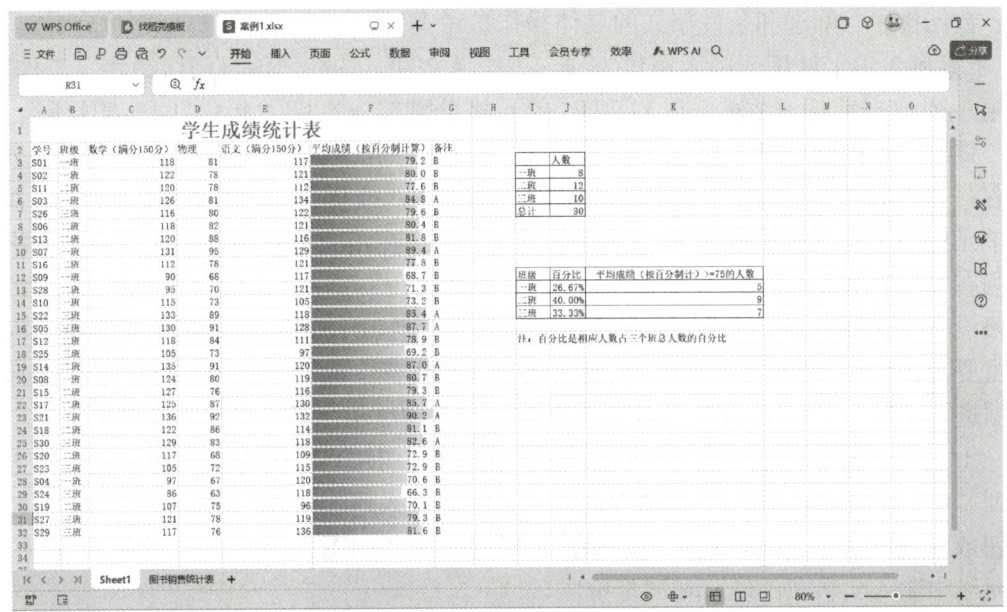

图2-67 【案例2.12】操作效果

2.3.7 表格数据处理与分析

WPS表格不仅提供了计算数据的功能，还提供了分析和管理数据的功能，用于数据分析和管理的工具包括：数据排序、数据筛选、数据分类汇总、数据合并和条件格式等。

1. 数据排序

为了方便查看数据和管理数据，用户可以使用排序功能对表格中的数据按一定的条件排列。在WPS表格中，排序包括按条件排序和自定义排序。按条件排序就是根据表格中的相关字段名，按照指定的条件（允许多个）升序或降序排列。自定义排序是指用户根据自己的需要自行定义排序序列，完成排序。排序的依据包括：数值、单元格颜色、字体颜色、条件格式等。

2. 数据筛选

在分析数据时，用户可以使用数据筛选的功能从工作簿中查找符合条件的数据。数据的筛选包括筛选和自定义筛选两种。设置筛选后在每一格数据列上会出现绿色三角形形状的"筛选"按钮，单击后可以进行进一步的设置，显示满足要求的数据，隐藏不符合条件的数据。自动筛选包含内容筛选、颜色筛选和数字筛选三种类型。如果自动筛选无法满足筛选需求，则用户可以进行自定义筛选。自定义筛选更适合于数值型数据的筛选。

3. 条件格式

条件格式用于将工作表中满足指定条件的数据以指定格式显示出来，方便用户对数据的查看和管理。用户可以使用WPS表格内置的条件格式，也可以根据需要自定义条件格式。内置的条件格式包括突出显示单元格规则、项目选取规则、数据条、色阶、图标集五种。

　　数据排序、筛选和条件格式的具体操作参考案例2.13。

　　【案例2.13】使用"门店销售.xlsx"工作簿文件，选择"每日门店销售"工作表，在第一列数据前插入2列，在A1和B1单元格分别输入文字"年份"和"月份"，利用"日期"列的数值计算出"年份"列和"月份"列的内容；计算"业绩表现"列的内容：如果收入大于500，在相应单元格内填入"业绩优"，如果收入大于300，在相应单元格内填入"业绩良好"，如果收入大于200，在相应单元格内填入"业绩合格"，否则在相应单元格内填入"业绩差"；将"业绩表现"这一列中值为"业绩差"的单元格设置为"浅红色填充"。选择"销售清单"工作表，对工作表内数据清单的内容按主要关键字"类别"的降序和次要关键字"销售额"的升序进行排序；对排序后的数据进行筛选，只显示A1销售员销售出去的空调和冰箱。具体操作步骤如下。

　　① 打开文档"门店销售1.xlsx"，选择"每日门店销售"工作表，在"列标"上选中列"A"，右击，在弹出的菜单中选择"在左侧插入列"，并输入数量为2，单击打勾按钮或者直接按Enter键确认，完成插入列的操作，如图2-68所示。分别在A1和B1单元格中输入文字"年份"和"月份"。

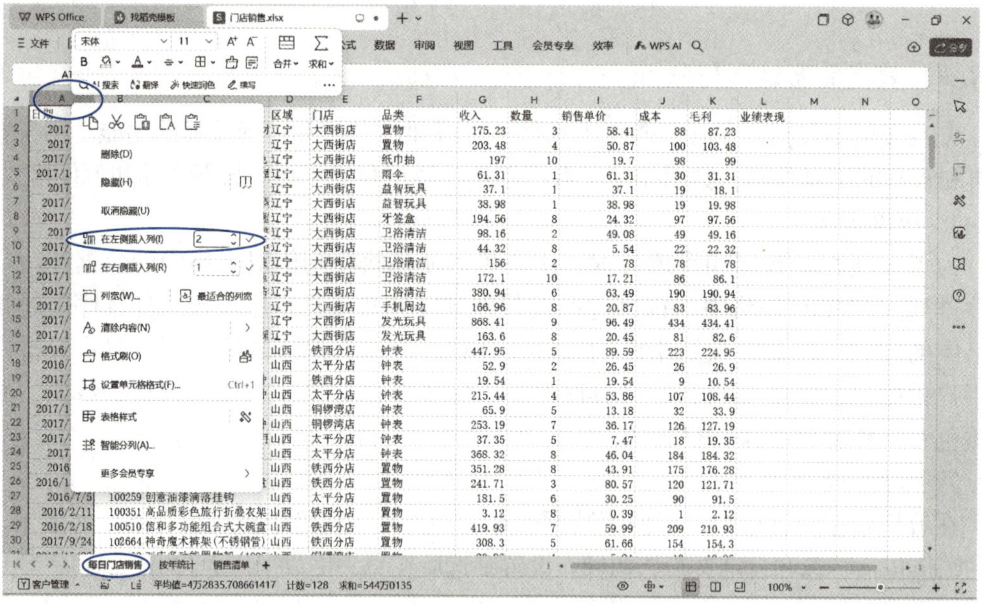

图2-68　插入列

　　选择A2单元格，单击编辑栏左侧的"插入函数"按钮，弹出"插入函数"对话框，选择函数TEXT，进入函数设置对话框，选择日期数据（C2）单元格，在数值格式部分输入"yyyy"，如图2-69所示，最后单击"确定"按钮。选择A2单元格，采用填充公式的方式完成"年份"列A2:A128单元格区域的计算。

　　选择B2单元格，设置TEXT函数参数为：TEXT(C2,"m")，参考A2单元格的相关操作完成，并计算"月份"列B2:B128单元格区域的计算。

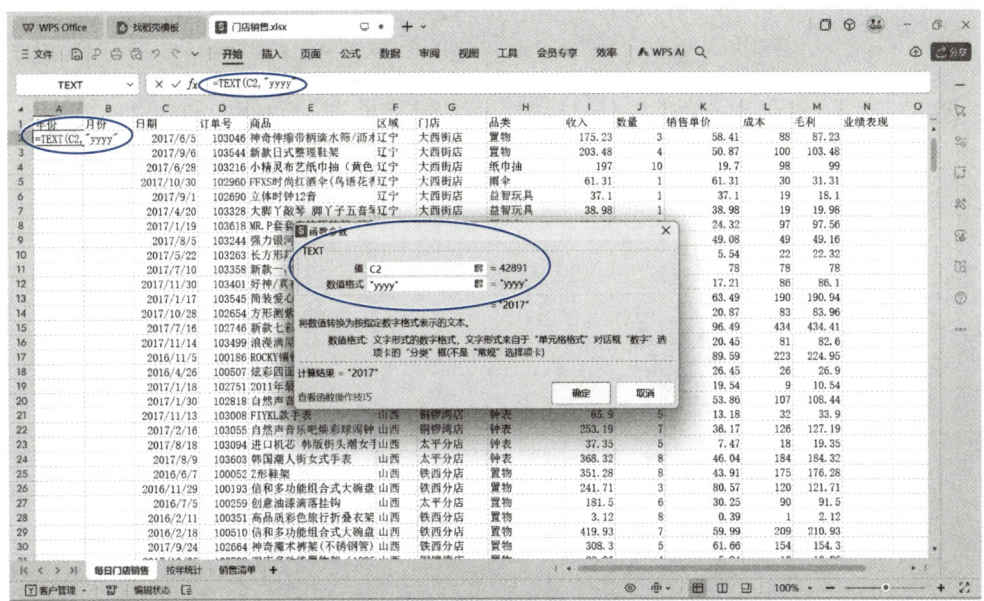

图2-69 TEXT函数的设置

选择N2单元格，输入公式"=IF(I2>500,"业绩优",IF(I2>300,"业绩良好",IF(I2>200,"业绩合格","业绩差")))"。选择N2单元格，采用填充公式的方式完成"业绩表现"列N2:N128单元格区域的计算，如图2-70所示。

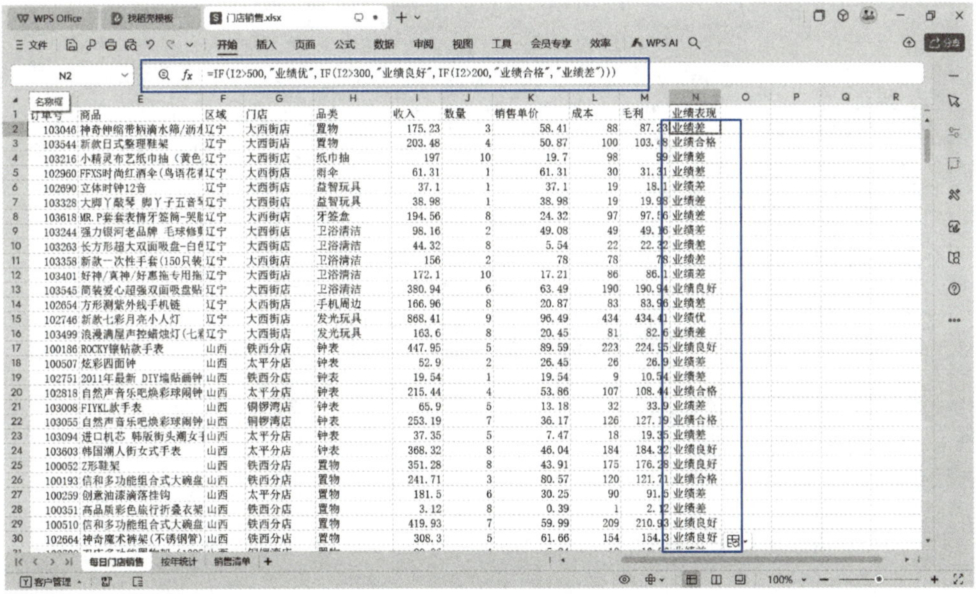

图2-70 IF函数的嵌套

选择单元格区域N3:N128，在"开始"选项卡中选择"条件格式"，在弹出的菜单中选择"突出显示单元格规则"，选择"等于"，如图2-71所示。

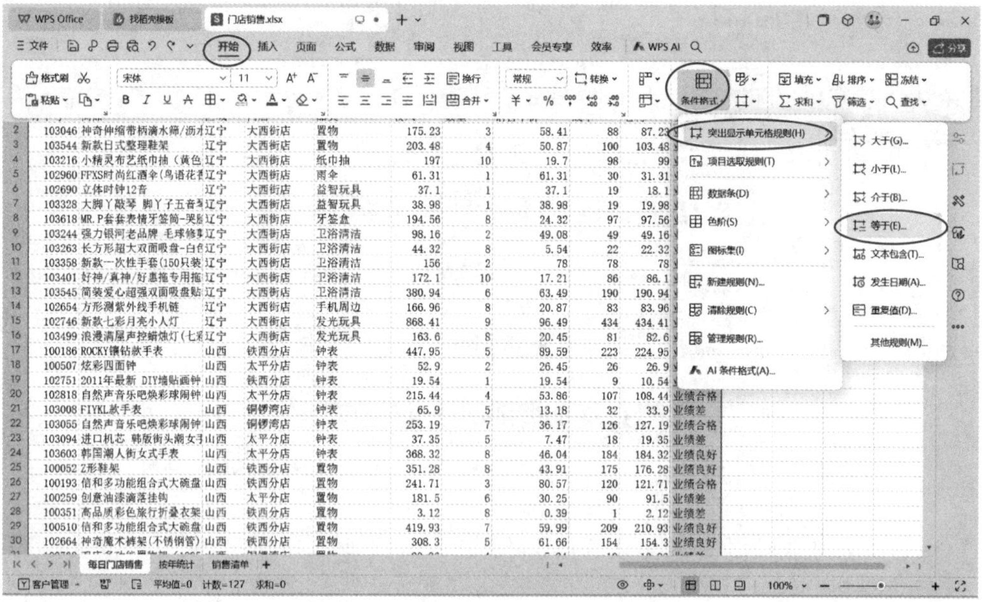

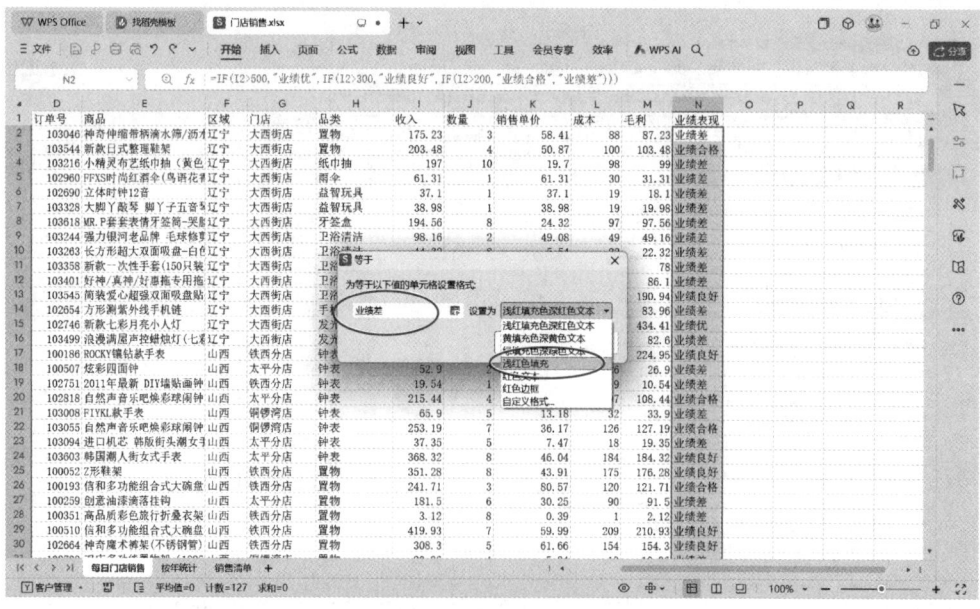

图2-71 单元格条件格式设置（1）

在弹出的对话框中输入要判断的常量取值，在右侧列表中选择要设置的特殊格式，最后单击"确定"按钮，如图2-72所示。

图2-72 单元格条件格式设置（2）

② 选择"销售清单"工作表，选择数据区域的任意单元格，单击"数据"选项卡中的"排序"按钮，选择"自定义排序"，如图2-73所示。

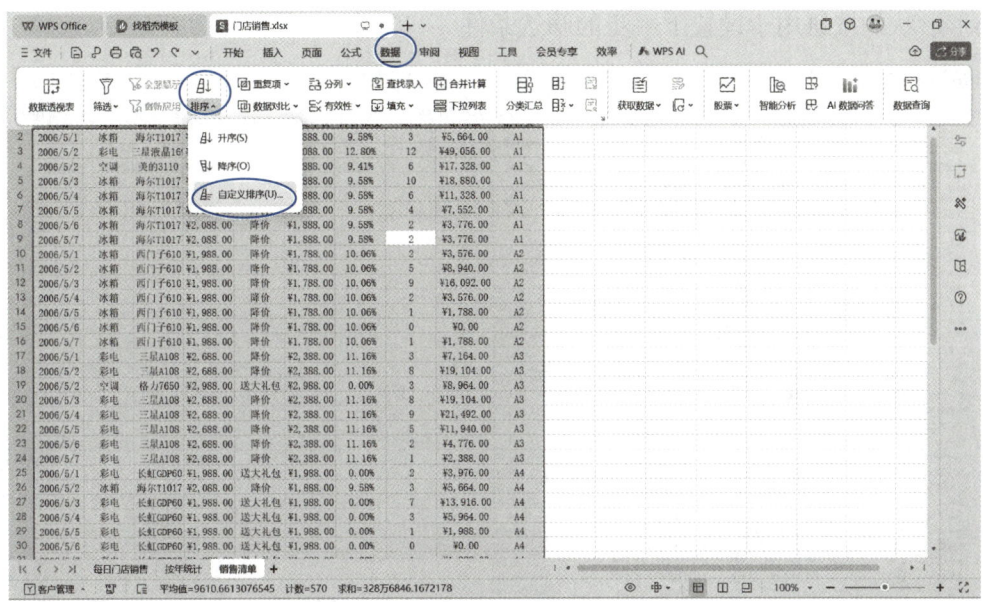

图2-73 排序

在弹出的"排序"对话框中选择主要关键字为"类别",按"数值"进行"降序"排列。单击"添加条件",选择次要关键字为"销售额",按"数值"进行"升序"排列,如图2-74所示。

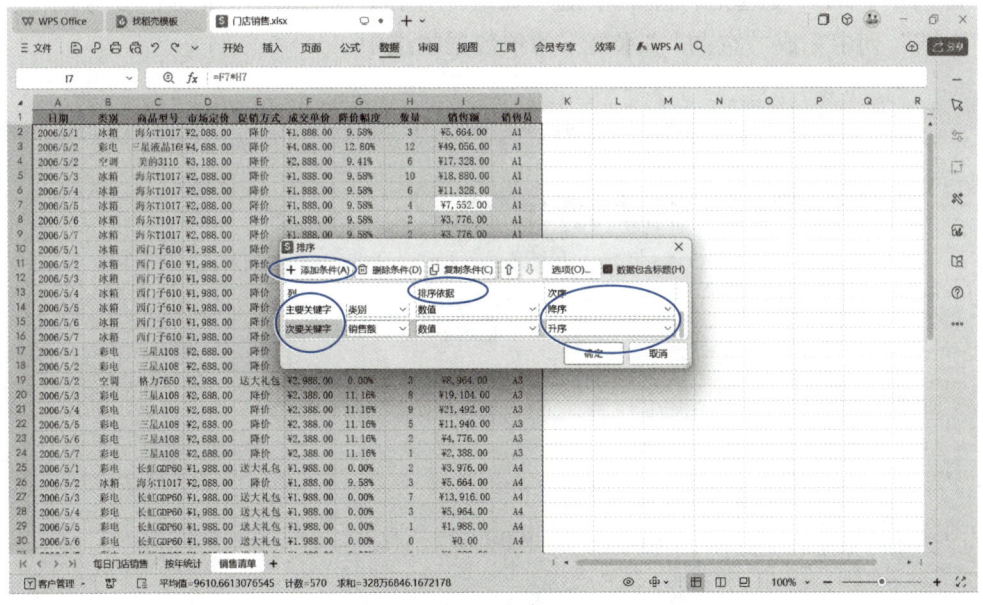

图2-74 排序设置

③选择"销售清单"工作表,选择数据区域的任意单元格,单击"数据"选项卡中的"筛选"按钮,如图2-75所示。操作之后A列到J列的第一行都会出现一个绿色

三角形形状的按钮用于设置下一步的筛选条件。

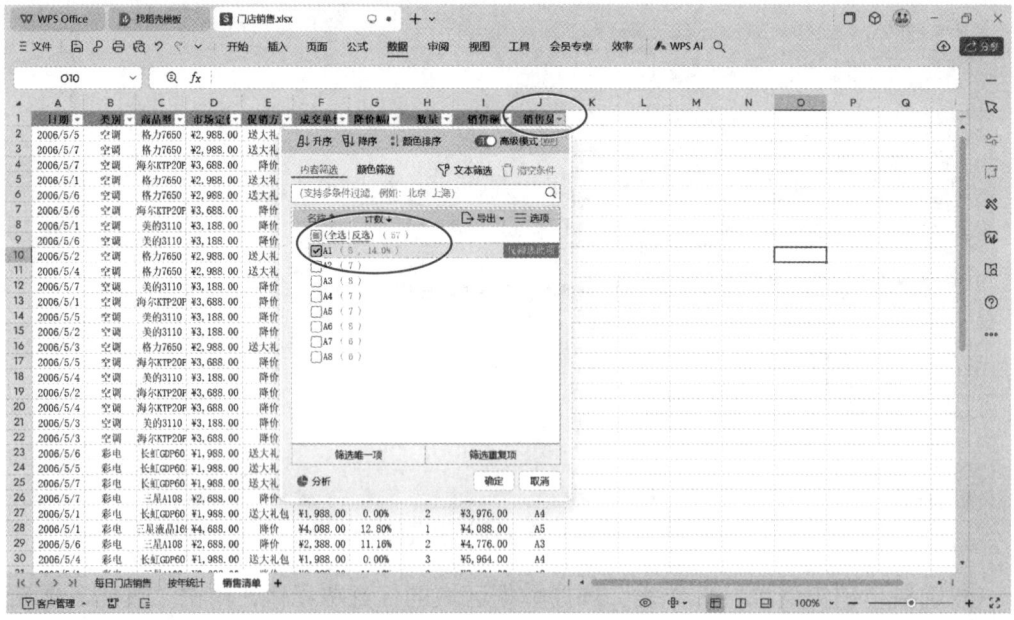

图2-75　筛选菜单

在J列（"销售员"列）单击绿色按钮，在弹出的对话框中取消选中"全选"复选框，再选中"A1"复选框，然后单击"确定"按钮，如图2-76所示；参考以上操作在"类别"列中完成"空调""冰箱"两项数据的选中。

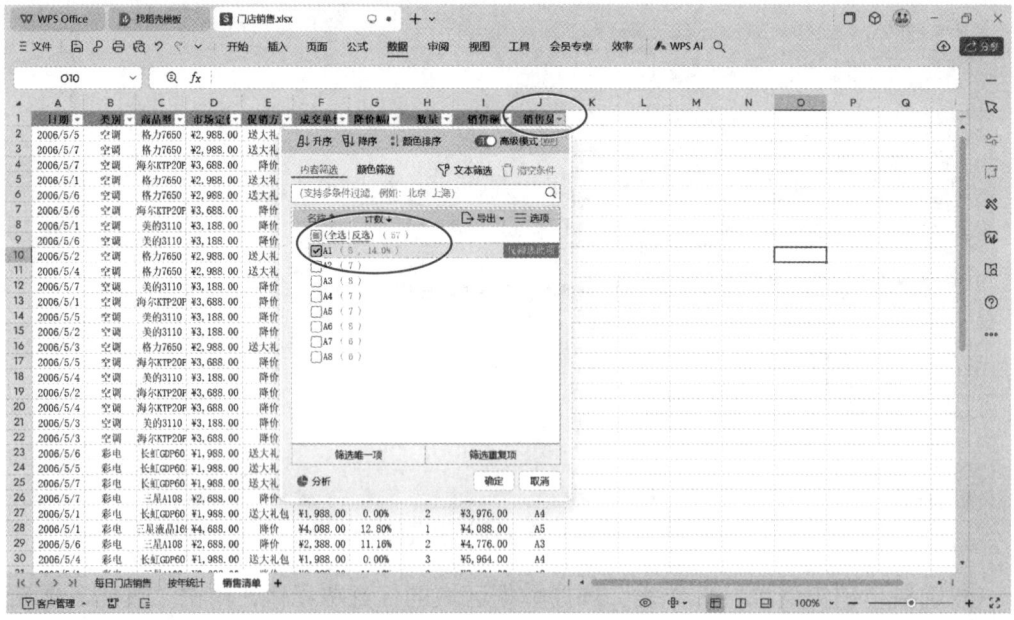

图2-76　筛选条件设置

④ 单击快速访问工具栏中的"保存"按钮，保存文件。所有操作效果如图2-77所示。

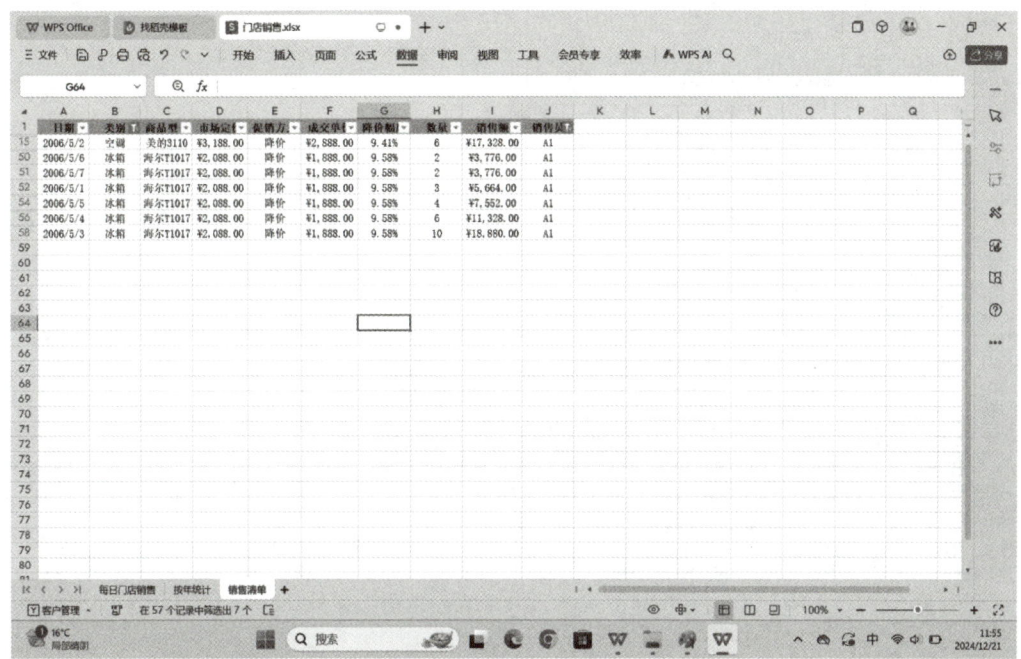

图2-77 案例2.13操作效果

4. 数据分类汇总

WPS表格中不仅提供了使用函数汇总数据的功能，还提供了分类汇总功能。该功能可以快速完成数据的分类汇总，但是在执行该操作之前，需要先依据分类汇总的字段进行排序。具体操作方式参考案例2.14。

【案例2.14】使用"案例2.xlsx"工作簿文件，对"图书销售统计表"工作表中数据清单的内容实现按"经销部门"列升序排列，按"图书类别"列降序排序；完成对各经销部门总销售额的分类汇总，汇总结果显示在数据下方。具体操作步骤如下。

① 打开文档"案例2.xlsx"，选择"图书销售统计表"工作表，选择数据区域的任意单元格，单击"数据"选项卡中的"排序"按钮，选择"自定义排序"，在弹出的"排序"对话框中选择主要关键字为"经销部门"，按"数值"进行"升序"排列，选择次要关键字为"图书类别"，按"数值"进行"降序"排列。上述操作可参考案例2.13中的②。

② 选择数据区域的任意单元格，单击"数据"选项卡中的"分类汇总"按钮，在弹出的"分类汇总"对话框中设置"分类字段"为"经销部门"，"汇总方式"为"求和"，在"选定汇总项"中选中"销售额（元）"复选框，选中"汇总结果显示在数据

下方"复选框，其他设置保持默认，单击"确定"按钮，如图2-78所示。

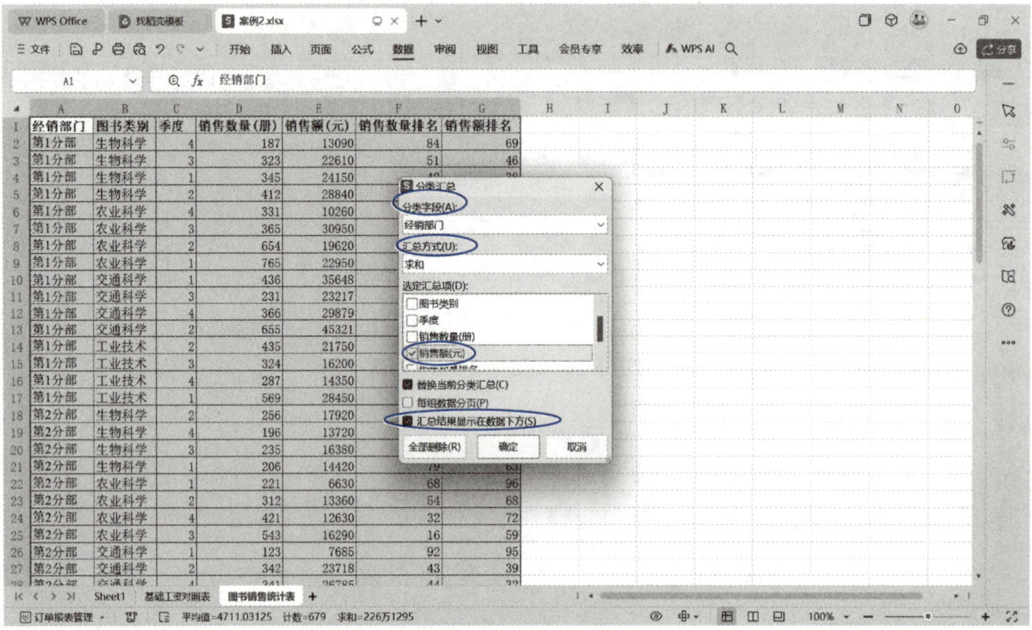

图2-78　分类汇总的设置

③ 单击快速访问工具栏中的"保存"按钮，保存文件。所有操作效果如图2-79所示，通过单击左侧的代表级别的按钮可以分别查看不同级别的数据。

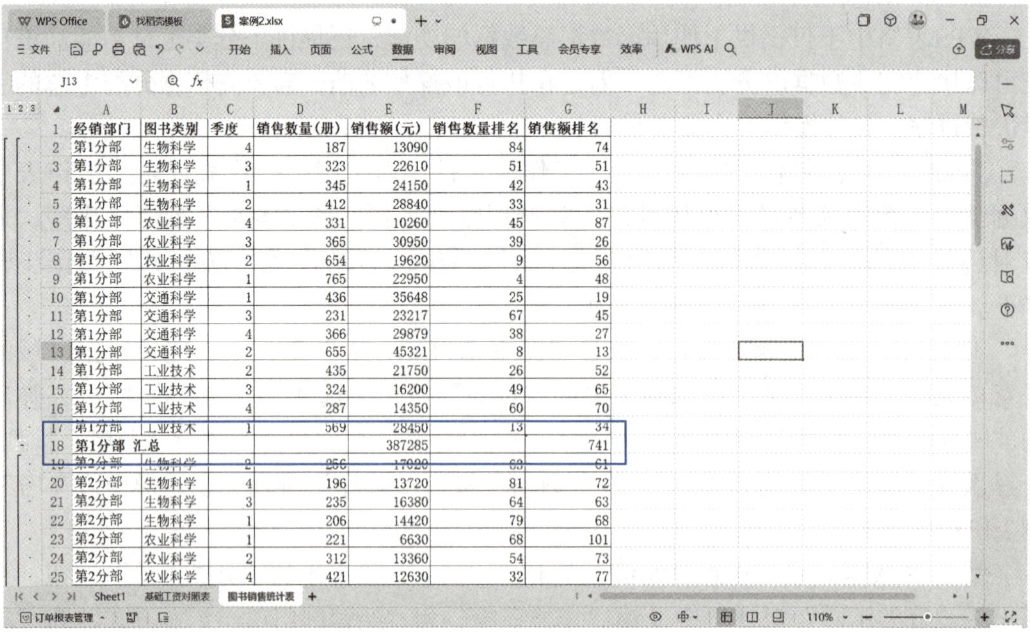

图2-79　案例2.14操作效果

5. 数据合并

除了使用函数和分类汇总功能汇总数据之外，WPS表格还是提供了数据"合并计算"的功能。该功能可以将同类别的数据汇总到一起，并将汇总结果在指定的区域中显示。

2.3.8 图表的制作

图表可以将表格数据直观形象地展现出来，在用户分析数据的过程中十分有帮助。WPS表格中提供了柱形图、折线图、饼图、条形图、面积图、XY（散点）图、股价图、雷达图和组合图等多种类型，每种类型下还有子类型。不同类型的图表在数据的表现能力上各有特点。柱形图主要用于显示一段时间内数据的变化情况或展示各类别之间的数据比较，还可以同时显示不同时期、不同类别数据的变化和差异。折线图可以按时间或类别显示数据的变化趋势。饼图主要用于显示一个数据系列内各项数据的大小和所占比例。条形图与柱形图类似，主要用于在水平方向上显示各项目之间数据的差异。组合图则是由多种图表类型组合而成。

用户可以根据需要选中数据源，选择合适的图表类型之后，通过"插入"→"图表"的命令完成图表的插入操作。对于已插入的图表，用户可以根据需要对其大小、位置、类型、数据源、布局等进行调整和编辑，同时也可以对图表的整体布局进行调整，包括坐标轴、图表标签、数据标签、图例、网格线等。具体操作方法参考案例2.15。

【案例2.15】使用"案例2.xlsx"工作簿文件，① 选择Sheet1工作表，将A1:G1单元格合并为一个单元格，文字居中对齐；依据本工作簿的"基础工资对照表"中信息，计算Sheet1工作表中"基础工资（元）"列，计算"工资合计（元）"列（结果设置为数值型，保留小数点后0位）。② 计算工资合计范围和职称同时满足条件要求的员工人数置于K7:K9单元格区域"人数"列。计算各部门员工岗位工资的平均值和工资合计的平均值分别置于J14:J17单元格区域"平均岗位工资（元）"列和K14:K17单元格区域"平均工资（元）"列（结果设为数值型，保留小数点后0位）。③ 利用条件格式将"工资合计（元）"列单元格区域值前10%项设置为"浅红填充色深红色文本"、最后10%项设置为"绿填充色深绿色文本"。④ 选取Sheet1工作表中统计表2中的"部门"列、"平均岗位工资（元）"列和"平均工资（元）"列数据区域的内容建立"簇状柱形图"，图表标题为"人员工资统计图"，位于图表上方，图例位于底部；将图表插入到当前工作表的"I20:L33"单元格区域内，将Sheet1工作表命名为"人员情况统计表"。具体操作步骤如下。

① 打开文档"案例2.xlsx"，选择"Sheet1"工作表，选择A1:G1单元格区域，单击"开始"选项卡中的"合并"按钮，在弹出的列表中选中"合并并居中"。选中E3单元格，输入公式为"=VLOOKUP(C3,基础工资对照表!$A$3:$B$5,2,flase)"，按Enter

键确认。选中E3单元格，采用填充公式的方式完成"基础工资（元）"列E3:E51单元格区域的计算，如图2-80所示。选中G3单元格，输入公式为"=E3+F3"，按Enter键确认。选择G3单元格，采用填充公式的方式完成"工资合计（元）"列G3:G51单元格区域的计算。选中E3:E51和G3:G51单元格区域，右击，在弹出的快捷菜单中选择"设置单元格格式"，进入单元格格式的设置，在"数字"选项卡中选择分类为"数值"，并设置小数位位数为0，最后单击"确定"按钮。

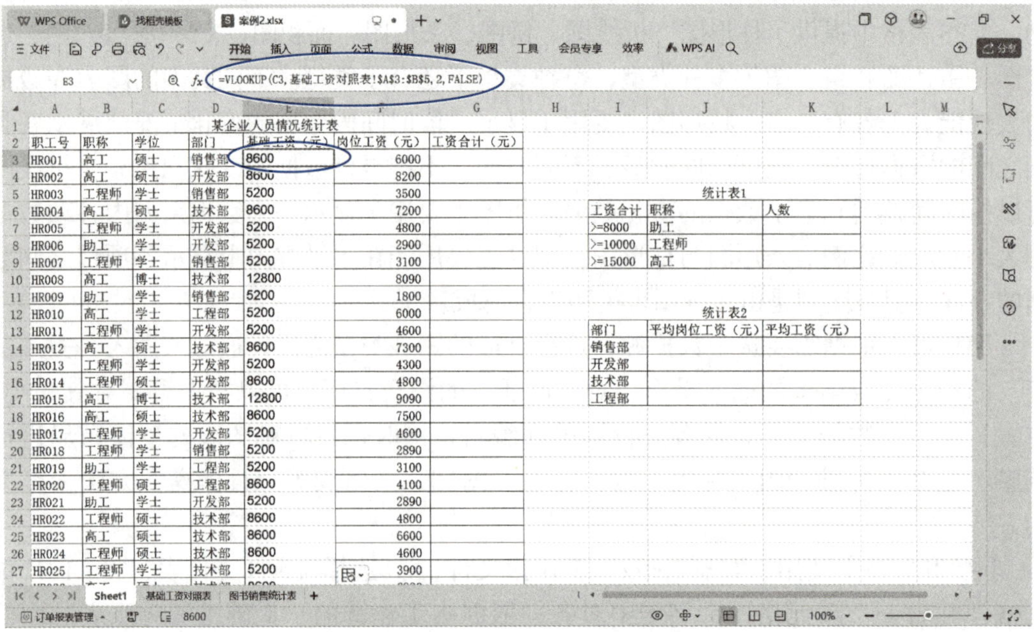

图2-80　VLOOKUP函数的设置

②　选中K7单元格，输入公式为："=COUNTIFS($G$3:$G$51,">8000",$B$3:$B$51,J7)"。选中K7单元格，采用填充公式的方式完成"人数"列K7:K9单元格区域的计算。选中J14单元格，插入函数AVERAGEIF，并进行相关设置，如图2-81所示。选中J14:J17单元格，采用填充公式的方式完成"平均岗位工资（元）"列J14:J17单元格区域的计算。按照以上方式，完成"平均工资（元）"列K14:K17单元格区域的计算。选中J14:K17单元格区域，进入单元格格式的设置，在"数字"选项卡中选择分类为"数值"，并设置小数位位数为0，最后单击"确定"按钮。

③　选中K14:K17单元格区域，在"开始"选项卡中选择"条件格式"，选择"项目选取规则"，对于前10%和后10%分别设置对应的填充颜色，如图2-82所示。

④　选中I13:K17单元格区域，在"插入"选项卡中单击"图表"按钮，在弹出的"图表"对话框中选择"柱形图"→"簇状"，然后单击需要的图表示例图，可将图表插入到工作表中，如图2-83所示。

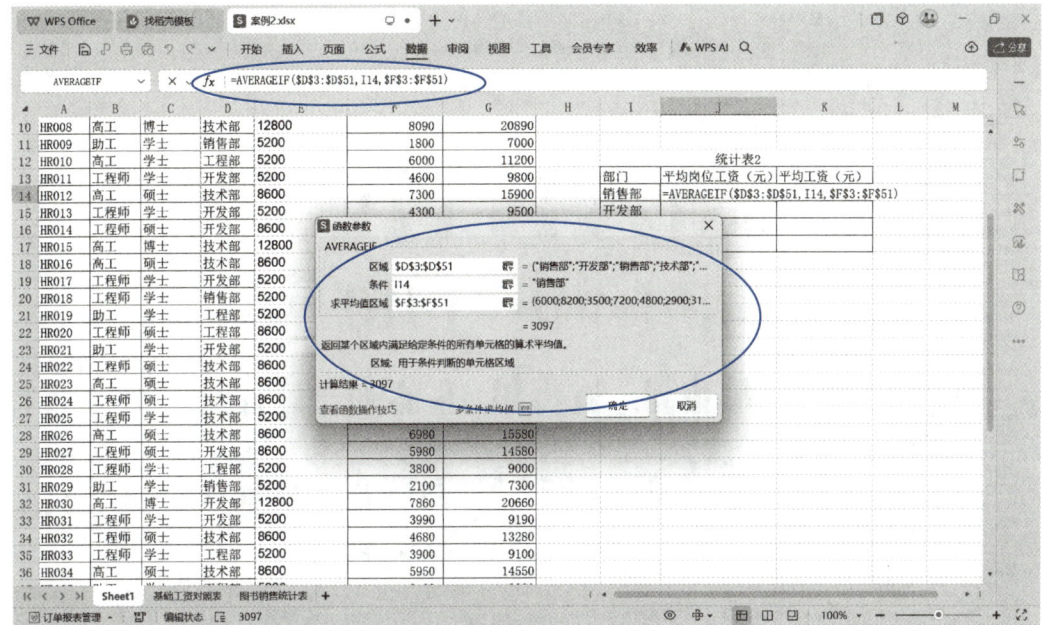

图2-81 AVERAGEIF函数的使用

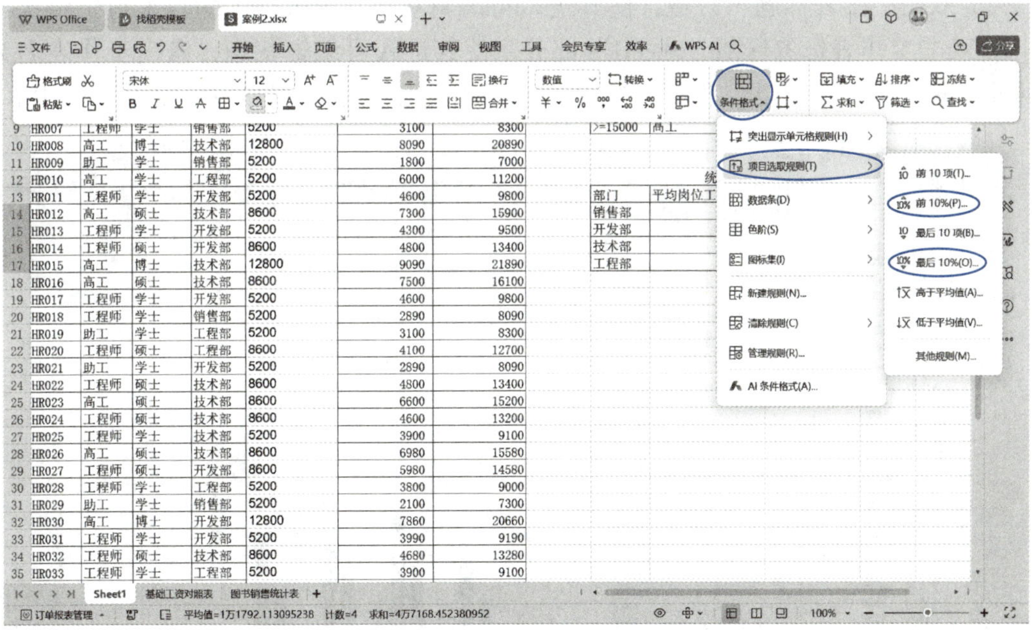

图2-82 "条件格式"→"项目选取规则"的使用

使用鼠标选中图表，将图表左上角放置在单元格I20上。将鼠标移动到图表右下角，当其变成"+"形状时，按住左键，将鼠标移动到单元格L33位置时释放鼠标。此操作将图表放置到I20:L33单元格区域。

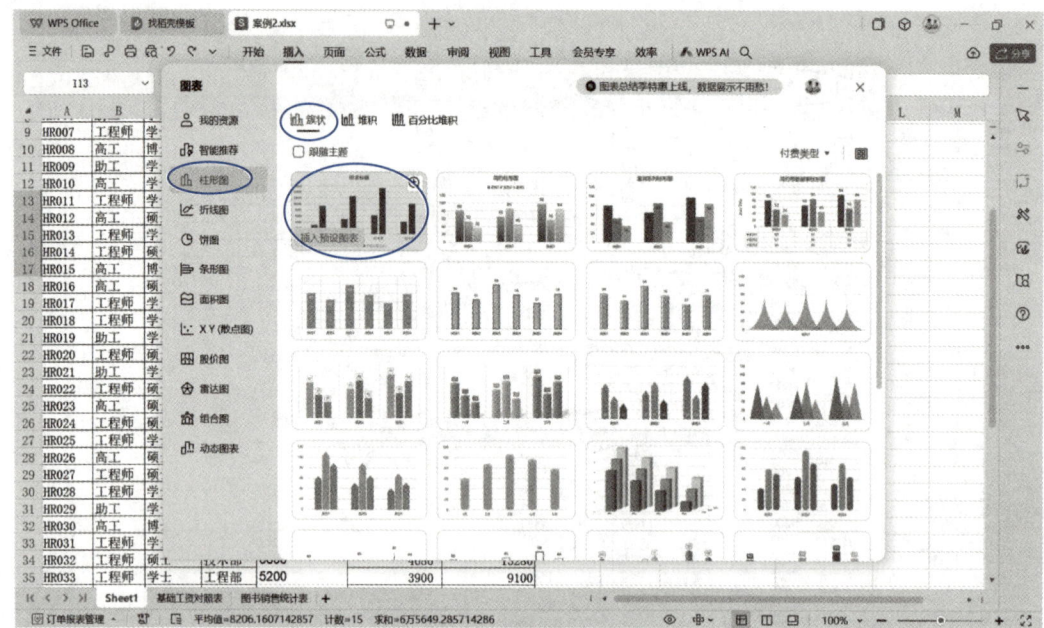

图 2-83 插入图表

⑤ 双击"图表标题"区域，使其进入可编辑状态，修改内容为"人员工资统计图"。双击工作表标签区域"Sheet1"部分，使其进入可编辑状态，修改工作表名为"人员情况统计表"。单击"保存"按钮，完成操作。该案例的操作效果如图 2-84 所示。

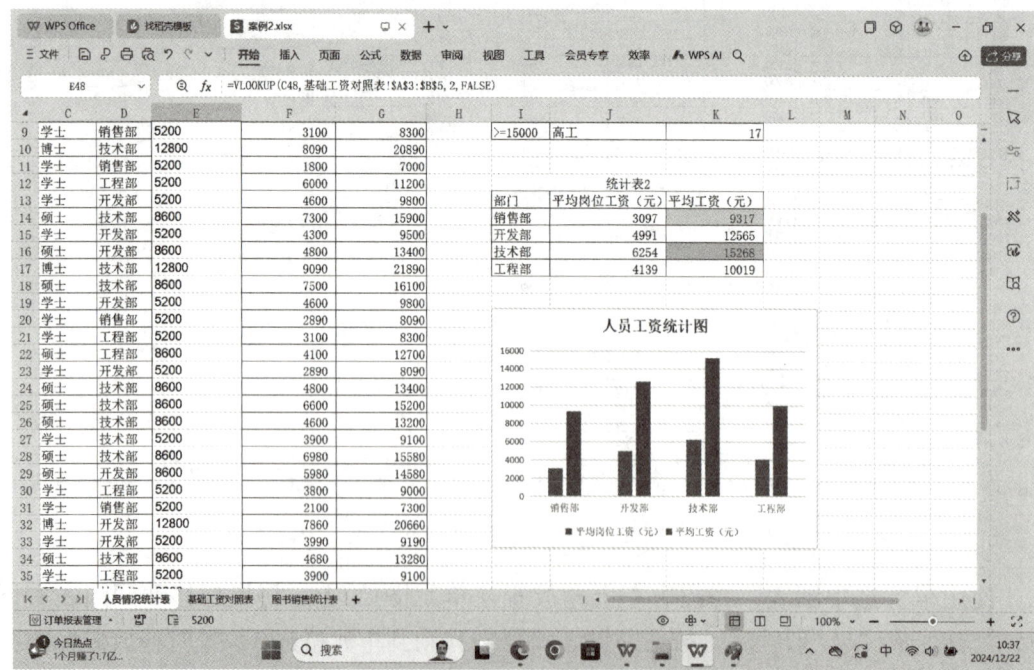

图 2-84 案例 2.15 操作效果

2.3.9 数据透视表

数据透视表也是WPS表格中分析数据的重要工具，它是一体化的交互式报表，包含了排序、筛选和分类汇总的功能，可以将数据按照不同的需求和类别进行提取。具体的操作方式参考案例2.16。

【案例2.16】使用"案例3.xlsx"工作簿文件：

① 将Sheet1工作表的A1:D1单元格合并为一个单元格，内容水平居中；计算各职称人数和基本工资平均值，置于G5:G7和H5:H7单元格区域；计算各性别（男、女）在各职称的基本工资平均值，置于L3:L8单元格区域；利用条件格式对F4:H7单元格区域设置"红−黄−绿色阶"。

② 利用F4:H7三列数据建立组合图；并设置"基本工资平均值"系列为主坐标，"基本工资平均值"系列的图表类型为"簇状柱形图"；"人数"系列为次坐标，"人数"系列的图表类型为"折线图"；图表标题为"人员工资统计图"，位于图表上方，设置"显示图例项标示"；设置绘图区填充格式为"图案填充/下对角虚线"；将图表插入到表F9:K24单元格区域，将Sheet1工作表命名为"某单位人员工资统计表"。

③ 选择Sheet2工作表，利用工作表内数据清单的内容建立数据透视表，按行为"季度"，列为"产品类别"，数据为"销售额（万元）"求和布局，并置于现工作表的I10:N15单元格区域，将Sheet2工作表命名为"产品销售情况表"。

具体操作步骤如下。

① 打开文档"案例3.xlsx"，选择Sheet1工作表，选择A1:D1，使其"合并并居中"。选中G5单元格，输入公式为："=COUNTIFS($C$3:$C$22,F5)"；选中H5单元格，输入公式为："=AVERAGEIF($C$3:$C$22,F5,D3:D22)"。通过填充公式方式，完成G5:G7，H5:H7单元格区域的计算。

选中L3单元格，输入公式为："=AVERAGEIFS($D$3:$D$22,$B$3:$B$22,J3,$C$3:$C$22,K3)"，通过填充公式方式，完成L3:L8单元格区域的计算。

选中F4:H7单元格区域，单击"开始"选项卡中的"条件格式"，选择"色阶"，选择"红−黄−绿"色阶，如图2−85所示。

② 选中F4:H7单元格区域，单击"插入"选项卡中的"图表"按钮，在弹出的"图表"对话框中选择"组合图"，在右侧选择"簇状柱形图"→"折线图"，设置主坐标为"基本工资平均值"系列，类型为簇状图；设置次坐标为"人数"系列，类型为"折线图"；在"次坐标轴"处的复选框中选中"人数"系列，如图2−86所示。最后单击"插入图表"的按钮，完成图表插入。

③ 双击"图表标题"区域，使其进入可编辑状态，修改内容为"人员工资统计图"。选中图表后，在"图表工具"选项卡中单击"添加元素"，选择"数据表"，在弹出的菜单中选择"显示图例项标示"，如图2−87所示。

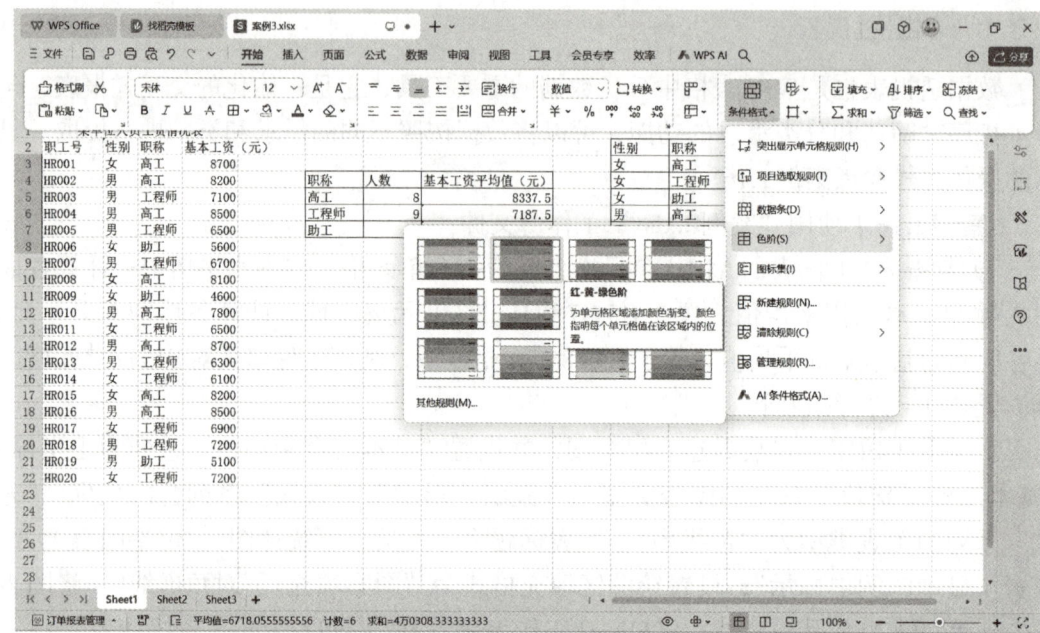

图2-85 条件格式——色阶设置

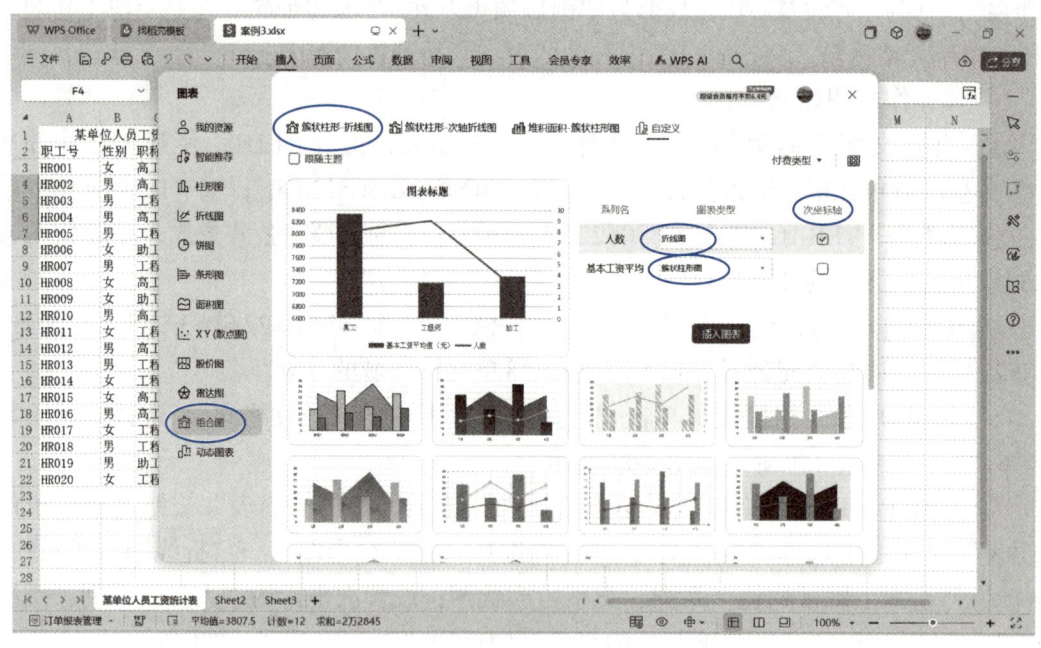

图2-86 插入组合图

④ 右击图表区域，在弹出的快捷菜单中选择"设置图表"选项，打开设置窗格，在其中选择"图案填充"，图案为"下对角虚线"，前景色为"钢蓝，着色1，浅色80%"，背景色为"白色，背景1"。使用鼠标移动图表至F9:K24单元格区域，如图2-88所示。

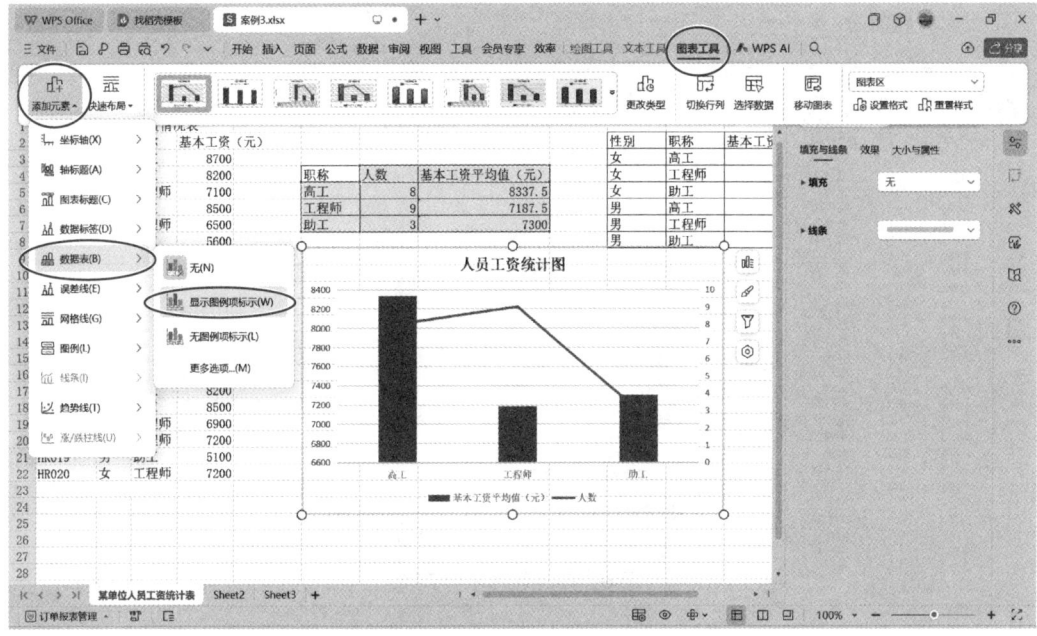

图2-87 添加图表元素

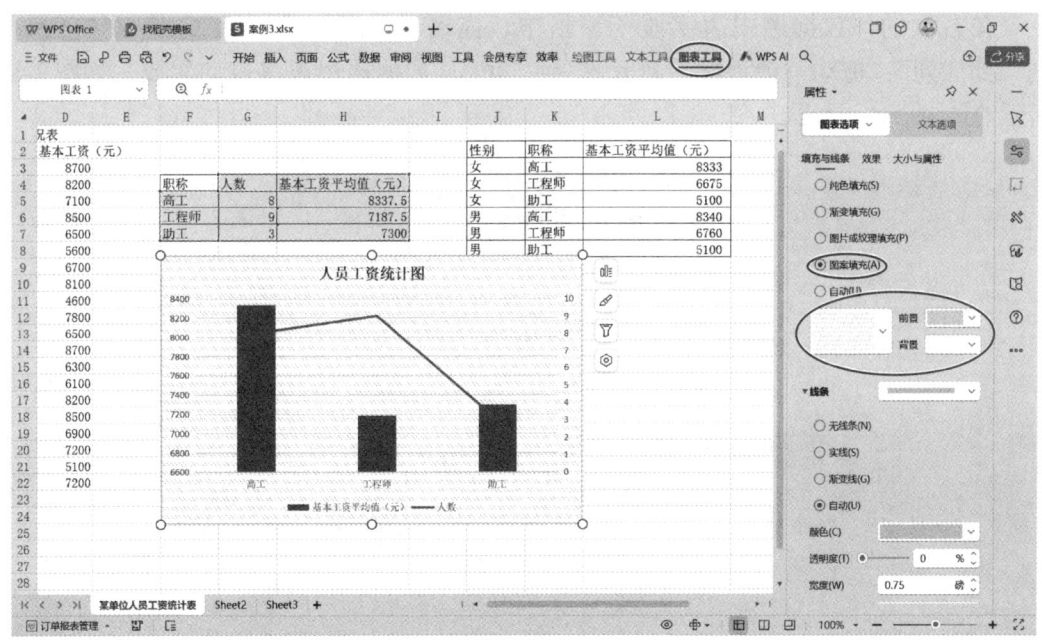

图2-88 设置绘图区格式

⑤ 在Sheet2工作表中，单击任一包含数据的单元格，在"插入"选项卡中单击"数据透视表"，在弹出的"创建数据透视表"对话框中分别设置要分析的数据区域A1:G49和结果要求放置的区域I10:N15，如图2-89所示，单击"确定"按钮进入下一步操作。

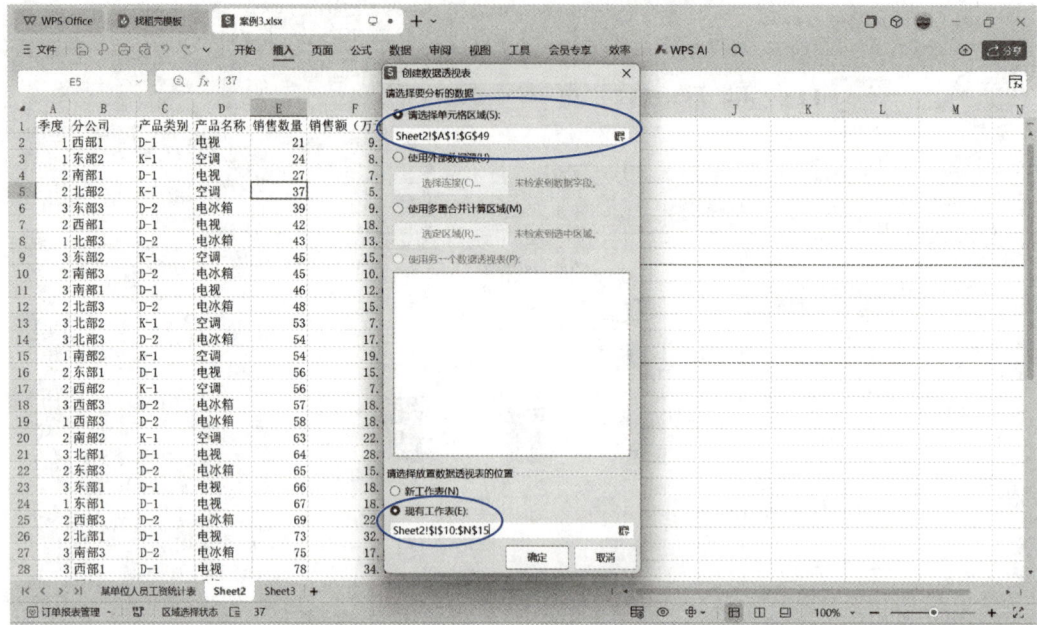

图 2-89　插入数据透视表

　　在右侧的"数据透视表字段"窗格中，拖动"季度"到"行"，拖动"产品类别"到"列"，拖动"销售额（万元）"到"值"，数据透视表将自动生成，如图 2-90 所示。

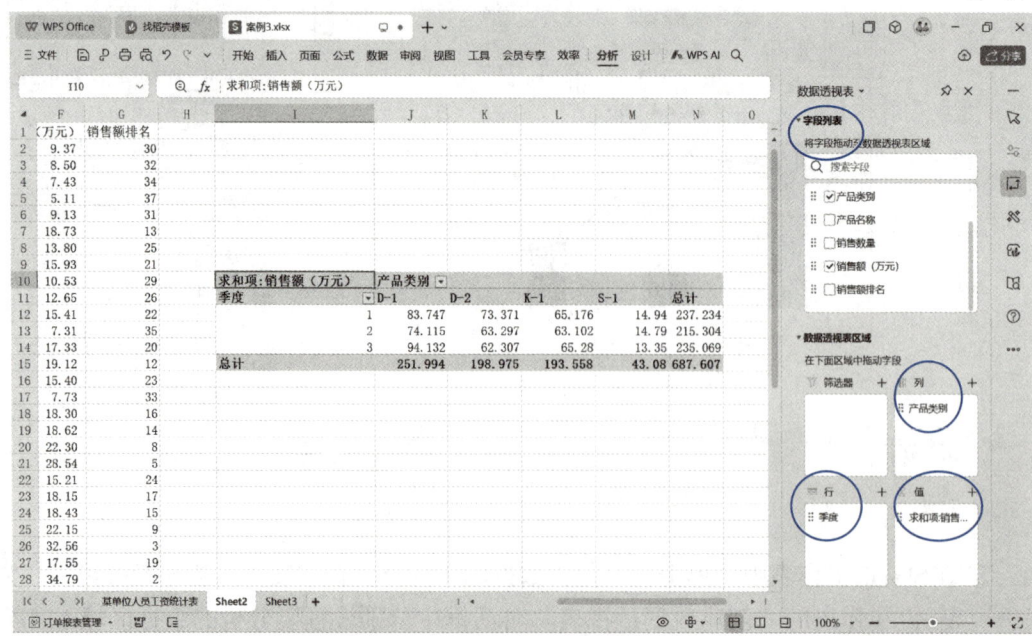

图 2-90　数据透视表字段设置

⑥ 最后单击"保存"按钮，完成操作。

2.3.10　表格的打印

WPS表格同样提供了页面大小、方向、页边距等不同的设置方式，此部分操作可以参考WPS文字部分的打印设置。

2.4　WPS演示

WPS演示是WPS Office办公软件中的演示文稿制作软件。这是一个专业的演示文稿制作软件，支持多种幻灯片格式，如dps、ppt、pptx等。它提供了丰富的幻灯片设计模板和动画效果，使得用户能够轻松制作出高质量的演示文稿。用户可以在幻灯片中插入图片、音频、视频等多种元素，使演示内容更加生动有趣。同时，WPS演示还支持幻灯片放映功能，用户可以在全屏模式下播放幻灯片，并设置自动播放、循环播放等选项。此外，它还支持远程演示功能，用户可以通过网络连接将演示文稿分享给其他人观看。

2.4.1　WPS演示的工作界面

WPS演示的工作界面与WPS文字、WPS表格的工作界面大致相同，增加了导航窗格、幻灯片编辑区和备注窗格，如图2-91所示。

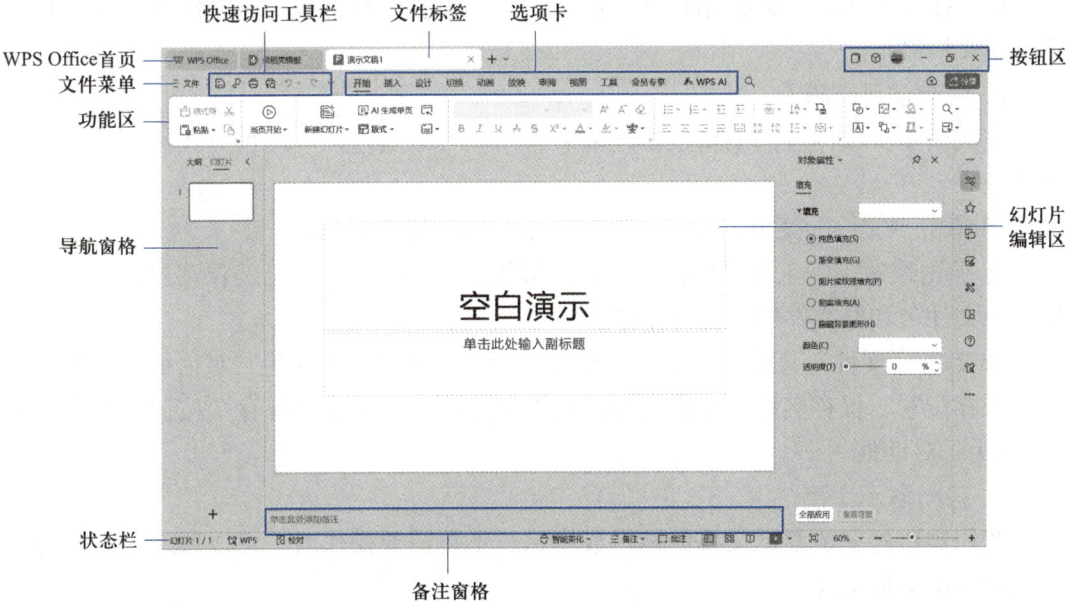

图2-91　WPS演示工作界面

各部分的作用介绍如下。

导航窗格：该窗格内分为大纲导航窗格和幻灯片导航窗格，大纲导航窗格用于输入和显示幻灯片的内容，调整幻灯片结构；幻灯片导航窗格是更为常用的部分，用于显示当前演示文稿中的幻灯片，进行新建、删除、复制、移动等基本操作。

幻灯片编辑区：这是制作幻灯片的主要场所，用于显示和编辑幻灯片中的文本、图片、图形、表格等内容元素。

备注窗格：该部分可以为每张幻灯片添加备注信息，方便演讲者在播放幻灯片过程中进行查看。

2.4.2　演示文稿的基本操作

演示文稿是WPS演示生成的文件类型，扩展名为.dps，同时兼容ppt、pptx的文件格式。演示文稿中包含了多张幻灯片。

1. 新建演示文稿

单击"WPS Office"首页按钮，单击"新建"按钮，选择"演示"就可以进入演示文稿新建页，用户选择"空白演示文稿"后会自动生成一个名为"演示文稿+数字编号"的空白演示文稿。

2. 根据模板新建演示文稿

除了新建空白演示文稿之外，用户也可以通过模板新建包含内容的演示文稿。单击"WPS Office"首页按钮，单击"新建"按钮，选择"演示"就可以进入演示文稿新建页，用户可以根据自己的需要选择各类主题模板，就可以生成一个包含内容的演示文稿，接下来用户可以根据自己的需要对文稿内容进行修改。该方法可以让用户快速完成文档制作。

3. 保存演示文稿

完成演示文稿内容的编辑或修改之后，用户可以通过以下几种方式保存演示文稿文件。

① 单击"文件"菜单，选择"保存"命令或者按Ctrl+S组合键。

② 单击快速访问工具栏中的"保存"按钮；如果演示文稿已经保存过，则会直接使用原文件名和原文件位置进行存储。

③ 单击"文件"菜单，选择"另存为"命令，弹出"另存为"对话框，在其中可以对保存位置、保存名称、保存类型进行设置。第一次单击"保存"按钮时也会弹出"另存为"对话框。

4. 关闭演示文稿

当用户已经完成演示文稿的编辑或展示，不再需要操作时，可以通过以下几种方式关闭演示文稿文件。

① 单击"文件"菜单，选择"退出"命令可以关闭所有演示文稿，并退出WPS

Office。

② 单击"按钮区"中的"关闭"按钮，可以关闭所有演示文稿，并退出WPS Office。

③ 使用快捷键Alt+F4可以关闭所有演示文稿，并退出WPS Office。

2.4.3 幻灯片的基本操作

演示文稿是由一张张幻灯片组成的，幻灯片可以分为标题幻灯片、内容幻灯片等。幻灯片的基本操作包括：新建、删除、复制、移动、隐藏、显示、播放等。

1. 新建

新建的空白演示文稿中默认只有一张"标题"版式幻灯片，用户可以通过以下几种方式进行新建幻灯片。

① 在"开始"选项卡中单击"新建幻灯片"，可以新建一张"标题和内容"版式的空白幻灯片。

② 在"幻灯片导航窗格"中右击，在弹出的菜单中选择"新建幻灯片"，也可以新建一张"标题和内容"版式的空白幻灯片。

③ 将鼠标移动到任意一张幻灯片上停留，可以看到该幻灯片右下侧出现"+"按钮，单击该按钮也可以新建一张"标题和内容"版式的空白幻灯片。

2. 删除

演示文稿不再需要的幻灯片，用户可以采取删除操作，具体做法为：在"幻灯片导航窗格"中选中要删除的一张或若干张幻灯片，按Delete键进行删除，或者右击，在弹出的快捷菜单中选择"删除幻灯片"，完成删除操作。

3. 复制和移动

当演示文稿中需要添加相同结构和内容的幻灯片时，用户可以通过复制或移动幻灯片的方式来快速完成，具体操作方法有两种。

① 通过拖动鼠标完成：在"幻灯片导航窗格"中选中要移动的一张或若干张幻灯片，按住鼠标左键不放并将其拖动到目标位置后释放鼠标，即可完成幻灯片的移动操作；拖动鼠标的同时，按住Ctrl+Alt键，则可以实现幻灯片的复制操作。

② 通过菜单操作完成：在"幻灯片导航窗格"中选中要复制的一张或若干张幻灯片，右击，在弹出的菜单中选择"复制幻灯片"，则可以结合"粘贴"按钮实现幻灯片的复制操作；单击"剪切"按钮，则可以结合"粘贴"按钮实现幻灯片的移动操作。

4. 隐藏和显示

在"幻灯片导航窗格"中选中要复制的一张或若干张幻灯片，右击，在弹出的菜单中选择"隐藏幻灯片"，可以实现对幻灯片隐藏和显示状态的切换。隐藏状态的幻灯片的编号在"幻灯片导航窗格"会用虚线正方形框住，并增加了一条斜线；该幻灯片在放映幻灯片时不会被放映。

5. 设置幻灯片大小

幻灯片的默认大小是宽屏16：9，用户单击"设计"选项卡右侧的"幻灯片大小"按钮，可以设置幻灯片大小为标准（4：3），也可进行自定义设置。

6. 幻灯片放映

如果要查看演示文稿的整体效果，包括幻灯片中的内容、音频、视频等，用户可以通过放映幻灯片的方式来进行查看。具体操作方法有以下几种。

（1）在"开始"选项卡中单击"当页开始"，可以从当前选择的幻灯片开始放映；将鼠标移动到任意一张幻灯片上停留，可以看到该幻灯片左下侧出现三角形按钮，单击效果也是从当前页开始播放。

（2）按F5键，可以从第一张幻灯片开始播放。

除了从当前幻灯片开始放映或者从第一张幻灯片开始放映之外，WPS演示中允许用户放映演示文稿中的几张连续或者不连续的幻灯片，该操作称为自定义放映。具体的操作方法为：单击"放映"选项卡中的"自定义放映"按钮，在弹出的"自定义放映"对话框中单击"新建"按钮，进入"定义自定义放映"对话框，用户可以在此设置放映名称，并根据需要从左侧的所有幻灯片列表中将要放映的幻灯片添加到右侧列表中，最后单击"确定"按钮，回到上一个对话框中单击"放映"按钮即可完成操作，如图2-92所示。

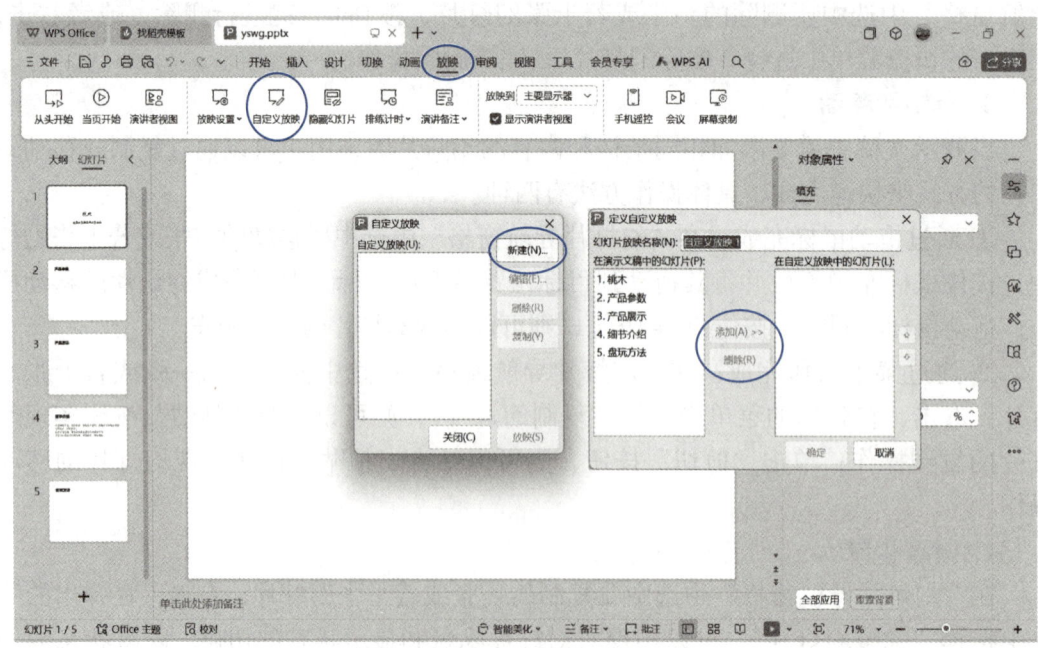

图2-92　自定义放映设置

用户也可以根据放映场合和实际需要，在"放映"选项卡中选择"放映设置"，在弹出的对话框中对放映类型、放映选项、放映的幻灯片和换片方式等进行设置。

"放映"选项卡中的"排练计时"功能可以让用户了解总体的演示用时，对每张幻灯片、每个动画的自动播放时间进行设置，从而保证幻灯片按照预定的时间节点播放和导出视频。

在幻灯片的播放过程中，如果用户想要临时跳转到指定幻灯片、为重点内容添加标注等，可以通过右键菜单进行灵活控制。

2.4.4 幻灯片母版

幻灯片母版提供了背景效果、文本格式、配色方案、页眉和页脚等格式的设置，相当于模板，可以快速应用到幻灯片中，使演示文稿中的幻灯片保持统一的风格。使用母版设置后，单张幻灯片也允许进行单独设置各种格式。

1. 背景

WPS演示中的背景填充方式包括了纯色填充、渐变填充、纹理填充和图案填充4种。幻灯片母版设置背景的具体操作方法为：选择"视图"选项卡，单击"幻灯片母版"进入对应选项卡，单击"背景"按钮，在右侧的"对象属性"任务窗格中设置不同的填充方式，如图2-93所示。设置完填充方式后，幻灯片母版中可以立即看到背景的改变；单击"幻灯片母版"选项卡中的"关闭"按钮可以回到普通视图中，此时所有的幻灯片背景也已经发生变化。

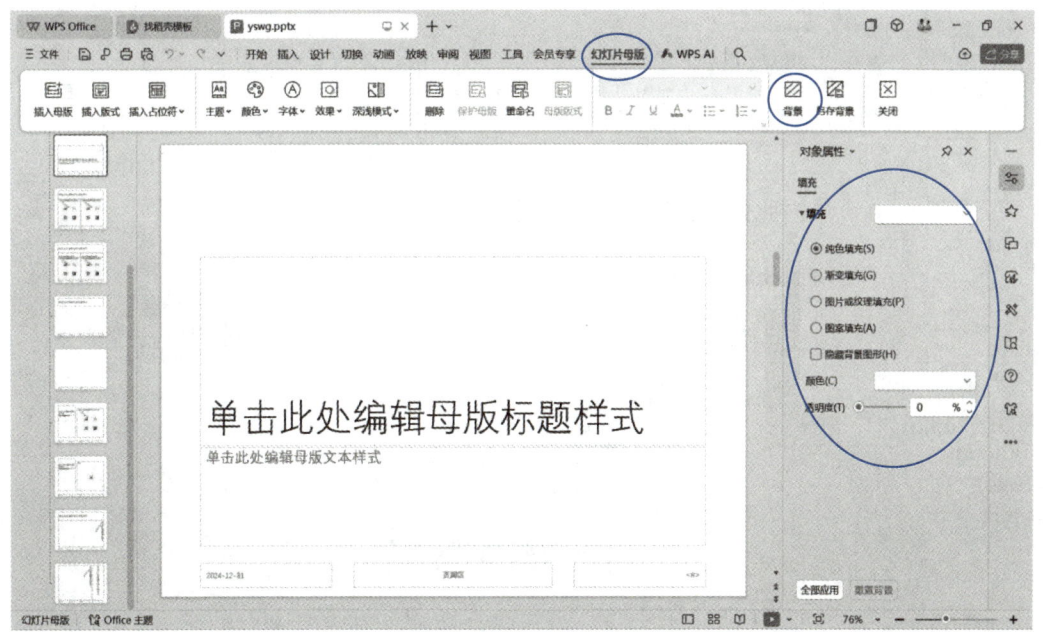

图2-93 设置母版背景

幻灯片母版视图中提供了不同的版式，可以应用于不同的幻灯片。母版版式应用于演示文稿中的所有幻灯片，用户也可以为不同幻灯片设置不同版式。如果用户要设置不同版式的不同填充效果，需要先设置母版版式，再设置其他版式的背景效果，否则母版版式会覆盖其他版式的填充效果。

如果只是想对某一张幻灯片设置背景，可以在普通视图中，单击"设计"选项卡中的"背景"按钮，就可以在"对象属性"任务窗格中设置不同的背景填充方式。

2. 占位符

幻灯片母版的每个虚线框称为占位符。用户可以在母版中提前设计各占位符的位置、大小、字体格式、段落格式等，在生成幻灯片时就可以直接应用母版格式。

3. 页眉页脚

幻灯片的页脚部分可以添加日期、时间、页码、公司名称等，用户可以对单张幻灯片进行设置，也可以通过母版设置快速为所有幻灯片添加页脚信息。具体的操作方法为：进入幻灯片母版视图后，选择"插入"选项卡中的"页眉页脚"，弹出"页眉和页脚"对话框，如图2-94所示。在该对话框中，用户可以选中"日期和时间"复选框，设置自动更新的日期和时间或者固定的日期和时间；选中"幻灯片编号"复选框可以为幻灯片添加编号，类似于WPS文字中的页码；选中"页脚"复选框可以输入其他信息；选中"标题幻灯片不显示"复选框可以让标题幻灯片不显示页眉和页脚信息，最后单击"全部应用"按钮。退出母版模式后，可以在幻灯片视图中查看操作效果。

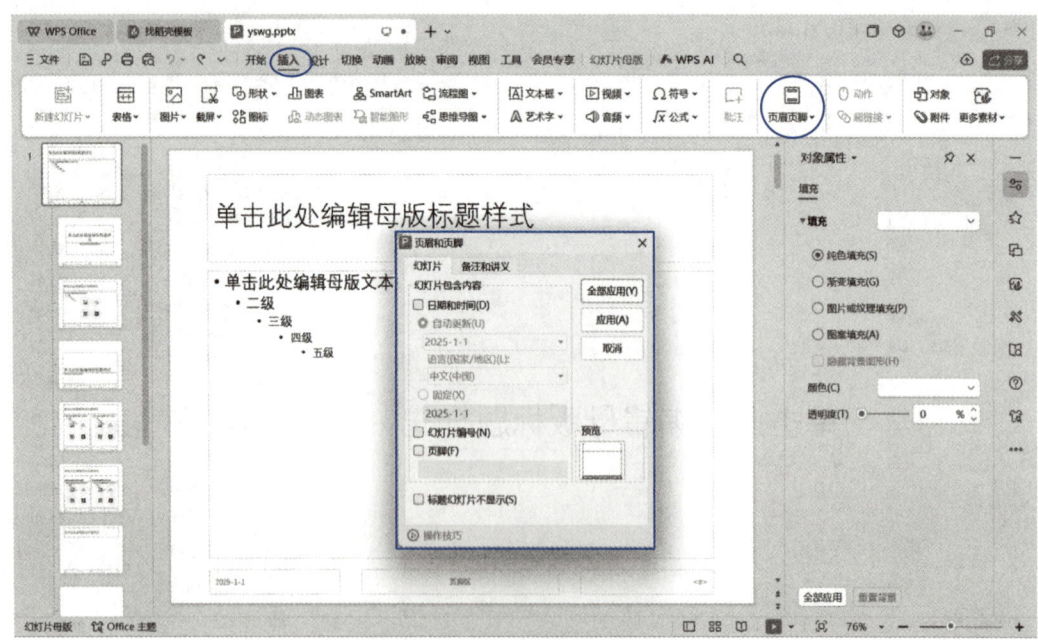

图2-94　设置页眉和页脚

4. 编辑

除了使用WPS演示自带的母版之外，用户也可以根据需要对母版进行编辑和管理，具体操作包括插入母版、插入版式、重命名版式、删除版式。

如果一个演示文稿中的幻灯片需要有多个主题，用户可以通过插入母版的方式添加多个幻灯片母版。具体操作方法为：进入幻灯片母版视图，打开"幻灯片母版"选项卡，单击"插入母版"按钮，则可以在当前母版之后插入一个新的母版。

用户也可以在现有的幻灯片母版中自行插入新的版式，具体操作方法为：进入幻灯片母版视图，打开"幻灯片母版"选项卡，单击"插入版式"按钮，则可以在当前母版中最后一个版式之后插入一个新的版式。该版式名称默认为"自定义版式"，用户可以在"幻灯片母版"选项卡中单击"重命名"按钮，为该版式输入名称，最后单击"确定"按钮完成操作。

每个幻灯片母版中都包含了许多版式，对于不再需要的版式，用户可以进行删除。具体操作方法为：进入幻灯片母版视图，打开"幻灯片母版"选项卡，选中要删除的版式，单击"删除"按钮，或者右击，在弹出的快捷菜单中选择"删除版式"命令。

除了对于幻灯片、幻灯片母版的各种操作之外，WPS演示中同样可以对文字的字体格式、段落格式等进行设置。具体操作请参考案例2.17。

2.4.5 幻灯片美化

1. 应用主题

WPS演示中提供了很多主题，可以用来快速美化文稿，主题的选择主要在"设计"选项卡中完成。具体操作可参考案例2.17。

【案例2.17】使用演示文稿"yswg.pptx"，① 为整个演示文稿应用"青山绿水中国风"主题；放映方式设置为"观众自行浏览（窗口）"；设置幻灯片的大小为"宽屏（16：9）"。② 将第1张幻灯片主标题"桃木"，字体设置为"华文行楷"，字体样式为"加粗"，字号大小为60磅字；文字为"纹理细腻展现天然形态美"，字体设置为"宋体"，字号样式为"加粗"、字号大小为32磅，字体颜色设置成标准色蓝色。③ 在第2张幻灯片前面中插入一张新幻灯片，版式为"标题和内容"，在标题处输入文字"目录"，在文本框中按顺序输入第3～6张幻灯片的标题，并且添加相应幻灯片的超链接。具体操作步骤如下。

① 打开文件"yswg.pptx"，切换至"设计"选项卡下，在"主题"组中单击"更多主题"按钮，在弹出的"主题方案"对话框中选择"青山绿水中国风"主题，如图2-95所示。

② 切换至"放映"选项卡，在"放映设置"中单击"放映设置"按钮，弹出"设置放映方式"对话框，选中"演讲者放映"单选按钮，单击"确定"按钮，如图2-96所示。

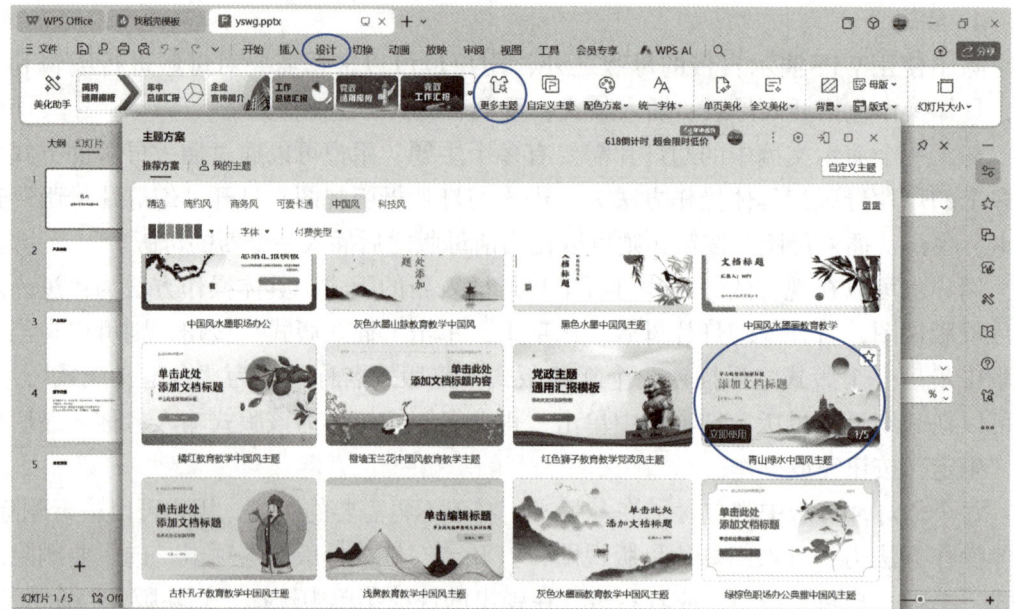

图2-95　设置"主题"

图2-96　设置"放映方式"

③切换至"设计"选项卡,单击最右侧"幻灯片大小"下拉按钮,在弹出的下拉列表中选择"宽屏(16∶9)",如图2-97所示。

④选中第1张幻灯片中的主标题文字"桃木",切换至"开始"选项卡,设置"字体"为"华文行楷","字号"为"60磅",单击"加粗"按钮,如图2-98所示;选中

文字"纹理细腻展现天然形态美"，设置"字体"为"宋体"，"字号"为"32磅"，单击"加粗"按钮；单击"字体"颜色下拉按钮，在下拉列表中选择"蓝色（标准色）"。

图2-97　设置"幻灯片大小"

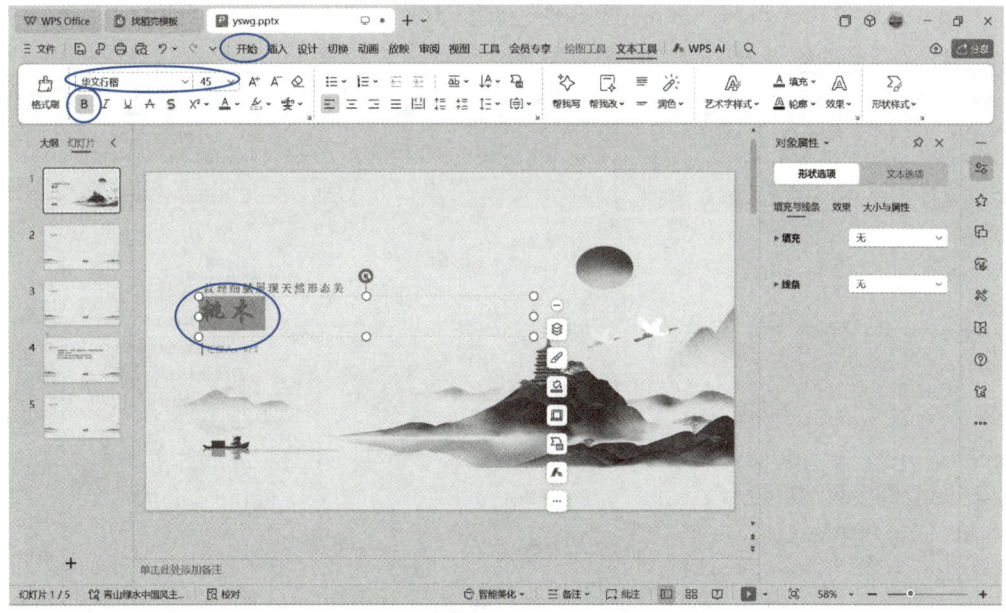

图2-98　设置幻灯片中文字的字体格式

⑤单击第1张幻灯片与第2张幻灯片之间的空白处，切换至"开始"选项卡，单击"新建幻灯片"下拉按钮，在弹出的下拉列表中选择"从版式新建"，在右侧列表中选择

"标题和内容"，即可完成新建幻灯片操作，如图2-99所示。在新插入的幻灯片标题处输入文字"目录"，内容区依次输入第3～6张幻灯片标题，操作效果如图2-100所示。

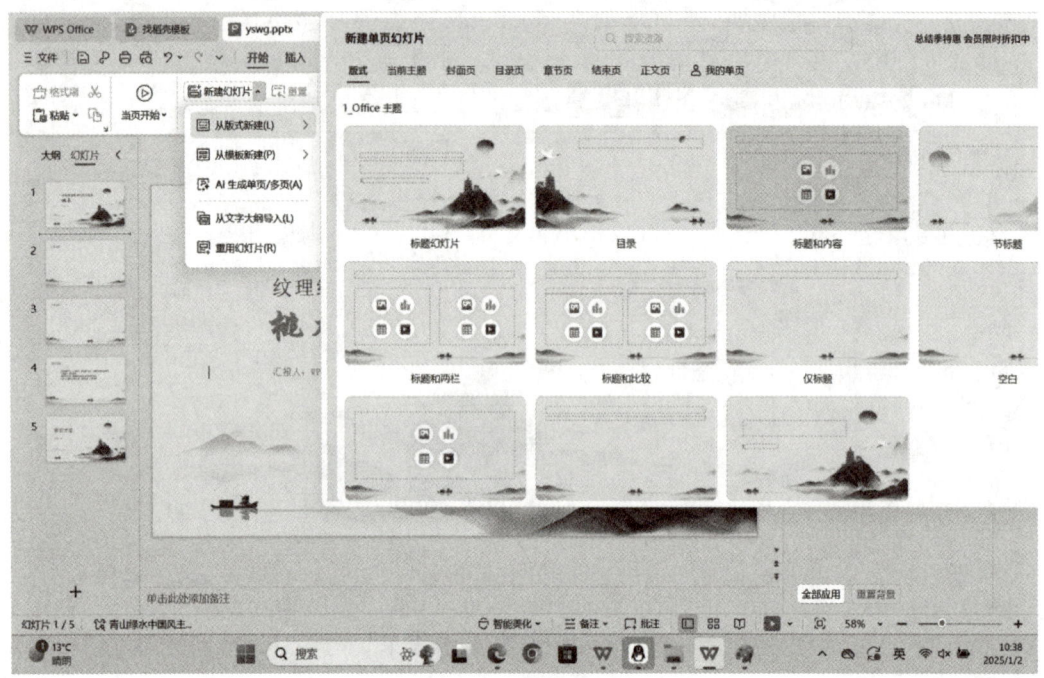

图2-99　新建幻灯片

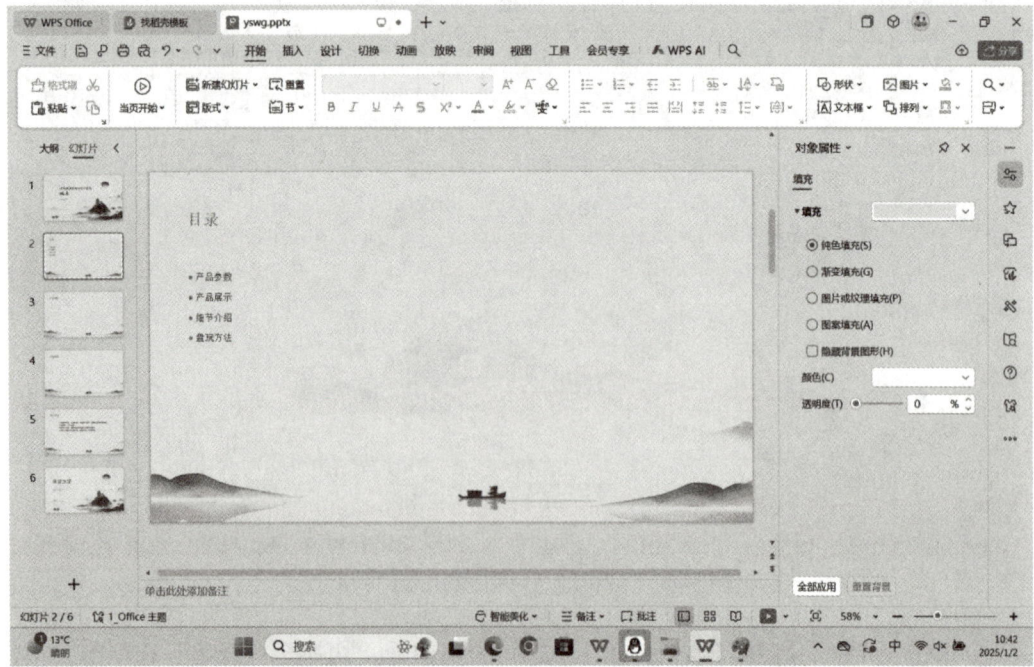

图2-100　操作效果

⑥ 选中"目录"幻灯片内容区中的文本"产品参数",切换至"插入"选项卡,单击"超链接"按钮,弹出"插入超链接"对话框,在"链接到"中选择"本文档中的位置",在"请选择文档中的位置"中单击"3.产品参数",单击"确定"接钮,如图2-101所示。根据以上方法完成"产品展示""细节介绍"和"盘玩方法"的超链接设置。

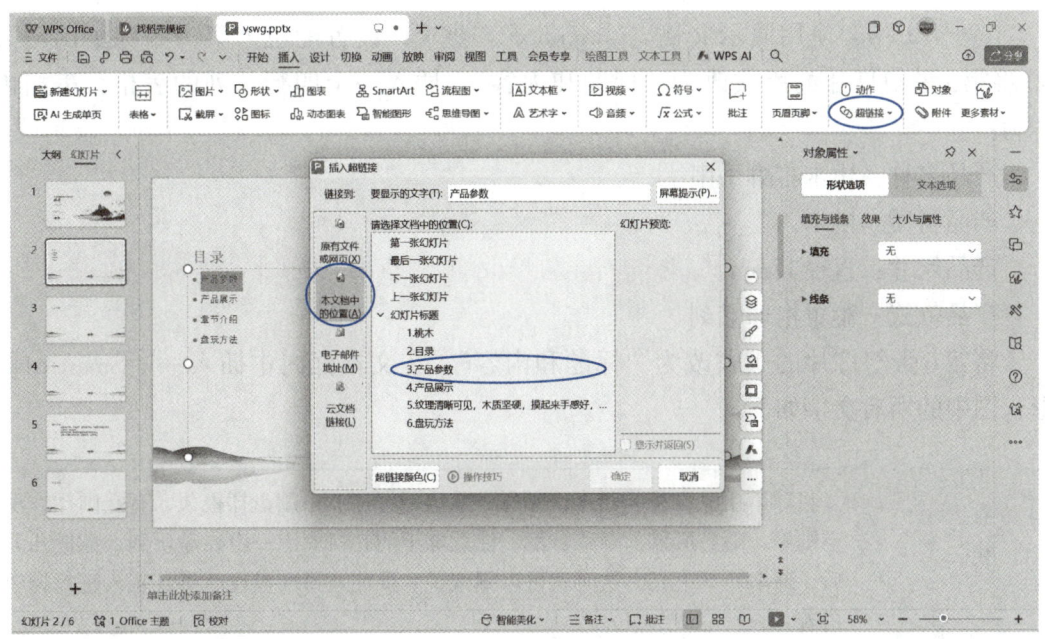

图2-101　幻灯片超链接设置

⑦ 单击"保存"按钮,关闭演示文稿。

2. 应用配色方案

配色方案的适配程度决定了幻灯片的总体美观度,当用户需要整体修改演示文稿的配色方案时,可以通过配色方案快速完成。具体操作方式为:进入"设计"选项卡,单击"配色方案"按钮,在列表中选择需要的配色方案。

3. 插入图片或图形

图片是幻灯片中经常使用的元素。从内容出发,图片可以补充说明文字内容,就美观程度而言,图片可以美化幻灯片背景。具体操作方式为:进入"插入"选项卡,单击"图片"按钮,在列表中选择本地图片、分页插图、AI生成图片或手机图片/拍照。其中分页插图是指一次性插入多张图片时,每张图片自动各占用一张幻灯片。

图形包括形状和智能图形,也是文字信息展示的手段。具体操作方式为:在

"插入"选项卡中选择"形状"或"智能图形",在后续列表中根据用户需要进行选择。

4. 插入表格或图表

幻灯片中包含了较多的数据信息时,可以插入表格或图表,这样不仅能直观地展示表格信息,还能对数据进行分析。两项操作都是在"插入"选项卡中选择对应按钮来完成,具体操作步骤参考案例2.18。

【**案例2.18**】使用演示文稿"yswg.pptx",要求:设置配色方案为"棕蕴山河";② 将第3张幻灯片的版式改为"标题和内容",插入一个四行二列的表格,表格内容为:

产品名称:桃木貔貅手串

产品材质:桃木

产品尺寸:直径18mm

产品款式:貔貅抱球雕刻

将第6张幻灯片的版式改为"标题和内容",在文本框内中插入一个SmartArt图形,图中的所有文字如下。

第一步	将球串用盘珠袋装起来,对每一珠进行轻揉。不用盘揉很久,有空则揉,没空则停,随心所欲,顺其自然。注意珠子的孔口周围一定要盘玩到。盘搓几天后,珠串基本上光,这时就可以佩戴了。要注意每次盘玩后将其装入密封袋中捂着。
第二步	形成包浆后就可以佩戴一段时间,使它自然氧化,我们也称这个步骤为"醒珠",这可让珠上包浆进行一定程度的硬化,一般是一个星期左右,这段时间不需要再盘玩。
第三步	重复以上过程5～6遍,也就是两三个月的时间,你会看到你的珠子很有灵气的光泽。盘玩得好的珠子有时候会呈现较强烈的反光,有些则像玻璃的光泽。需要特别注意的是:崖柏珠串不要在任何时接触较大的水分。如果珠子脏了,可以用微微湿润的棉布擦拭几遍,然后放置一段时间再盘玩。盘玩的时候珠子的所有区域都尽量盘到,特别是孔口。

具体操作步骤如下。

① 打开文件"yswg.pptx",选中第一张幻灯片,切换至"设计"选项卡下,选择"配色方案",如图2-102所示。

② 选中第3张幻灯片,在"开始"选项卡中选择"版式",再选择"标题和内容",如图2-103所示。

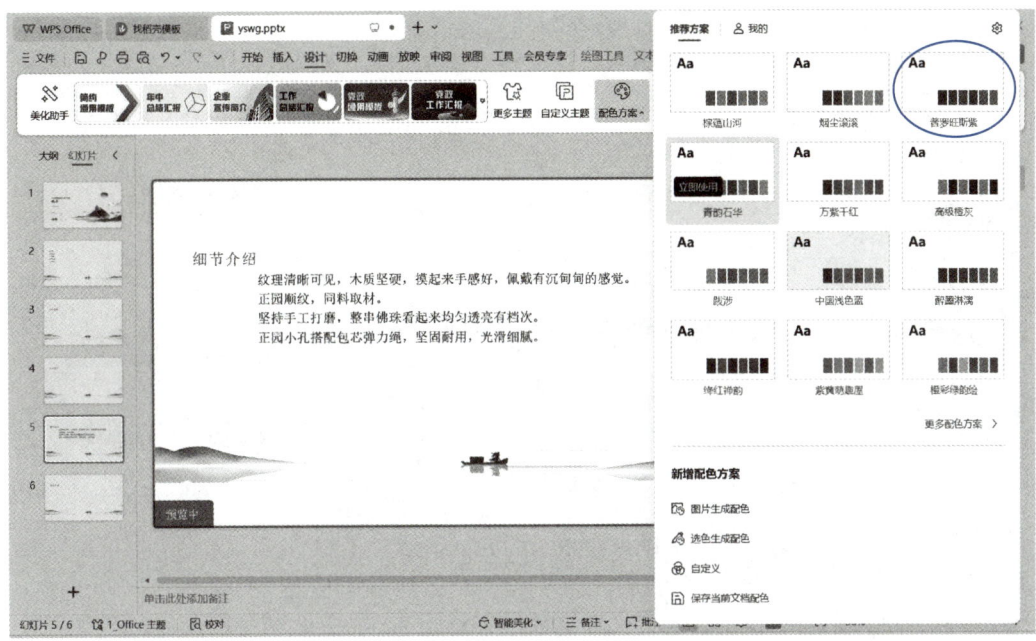

图 2-102　应用配色方案

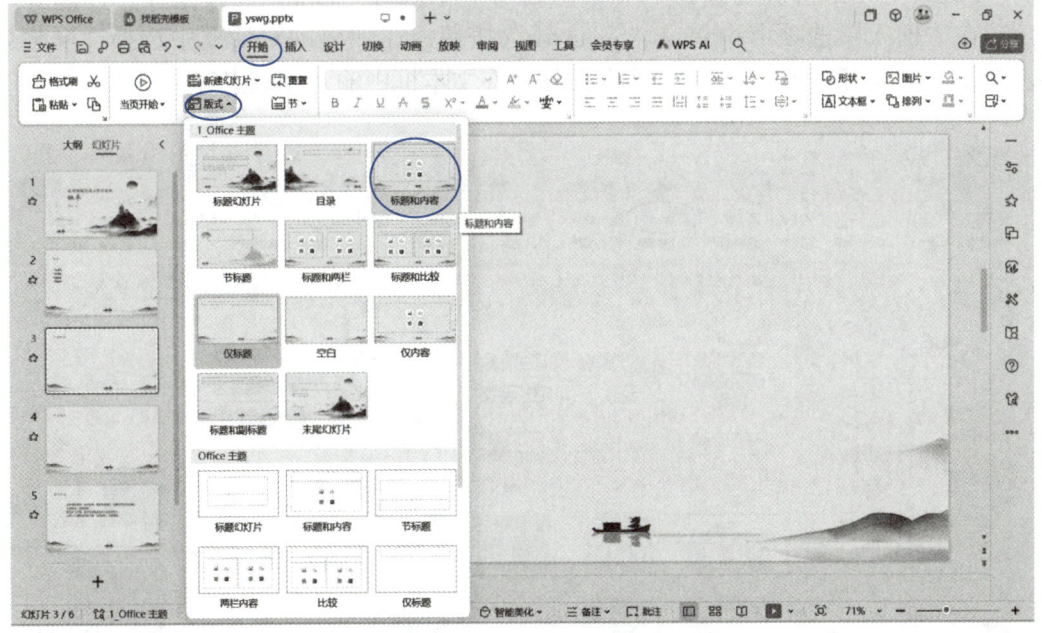

图 2-103　修改版式

在"插入"选项卡中单击"表格"按钮，选择四行两列，然后在其中输入相应内容，操作效果如图2-104所示。

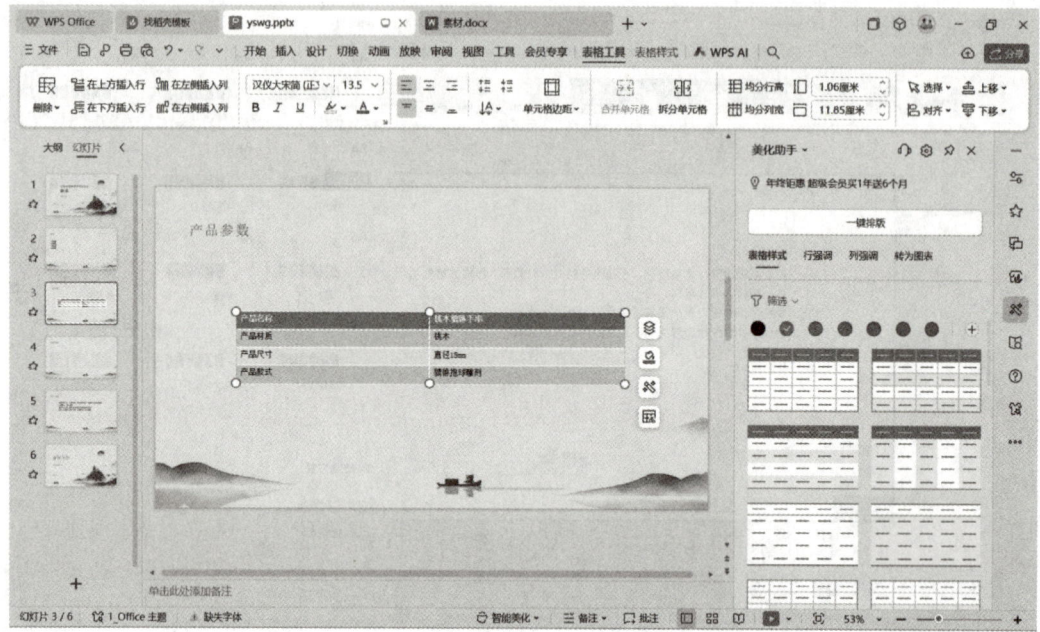

图2-104　幻灯片插入表格操作效果

③选中第6张幻灯片，在"开始"选项卡中选择"版式"，再选择"标题和内容"，在"插入"选项卡中单击"SmartArt"按钮，在弹出的对话框中选择"堆叠列表"，如图2-105所示，单击"插入"按钮，在文本框中输入相应内容。

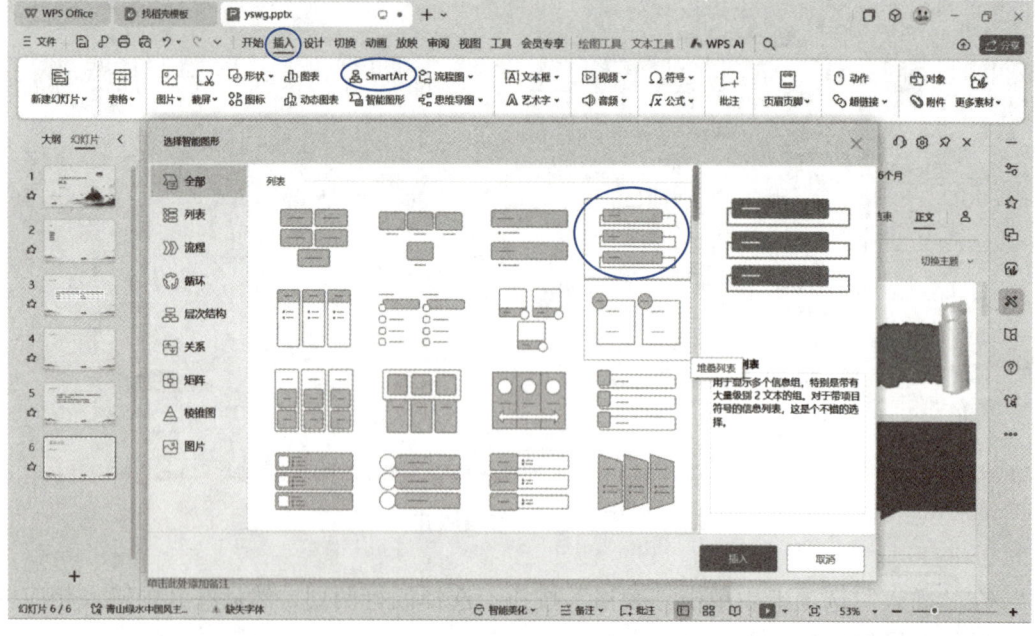

图2-105　插入智能图形

④ 自行调整智能图形在幻灯片中的位置，单击"保存"按钮，关闭演示文稿，第6张幻灯片的操作效果如图2-106所示。

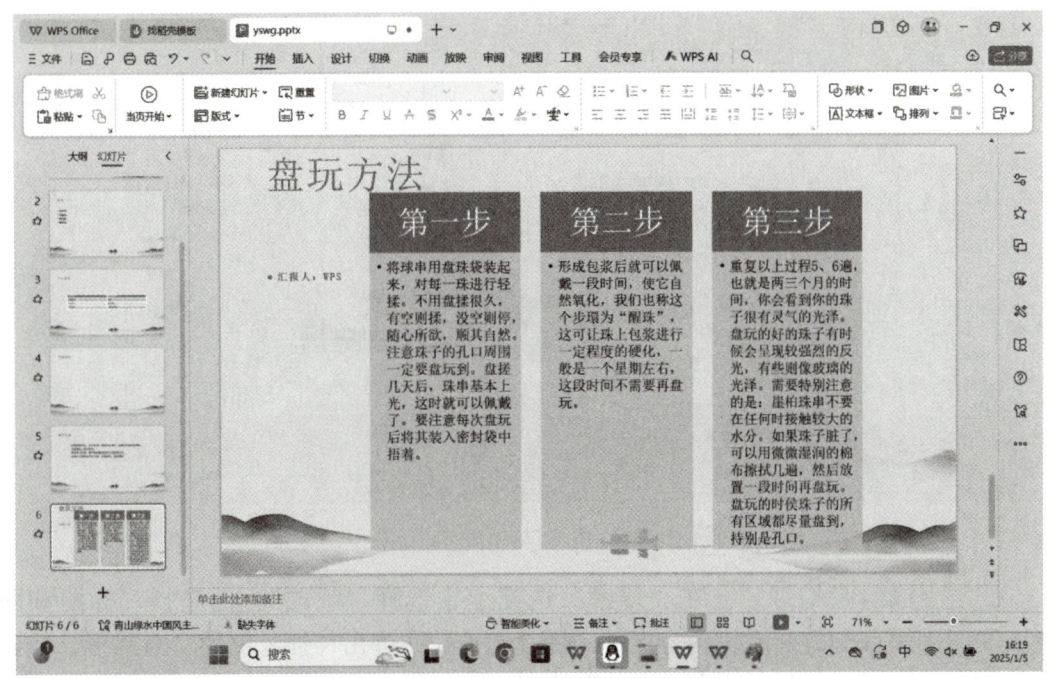

图2-106　第6张幻灯片的操作效果

2.4.6　幻灯片切换

在幻灯片中，用户除了可以添加文字、图片、表格等元素之外，还可以添加音频、视频、动画等效果，增加幻灯片的表现力。幻灯片中的动画包含两种：① 切换动画，指的是从一张幻灯片切换到另一张幻灯片时出现的动画效果；② 对象动画，指的是为幻灯片中的元素添加的动态效果。为了使不同的动画间的衔接更自然，用户可以根据需要设置动画的方向、开始时间、播放时间、播放顺序等。具体操作可参考案例2.19。

【案例2.19】使用演示文稿"yswg.pptx"，① 设置全体幻灯片切换方式为"溶解"，并且每张幻灯片的切换时间是5秒。② 将第4张幻灯片的版式改为"两栏内容"，将图片文件（ppt1.jpg）插入到左侧栏中，图片动画设置为"进入/飞入"，将图片文件（ppt2.jpg）插入到右侧栏中，图片动画设置为"进入/轮子"。③ 将第5张幻灯片中文本框内的文字插入项目符号"实心圆"，动画设置为"强调 放大/缩小"。具体操作步骤如下。

① 打开文件"yswg.pptx"，选中第一张幻灯片，切换至"切换"选项卡下，选择"溶解"，设置"设置自动换片时间"为"5秒"，单击"应用到全部"按钮，如图2-107所示。

图2-107 幻灯片切换

② 选中第4张幻灯片，在"开始"选项卡中选择"版式"，再选择"标题和两栏"。单击第4张幻灯片左侧内容区的"图片"按钮，弹出"插入图片"对话框，找到并选中"ppt1.jpg"图片，单击"打开"按钮，完成插入，如图2-108所示。

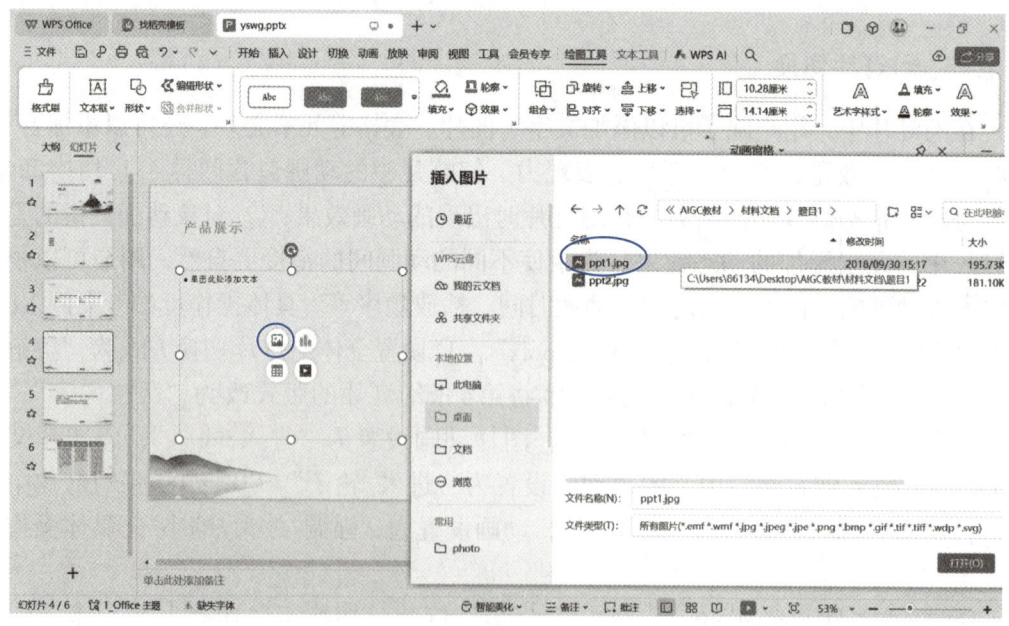

图2-108 幻灯片插入图片

③ 选中该图片，切换至"动画"选项卡下，选择"飞入"效果，如图2-109所

示。该操作也可以在右侧"动画窗格"中选择"添加效果"完成。

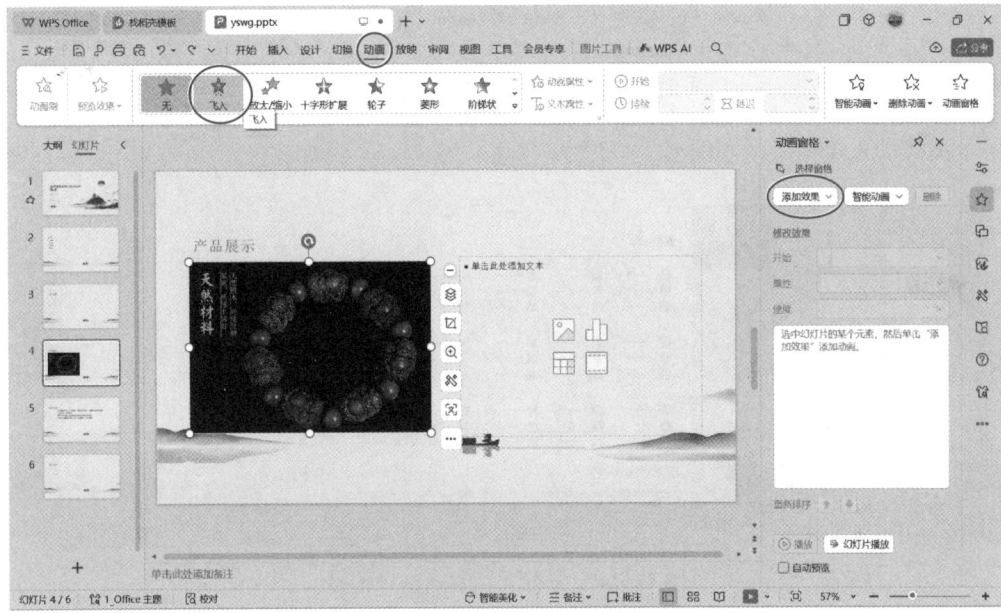

图2-109 幻灯片添加动画

④ 参考上一步骤完成右侧图片的插入，操作效果如图2-110所示。

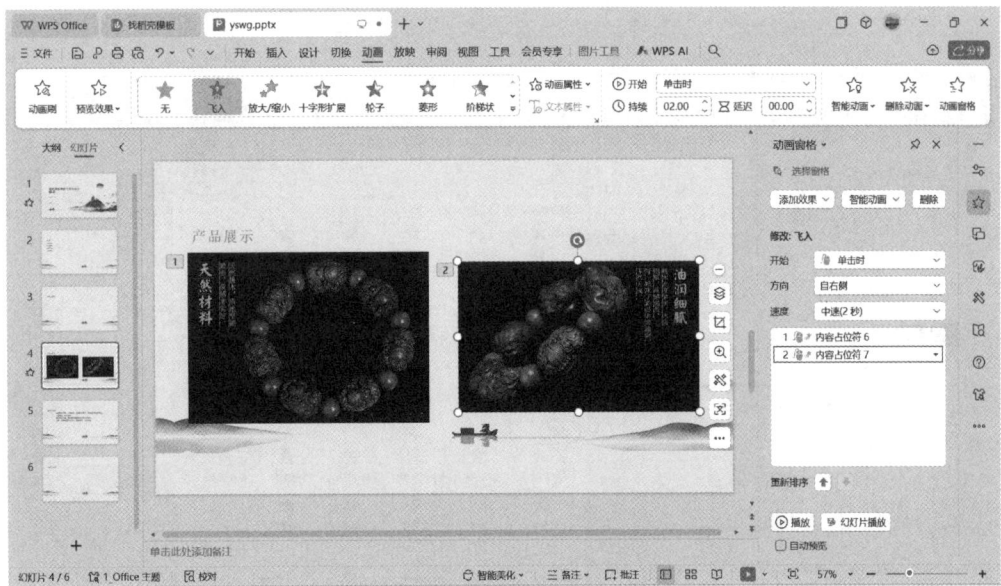

图2-110 幻灯片4操作效果

⑤ 选中第5张幻灯片文本框内的所有文字，在"开始"选项卡中单击"项目符号"下拉按钮，在下拉列表中选择项目符号实心圆，如图2-111所示。

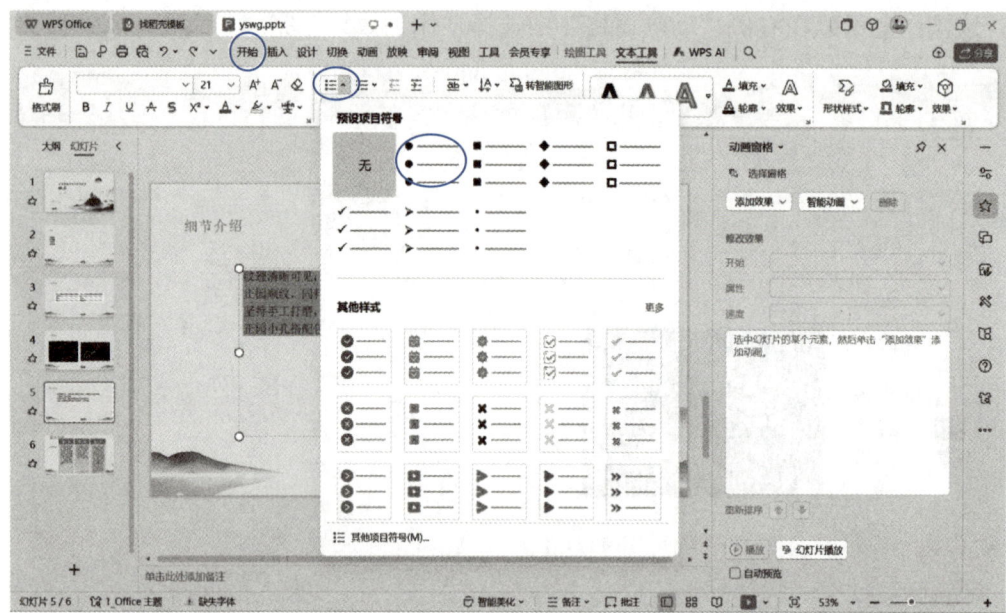

图2-111　为幻灯片插入项目符号

⑥选中所有文字，在右侧"动画窗格"中选择"添加效果"，选择"强调"→"放大/缩小"，如图2-112所示。

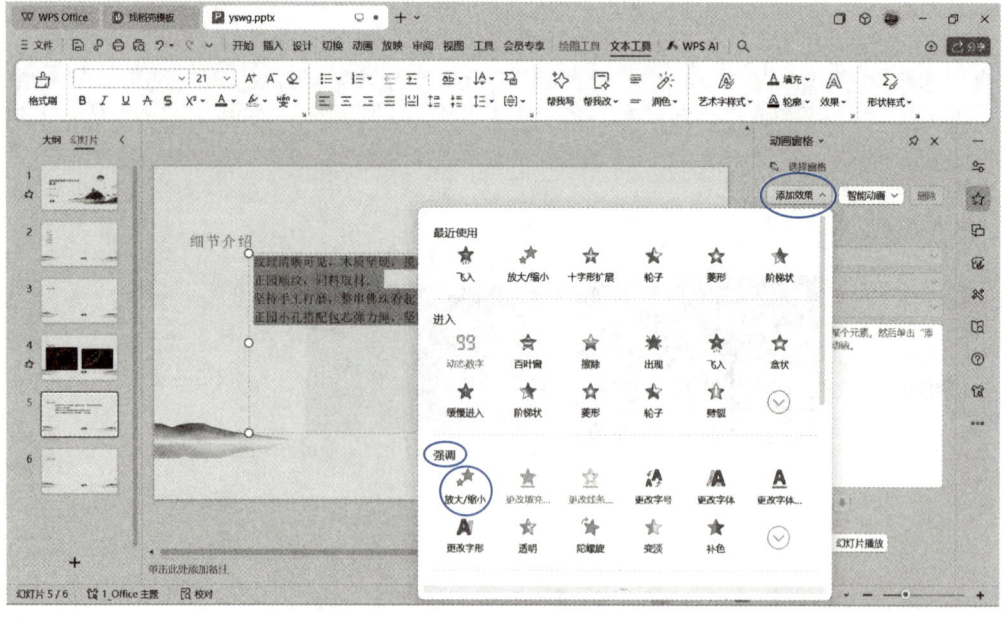

图2-112　为幻灯片添加动画效果

⑦在动画窗格中设置该动画开始时间为"单击时"，速度为慢速（3秒），如图2-113所示。

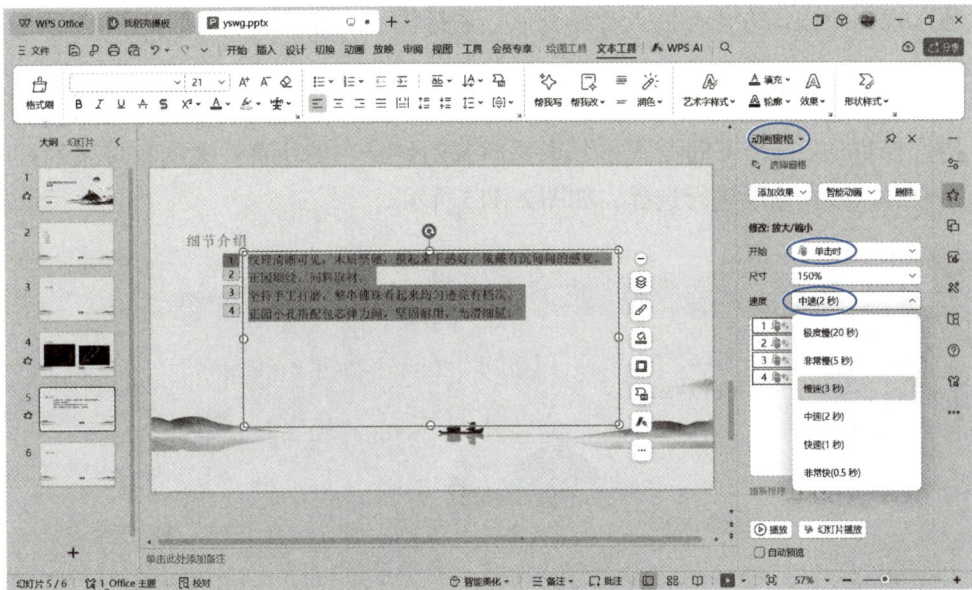

图2-113 为幻灯片设置动画效果选项

2.4.7 幻灯片插入音频、视频

在演示文稿中还可以根据需要插入多媒体文件，如音频、视频等。具体操作方法为：在"插入"选项卡中单击"音频"按钮，可以有4种选择，分别是嵌入音频、链接到音频、嵌入背景音乐、链接到背景音乐。根据需要选择，插入成功后，幻灯片上会出现一个喇叭图标。用户可以对音频进行循环播放、自动播放等设置，如图2-114所示。

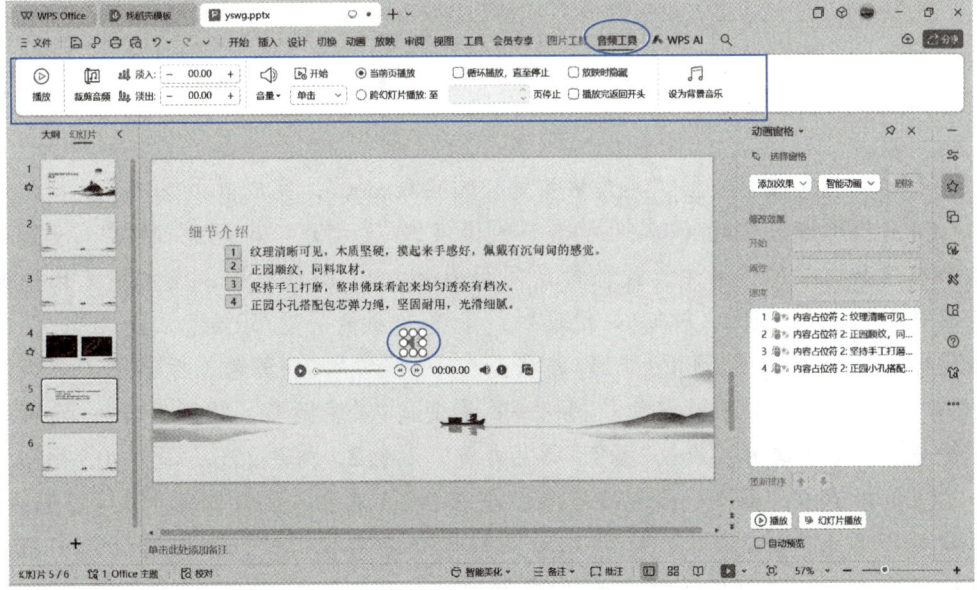

图2-114 音频播放控制设置

插入视频的操作方式与插入音频类似，还提供了"屏幕录制"的选项。

2.4.8 幻灯片打印

幻灯片打印有4种不同模式，分别是整张幻灯片、备注页、大纲和多张幻灯片模式，用户可以根据需要进行选择，如图2-115所示。

图2-115　幻灯片打印选项

2.5　练　习　题

【习题2.1】使用文档"某大学智慧校园实践.doc"，完成以下操作。

（1）为标题段文字（"某大学智慧校园实践"）创建"标题5"样式，设置字体为小三号、黑体、居中，段前段后间距为3磅，1.15倍行距，文本填充选择渐变填充："类型/矩形、方向/中心辐射、渐变光圈透明度/50%，位置/40%"，文本阴影效果设置为："预设/外部/偏移：右下斜""颜色/黄色（标准色）""距离/20磅"，文本倒影效果设置为："预设/倒影变体/紧密倒影，距离/8磅"；设置正文第一段文本轮廓为实线："颜色/巧克力黄，着色2，深色25%，宽度/0.7磅"。

（2）设置页边距为上下各3厘米，左右各2.5厘米，装订线位于左侧2厘米，页眉页脚各距边界2厘米，每页38行，每行36个文字；按以下内容设置文档属性：标题为"大学智慧校园实践"、主题为"智慧校园"、作者为"NCRER"、单位为"NCRE",备注为"地址:北京市海淀区甲5号;日期:2020年9月1日";为该文档插入内置"项目解决方案"型封面;使用图片 picture1.jpg 为该文档加图片水印,缩放80%。

(3)设置正文第一段到第四段的文字为10.5号、宋体、段落左右各缩进0.3字符、段后间距0.6行,行距为1.15倍行距;将正文第二段至第三段首行缩进2字符,并分为两栏,第1栏栏宽为15字符、第2栏栏宽为18字符、栏间加分隔线。为正文第一段设置首字下沉2行,距正文0.2厘米;为紧随小标题"①明确信息系统建设模式"后的两段设置项目符号(项目符号字符为图片 Tulips.jpg,请定义新项目符号并导入图片);为紧随小标题"②规范业务系统建设流程,建立了信息化项目年度立项制度"后的三段设置项目符号(请"定义新项目符号",选择"符号/Wingdings 字体"中的笑脸符号☺)。

(4)在表题(表1.某大学智慧校园建设规划)前插入分页符,并设置表题文字为四号、加粗,文本效果设置为三维格式:"深度/红色(标准色),大小/10磅""曲面图/紫色(标准色),大小/1磅""材料/线框";设置表1下方的四组红色词组("智慧应用、智慧数据、智慧业务、智慧支撑")文本效果为"发光橙色,着色3,浅色40%,11pt"。

(5)将表1第一行("平台:公共服务,正版软件,决策支持,大数据基础")的底纹设置为"图案/10%"、第二行("公共数据库(数据仓库)")的底纹设置为"深灰色,着色3,浅色80%"、第三行("数据交换平台")的底纹设置为填充"白色,背景1,深色5%"、最后一行("校园网、云平台、一卡通、统一身份认证")的底纹设置为"金色,背景2"。将表1两侧的"系统运维服务体系"列、"信息化标准和规范"列和"信息安全保障体系"列的边框设置为0.5磅单实线。

【习题2.2】使用文档"六指标凸显60多年中国经济变化.doc",完成以下操作:

(1)将文中所有错词"经纪"替换为"经济";将标题段文字设置为小二号、红色(标准色)、黑体、加粗、居中,文字间距加宽2磅,段后间距1行;为标题段文字添加蓝色(标准色)双波浪下划线,并设置文字阴影效果为"向右偏移"。

(2)设置正文各段落首行缩进2字符、1.25倍行距;为正文第三段至第八段添加"1)、2)、3)、"样式的自动编号。将正文第九段分为等宽的两栏,栏间添加分隔线;为表题("2016年GDP排名前10位的国家")添加脚注,脚注内容为"来源:世界银行资料"。

(3)设置页面左、右页边距均为3.5厘米,装订线位于左侧1厘米处;在页面底端插入"普通数字2"样式页码,并设置页码编号格式为"ⅰ、ⅱ、ⅲ、"、起始页码为"ⅲ";为文档添加文字水印,水印内容为"伟大祖国",水印颜色为红色

（标准色）。

（4）将文中最后11行文字转换为11行4列的表格；设置表格居中，表格中第一行和第一、二列的内容水平居中、其余内容中部右对齐；设置表格第一、二列列宽为2厘米，第三、四列列宽为3厘米，行高为0.6厘米；设置表格单元格的左边距为0.1厘米、右边距为0.4厘米。

（5）按主要关键字"人均GDP（美元）"列依据"数字"类型降序排列表格内容；设置表格外框线和第一、二行间的内框线为蓝色（标准色）1.5磅单实线、其余内框线为蓝色（标准色）0.5磅单实线。

【习题2.3】使用文档"EXCEL.XLSX"，完成以下操作。

（1）选择Sheet1工作表，在"年龄"列（D列）前插入3列，在D1到F1单元格分别输入文字"出生年""出生月""出生日"，D、E、F三列的数字格式为"数值型，小数位数0位"，根据"生日"列的内容，得到该会员的出生年、月、日并将相应数字填充到D、E、F三列；将Sheet1工作表命名为"会员信息表"；利用公式计算"平均购买金额"列（Q2:Q108）的内容（货币型，保留小数点后2位）；在R1单元格输入文字"客户等级"，利用IF函数给出此列（R2:R108）的内容：如果平均购买金额大于1500，在相应单元格内填入"A"，如果平均购买金额大于800，在相应单元格内填入"B"，如果平均购买金额大于300，在相应单元格内填入"C"，否则在相应单元格内填入"D"，设置（A1:R108）所有单元格文字居中对齐，添加所有框线；在A:R列中设置除I列之外的所有列的列宽为12厘米，I列列宽设置为18厘米；删除数据区域（A1:R108）中的数据重复项。

（2）选取"Sheet2"工作表，将Sheet2工作表命名为"按月统计"；利用"按月统计"工作表中"月份""B级人数"和"C级人数"列数据区域的内容建立"折线图"（"月份"作为横坐标）；图表布局为"样式4"，图表标题为"人数统计图"，纵坐标标题为"人数"；删除网格线，设置绘图区填充效果为"有色纸1"的纹理填充；将图表插入到"按月统计"工作表的"I2:S16"单元格区域内。

（3）选择"销售清单"工作表，对工作表内数据清单的内容按主要关键字"类别"的降序和次要关键字"销售额"的升序进行排序；对排序后的数据进行筛选，条件为：A4和A6单元格对应销售员销售出去的彩电和空调，保存EXCEL.xlsx工作簿。

【习题2.4】使用文档"EXCEL.XLSX"，完成以下操作。

（1）选取Sheet1工作表I12:J15数据区域的内容建立"三维饼图"，更改饼图样式为"预设样式/样式2"，图表标题为"成绩百分比图"，标题位于图表上方，图例位置靠上，饼图外显示数据标签；将图表插入到当前工作表的H20:L34单元格区域内，将Sheet1工作表命名为"成绩统计表"。

（2）选择"图书销售统计表"工作表，对工作表内数据清单的内容进行高级筛选（在数据清单前插入四行，条件区域设在A1:G3单元格区域），请在对应字段列内输入条件，条件是：经销部门为"第1分部"或"第3分部"且销售数量排名为前30（请用 <=30）。

【习题2.5】使用演示文稿"健康生活.pptx"，按照下列要求完成以下操作并保存。

（1）设置幻灯片大小为"全屏显示（16：9）"；为整个演示文稿应用"青山绿水中国风"主题，放映方式为"观众自行浏览（窗口）"。

（2）第1张幻灯片的版式设置为"标题幻灯片"，主标题为"好胃是这样养出来的"，副标题为"养胃的方法"；主标题字体设置为华文彩云、48磅，副标题为23磅；将幻灯片的背景格式设置为渐变填充的"预设渐变/射线渐变，从右上角"。

（3）第2张幻灯片的标题为"健康养胃"，设置内容文本字体为楷体，22磅。内容文本设置动画"进入/十字形扩展"；为标题设置动画"进入/飞入"，效果选项为"自底部，快速"，标题动画开始为"上一动画之后""延迟1.25秒"。

（4）第3张幻灯片的版式设置为"两栏内容"，标题为"养胃的方法"。将第2张幻灯片内容文本框中的下面这段文字"讲究卫生：注意饮食卫生……馒头可以养胃，不妨试试作为主食。"移动到第3张幻灯片的右侧内容文本框中。设置内容文本字体为幼圆、15磅。左侧内容框动画设置为"进入/飞入"，效果选项为"自左侧"，右侧内容框动画设置为"进入/飞入"，效果选项为"自右侧"；标题动画设置为"强调/放大缩小"。

（5）第4张幻灯片的版式设置为"两栏内容"，标题为"健康饮水"。将图片文件PPT2.jpg插入到第4张幻灯片右侧的内容区，图片效果为"发光/印度红，11pt，发光，着色2"。图片动画设置为"进入/轮子"。

（6）第5张幻灯片的版式设置为"两栏内容"，标题为"腹部按摩"。将图片文件PPT1.jpg插入到第5张幻灯片右侧的内容区，图片效果为"倒影/半倒影接触"。

（7）除了标题幻灯片外其他每张幻灯片中的页脚插入"健康生活"四个字，设置第1、3、5这三张幻灯片切换方式为"框"，效果选项为"左侧进入"；设置第2、4这二张幻灯片切换方式为"切出"。

第3章

AIGC+智能办公

3.1　WPS AI概述

3.1.1　WPS AI简介

　　当前，AIGC用于办公软件的智能化应用越来越多，许多人担心自己的工作会被AI取代，但事实上，几乎所有行业的职场人都在积极拥抱AIGC这一新技术，借助AI提升工作效率。国内办公软件公司金山办公，2023年推出了WPS AI助手。WPS AI是一款基于大语言模型技术的人工智能办公助手，能够帮助用户完成文本改写、续写、文本润色、文档总结、生成PPT、数据处理、语音交互等多项功能。WPS AI的优势在于能够快速提高用户的工作效率，让用户更轻松地完成各种办公任务。目前，WPS AI已经迭代到2.0版本，包括AI写作助手、AI阅读助手、AI数据助手、AI设计助手等AI助手，它的人工智能生成效果在大量应用中可以媲美甚至超越ChatGPT，而且支持本土化的多平台安装，包括Windows、macOS、Linux、Android、iOS、Harmony，其AI生成技术无缝接入了WPS Office的各种应用的场景中，非常适合追求便捷的用户。

　　WPS AI的定位是智能办公领域的领先品牌，它不仅在功能上全面覆盖了办公场景的需求，而且在用户体验上也不断进行优化。WPS AI 2.0版本的推出，标志着其在人工智能技术上的进一步突破。通过集成先进的自然语言处理技术，WPS AI能够更加准确地理解用户的指令和需求，从而提供更加个性化和智能化的服务。

　　在文本改写和续写方面，WPS AI能够根据用户的输入，自动优化语句结构，提高文本的可读性和专业性。WPS AI的文本润色功能，能够进一步提升文档的表达质量，确保内容的准确性和流畅性，WPS AI的总结文档功能，能够从长篇文档中提取关键信息，自动生成简洁明了的摘要，为用户提供快速概览，节省阅读时间。WPS AI的生成PPT功能则可以将用户提供的关键信息转化为精美的演示文稿，大大节省了制作演示文稿的时间，并且通过智能布局和设计建议，使得演示文稿更加吸引观众。WPS AI的数据处理功能则通过智能分析和可视化技术，帮助用户快速理解复杂数据，智能梳理和优化流程，让烦琐的工作变得简单高效。

此外，WPS AI的语音交互功能允许用户通过语音指令轻松完成各种办公任务，显著提升了工作效率。无论是撰写报告、创建表格还是执行数据分析，WPS AI都能提供有力的支持。其跨平台兼容性确保了用户可以在多种设备上无缝使用WPS AI的各项功能，满足了现代办公的多元化需求。

随着人工智能技术的不断进步，WPS AI也在持续进化，致力于为用户提供更加智能化、便捷化的办公体验。展望未来，WPS AI将继续引领智能办公领域的潮流，为用户开辟更广阔的价值空间。

3.1.2 WPS AI注册

为了更好地体验WPS AI带来的智能办公优势，用户可以轻松完成注册与试用流程。首先，访问WPS AI官方网站或应用商店下载WPS软件。官网及下载WPS产品页面如图3-1所示。

图3-1　WPS AI官网首页

安装好WPS后，可以看到，WPS AI助手已经集成于WPS各种软件中。例如，我们打开WPS Word，在其菜单栏中可以看见WPS AI产品的集成，我们也可以连续按Ctrl键两次，唤起WPS AI助手，具体如图3-2所示。

在WPS AI官网，用户可进行注册，可以选择邮箱注册或使用社交账号快速登录，整个过程简单快捷。注册成功后，用户将享有15天的试用期，在此期间可以免费体验WPS AI的所有功能。另外，用户还可以向官网申请注册为智能办公体验官，增加近2个月的WPS AI的试用期，具体如图3-3所示。

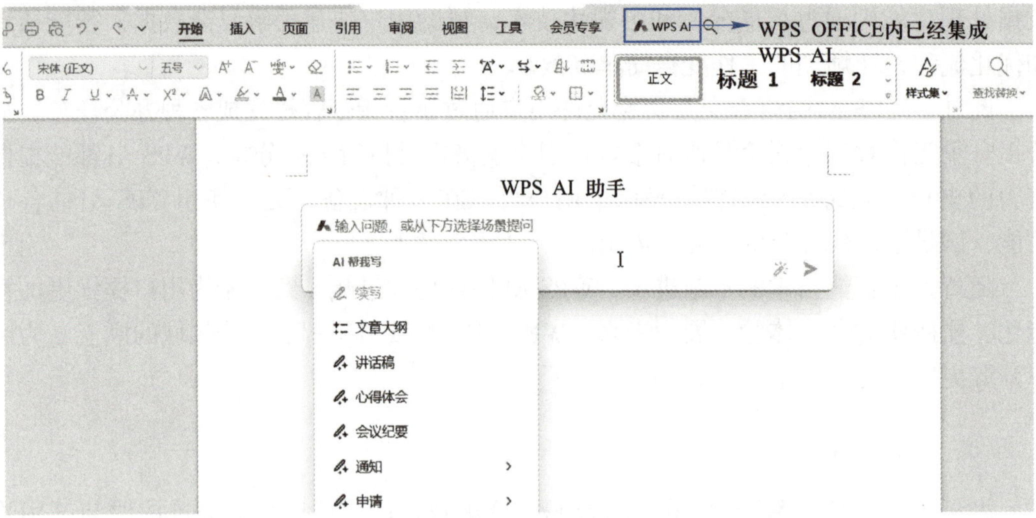

图3-2 WPS Office唤起AI助手

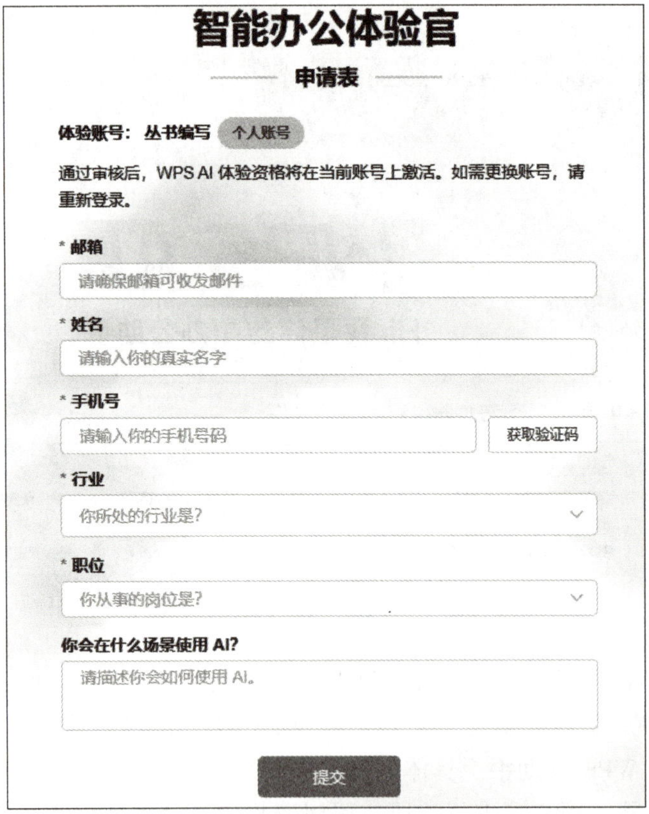

图3-3 WPS AI智能办公体验官申请

成为体验官后，将有机会获得WPS AI的更多专属功能和优先体验新版本的机会。同时，体验官还可以参与WPS AI的改进和优化，为WPS AI的发展提供宝贵的意见和建议。注册与成为体验官，都是为了让用户更好地了解和使用WPS AI，享受智能办公带来的便捷和高效。

试用期间，用户可以深入了解WPS AI如何通过智能分析和可视化技术帮助处理复杂数据，以及如何通过语音交互功能简化办公流程。此外，用户还可以尝试WPS AI的跨平台兼容性，确保在不同设备上都能获得一致的办公体验。

3.2 WPS AI编辑文档

3.2.1 WPS AI帮我写

随着科技的发展，越来越多的职场人士开始寻求高效的文档创作工具。如何利用AI帮我写的写作模板来提升文档创作效率，如何才能快速生成专业的文档呢？

WPS AI的AI帮我写功能为用户提供了丰富的写作模板，包括年终总结、文章大纲、讲话稿、心得体会、会议纪要、通知、申请、证明等各类文档，可以帮助用户快速出文案，节省大量时间。AI帮我写功能页面如图3-4所示。

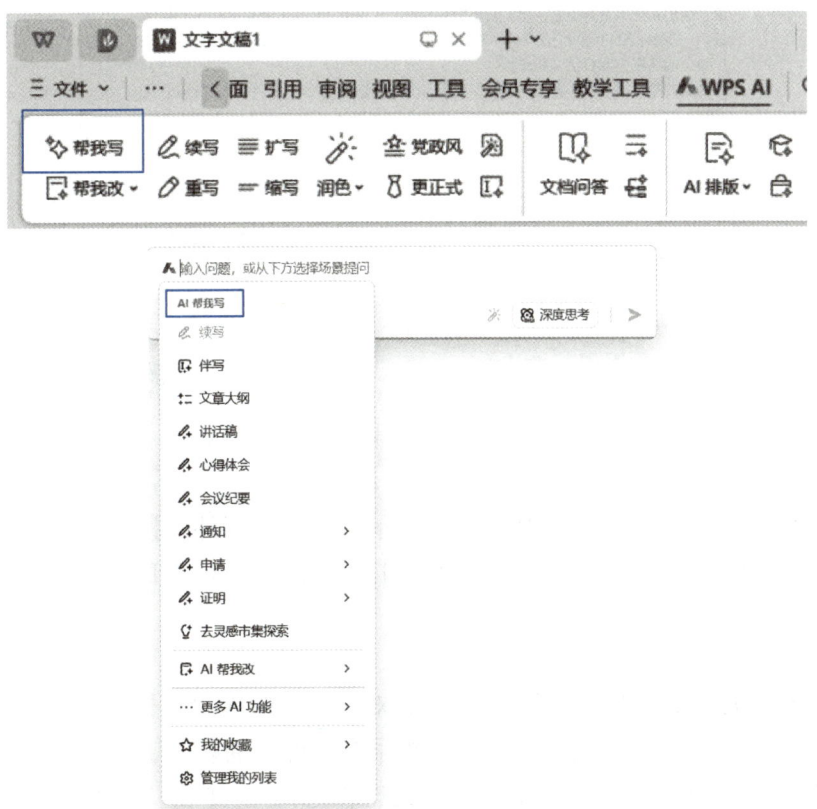

图3-4 WPS AI "帮我写" 功能页面

【**案例3.1**】你是一名初中毕业生的家长，在孩子中考结束时，想写一封简短的家长感谢学校和老师们的信，请使用AI帮我写功能完成该需求。

操作步骤：

调出 WPS AI，选择"帮我写"功能，在对话框中输入"我是一名初中毕业生的家长，在孩子中考结束时，想写一封简短的家长感谢学校，感谢老师们的信"，单击"开始生成"按钮，具体如图3-5所示。

图3-5　使用WPS AI"帮我写"生成感谢信

【**案例3.2**】你是一名高校教师，本学期承担了学生课外科技竞赛指导工作，承担了多门课程的教学工作，承担了教研室主任工作，请结合上述工作，使用AI帮我写功能完成本学期的工作总结。

操作步骤：

调出 WPS AI，选择"帮我写"功能，在对话框中输入"你是一名高校教师，本学期承担了学生课外科技竞赛指导工作，承担了多门课程的教学工作，承担了教研室主任工作，请结合上述工作，写一篇本学期的工作总结"，单击"开始生成"按钮，具体如图3-6所示。

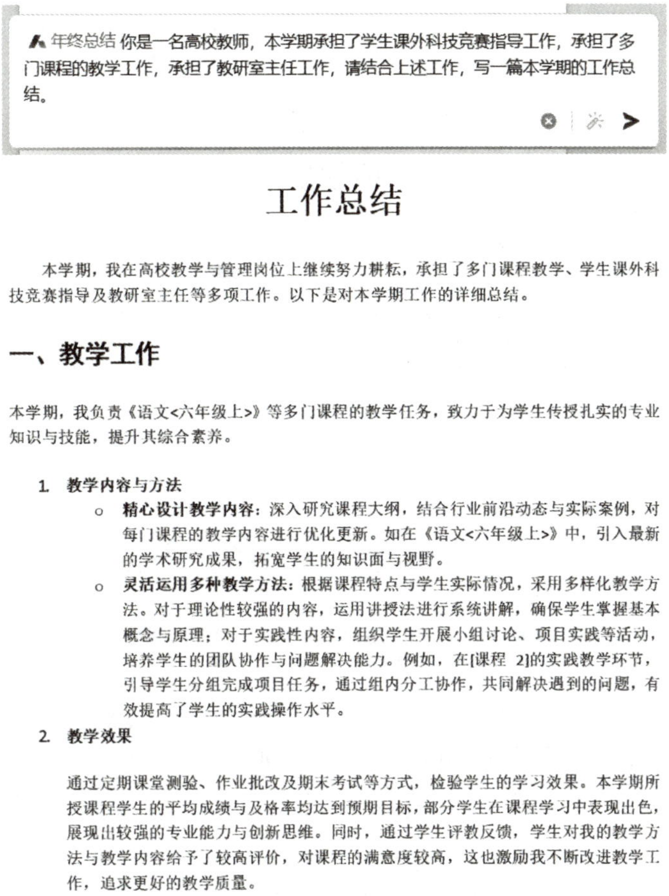

> ⚡ 年终总结 你是一名高校教师，本学期承担了学生课外科竞赛指导工作，承担了多门课程的教学工作，承担了教研室主任工作，请结合上述工作，写一篇本学期的工作总结。
>
> ⊗ ⚒ ➤

工作总结

　　本学期，我在高校教学与管理岗位上继续努力耕耘，承担了多门课程教学、学生课外科技竞赛指导及教研室主任等多项工作。以下是对本学期工作的详细总结。

一、教学工作

　　本学期，我负责《语文<六年级上>》等多门课程的教学任务，致力于为学生传授扎实的专业知识与技能，提升其综合素养。

1. **教学内容与方法**
   - **精心设计教学内容**：深入研究课程大纲，结合行业前沿动态与实际案例，对每门课程的教学内容进行优化更新。如在《语文<六年级上>》中，引入最新的学术研究成果，拓宽学生的知识面与视野。
   - **灵活运用多种教学方法**：根据课程特点与学生实际情况，采用多样化教学方法。对于理论性较强的内容，运用讲授法进行系统讲解，确保学生掌握基本概念与原理；对于实践性内容，组织学生开展小组讨论、项目实践等活动，培养学生的团队协作与问题解决能力。例如，在[课程 2]的实践教学环节，引导学生分组完成项目任务，通过组内分工协作，共同解决遇到的问题，有效提高了学生的实践操作水平。

2. **教学效果**

   通过定期课堂测验、作业批改及期末考试等方式，检验学生的学习效果。本学期所授课程学生的平均成绩与及格率均达到预期目标，部分学生在课程学习中表现出色，展现出较强的专业能力与创新思维。同时，通过学生评教反馈，学生对我的教学方法与教学内容给予了较高评价，对课程的满意度较高，这也激励我不断改进教学工作，追求更好的教学质量。

图3-6　使用WPS AI "帮我写" 生成学期工作总结

【案例3.3】 你是一名IT企业的员工，今天因为家里孩子生病需要照顾，向公司提出请假申请，请结合上述场景，使用AI帮我写的 "请假条" 功能完成请假申请。

操作步骤：

调出WPS AI，选择 "帮我写" 功能，选择 "请假单"，在对话框中输入请假人的姓名，请假的原因，请假的开始日期和请假天数，单击 "开始生成" 按钮，WPS AI帮我写将完成一份请假条，具体如图3-7所示。

【案例3.4】 你是学院办公室主任，学院计划在新学期的2024年8月30日，召开全院教职工会议，请结合上述场景，使用AI帮我写的 "会议通知" 功能生成会议通知。

操作步骤：

调出WPS AI，选择 "帮我写" 功能，选择 "会议通知"，在对话框中输入通知的主要内容，会议召开的日期和参会人员，单击 "开始生成" 按钮，WPS AI帮我写将完成一份会议通知，具体如图3-8所示。

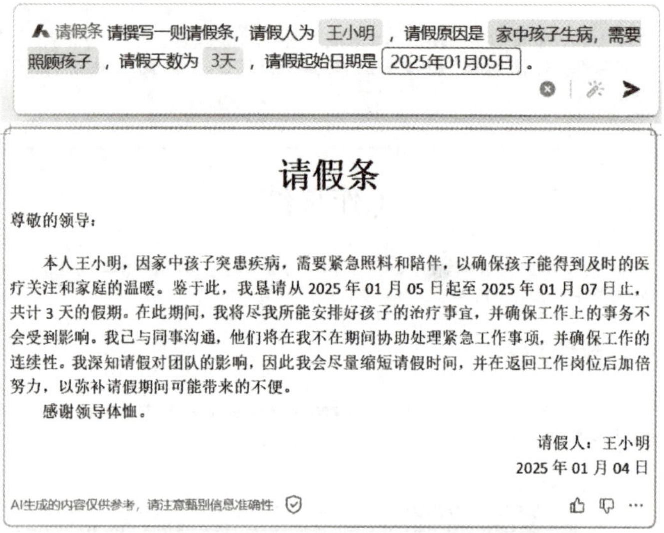

请假条 请撰写一则请假条，请假人为 王小明 ，请假原因是 家中孩子生病，需要照顾孩子 ，请假天数为 3天 ，请假起始日期是 2025年01月05日 。

请假条

尊敬的领导：

本人王小明，因家中孩子突患疾病，需要紧急照料和陪伴，以确保孩子能得到及时的医疗关注和家庭的温暖。鉴于此，我恳请从2025年01月05日起至2025年01月07日止，共计3天的假期。在此期间，我将尽我所能安排好孩子的治疗事宜，并确保工作上的事务不会受到影响。我已与同事沟通，他们将在我不在期间协助处理紧急工作事项，并确保工作的连续性。我深知请假对团队的影响，因此我会尽量缩短请假时间，并在返回工作岗位后加倍努力，以弥补请假期间可能带来的不便。

感谢领导体恤。

请假人：王小明

2025年01月04日

AI生成的内容仅供参考，请注意甄别信息准确性

图3-7 使用WPS AI“帮我写”生成请假条

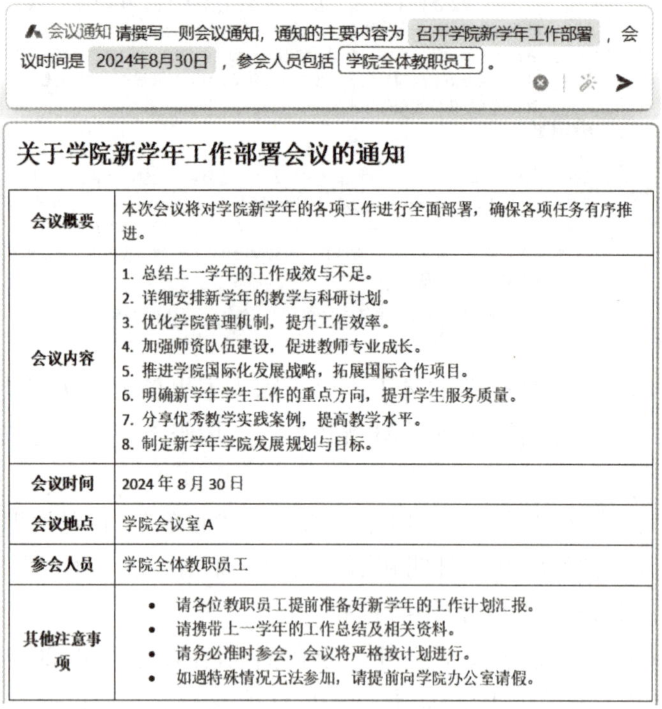

会议通知 请撰写一则会议通知，通知的主要内容为 召开学院新学年工作部署 ，会议时间是 2024年8月30日 ，参会人员包括 学院全体教职员工 。

关于学院新学年工作部署会议的通知

会议概要	本次会议将对学院新学年的各项工作进行全面部署，确保各项任务有序推进。
会议内容	1. 总结上一学年的工作成效与不足。 2. 详细安排新学年的教学与科研计划。 3. 优化学院管理机制，提升工作效率。 4. 加强师资队伍建设，促进教师专业成长。 5. 推进学院国际化发展战略，拓展国际合作项目。 6. 明确新学年学生工作的重点方向，提升学生服务质量。 7. 分享优秀教学实践案例，提高教学水平。 8. 制定新学年学院发展规划与目标。
会议时间	2024年8月30日
会议地点	学院会议室A
参会人员	学院全体教职员工
其他注意事项	• 请各位教职员工提前准备好新学年的工作计划汇报。 • 请携带上一学年的工作总结及相关资料。 • 请务必准时参会，会议将严格按计划进行。 • 如遇特殊情况无法参加，请提前向学院办公室请假。

图3-8 使用WPS AI“帮我写”生成会议通知

【案例3.5】你是一名大学教授，学院希望你面向信息技术类的学生开展一次新生入学教育，请结合上述场景，使用AI帮我写的“讲话稿”功能生成讲话稿。

操作步骤：

调出WPS AI，选择“帮我写”功能，选择“讲话稿”，在对话框中输入讲话稿主

题，讲话稿的受众对象，讲话稿的内容要求，单击"开始生成"按钮，WPS AI帮我写将完成一份讲话稿，具体如图3-9所示。

图3-9　使用WPS AI"帮我写"生成讲话稿

3.2.2　WPS AI文档助手

WPS AI内置了针对文档进行文档问答、全文总结、生成脑图、AI伴写、生成全文PPT、AI全文润色等功能。

1. AI全文总结

AI全文总结功能是利用先进的自然语言处理技术，对文档中的关键信息进行提取，并生成一段高度概括的文本，这项功能特别适用于长篇报告、学术论文、市场分析等需要快速理解核心内容的场景，它能够帮助用户快速把握文档主旨。

【案例3.6】请针对图3-10的新闻稿件内容，进行全文总结，迅速提炼文章核心要点，请使用AI全文总结功能完成。

操作步骤：

调出WPS AI，选择"全文总结"功能，WPS AI助手将生成上述新闻稿全文总结内容，具体如图3-11所示。

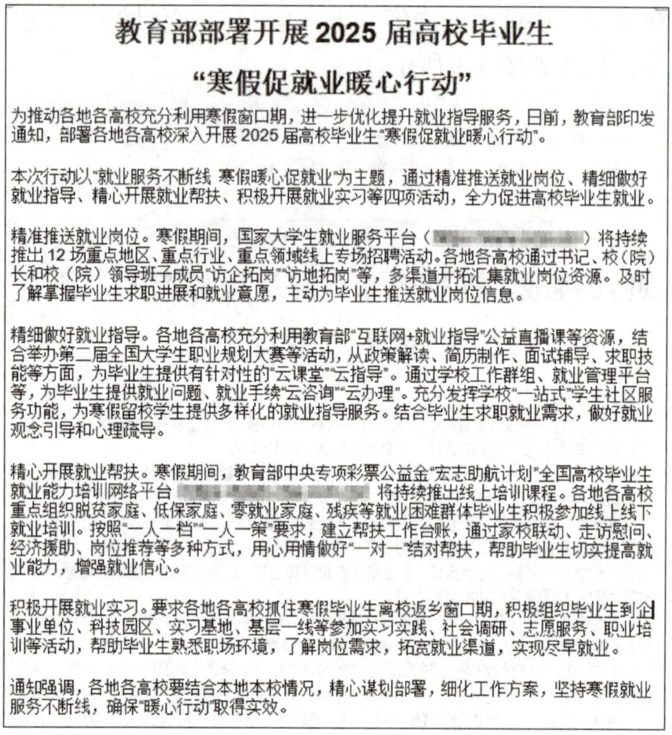

教育部部署开展2025届高校毕业生“寒假促就业暖心行动”

为推动各地各高校充分利用寒假窗口期，进一步优化提升就业指导服务，日前，教育部印发通知，部署各地各高校深入开展2025届高校毕业生“寒假促就业暖心行动”。

本次行动以“就业服务不断线 寒假暖心促就业”为主题，通过精准推送就业岗位、精细做好就业指导、精心开展就业帮扶、积极开展就业实习等四项活动，全力促进高校毕业生就业。

精准推送就业岗位。寒假期间，国家大学生就业服务平台（[illegible]）将持续推出12场重点地区、重点行业、重点领域线上专场招聘活动。各地各高校通过书记、校（院）长和校（院）领导班子成员“访企拓岗”“访地拓岗”等，多渠道开拓汇集就业岗位资源。及时了解掌握毕业生求职进展和就业意愿，主动为毕业生推送就业岗位信息。

精细做好就业指导。各地各高校充分利用教育部“互联网+就业指导”公益直播课等资源，结合举办第二届全国大学生职业规划大赛等活动，从政策解读、简历制作、面试辅导、求职技能等方面，为毕业生提供有针对性的“云课堂”“云指导”。通过学校工作群组、就业管理平台等，为毕业生提供就业问题、就业手续“云咨询”“云办理”。充分发挥学校“一站式”学生社区服务功能，为寒假留校学生提供多样化的就业指导服务。结合毕业生求职就业需求，做好就业观念引导和心理疏导。

精心开展就业帮扶。寒假期间，教育部中央专项彩票公益金“宏志助航计划”全国高校毕业生就业能力培训网络平台[illegible]将持续推出线上培训课程。各地各高校重点组织脱贫家庭、低保家庭、零就业家庭、残疾等就业困难群体毕业生积极参加线上线下就业培训。按照“一人一档”“一人一策”要求，建立帮扶工作台账，通过家校联动、走访慰问、经济援助、岗位推荐等多种方式，用心用情做好“一对一”结对帮扶，帮助毕业生切实提高就业能力，增强就业信心。

积极开展就业实习。要求各地各高校抓住寒假毕业生离校返乡窗口期，积极组织毕业生到企事业单位、科技园区、实习基地、基层一线等参加实习实践、社会调研、志愿服务、职业培训等活动，帮助毕业生熟悉职场环境，了解岗位需求，拓宽就业渠道，实现尽早就业。

通知强调，各地各高校要结合本地本校情况，精心谋划部署，细化工作方案，坚持寒假就业服务不断线，确保“暖心行动”取得实效。

图3-10 需完成全文总结的新闻稿

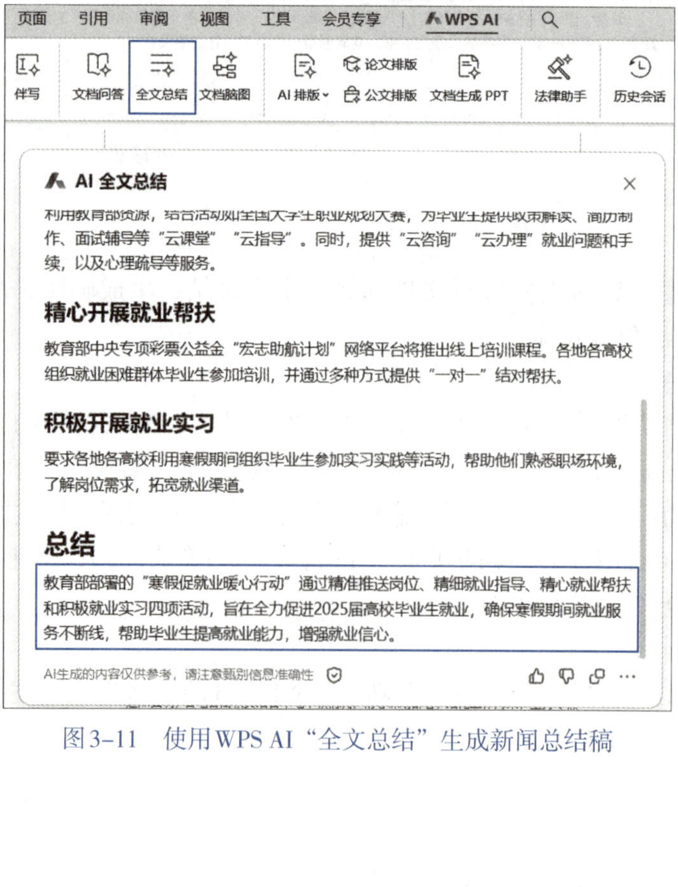

图3-11 使用WPS AI“全文总结”生成新闻总结稿

2. AI文档问答

AI文档问答是一种基于人工智能技术的工具，能够自动解析文档并回答用户提出的问题。它能够处理各种类型和格式的文档，包括Word文档、PDF文件和网页内容。无论你是在进行研究、撰写报告还是解决问题，AI文档问答助手都能提供及时的帮助。它还能够理解问题的语义和意图，并从文档中提取相关信息。无论是教育领域的学生和教师，还是企业中的员工和研究人员，都可以受益于它提供的高效便捷的文档问答服务。

【案例3.7】请针对图3-10的新闻稿件内容进行提问，提问内容为"请介绍本文提到了哪些促进高校毕业生就业的举措"，请使用AI文档问答功能完成。

操作步骤：

调出WPS AI，选择"文档问答"功能，WPS AI问答助手将回答呈现给用户，具体如图3-12所示。

图3-12　使用WPS AI"文档问答"功能

若读者想针对上述文章中提到的教育部中央专项彩票公益金"宏志助航计划"做进一步的了解，可以在AI文档问答的对话窗口中接着让WPS AI进行下一轮问题回答，具体效果如图3-13所示。

3. AI文档脑图

AI文档脑图是基于人工智能技术创建的文档结构可视化工具。AI文档脑图通过智能分析，迅速梳理文档内容，将其转化为易于理解和记忆的脑图形式，将文档的核心信息和主题以图形化方式呈现，提升信息处理效率。例如，在教学辅助中，AI文档脑图可为教师提供高效的备课工具，快速生成详尽的思维导图，助力教学创新。同时，学生也能利用它进行知识梳理，适应多样化学习需求。在图书阅读时，用户可借助AI文档脑图将长篇大论或书籍内容提炼成脑图，便于快速捕捉重点。脑图还支持原文定位功能，方便用户查找相关内容。在职场汇报时，AI文档脑图能帮助用户迅速整理汇报材料，以清晰的脑图形式展示关键信息，提升汇报效果。

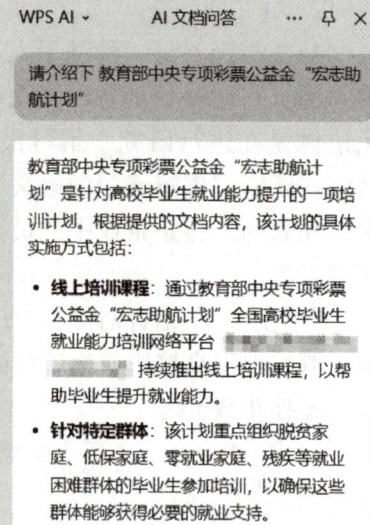

图3-13　WPS AI"文档问答"
多轮对话功能

WPS AI助手中的AI脑图生成的脑图架构清晰、页面简洁，这个新功能可用来解读一些通知或者政策文件等，操作便捷。AI脑图能根据标题内容的不同序号快速列出框架，梳理出一个清晰的框架图，完美地呈现文件的主要次要内容。通过脑图可以非常轻松地找出文件的要点内容，对阅读文件有很大帮助。WPS AI文档脑图还支持单击脑图节点跳转至文档对应位置，便于快速查找知识点。

【案例3.8】请针对图3-10的新闻稿件内容提炼文档脑图，并使用脑图和树形图分别绘制，请通过"AI文档脑图"功能完成。

操作步骤：

调出WPS AI，选择"文档脑图"功能，WPS AI文档脑图助手将分析提炼文档内容，罗列出文档内容框架。生成的脑图和树形图如图3-14、图3-15所示。

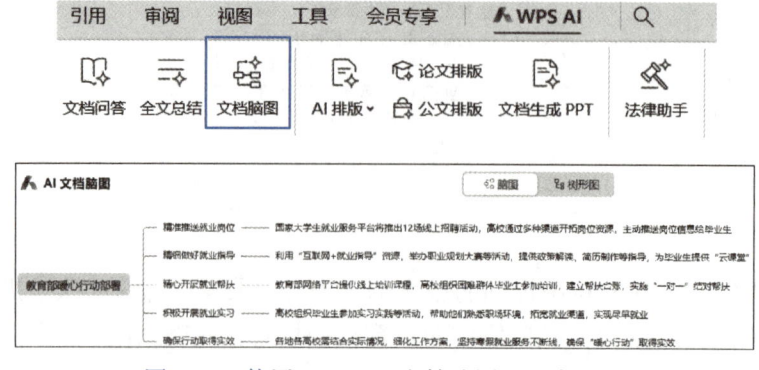

图3-14　使用WPS AI"文档脑图"生成脑图

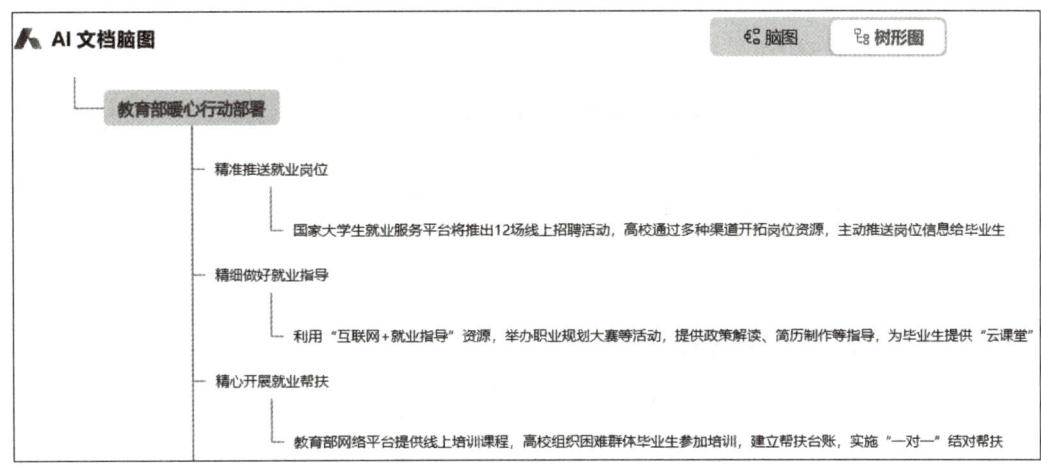

图 3-15 使用 WPS AI "文档脑图" 生成树形图

4. AI 文档生成 PPT

文档生成 PPT 是一项将文档内容自动转换成幻灯片演示文稿的功能。它通常依赖于特定的软件或工具，能够智能识别文档中的标题、段落、图片等元素，并将其智能地布局到 PPT 的各个幻灯片中。

使用文档生成 PPT 的功能，用户可以快速地将长篇的文档内容转化为简洁明了的演示文稿，方便在会议、讲座、报告等场合进行展示，转换完成后，用户还可以根据需要对生成的 PPT 进行编辑和美化，以满足特定需求，这一功能大大提高了工作效率，节省手工制作 PPT 的时间和精力。

【案例 3.9】请针对图 3-10 的新闻稿件内容进行文档生成 PPT，请使用 AI 文档生成 PPT 功能完成。

操作步骤：

调出 WPS AI，选择 "文档生成 PPT" 功能，WPS AI 会将这篇文档的内容转化为简洁明了的演示文稿，挑选模板风格。具体文档生成 PPT 效果图如图 3-16 ～ 图 3-18 所示。

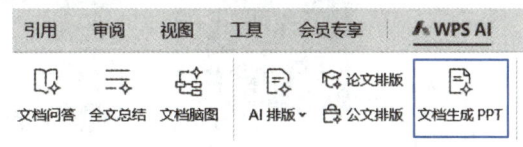

图 3-16 "文档生成 PPT" 功能

5. AI 伴写

"AI 伴写" 是基于 AI Agent 范式驱动推出的一项创新功能，它能为用户提供更可控、更易上手、更专业、更可靠的辅助写作体验。用户仅需完成标题输入，系统便能在 0.5 秒内迅速理解用户意图并自动续写内容，极大地提升了写作效率。同时，用户还可以根据已经输入的文字，智能分析上下文关系，提供符合逻辑的后文建议。如果对 AI 生成的后文不满意，可以按下方向键生成不同方向的内容供参考，为用户提供更多创作灵感。

图3-17 使用WPS AI "文档生成PPT" 功能生成PPT大纲

图3-18 使用WPS AI "文档生成PPT" 功能生成PPT效果图

WPS AI伴写功能支持添加包括云文档、网页等多种参考资料，用户可以根据需要引入相关信息，使文档内容更加丰富和准确，当AI生成的文本涉及统计数据、名人名言、法律法规等事实性内容时，用户采纳后，系统会以批注的形式标注引用来源，确保文档的准确性和可信度。

　　WPS AI伴写提供了通用、行政、教师、运营4种不同身份的选择，它会根据用户选择的身份进行思考并生成相应内容，满足不同职业角色的写作需求，自动调整文风与语境，生成符合职业特点的文案。此外，WPS AI伴写还能根据用户输入的关键词，智能推荐相关素材和案例，帮助用户快速构建文章框架，提升写作质量。

　　【案例3.10】请使用AI伴写功能完成WPS AI伴写功能的介绍文字描述。

　　操作步骤：

　　调出WPS AI，选择"伴写"功能，WPS AI会自动根据前文语境描写的内容，理解用户意图并自动续写内容。具体AI伴写的效果图，如图3-19、图3-20所示。

图3-19　WPS AI"伴写"功能

WPS AI伴写功能支持添加包括云文档、网页等多种参考资料，用户可以根据需要引入相关信息，使文档内容更加丰富和准确，当AI生成的文本涉及统计数据、名人名言、法律法规等事实性内容时，系统会自动标注来源，确保信息的真实性和可靠性。

AI伴写 生成内容

图3-20　使用WPS AI"AI伴写"生成内容效果图

6. AI全文润色

AI全文润色功能是一种基于人工智能技术的文本优化服务。它能够自动识别并修正文本中的语法、拼写和标点错误，同时它能够检测并建议修改或删除重复或冗余的内容，并根据用户选定的风格（如正式、党务、学术等），优化用词和句式，重构句子结构和用词，使文章更加通顺和专业。它提供的同义词替换建议，帮助用户筛选更精准、生动的词汇，并确保文本中的时态、人称、数字等元素保持一致，避免前后矛盾。经过AI润色后，文章整体流畅度显著提升，专业术语的使用更准确。

AI全文润色功能广泛应用于写作辅助、内容创作、学术论文校对、商业文档编辑等领域，有效提升用户的写作效率和文本质量。

【案例3.11】请针对图3-10的新闻稿件内容完成全文润色，请使用"AI全文润色"功能完成。

操作步骤：

调出WPS AI，选择"全文润色"功能（如图3-21所示），WPS AI会自动对当前文档完成全文润色，给出润色的建议。具体AI全文润色的效果图如图3-22所示。

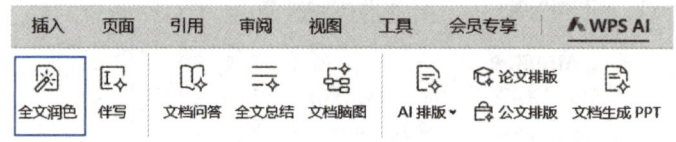

图3-21　WPS AI"全文润色"功能

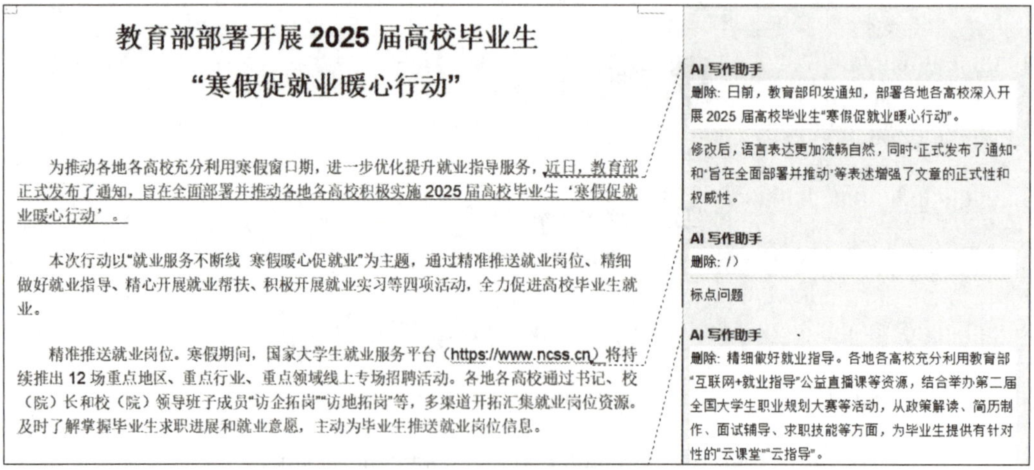

教育部部署开展 2025 届高校毕业生
"寒假促就业暖心行动"

为推动各地各高校充分利用寒假窗口期，进一步优化提升就业指导服务，近日，教育部正式发布了通知，旨在全面部署并推动各地各高校积极实施 2025 届高校毕业生"寒假促就业暖心行动"。

本次行动以"就业服务不断线 寒假暖心促就业"为主题，通过精准推送就业岗位、精细做好就业指导、精心开展就业帮扶、积极开展就业实习等四项活动，全力促进高校毕业生就业。

精准推送就业岗位。寒假期间，国家大学生就业服务平台（https://www.ncss.cn）将持续推出 12 场重点地区、重点行业、重点领域线上专场招聘活动。各地各高校通过书记、校（院）长和校（院）领导班子成员"访企拓岗""访地拓岗"等，多渠道开拓汇集就业岗位资源。及时了解掌握毕业生求职进展和就业意愿，主动为毕业生推送就业岗位信息。

AI 写作助手
删除：日前，教育部印发通知，部署各地各高校深入开展 2025 届高校毕业生"寒假促就业暖心行动"。

修改后，语言表达更加流畅自然，同时"正式发布了通知"和"旨在全面部署并推动"等表述增强了文章的正式性和权威性。

AI 写作助手
删除：/）

标点问题

AI 写作助手
删除：精细做好就业指导。各地各高校充分利用教育部"互联网+就业指导"公益直播课等资源，结合举办第二届全国大学生职业规划大赛等活动，从政策解读、简历制作、面试辅导、求职技能等方面，为毕业生提供有针对性的"云课堂""云指导"。

图3-22　使用WPS AI"全文润色"的效果

3.2.3　WPS AI排版助手

WPS AI已经集成"AI排版"功能，可以帮助用户快速且高效优化文档排版格式，使其更美观、专业。用户可以选择不同的排版风格，如商务、学术、创意等，以满足不同场景的需求；也可以自定义排版规则，如调整段落间距、字体大小、颜色主题等。对于包含图片、表格和文本的复杂文档，WPS AI可智能优化内容布局，确保文档的整洁和易读性。

WPS AI智能排版功能为用户提供了快速、高效且专业美观的文档排版解决方案，是现代办公中必备的高效工具。

【案例3.12】请针对图3-10的新闻稿件内容完成AI排版，优化该文档的格式和美观度，请使用“AI排版”功能完成。

操作步骤：

调出WPS AI，选择“AI排版”功能（如图3-23所示），WPS AI将自动对当前文档进行智能排版，排版后，整篇文章格式统一，可读性强，且段间距更为合理。具体排版前后对比效果图如图3-24所示。

引用
审阅
视图
工具
会员专享
WPS AI
文档问答
全文总结
文档脑图
AI 排版
论文排版
公文排版
文档生成 PPT

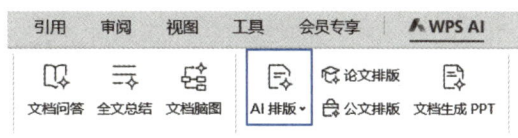

图3-23　WPS AI“AI排版”功能

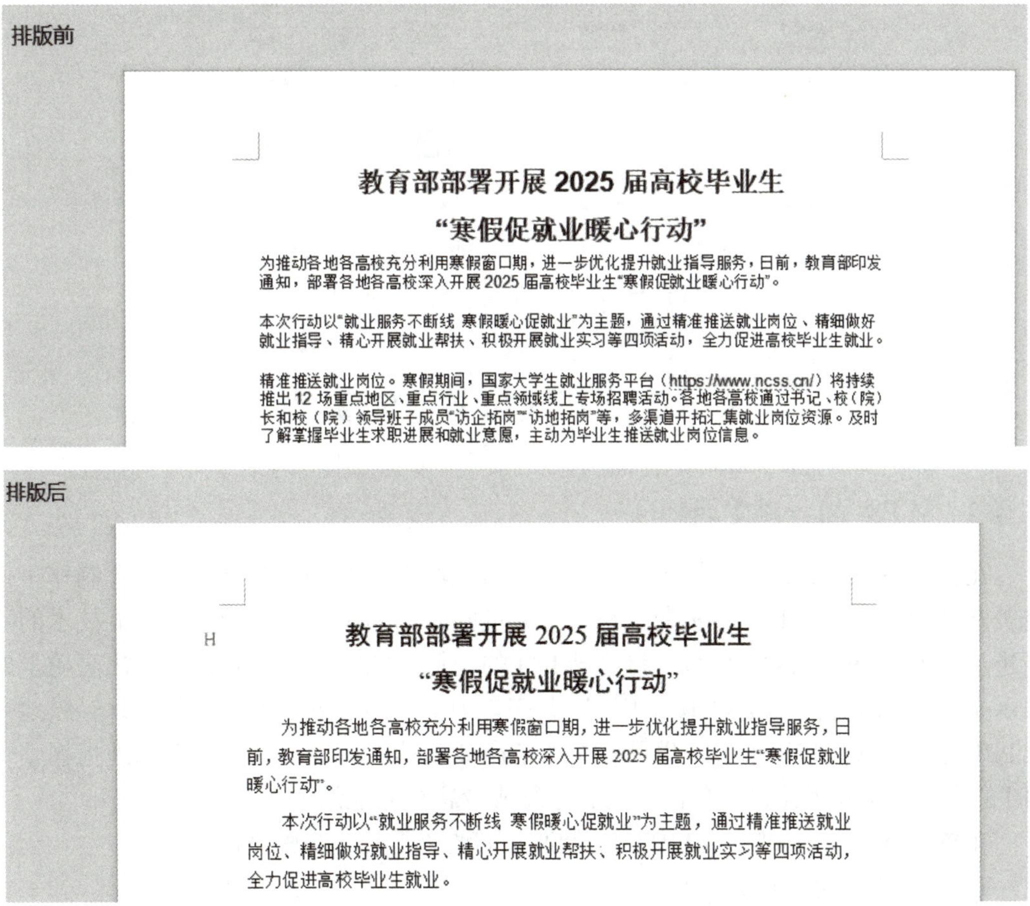

排版前
教育部部署开展 2025 届高校毕业生
“寒假促就业暖心行动”
为推动各地各高校充分利用寒假窗口期，进一步优化提升就业指导服务，日前，教育部印发通知，部署各地各高校深入开展 2025 届高校毕业生“寒假促就业暖心行动”。
本次行动以“就业服务不断线 寒假暖心促就业”为主题，通过精准推送就业岗位、精细做好就业指导、精心开展就业帮扶、积极开展就业实习等四项活动，全力促进高校毕业生就业。
精准推送就业岗位。寒假期间，国家大学生就业服务平台（https://www.ncss.cn/）将持续推出 12 场重点地区、重点行业、重点领域线上专场招聘活动。各地各高校通过书记、校（院）长和校（院）领导班子成员“访企拓岗”“访地拓岗”等，多渠道开拓汇集就业岗位资源。及时了解掌握毕业生求职进展和就业意愿，主动为毕业生推送就业岗位信息。
排版后
教育部部署开展 2025 届高校毕业生
“寒假促就业暖心行动”
为推动各地各高校充分利用寒假窗口期，进一步优化提升就业指导服务，日前，教育部印发通知，部署各地各高校深入开展 2025 届高校毕业生“寒假促就业暖心行动”。
本次行动以“就业服务不断线 寒假暖心促就业”为主题，通过精准推送就业岗位、精细做好就业指导、精心开展就业帮扶、积极开展就业实习等四项活动，全力促进高校毕业生就业。

图3-24　WPS AI“AI排版”效果

WPS AI还提供了"论文排版"功能，这项功能是一项专为论文写作设计的高效排版工具。WPS AI论文排版功能适用于各种论文写作场景，包括学术论文、毕业论文、期刊论文等，借助该功能，用户可快速对论文进行格式套用和自动排版。它预置了近千家高校论文排版资源，可自动化套用模板，一键全文排版，用户只需选择相应的高校的论文排版模板，AI即可根据模板要求对论文进行智能排版，极大地节省了排版时间，它已经成为论文写作中必备的辅助工具，具体如图3-25和图3-26所示。

图 3-25　WPS AI "论文排版" 功能

图 3-26　WPS AI "论文排版" 模板

3.3　WPS AI演示文稿

3.3.1　WPS AI一键生成PPT

在各行各业中，PPT的制作与汇报已成为职场人士的必备技能。然而，制作一份既美观又内容完整的PPT，通常需要投入大量的时间和精力。随着人工智能技术的不断进步，WPS Office推出了AI一键生成PPT的功能，能够让用户轻松制作出高质量的演示文稿，能够让用户更好地组织思路并完善内容。通过该功能，用户可以轻松地列出PPT的主要章节和子章节，以及每个章节所要表达的内容，从而更清晰地把握整个PPT的逻辑关系和思路，避免出现内容重复或者思路混乱的情况。

在WPS AI中，一键生成PPT的功能通常需要以下几个步骤完成。

1. 选择合适的主题模板

在使用WPS AI创建PPT时，首要步骤是挑选一个恰当的主题模板。模板直接影响演示文稿的整体风格与视觉效果。挑选模板时，需确保PPT模板主题和内容相契合。

2. 输入关键词，智能生成内容

在选定模板后，接下来就是输入关键词。WPS AI会根据用户输入的关键词，智能生成相应的PPT内容。这里的关键在于，输入的关键词要精准且具有代表性，这样才能让AI更好地理解你的需求。

3. 优化调整内容，提高可读性

虽然AI可以智能生成PPT内容，但有时候内容还需要结合自身汇报的重点进一步优化，这时用户需要根据实际需求对文本、图片和布局进行调整，以提高演示文稿的可读性和吸引力。

4. 适当使用动画和过渡效果

动画和过渡效果可以显著提升演示文稿的趣味性，建议适度使用以增强展示效果。

【案例3.13】请使用WPS AI一键生成PPT功能，为一名大学教师制作主题为"Excel常用函数使用及案例"的汇报PPT文档。具体操作步骤如下。

① 调出WPS AI，选择AI生成PPT功能，在对话框中输入"Excel常用函数使用及案例"的PPT创作主题，单击"开始生成"按钮，具体如图3-27和图3-28所示。

图3-27　使用WPS AI生成PPT

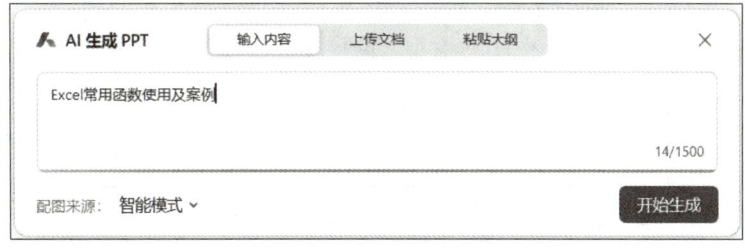

图3-28　AI生成PPT面板输入创作主题

② WPS AI接收到上述输入的创作主题后，将先自动生成PPT主题大纲，具体如图3-29所示。

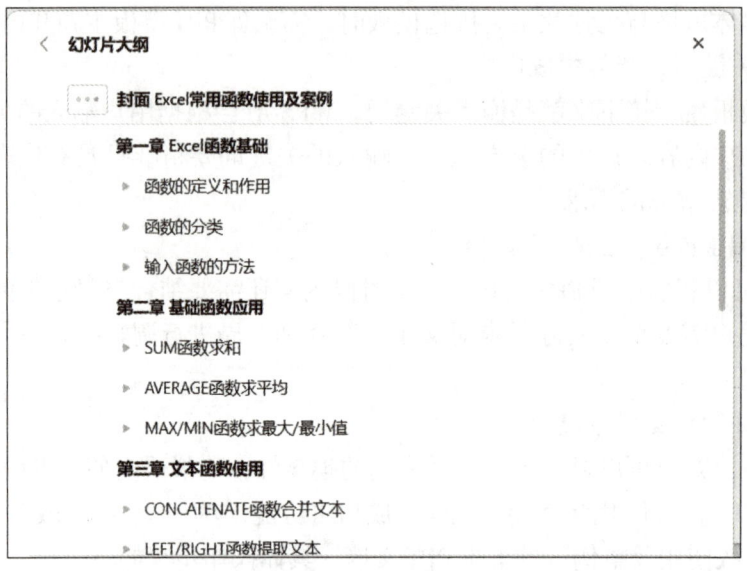

图3-29　使用WPS AI自动生成PPT演讲文稿大纲

将生成的每页PPT展开正文，可以修改完善正文内的具体内容，具体如图3-30所示。

图3-30　使用WPS AI自动生成PPT演讲文稿并展开正文内容

③ 根据演讲主题，选择一个合适的模板，如图3-31所示，选择"绿色教育教学卡通风主题模板"后，单击"创建幻灯片"按钮，稍等片刻，AI将根据生成的大纲和正文内容，智能生成PPT文档。

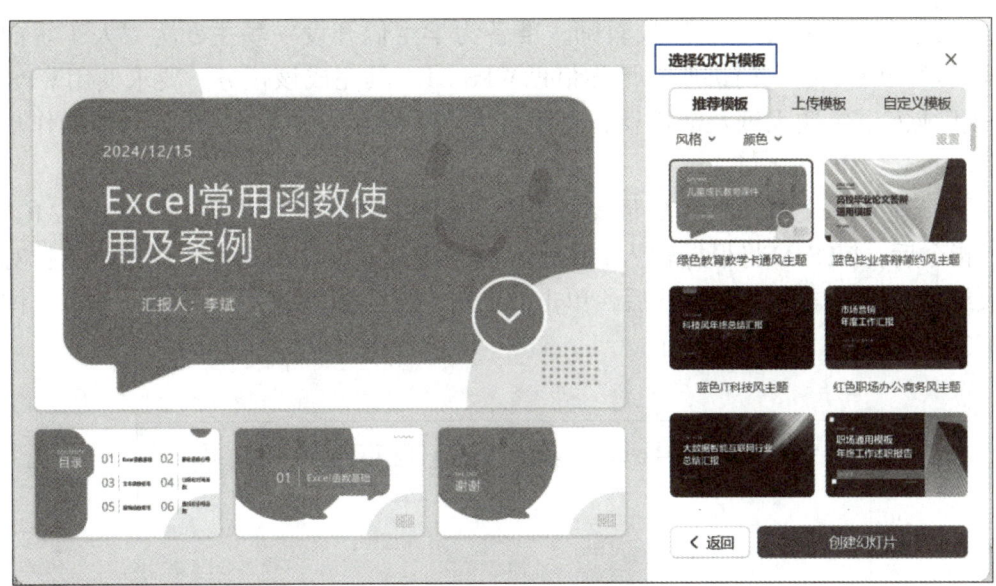

图3-31 使用WPS AI自动生成PPT演讲文稿时选择绿色教育教学卡通模板

④ 使用WPS AI自动生成该主题的PPT，模板配色和谐美观，生成的文档图文并茂，PPT演示效果佳，具体效果如图3-32所示，最后用户只需要保存并导出生成的演示文稿，即可完成整个制作过程。

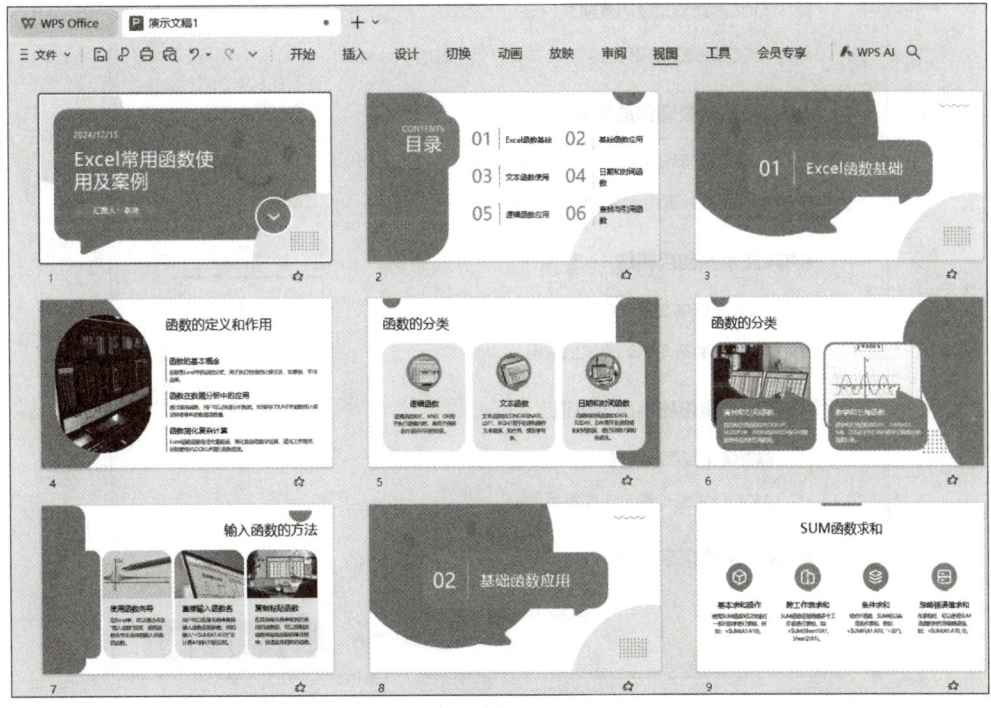

图3-32 最终演讲文稿

【案例3.14】你是一名高校教师，准备为学生们开设一场主题为"人工智能生成式技术AIGC"的入门讲座，请你借助WPS AI工具完成该任务，要求使用WPS AI Word生成演讲主题大纲及演讲稿，将演讲大纲一键导入并生成PPT。具体操作步骤如下。

① 新建WPS文档，调用AI帮我写功能，输入主题"人工智能生成式技术AIGC"，发送指令后，WPS AI将根据输入的主题，自动生成一份文档大纲，用户可以针对文档大纲扩展子主题，大纲确认后，单击"生成全文"按钮，完成文档创作，具体如图3-33、图3-34、图3-35所示。

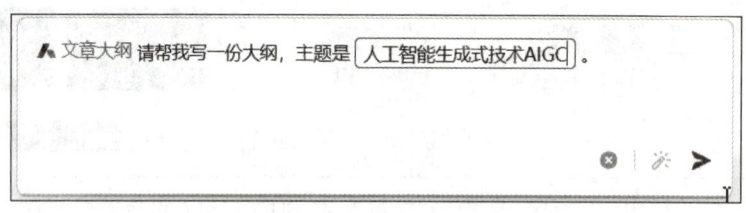

图3-33　使用WPS AI帮我写输入文档大纲

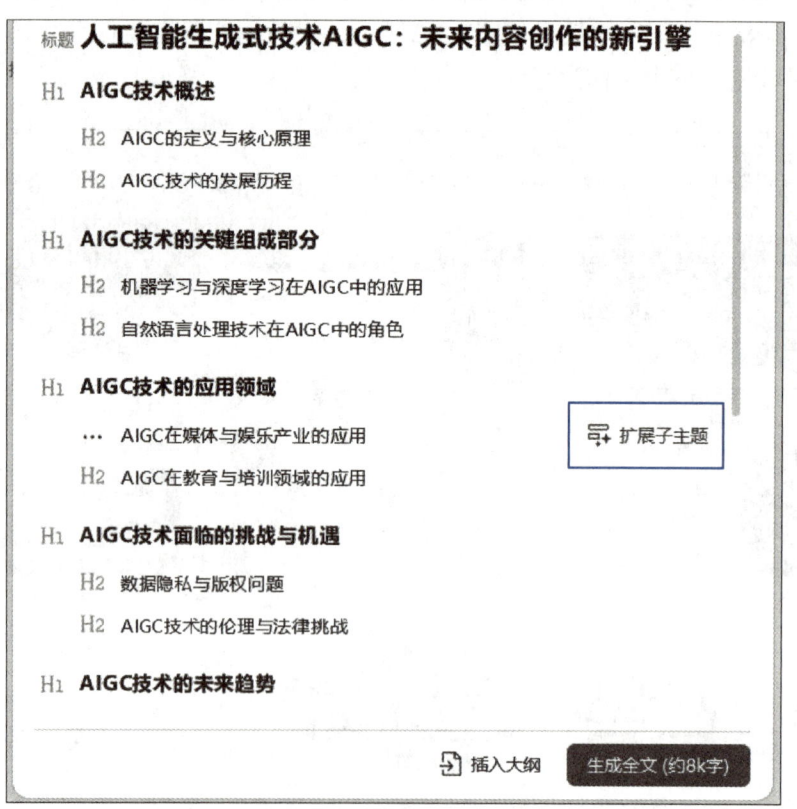

图3-34　使用WPS AI帮我写生成讲座文档大纲

人工智能生成式技术 AIGC：未来内容创作的
新引擎

一、AIGC 技术概述

1.1 AIGC 的定义与核心原理

人工智能生成式技术（AIGC）作为未来内容创作的新引擎，其核心原理在于利用先进的算法和大数据分析，使计算机能够自主地生成、编辑和优化内容。AIGC 技术的定义涵盖了从文本、图像、音频到视频等多种媒体形式的自动化内容创作。例如，通过深度学习模型，AIGC 可以分析数以百万计的文本数据，学习语言的模式和结构，从而创作出符合特定风格或主题的文章。这种技术不仅能够提高内容创作的效率，还能够为用户提供个性化的内容体验。正如史蒂夫·乔布斯所言，"技术本身并不足够，它需要与人文艺术相结合。"AIGC 技术正是这种结合的产物，它不仅是一场技术革命，更是文化和创意产业的一次深刻变革。

1.2 AIGC 技术的发展历程

人工智能生成式技术（AIGC）的发展历程是技术革新与应用拓展的生动写照。从早期的规则驱动系统到如今的深度学习模型，AIGC 技术经历了从简单到复杂的演变。在 20 世纪 50 年代，艾伦·图灵提出了图灵测试，为机器智能提供了初步的衡量标准。随后，随着计算机科学的进步，AIGC 技术开始萌芽，但直到 21 世纪初，随着大数据的兴起和计算能力的飞跃，AIGC 技术才真正迎来了春天。例如，2012 年 AlexNet 在 ImageNet 竞赛中的胜利，标志着深度学习在图像识别领域的突破，为 AIGC 技术的发展注入了新的活力。此后，随着自然语言处理技术的进步，如 BERT 和 GPT 系列模型的出现，AIGC 技术在文本生成、语音合成等领域的应用变得日益广泛和精准。这些技术不仅提高了内容创作的效率，还为个性化和定制化内容的生产提供了可能，从而在媒体、娱乐、教育等多个行业中引发了革命性的变化。

图 3–35 WPS AI 帮我写生成的讲座文档内容

② 新建 WPS 演示文稿，调出 AI 生成 PPT 面板，将第①步中生成的文档大纲粘贴到对话窗口，单击"开始生成"按钮，如图 3–36 所示，WPS AI 将自动生成该大纲主题的 PPT。

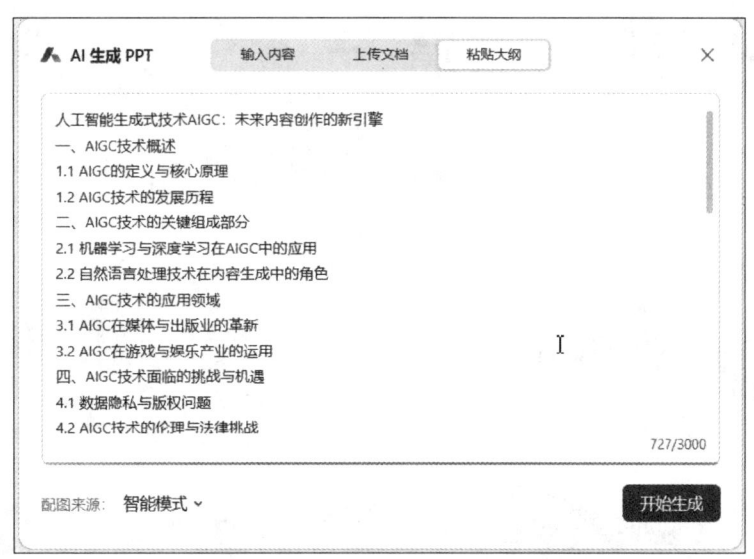

图 3–36 使用粘贴大纲的方式生成 PPT

③ 选择一个合适的模板，如图 3–37 所示，选择"白紫色简约模板"后，单击

"创建幻灯片"按钮,稍等片刻,AI将根据生成的大纲和正文内容,智能生成PPT文档。生成的全部PPT文档如图3-38所示。

图3-37　使用WPS AI自动生成PPT演讲文稿时选择白紫色简约模板

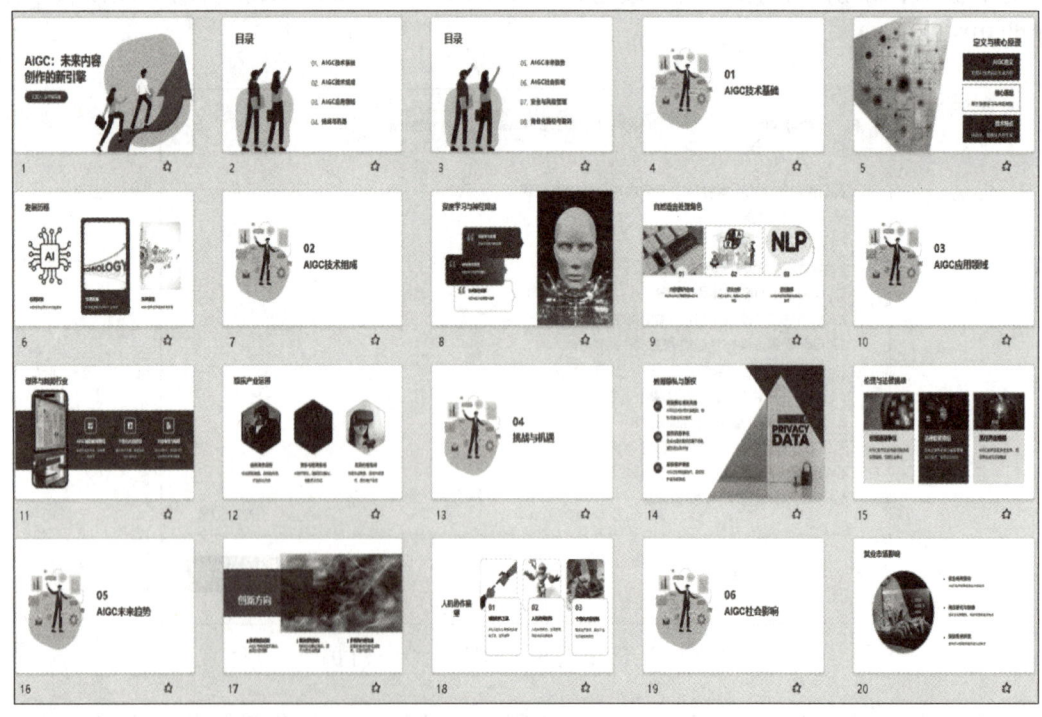

图3-38　使用WPS AI自动生成主题演讲PPT文稿

3.3.2 WPS AI PPT美化助手

PPT汇报的文字内容是一篇PPT文档的核心，但是色彩搭配与图片优化同样不可或缺，它们共同影响PPT的整体质量。WPS提供了"美化助手"功能，支持用户上传自定义演示文档，提取对应文档风格，并实现跨文档风格套用，可实现多个文档主题效果的快速切换，用户无须重新编辑文档，大大提高了更换效率。

用户可以通过WPS设计窗口打开"美化助手"功能，具体如图3-39所示。

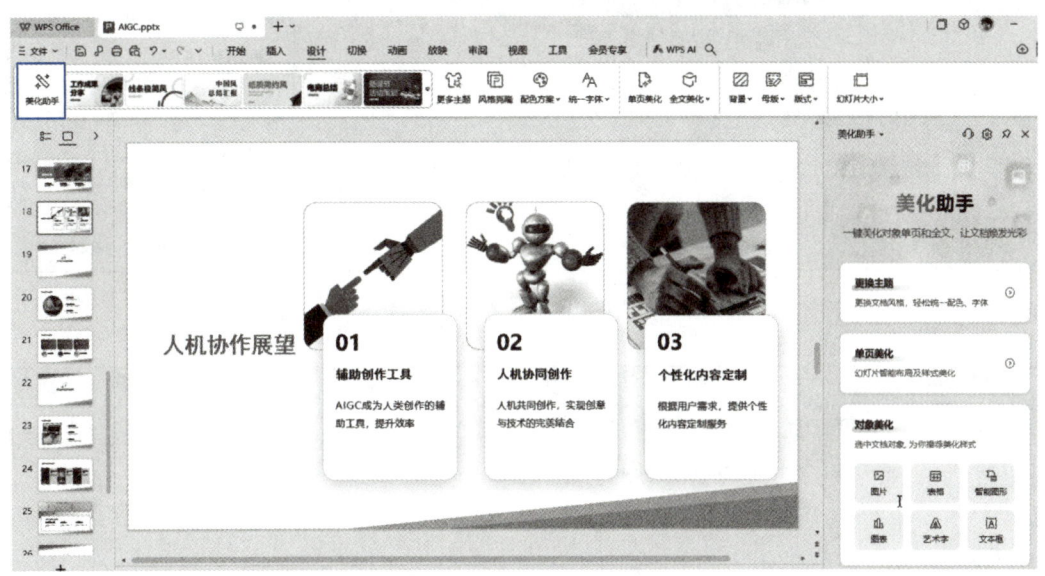

图3-39 美化助手

"美化助手"中的"全文换肤""统一版式""智能配色""单页美化"等功能，可通过AI智能技术识别幻灯片的页面类型和内容，推荐匹配的模板，高效地完成PPT不同页面的美化。让用户只需专注于内容的创作，而不必费心于选模板、调格式、美化页面等烦琐操作。

【案例3.15】你是一名中学教师，准备针对"朱自清的散文代表"主题创作PPT演示文稿。请你借助WPS AI工具的"美化助手"功能完成该内容创作和设计任务，要求PPT文档可以支持根据正文内容自动配图、根据多图进行智能拼图，设置多图轮播效果，并统一字体和文档版式。具体操作步骤如下。

① 新建WPS演示文稿，调出AI生成PPT面板，在对话窗口中输入"朱自清散文代表作"主题，单击"开始生成"按钮，WPS AI将自动生成该主题的PPT，找到其中的"荷塘月色"赏析页面，我们可以打开"单页美化"功能，如图3-40所示，用户可以在美化助手中选中"跟随主题"功能，美化助手自动对该页面重新智能布局及样式

调整，并推荐几款相同风格但不同样式的页面供用户选择。具体幻灯片页面选择器如图3-41所示。

图3-40　WPS AI PPT文稿单页美化助手

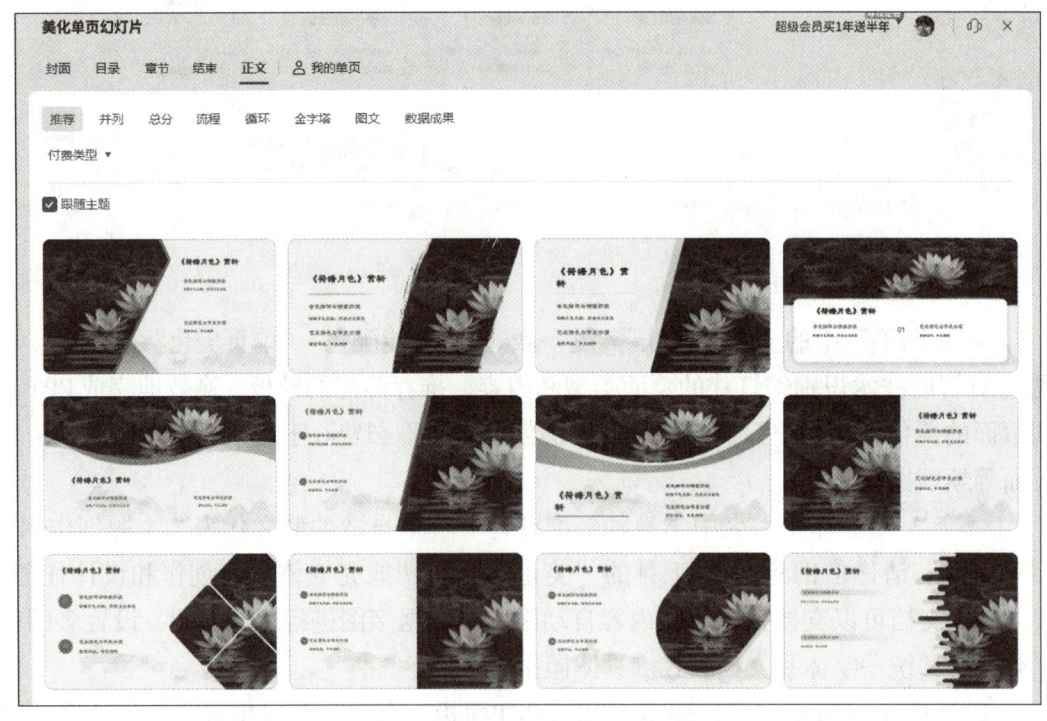

图3-41　WPS AI单页美化单页幻灯片页面选择器

②WPS美化助手的"全文换肤"功能，可快速改变页面皮肤风格，如图3-42所示。

图 3-42 WPS AI 美化助手"全文换肤"功能

3.4 WPS AI 数据分析

WPS 表格中集成了 AI 助手,它是高效的数据管理工具,可自动识别表格中的数据,快速生成表格样式,并提供深入的数据分析和可视化结果。该助手支持数据的实时更新和动态图表展示,可以自动实现基础的数据处理功能,例如排序、筛选、合并单元格,还配备了更高级的数据处理工具,如数据聚合、数据清洗、条件格式数据和数据透视表,以应对复杂的数据分析需求,帮助用户减少操作错误,优化数据处理流程,提高了处理表格数据的效率,帮助用户轻松完成数据管理任务。

3.4.1 WPS AI 快速建表

WPS AI 的快速建表功能可根据用户描述的业务需求,自动构建表格框架,简化表格创建过程,用户只需上传或选择数据源,WPS AI 将自动识别数据并创建表格,大幅节省时间。

【案例3.16】请使用 WPS AI 快速建表工具,自动生成商品数据。具体操作步骤如下。

① 按两次 Ctrl 键,自动调出 WPS AI 表格助手,选择"AI 快速建表",具体如图 3-43 所示。

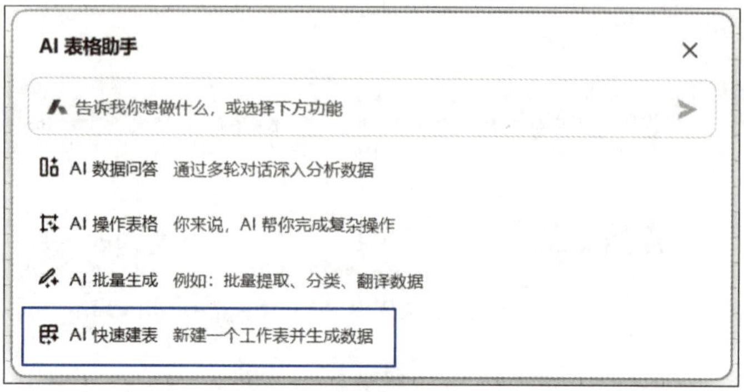

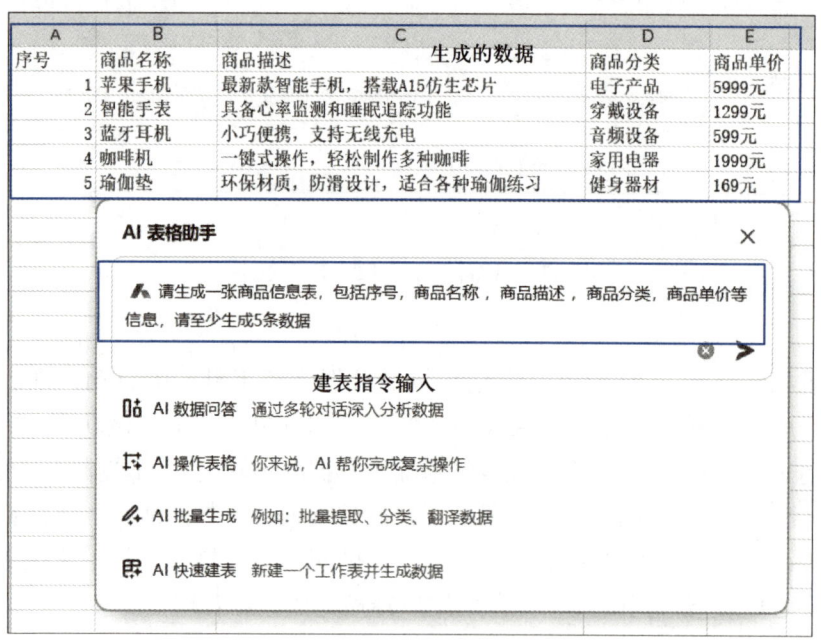

图3-43　WPS AI快速建表

②用户在AI助手对话框中输入建表和生成表格数据的需求指令："请生成一张商品信息表，包括序号"，单击"发送"按钮，表格内将自动生成用户希望的业务数据，具体如图3-44所示。

图3-44　WPS AI自动建表及生成的数据

3.4.2　WPS AI操作表格

WPS AI操作表格功能可帮助用户通过自然语言指令进行表格操作，包括编辑数据、公式计算、数据透视、自动填充及格式调整等。用户可以轻松实现如下操作。

①编辑数据：通过自然语言指令对表格中的数据进行增删改查。

②公式计算：输入计算需求，WPS AI即可自动完成公式的编写和计算。

③ 数据透视：对表格数据进行汇总、分析，提供直观的图表展示。

④ 自动填充：根据已有数据，自动填充表格中的空白单元格。

⑤ 格式调整：通过自然语言指令调整表格格式，如字体、颜色、边框等。

用户只需在WPS表格中输入自然语言指令，即可实现上述操作。下面通过两个综合案例，演示WPS AI如何助力表格操作的效率提升。

【案例3.17】请使用WPS AI操作表格工具，完成对学生成绩统计表.xls的以下功能，原始表格数据如图3-45所示。

A 学号	B 班级	C 数学（满分150分）	D 物理	E 语文（满分150分）	F 平均成绩	G 备注	H	I	J	K
学生成绩统计表										
学号	班级	数学（满分150分）	物理	语文（满分150分）	平均成绩	备注				
S01	一班	118	81	117					人数	
S02	一班	122	78	121				一班		
S11	二班	120	78	112				二班		
S03	一班	126	81	134				三班		
S26	三班	116	80	122				总计		
S06	一班	118	82	121						
S13	二班	120	88	116						
S07	一班	131	95	129						
S16	二班	112	78	121						
S09	一班	90	68	117				班级	百分比	平均成绩（按百分制计）>=75的人数
S28	二班	95	70	121				一班		
S10	一班	115	73	105				二班		
S22	三班	133	89	118				三班		
S05	三班	130	91	128						
S12	二班	118	84	111				注：百分比是相应人数占三个班总人数的百分比		
S25	三班	105	73	97						
S14	三班	135	91	120						
S08	一班	124	80	119						
S15	二班	127	76	116						
S17	二班	125	87	130						
S21	三班	136	92	132						

图3-45　学生成绩统计表.xls原始数据

① 将A1:G1单元格合并为一个单元格，文字调整为微软雅黑字体，小三号，居中对齐。

② 计算每个学生按百分制计的平均成绩置于"平均成绩（按百分制计算）"列（数值型，保留小数点后1位）。

③ 自动计算并填充"备注"列，如果学生平均成绩大于或等于82，填入"A"，否则填入"B"。

④ 自动计算一班、二班、三班的人数置于J4:J6单元格区域。

⑤ 自动计算三个班的总人数置于J7单元格内。

⑥自动计算每班平均成绩按百分制计算75分及以上学生的人数分别置于K13:K15单元格区域。

具体操作步骤如下。

① 调出WPS AI表格助手，选择AI操作表格，在对话面板中输入"请将Sheet1中的A1到G1单元格合并为一个单元格，文字调整为微软雅黑字体，小三号，居中对齐"指令，单击"发送"按钮，操作后效果如图3-46所示。

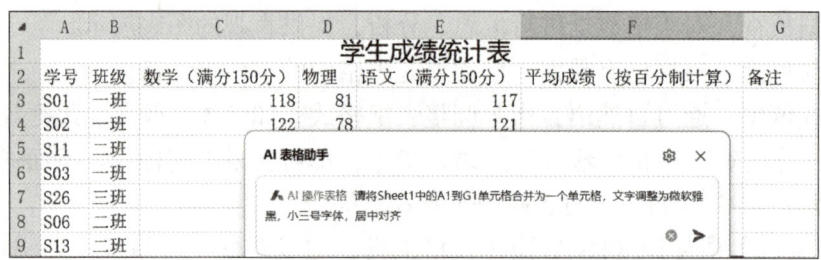

图3-46　表格合并后文字居中

② 调出WPS AI助手，选择AI写公式，具体如图3-47所示，接着在对话面板中输入"请使用公式，将第3行中C列、E列原来的150分值转化为100分值后的结果与D列的结果进行三列求平均成绩，填充F3单元格内容"指令，单击"发送"按钮，操作后效果如图3-48所示。

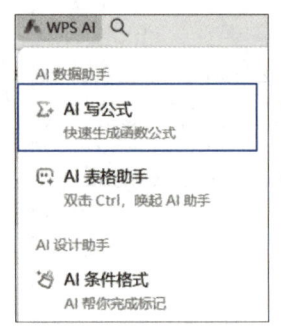

图3-47　WPS AI写公式

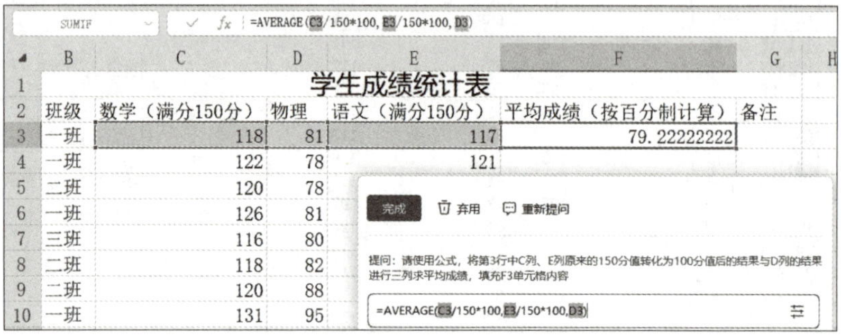

图3-48　利用AI写公式求平均成绩

随后，再次进行AI操作表格，在对话面板中输入"根据F3单元格的函数公式，填充F4到F32单元格的结果"指令，单击"发送"按钮，WPS AI将自动完成F4到F32单元格内容的计算，操作后效果如图3-49所示。

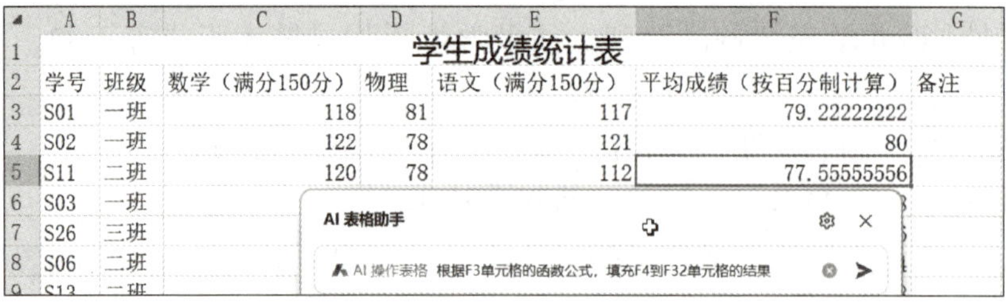

	A	B	C	D	E	F	G
1				学生成绩统计表			
2	学号	班级	数学（满分150分）	物理	语文（满分150分）	平均成绩（按百分制计算）	备注
3	S01	一班	118	81	117	79.22222222	
4	S02	一班	122	78	121	80	
5	S11	一班	120	78	112	77.55555556	
6	S03	一班					
7	S26	三班					
8	S06	二班					
9	S13	二班					

图3-49　利用AI操作表格计算所有学生平均成绩

随后，再次进行AI操作表格，在对话面板中输入"将F3到F32保留小数点后一位"指令，单击"发送"按钮，WPS AI将自动完成F3到F32单元格小数精确到一位小数的操作，操作后效果如图3-50所示。

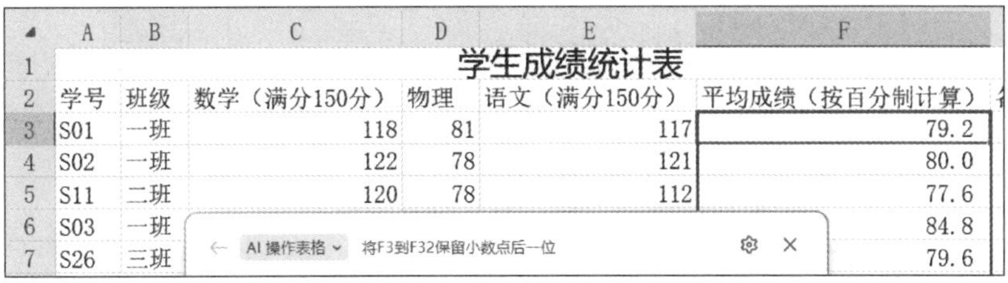

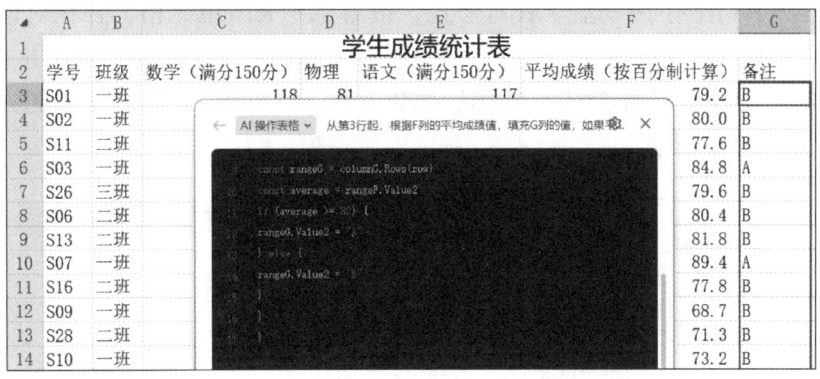

图3-50 利用AI操作表格保留所有学生平均成绩小数点后一位

③调出AI操作表格对话框，输入"从第3行起，根据F列的平均成绩值，填充G列的值，如果平均成绩大于或等于82，填入"A"，否则填入"B"，单击"发送"按钮，操作后效果如图3-51所示。

图3-51 利用AI操作表格填充备注列

④调出WPS AI助手，选择AI写公式，接着选中J4单元格，并在对话面板中输入"计算'班级'列中与单元格I4的值相同的人数"指令，单击"发送"按钮，操作后效果如图3-52所示，然后使用WPS Excel操作，完成J5、J6单元格人数的计算。

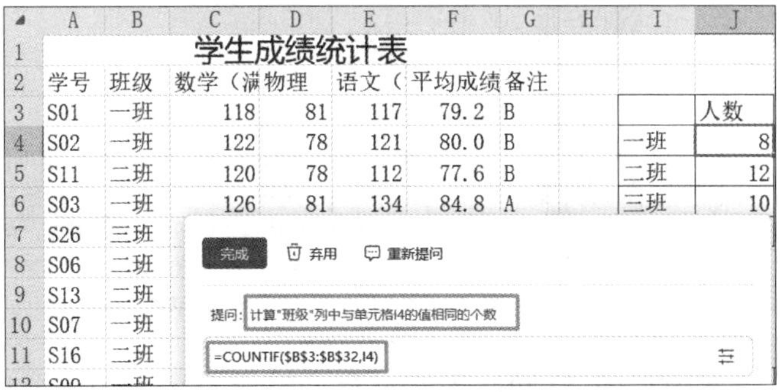

图3-52 利用AI写公式完成各班级人数计算

⑤调出WPS AI助手，选择AI写公式，接着选中J7单元格，并在对话面板中输入"计算J4到J6单元格的总和"指令，单击"发送"按钮，WPS AI自动生成计算公式，操作后效果如图3-53所示。

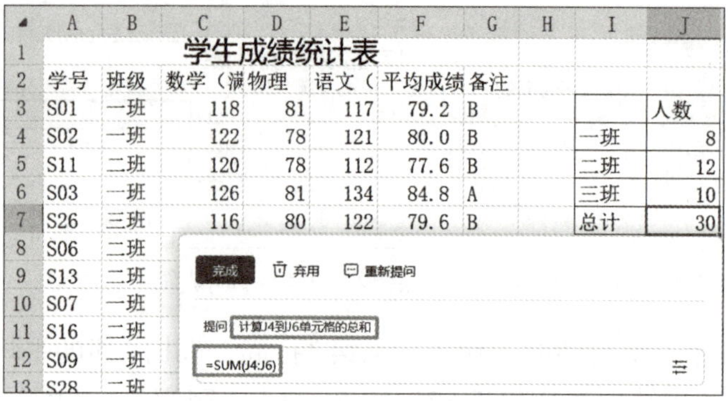

图3-53　利用AI写公式完成班级总人数计算

⑥ 调出WPS AI助手，选择AI写公式，接着选中K13单元格，并在对话面板中输入"计算平均成绩大于或等于75分的并且班级为一班的人数"指令，单击"发送"按钮，WPS AI自动生成计算公式，操作后效果如图3-54所示。按照同样的方式，完成K14和K15单元格的计算。

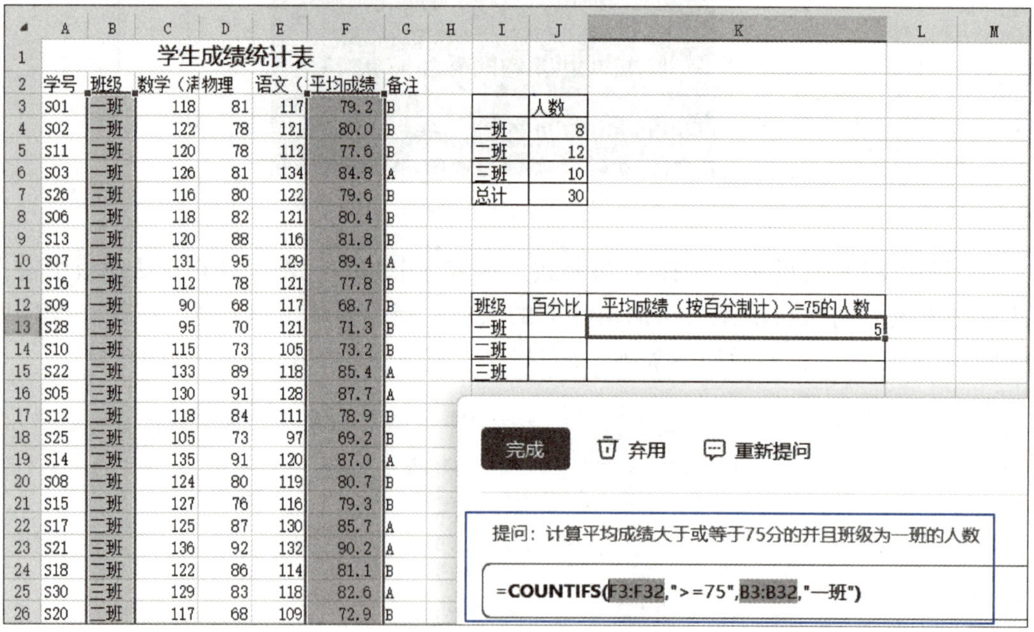

图3-54　利用AI写公式完成班级平均成绩的计算

【案例3.18】请使用WPS AI操作表格工具，完成对图书销售统计表.xls的以下数据分析功能，原始表格数据如图3-55所示。

① 按照"季度"和"经销部门"的维度，生成经销部门各季度销售额的数据透视表。

② 将表格数据按照先经销部门升序，再图书类别降序的顺序排序。

⊿	A	B	C	D	E	F	G
1	经销部门	图书类别	季度	销售数量(册)	销售额(元)	销售数量排名	销售额排名
2	第3分部	生物科学	3	124	8680	61	60
3	第3分部	工业技术	2	321	9630	29	54
4	第1分部	工业技术	2	435	21750	8	23
5	第2分部	生物科学	2	256	17920	36	28
6	第2分部	工业技术	1	167	8350	55	61
7	第3分部	生物科学	4	157	10990	57	43
8	第1分部	生物科学	4	187	13090	54	38
9	第3分部	工业技术	4	213	10650	47	48
10	第2分部	生物科学	4	196	13720	52	37
11	第2分部	工业技术	4	219	10950	42	44
12	第2分部	生物科学	3	234	16380	37	29
13	第2分部	生物科学	1	206	14420	50	34
14	第2分部	工业技术	2	211	10550	49	49
15	第3分部	工业技术	3	189	9450	53	55
16	第2分部	农业科学	1	221	6630	41	64
17	第3分部	农业科学	4	432	32960	9	4
18	第1分部	生物科学	3	323	22610	28	22
19	第1分部	工业技术	3	324	16200	26	31
20	第1分部	农业科学	4	342	10260	22	50
21	第1分部	工业技术	4	287	14350	34	35
22	第2分部	工业技术	3	218	10900	44	46
23	第3分部	工业技术	1	301	15050	33	32
24	第3分部	农业科学	1	306	29180	32	9
25	第3分部	生物科学	2	345	24150	20	15
26	第2分部	农业科学	2	312	9360	31	56

图3-55 图书销售统计表.xls原始数据

③按照"经销部门"自动计算，并生成每个部门的汇总表格。

④筛选出"经销部门为第1分部和第3分部，销售额排名前20名"的数据。

具体操作步骤如下。

①调出WPS AI表格助手，选择AI操作表格，在对话面板中输入"生成经销部门各季度销售额的数据透视表"指令，单击"发送"按钮，操作后效果如图3-56所示，数据透视表列出每个经销部门在每个季度的销售数据。

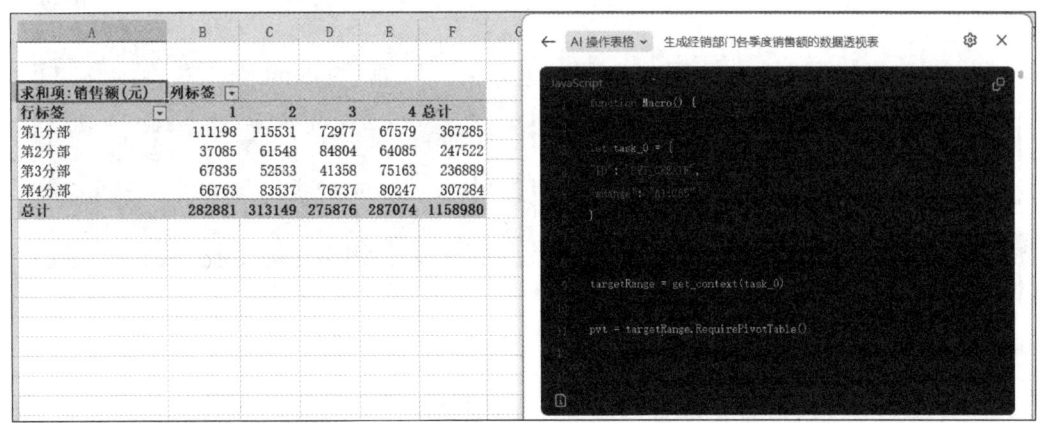

图3-56 按照经销部门和季度生成数据透视表

② 调出WPS AI表格助手，选择AI操作表格，在对话面板中输入"将表格内所有数据按照先经销部门升序，再图书类别降序"指令，单击"发送"按钮，操作后效果如图3-57所示，数据已按排序规则排好序。

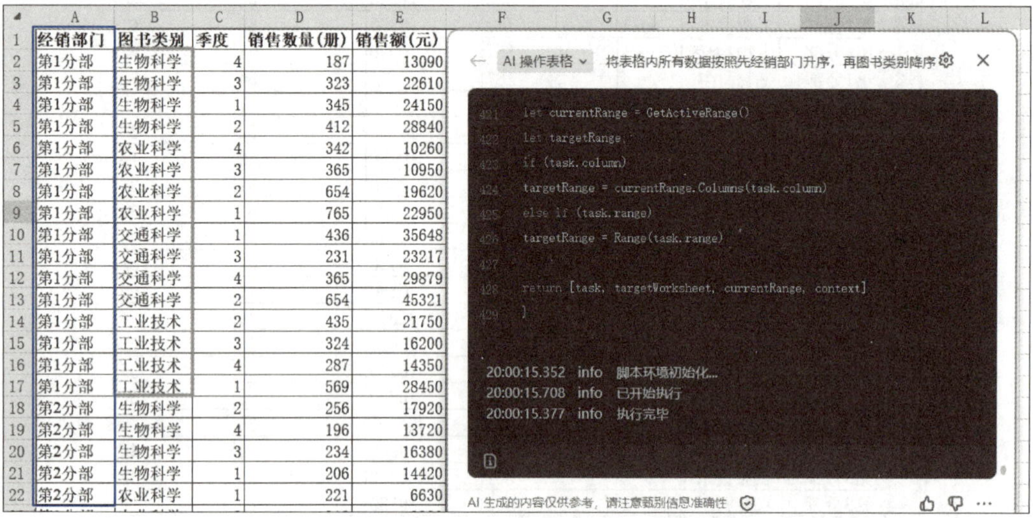

图3-57　按照经销部门和图书类别排序后的数据表

③ 调出WPS AI表格助手，选择AI操作表格，在对话面板中输入"按照经销部门进行销售额数据的分类汇总"，单击"发送"按钮，操作后效果如图3-58所示，原数据表的每个分部下方，均新增了一条分类汇总数据。

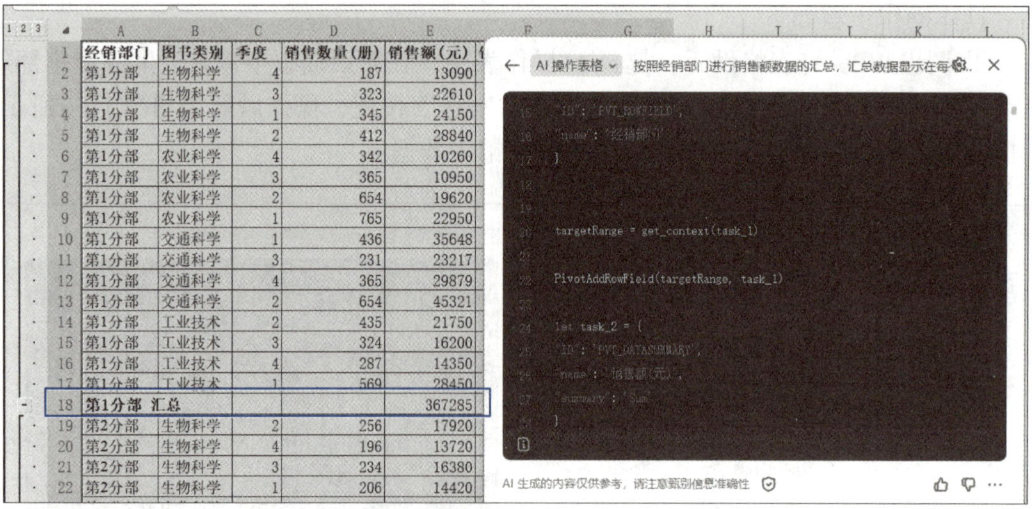

图3-58　按照经销部门进行分类汇总后的数据表

④ 首先取消分类汇总，接着调出WPS AI表格助手，选择AI操作表格，在对话面板中输入"请筛选出'经销部门'为第1分部或第3分部，销售额排名前20名的数据"

指令，单击"发送"按钮，操作后效果如图3-59所示，原数据表筛选出了符合条件的数据。

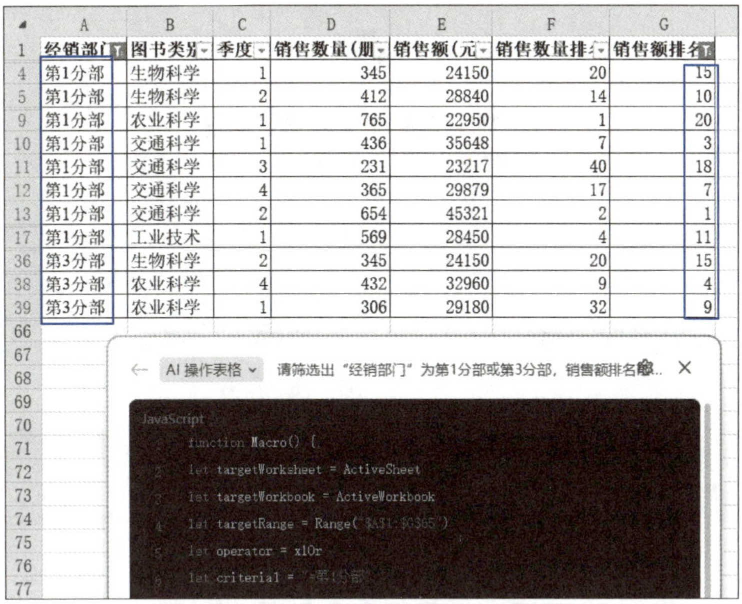

▲	A	B	C	D	E	F	G
1	经销部门 ▼	图书类别 ▼	季度 ▼	销售数量(册) ▼	销售额(元) ▼	销售数量排名 ▼	销售额排名 ▼
4	第1分部	生物科学	1	345	24150	20	15
5	第1分部	生物科学	2	412	28840	14	10
9	第1分部	农业科学	1	765	22950	1	20
10	第1分部	交通科学	1	436	35648	7	3
11	第1分部	交通科学	3	231	23217	40	18
12	第1分部	交通科学	4	365	29879	17	7
13	第1分部	交通科学	2	654	45321	2	1
17	第1分部	工业技术	1	569	28450	4	11
36	第3分部	生物科学	2	345	24150	20	15
38	第3分部	农业科学	4	432	32960	9	4
39	第3分部	农业科学	1	306	29180	32	9

```JavaScript
function Macro() {
    let targetWorksheet = ActiveSheet
    let targetWorkbook = ActiveWorkbook
    let targetRange = Range("$A$1:$G$65")
    let operator = xlOr
    let criteria1 = "=第1分部"
```

← AI 操作表格 ∨ 请筛选出"经销部门"为第1分部或第3分部，销售额排名... ✕

图3-59 高级筛选后的数据表

3.4.3 WPS AI数据问答

在WPS表格中要计算某种维度的数据平均值或者总额时，往往需要先进行数据的排序、筛选、计算和查找操作，或者通过数据函数进行计算求解，过程较为烦琐，如果通过对话的方式，告诉WPS AI数据问答你需要的数据结果，WPS AI会马上帮你计算出对应的内容。WPS AI数据问答支持表格数据求和、求平均值、求最大最小值、数据排序、分类汇总及高级筛选等多种计算方法，满足用户的多元需求，帮助用户快速了解数据基本情况并挖掘变化规律。WPS AI数据问答界面如图3-60所示。

【案例3.19】请使用WPS AI数据问答工具，完成对案例3.18图书销售统计表.xls中的以下数据问答。

①检查数据是否有缺失值。

②求第1季度的销售总额。

③求每个经销部门的销售额平均值。

④经销部门为第1分部的哪条数据的销售额最高？

具体操作步骤如下。

①调出WPS AI数据问答对话界面，在对话面板中输入"检查数据是否有缺失值"按钮，单击"发送"按钮，检查后结果如图3-61所示，该数据表中并未含有缺失值。

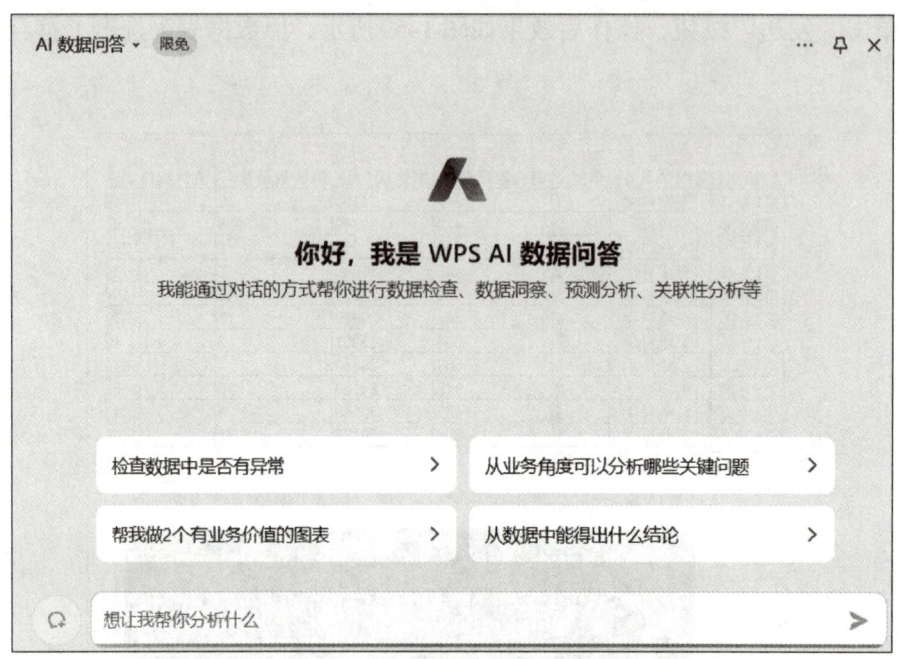

图3-60　WPS AI数据问答对话界面

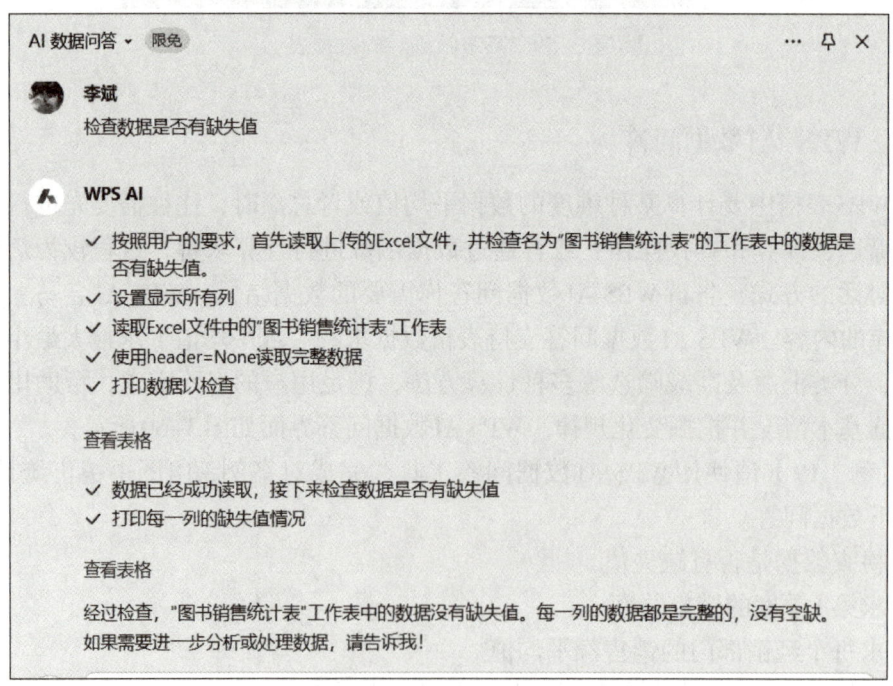

图3-61　WPS AI数据问答检查数据是否包含缺失值

②调出WPS AI数据问答对话界面，在对话面板中输入"求第1季度的销售总额"指令，单击"发送"按钮，计算后的结果如图3-62所示。

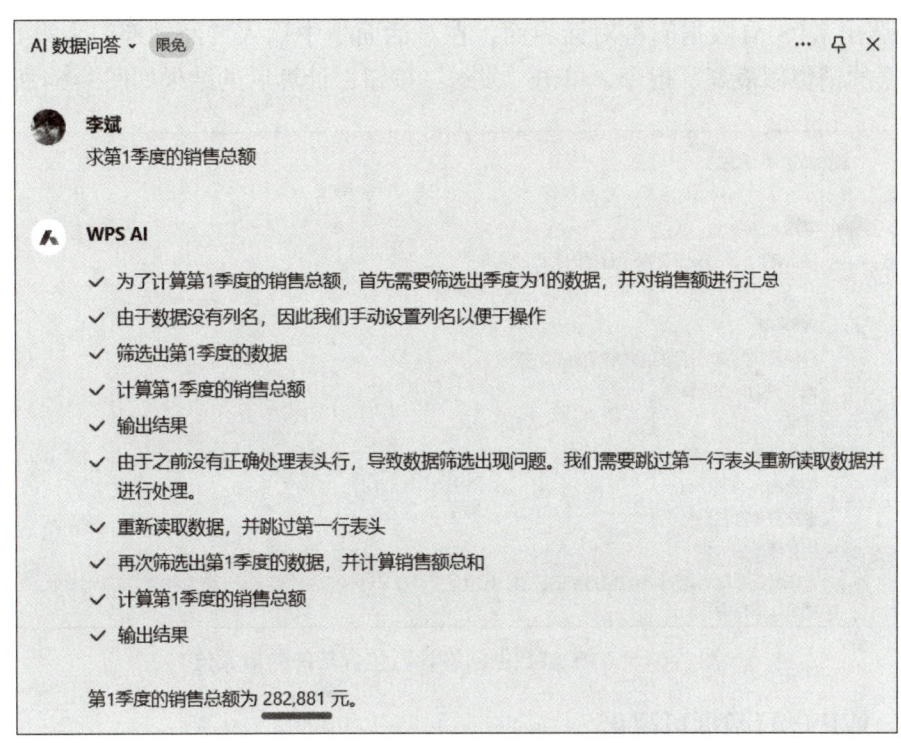

图3-62　WPS AI数据问答计算销售数据总额

③ 调出 WPS AI 数据问答对话界面，在对话面板中输入"求每个经销部门的销售额平均值"指令，单击"发送"按钮，计算后的结果如图 3-63 所示。

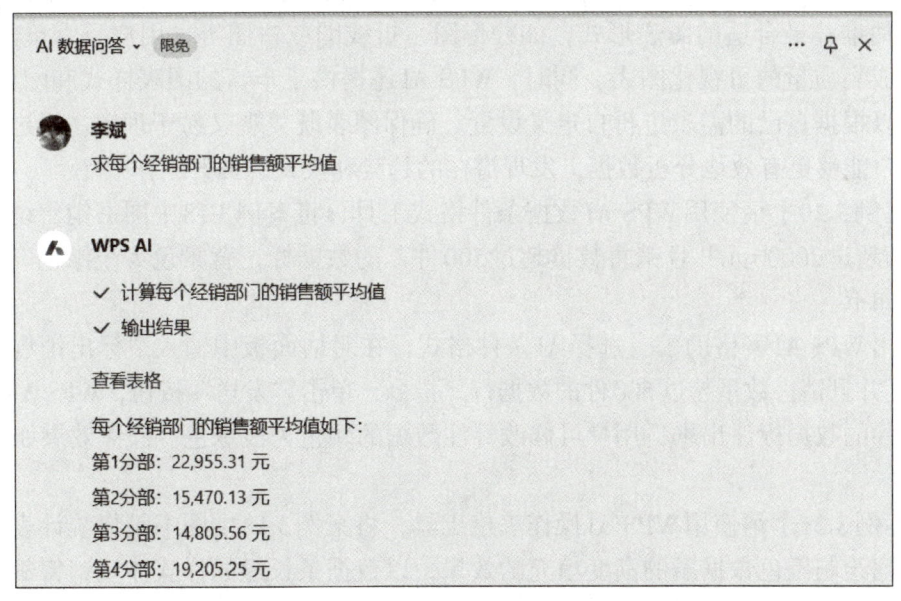

图3-63　WPS AI数据问答计算分组平均数据

④ 调出WPS AI数据问答对话界面，在对话面板中输入"经销部门为第1分部的哪条数据的销售额最高"指令，单击"发送"按钮，计算后的结果如图3-64所示。

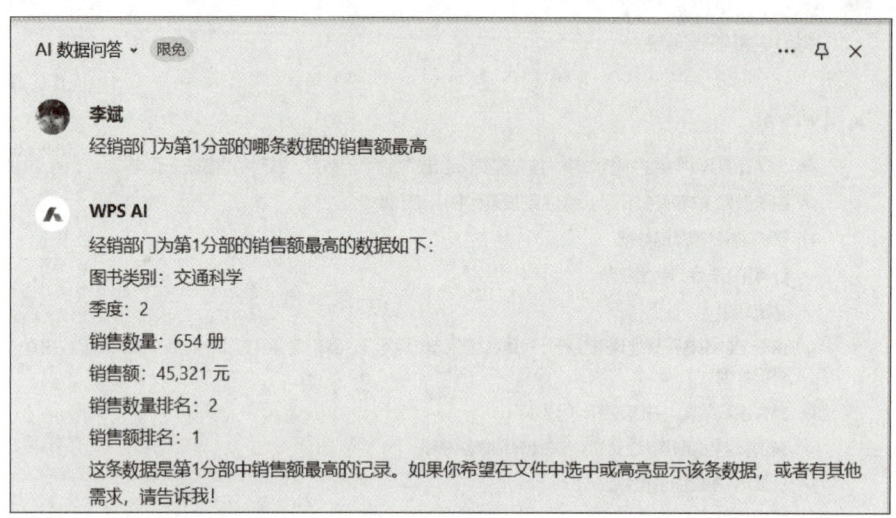

图3-64 WPS AI数据问答计算包含条件的最大值

3.4.4 WPS AI数据可视化

WPS AI是WPS办公套件中集成先进人工智能技术的功能模块，能够协助用户轻松制作出引人注目的可视化数据分析图表。借助WPS AI，用户只需简单几步，便可将复杂的数据集转换为直观易懂的图表形式。

用户可以将数据导入WPS表格，选择适合的图表类型。WPS AI会根据数据的特点，自动推荐最合适的图表形式，如柱形图、折线图或饼图等。用户只需单击几下，就能生成高质量的可视化图表。同时，WPS AI还提供了丰富的图表样式和配色方案，用户可以根据自己的需求进行自定义设置，确保图表既美观又易于理解。通过上述功能，用户能够更有效地分析数据，发现潜在的趋势和模式，提升工作效率。

【案例3.20】请使用WPS AI数据条件格式工具，将案例3.18中图书销售统计表内"销售额超过20000元并且销售数量超过500件"的数据标记背景色为浅绿色。具体操作步骤如下。

调出WPS AI表格助手，选择AI条件格式，在对话面板中输入"标出销售额超过20000元并且销售数量超过500件的数据行"指令，单击"发送"按钮，WPS AI自动将符合条件的数据标注出来，用户可修改标注数据的颜色为浅绿色。操作效果如图3-65所示。

【案例3.21】请使用WPS AI操作表格工具，将案例3.18中图书销售统计表内销售额数据列绘制橙色数据条的渐变填充的效果，以数据条长短的样式体现销售额数据的大小。具体操作步骤如下。

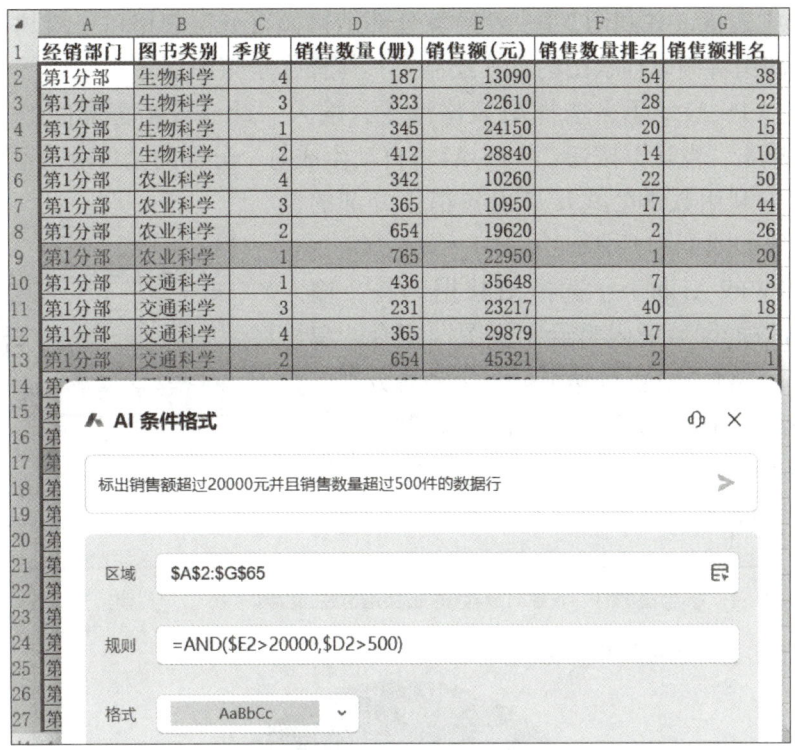

图3-65　WPS AI条件格式工具标注符合条件的数据

调出WPS AI助手，选择AI操作表格，输入"销售额数据列设置橙色数据条的渐变填充"指令，单击"发送"按钮，WPS AI将自动完成E2到E65单元格橙色数据条的渐变填充效果，操作后效果如图3-66所示。

	A	B	C	D	E	F	G	H	I	J	K	L
1	经销部门	图书类别	季度	销售数量(册)	销售额(元)	销售数量排名	销售额排名					
2	第1分部	生物科学	4	187	13090							
3	第1分部	生物科学	3	323	22610							
4	第1分部	生物科学	1	345	24150							
5	第1分部	生物科学	2	412	28840							
6	第1分部	农业科学	4	342	10260							
7	第1分部	农业科学	3	365	10950							
8	第1分部	农业科学	2	654	19620							
9	第1分部	农业科学	1	765	22950							
10	第1分部	交通科学	1	436	35648							
11	第1分部	交通科学	3	231	23217							
12	第1分部	交通科学	4	365	29879							
13	第1分部	交通科学	2	654	45321							
14	第1分部	工业技术	2	435	21750							
15	第1分部	工业技术	3	324	16200							
16	第1分部	工业技术	4	287	14350							
17	第1分部	工业技术	1	569	28450							
18	第2分部	生物科学	2	256	17920							
19	第2分部	生物科学	4	196	13720							
20	第2分部	生物科学	3	234	16380							

```javascript
← AI操作表格 | 销售额数据列设置橙色数据条的渐变填充

JavaScript

function Macro() {
  let targetRange = Range("$E$2:$E$65")
  targetRange.Select()
  let dataBar = targetRange.FormatConditions.AddDatabar()
  dataBar.SetFirstPriority()
  let showValue = true
  dataBar.ShowValue = showValue
  dataBar.MinPoint.Modify(xlConditionValueAutomaticMin)
  dataBar.MaxPoint.Modify(xlConditionValueAutomaticMax)
  dataBar.BarColor.Color = RGB(255, 192, 0)
  dataBar.BarFillType = xlDataBarFillGradient
  dataBar.Direction = xlContext
  dataBar.AxisPosition = xlDataBarAxisAutomatic
```

图3-66　利用AI操作表格完成销售额数据列的橙色数据条填充

【案例3.22】请计算案例3.18中图书销售统计表的销售部门中各个销售分部的销

售额占百分比表格，并利用WPS AI将各分部销售额百分比表格以三维饼图的方式绘制，将各分部销售额以柱状图的方式绘制。具体操作步骤如下。

① 调出WPS AI助手，选择AI表格助手，输入"计算各销售部门的销售额合计值"指令，单击"发送"按钮，WPS AI将自动生成每个分部的销售额总额汇总表，根据该汇总表，利用数学公式计算出各销售分部的销售占比，具体如图3-67所示。

② 调出WPS AI助手，选择AI数据问答，输入"根据A1:C5数据区域的内容绘制饼图"指令，单击"发送"按钮，WPS AI将自动根据每个销售分部的销售金额百分比绘制饼图效果，并且在饼图上附着每个分部的销售额占比的百分数作为数据标签，操作后效果如图3-68所示。

	A	B	C
1	销售分部 ▼	销售额总额	销售占比
2	第1分部	367285	31.69%
3	第2分部	247522	21.36%
4	第3分部	236889	20.44%
5	第4分部	307284	26.51%
6	总计	1158980	100.00%

图3-67 利用AI操作表格计算销售各部门销售总额占比

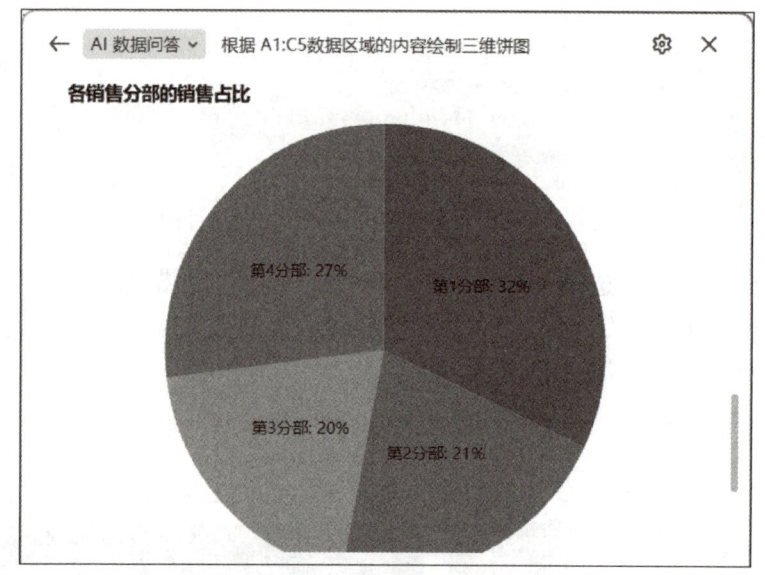

图3-68 利用AI数据问答生成各销售分部销售占比百分数饼图

③ 调出WPS AI助手，选择AI数据问答，输入"绘制Sheet1中各销售分部的销售总额柱状图"指令，单击"发送"按钮，WPS AI将自动根据每个销售分部的销售金额绘制柱状图，操作后效果如图3-69所示。

3.4.5 WPS AI智能表单

WPS AI智能表单是一款在线信息收集工具，旨在提供高效且智能化的信息收集解决方案，它支持通过对话的方式快速生成表单，用户只需告诉AI自己的需求，即可一键生成收集表单。

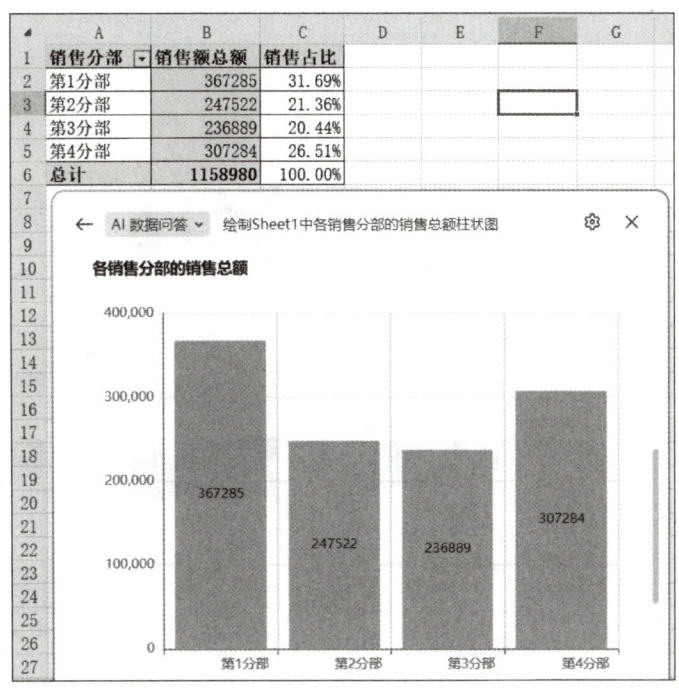

图3-69 利用AI数据问答生成各销售分部销售总额柱形图

WPS AI智能表单支持从模板创建，用户可以选择预设的模板进行二次创作，满足个性化需求。智能表单还支持多种题型和字段类型，用户可以根据需求选择合适的字段并设置相应的属性和参数。同时，智能表单还支持数据验证功能，能够自动验证填写内容的有效性，确保数据的准确性和一致性。在数据整理与统计方面，智能表单能够自动生成统计报告和图表，帮助用户快速获取数据中的关键信息。智能表单注重信息安全与保护，提供密码保护和数据加密功能，确保数据的安全性。

WPS AI智能表单广泛应用于各种信息收集场景，如考试、考勤打卡、接龙、问卷、投票等。通过智能表单，用户可以轻松收集所需信息，并进行数据分析和可视化展示。例如，在教育领域，教师可以使用智能表单创建在线问卷或考试，方便学生提交答案并进行自动评分和数据分析。在企业领域，员工可以使用智能表单进行考勤打卡、文件汇总等日常操作，提高工作效率。

WPS AI智能表单是一款功能强大、操作便捷的信息收集工具，能够为用户提供高效、智能化的信息收集解决方案。

【案例3.23】你是一名企业HR，请使用WPS AI智能表单，创建一份"2024年企业新招聘员工登记表"，根据应聘者提交的信息，进行信息可视化呈现。具体操作步骤如下。

① 使用WPS新建智能表单，从给出的"人事行政"类型中选择"招聘信息登记表"模板，具体如图3-70所示。

图3-70 WPS丰富的智能表单模板

② 用户可以针对模板创建出来的题型和选项进行修改编辑，加入自己企业本次招聘要求应聘者填写并提交的数据字段，WPS智能表单提供了非常丰富的题型和信息采集组件，也提供了丰富的公共题库信息，具体如图3-71所示。

③ 创建表单后，用户可以选择生成表单二维码或分享到微信及朋友圈，供表单使用者登记信息，表单信息如图3-72所示。

图3-71 WPS智能表单丰富的题型和题库信息　　图3-72 WPS智能表单——手机端显示效果

④用户填写好表单后，表单创建者可以根据该表单的收集信息，自动化统计结果，结果将以数据大屏图表的方式进行可视化呈现，具体如图3-73所示。

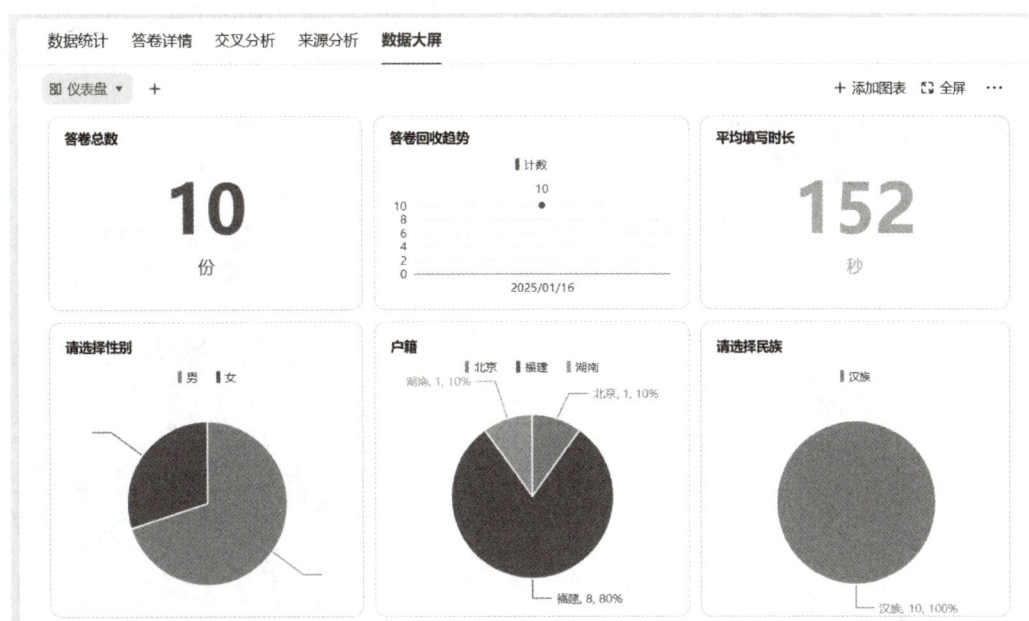

图3-73　WPS智能表单问卷统计数据大屏

3.5　WPS AI手机移动办公

WPS手机版也集成了AI智慧办公助手，提供文档处理、表格数据处理、PDF图像处理、PPT制作、论文查重等多项技术服务，支持用户随时随地处理工作任务，为用户提供了丰富而又全面的移动办公解决方案。无论是在外出差、通勤途中还是在家中，用户都可以借助WPS手机版轻松完成各种工作任务，享受智能化、高效率、便捷的移动办公体验。

为了满足用户在移动办公中的多样化需求，WPS手机版的智慧AI助手还提供了丰富的插件库与扩展功能。用户可以根据自己的工作特点，下载并安装各种实用的插件，例如财务报表分析、项目管理工具、在线翻译等。这些插件不仅增强了WPS手机版的功能，也使得用户能够更加专注于核心工作，提高工作效率。另外，WPS手机版AI智慧助手还具备语音速记、拍照扫描、一键出图、音频转文字、图片文字提取、论文辅助、语音输入等实用的扩展功能，极大地提升了移动办公的便捷性。

WPS手机版部分功能模块如图3-74所示。

同时，WPS手机版支持云同步技术，用户可以将文档保存在云端，随时随地通过网络进行访问和编辑。这一功能不仅方便了用户在不同设备间无缝切换工作，还确保了数据的安全性和备份。用户可以设置文档的共享权限，与团队成员实时协作，共同完成项目任务。

【案例3.24】请使用WPS手机移动端AI助手工具图片转表格的功能，将手机拍摄的图3-75所示的"课程教学情况"图片转化为表格。具体操作步骤如下。

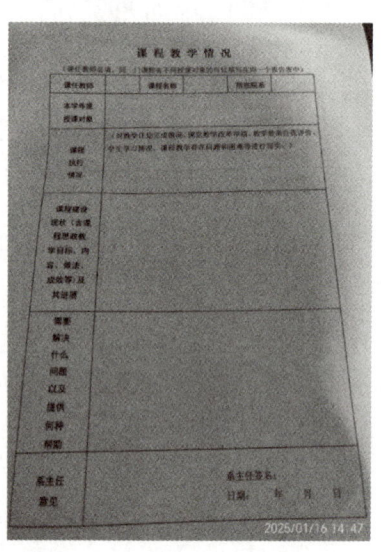

图3-74　WPS手机版部分功能模块

图3-75　手机拍摄表格图片

在WPS手机端选择"图片转表格"功能，选择图3-75的图片，单击"开始转换"按钮，几秒后，WPS移动App转换该图片为表格，具体操作如图3-76～图3-78所示。

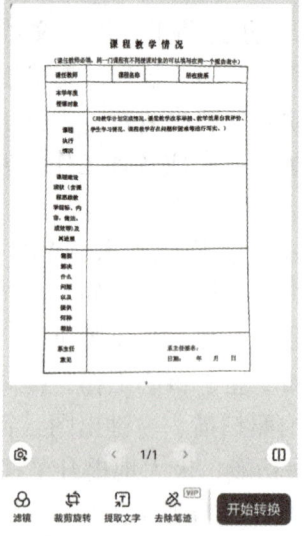

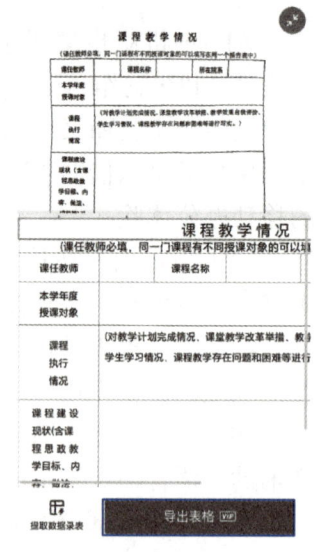

图3-76　WPS手机版图片
转表格功能

图3-77　WPS手机版提取
图片为表格

图3-78　WPS手机版
导出表格功能

【**案例3.25**】请使用WPS手机移动端AI助手工具完成中文输入实时翻译成英文的功能，该功能对于在国外寻求翻译的用户相当友好。用户只需在手机上输入中文，WPS AI助手即可实时翻译成英文，极大地方便了跨语言沟通。无论是在旅游、学习还是工作中，这一功能都能帮助用户快速解决语言障碍，实现无缝交流。同时，WPS AI还提供了多种翻译语言选择，满足用户在不同场景下的翻译需求。具体操作步骤如下。

在WPS手机端选择"语音速记"功能，用户录制或者选择一段语音，如图3-79所示，设置录音识别语言和翻译成的语言，单击"开始录音"，WPS移动端将自动将录入的语音识别出来，并翻译为英文，翻译后还对该语音提炼了关键信息，具体如图3-80所示。

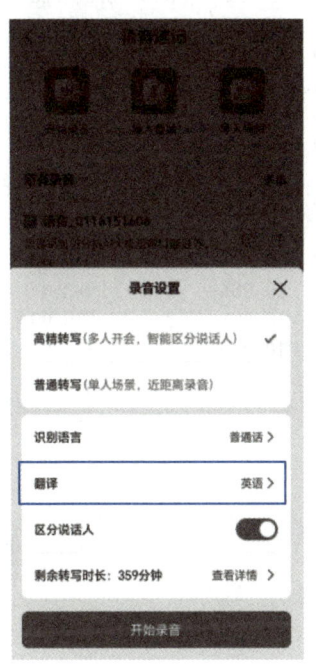 

图3-79　WPS手机版语音速记功能　　图3-80　WPS手机版语音速记翻译结果

3.6　练　习　题

【**习题3.1**】背景：你是北京某旅行社的员工，准备写一份北京三日游的旅行产品，游玩景点包括故宫、天安门、八达岭长城、国家体育场、圆明园和颐和园。

问题：描述你将如何使用AI帮你写完成这份三天的旅游线路产品，包括每日的行程规划。

【习题3.2】背景：你是一名小学一年级的语文老师，也是班主任，请生成一份PPT，主题是"小学生日常行为习惯"

问题：请以一年级孩子能接受的卡通、可爱人物的形式，使用WPS AI一键生成PPT和配图。

【习题3.3】请使用WPS AI表格处理工具，对图3-81所示的产品销售信息表excel.xls的电子表格完成数据分析、数据问答以及数据可视化分析工作，分析的角度请自拟。

日期	类别	商品型号	市场定价	促销方式	成交单价	降价幅度	数量	销售额	销售员
2006-5-1	冰箱	海尔T1017	¥2,088.00	降价	¥1,888.00	9.58%	3	¥5,664.00	A1
2006-5-2	彩电	三星液晶169	¥4,688.00	降价	¥4,088.00	12.80%	12	¥49,056.00	A1
2006-5-2	空调	美的3110	¥3,188.00	降价	¥2,888.00	9.41%	6	¥17,328.00	A1
2006-5-3	冰箱	海尔T1017	¥2,088.00	降价	¥1,888.00	9.58%	10	¥18,880.00	A1
2006-5-4	冰箱	海尔T1017	¥2,088.00	降价	¥1,888.00	9.58%	6	¥11,328.00	A1
2006-5-5	冰箱	海尔T1017	¥2,088.00	降价	¥1,888.00	9.58%	4	¥7,552.00	A1
2006-5-6	冰箱	海尔T1017	¥2,088.00	降价	¥1,888.00	9.58%	2	¥3,776.00	A1
2006-5-7	冰箱	海尔T1017	¥2,088.00	降价	¥1,888.00	9.58%	2	¥3,776.00	A1
2006-5-1	冰箱	西门子610	¥1,988.00	降价	¥1,788.00	10.06%	2	¥3,576.00	A2
2006-5-2	冰箱	西门子610	¥1,988.00	降价	¥1,788.00	10.06%	5	¥8,940.00	A2
2006-5-3	冰箱	西门子610	¥1,988.00	降价	¥1,788.00	10.06%	9	¥16,092.00	A2
2006-5-4	冰箱	西门子610	¥1,988.00	降价	¥1,788.00	10.06%	2	¥3,576.00	A2
2006-5-5	冰箱	西门子610	¥1,988.00	降价	¥1,788.00	10.06%	1	¥1,788.00	A2

图3-81　产品销售信息表

第4章

AIGC+写作

4.1　AIGC写作概述

近年来，人工智能技术的迅猛发展不仅推动了科技边界拓展，更深刻地改变了众多行业的运作模式，其中，生成式人工智能（AIGC）的崛起尤为显著，尤其是在内容创作领域引发了一场革命性变革。从基础的文本自动生成、富有创意的图像制作，到旋律动人的音乐创作，AIGC以其强大的生成能力与无限的创意潜力，正重塑我们理解和创造信息的方式，开启了内容创作的新纪元。

在这一浪潮中，智能写作作为AIGC的一个重要应用领域，其价值愈发凸显，其重要性不言而喻。传统的写作过程，无论是撰写文章、报告，还是创作小说、诗歌，往往需要作者投入大量的时间和精力进行构思、起草和修订。这一过程不仅耗时费力，而且受限于作者的个人经验和想象力。然而，随着AIGC技术的引入，这一状况得到了极大的改善。借助先进的算法和庞大的数据集，AIGC技术能够迅速理解并模拟人类的写作风格，帮助创作者在短时间内生成初稿，从而大幅缩短了创作周期，提高了工作效率。

智能写作不仅让创作者能够更快地获得创作的基础框架，还为他们提供了更多的灵感来源和创意碰撞的机会。创作者可以在AIGC生成的初稿基础上，进行个性化的修改和完善，使作品更加符合自己的风格和需求。这种人机协作的模式，既保留了人类创作者的独特思维和情感表达，又充分利用了人工智能的高效和准确性，实现了创作效率和质量的双重提升。

鉴于此，本章将深入探讨AIGC与智能写作相结合的应用实例，分析这些技术是如何在实际创作中发挥作用，以及它们对未来写作行业可能带来的影响。同时，我们还将介绍几款主流的AIGC产品，包括它们的核心功能、应用场景以及用户反馈，以期为读者提供一个全面而深入的了解，帮助大家更好地把握这一技术趋势，探索其在个人或职业创作中的潜在价值。

4.1.1 AIGC写作工具介绍

AIGC技术在智能写作领域的渗透日益加深，各大科技巨头竞相推出各具千秋的智能写作产品，这些创新工具不仅极大地提升了内容创作的效率，更在某种程度上重塑了传统的写作范式。以下是对几款主流的AIGC智能写作产品及其显著特点的详细阐述。

1. OpenAI 的 GPT

OpenAI的GPT在写作功能方面堪称强大而高效。作为生成式预训练语言模型，GPT能够基于用户提供的输入或提示，自动生成符合语法和逻辑的文本。在写作领域，GPT智能体能够轻松应对各种文本生成任务，如撰写文章、小说、诗歌、邮件等。其生成的文本不仅语言流畅、逻辑清晰，还能模仿不同的风格和语气，满足不同场景下的写作需求。GPT支持多种语言和符号系统，包括英语、中文等，使得其在跨语言写作方面也具有显著优势。需要注意的是其生成文本的真实性和准确性有待验证，用户在使用时需要进行监督和评估。对于写作者来说，GPT无疑是一个强大的辅助工具，能够大大提高写作效率和创作质量。

2. 百度文心一言

百度文心一言是专为中文创作者量身打造的AI写作助手，深度融合了自然语言处理与深度学习技术。它助力创作者迅速生成文章、报告、邮件等多种文本类型，极大提升了创作效率。它能够根据用户的输入和上下文，智能推荐相关词汇、短语和句子，帮助用户快速构建完整的文本内容。同时，文心一言智能体还具备实时校对功能，能够指出文本中的语法错误、拼写错误等问题，并提供修改建议，从而大大提高创作效率和质量。

文心一言还支持多样化输出，用户可以根据自己的需求，选择不同的输出格式和风格，如正式、休闲、专业等，满足不同场景下的写作需求。它还能进行情感分析，帮助用户更好地掌握内容的情感属性，以便更自然地表达自己的情感。百度文心一言在写作功能方面表现出色，是一款高效的智能写作辅助工具。

3. DeepSeek

DeepSeek在写作方面展现出了其卓越的功能与实用性，成为众多写作者和内容创作者不可或缺的助手。它具备强大的批量文章生成能力。用户可以根据自身需求，自定义文章的长度、风格等参数，轻松生成符合要求的文章。这一功能不仅提高了写作效率，还保证了内容的质量和多样性。另外，能够智能获取热点话题，结合SEO友好的标题生成功能，让文章更具吸引力和竞争力。它能帮助用户紧跟时代步伐，创作出符合市场需求和受众喜好的内容，从而提升文章的曝光度和影响力。在内容优化方面，DeepSeek同样表现出色。它支持智能分段处理、Markdown转HTML、标题层级自动化处理等多种功能，使得文章结构更加清晰、易读，还具备违禁词处理功能，能够自动替换或删除违禁词，避免内容风险。

值得一提的是，DeepSeek还具备深度思考与联网搜索能力。它能够进行多步骤推理，生成更深入、更全面的内容。联网搜索功能让DeepSeek能够获取最新的信息，确保内容的时效性和准确性。这一功能使其在撰写行业报告、新闻报道等领域具有显著优势。此外，DeepSeek还支持模仿风格写作与改写功能。用户只需指定一个特定的风格或作者，让DeepSeek模仿其写作风格即可快速生成符合特定风格的内容。这一功能为创作者提供了更多样化的创作方式，让内容更加丰富多彩。

4. 讯飞星火

讯飞星火能够根据用户输入的关键词、主题或提示，自动生成文章的框架与内容，涵盖故事、报告、新闻稿、商业计划书、学术论文等多种文体，极大地节省了创作者的时间与精力。讯飞星火拥有强大的语言理解能力，能够准确捕捉创作者的写作意图，并提供针对性的写作建议。星火大模型内置了多种AI工具，如文字规整、全文摘要、扩写、缩写、改写、续写、文本校对等，助力创作者优化文本结构，提升表达效果。此外，它还内置多种场景写作模板，用户可以根据不同模板信息填入内容，快速得到符合不同媒体平台需求的文案及稿件。

5. 腾讯混元

腾讯混元是腾讯推出的大型语言模型，具备跨领域知识与自然语言理解能力，能够通过人机自然语言对话的方式理解并执行创作者的指令。它提供了多种任务执行能力，如聊天互动、回答问题、编写文章等，为创作者提供了丰富的创作选择。

6. Kimi

Kimi是一款强大的写作辅助工具，它能够为用户提供全方位、多层次的写作支持。从零基础到精通，Kimi都是用户的得力伙伴。它包含各种写作指令和提示词，帮助用户轻松生成高质量内容，并提供专业的论文润色和学术搜索服务，特别适合职场人士和学术研究者使用。

在写作功能上，Kimi擅长语言润色，能将平凡的语句转化为引人入胜的篇章。同时，Kimi还能实时迅速识别并纠正语法错误，提供精准的修改建议，提升用户对语言运用的准确性。此外，Kimi能够分析句子结构，剔除冗余，使表达更加简洁明了，也能将复杂的句子拆解为简洁的表达，或将简短的句子串联成流畅的段落。无论是创作短篇小说、学术论文，还是撰写商务信函，Kimi都能提供有益的帮助，成为用户写作路上的得力助手。

7. 豆包

豆包是字节跳动推出的一款功能全面的人工智能助手，集写作助手、AI图片生成、文章修改、小红书文案助手等功能于一身。它能够根据创作者输入的关键词或文本，自动生成文章大纲、段落划分与关键词填充，助力创作者快速构建文章框架。豆包还内置了丰富的素材库，包括名言、案例、数据等，创作者可以轻松调用以丰富文章内容，提升文章的吸引力与可读性。

8. 阿里巴巴通义千问

通义千问是阿里巴巴推出的基于AIGC技术的智能写作工具，支持多语言内容创作，满足不同语言环境下的需求。在电商文案、营销内容等领域，通义千问表现出色，能够精准捕捉创作者需求，生成具有显著商业价值的内容。其智能化的推荐系统更是为创作者提供了有力的内容策划与编辑支持。

总体而言，这些主流的AIGC智能写作工具各具特色，精准对接了不同创作者多元化的需求。无论是追求高效产出高质量内容的创作者，还是致力于优化完善已有文本的作者，都能在这琳琅满目的产品阵列中寻觅到贴合自身需求的理想之选。随着技术的日新月异，我们满怀信心地展望，AIGC智能写作将在更广阔的领域绽放出其独有的风采与价值，为创作世界带来前所未有的变革与价值升华。

4.1.2　应用场景介绍

AIGC智能写作技术以其卓越的自然语言处理能力和深度学习能力，在不同领域展现出广泛的应用特色与优势。它能够高效生成高质量、多样化的文本内容，满足从简单信息输出到复杂创意构思的各种需求。AIGC满足了不同领域对于信息快速迭代和深度挖掘的迫切需求，推动了各行业的数字化转型与智能化升级。

本节将重点介绍AIGC智能写作在不同领域和场景中的应用，以及它们对写作行业、创作者和读者产生的影响。

1. 内容创作

AIGC智能写作在内容创作上的创新性尤为突出。它能够模拟多种写作风格和表达方式，打破传统内容创作的局限性，为创作者提供源源不断的灵感和创意。这种创新性不仅提升了内容的吸引力，也为创作者带来了更多的可能性，推动了内容创作领域的多元化发展。

在内容创作领域，AIGC智能写作工具可以帮助创作者快速生成文章、新闻稿、博客等，提高创作效率，降低了人力成本，同时保持了内容的个性化与创新性。

同时，AIGC智能写作还支持多种输出格式和平台，方便创作者将内容发布到不同的渠道和平台上，实现内容的广泛传播和共享。

2. 商业文案

AIGC智能写作极大地提高了商业文案的生产效率。传统的文案创作往往需要耗费大量的时间和精力，而AIGC技术则能在短时间内生成大量高质量的文案，为企业的市场推广提供有力支持。在广告、营销等领域，这些工具可以生成吸引人的广告词、产品描述等，提升营销效果。

AIGC智能写作在商业文案中展现出强大的创新性和个性化。它能够模拟多种写作风格和表达方式，为企业量身定制符合品牌调性和目标受众需求的文案。这种个性化的文案不仅能够吸引消费者的注意力，还能增强品牌的辨识度和记忆点，提升企业的市场竞争力。

AIGC智能写作在商业文案方面的应用，以其高效、精准、创新的特点，正在为企业的市场推广和品牌建设注入新的活力。随着技术的不断发展和完善，AIGC智能写作将在商业文案领域发挥更加重要的作用，推动企业的数字化转型和智能化升级。

3. 教育学习

AIGC智能写作是教育学习场景中一种前沿且高效的技术应用，它结合了人工智能与自然语言处理技术，为教育者和学习者带来了革命性的变化。

在教育者的角度，AIGC智能写作成为他们备课和教学的强大助手。通过输入相关的教学目标和内容，AIGC智能系统能自动生成丰富多样的教学资料，包括教案、课件、习题等，这些资料不仅节省了教育者大量的时间和精力，还能确保教学内容的专业性和准确性。同时，AIGC智能写作还能根据学生的学习进度和反馈，动态调整教学内容和难度，实现个性化教学。

对于学生而言，AIGC智能写作则是一个强大的学习工具。它可以根据学生的学习需求和兴趣，生成个性化的学习材料，如学习计划、复习笔记、模拟试题等，帮助学生更好地理解和掌握知识。此外，AIGC智能写作还能通过分析学生的学习数据，提供个性化的学习建议，引导学生高效学习，提升学习效率。

AIGC智能写作在教育学习场景中发挥着越来越重要的作用，它正在改变我们的教学方式和学习习惯，让教育更加高效、个性化。

4. 媒体出版

媒体出版行业正迎来一场由AIGC智能写作技术引领的变革。利用这一技术，新闻工作者可以快速生成新闻稿，无须再花费大量时间在撰写和编辑上。AIGC系统能够自动分析新闻事件，提取关键信息，并根据预设的写作风格和模板，自动生成高质量的新闻稿。这不仅大大提高了新闻稿的撰写效率，还确保了新闻稿的准确性和专业性。

同时，AIGC智能写作技术还支持新闻稿的自动编辑和修改。新闻工作者只需对生成的新闻稿进行简单的审核和调整，即可快速发布。这不仅节省了时间，还降低了人为错误的风险，提高了新闻发布的准确性和可靠性。

在新闻媒体和出版社中，AIGC智能写作技术的应用将推动新闻内容的快速生产和传播，满足读者对新闻时效性和准确性的需求。同时，它还将为新闻工作者提供更多时间和精力，专注于新闻事件的深入报道和分析，提升新闻媒体的竞争力和影响力。

5. 影响

① 提升写作效率：AIGC智能写作工具通过自动化和智能化技术，显著提高了写作效率，降低了人力成本。

② 优化文章质量：这些工具能够利用大数据和算法分析，提供高质量的写作建议和修改意见，提升文章质量。

③ 激发创意灵感：AIGC智能写作工具通过生成多样化的文本内容，为创作者提供丰富的灵感来源，促进创意的产生。

④ 改变写作行业生态：随着AIGC智能写作的普及，写作行业的生态将发生变化，

可能出现新的职业角色和商业模式。

通过深入学习和理解本节的内容，读者将能够全面且细致地掌握AIGC智能写作的主流工具，这些工具以其高效、智能的特点，正在逐步改变写作行业的格局。同时，读者也将了解到AIGC智能写作在新闻媒体、出版、教育学习等多个领域的广泛应用场景，这些场景展示了AIGC智能写作在提升写作效率、优化内容质量方面的巨大潜力。更重要的是，通过对AIGC智能写作对写作行业影响的分析，读者将能够更好地把握这一新兴技术的发展趋势，为未来的职业发展和学习规划提供有益的参考。

4.2　AI写作选题

创作者的写作选题是新闻报道和内容创作的核心，直接决定了信息的传递效果、受众的关注度以及媒体的品牌影响力。在当今信息爆炸的时代，一个新颖、独特且贴合受众需求的选题，能够迅速吸引公众的眼球，提升内容的传播力和影响力。

结合AIGC工具，创作者能够更高效地进行选题挖掘和优化。AIGC工具通过大数据分析和自然语言处理技术，能够从海量信息中快速识别出热门话题、潜在趋势和受众兴趣点，为创作者提供丰富的选题灵感和数据支持，辅助用户进行选题。同时，AIGC工具还能根据历史数据和用户反馈，预测选题的可能影响力和受众反应，帮助创作者更加精准地把握选题方向。

因此，对于创作者而言，善于利用AIGC工具进行选题策划，不仅能够提升内容的创新性和吸引力，还能有效提高工作效率和报道质量，从而在激烈的媒体竞争中脱颖而出，赢得更多受众的认可和信赖。在这个过程中，创作者需要不断学习和掌握新的AIGC技术和工具，同时保持对新闻热点的敏锐洞察力和对受众需求的深刻理解，以确保选题始终贴近时代脉搏和受众心声。

4.2.1　AI写作选题的基本原则

1. 目标导向原则

在写作过程中，首要且至关重要的一步是明确写作目标。写作目标可能多种多样，例如涵盖教育启发、娱乐消遣、信息传播等多个方面。从多样性目标中明确核心目标之后，我们便能更加精准地选择适合的选题，确保内容与目标的高度一致性。例如，若我们的目标是教育启发，则应选择那些能够传授知识、提升思维、激发创造力的选题；若目标是娱乐消遣，则应注重选题的趣味性、轻松性和引人入胜的特质；若目标是信息传播，则需确保选题具有时效性、准确性和广泛的受众覆盖面。通过这一原则，我们能够确保每一篇作品都紧扣主题，满足读者的期待，实现写作的真正价值。

2. 受众分析原则

在着手创作之前，我们必须深入了解目标受众的需求、兴趣和偏好。这一步骤至关重要，因为它直接关系到作品能否引起受众的共鸣，实现预期的传播效果。通过细致的受众分析，我们能够洞察受众的真正期望，从而选择出最符合其需求和兴趣的选题。这不仅有助于提升作品的吸引力和阅读体验，还能确保我们的创作更加精准地触达目标群体，实现更有效的信息传播和沟通。因此，遵循受众分析原则，是确保作品成功与受众建立联系的关键所在。

3. 创新性原则

创新性原则在内容创作中扮演着至关重要的角色。它鼓励我们在选题策划时，勇于融入新颖视角、独特见解或创新元素，以此提升内容的吸引力和独特性。通过创新，我们能够打破常规，突破传统框架的束缚，为受众带来耳目一新的阅读体验。这种创新不仅体现在选题的角度和深度上，还贯穿于内容的表达方式和呈现形式上。遵循创新性原则，我们能够不断激发受众的好奇心和探索欲，引导他们深入思考和积极参与，从而实现内容创作的真正价值。

4. 可行性原则

可行性原则是在进行内容创作和选题策划时必须严格遵循的基本原则。它要求我们在提出选题时，务必充分考虑技术限制、资源条件以及时间安排等实际因素，确保所选题目在AIGC技术框架内具有高度的可行性。具体而言，我们需要评估当前技术水平是否支持所选题目的实现，是否拥有足够的资源（如数据、人才、设备等）来支撑项目的进行，以及是否有充足的时间来完成项目的开发与交付。只有在这些条件都得到充分满足的情况下，我们才能确保所选题目既具有创新性，又具备实际可行的操作性，从而避免因为盲目追求新颖而忽视实际条件所带来的风险。

4.2.2 AI写作选题的方法与技巧

1. 热点追踪

利用AIGC技术快速分析网络热点、行业动态和读者兴趣，捕捉选题灵感。通过AIGC，我们能够迅速高效地分析网络热点、洞悉行业动态以及深入研究读者兴趣，从而精准捕捉并提炼出富有创意的选题灵感。AIGC技术的智能算法能够实时追踪网络上的热门话题，帮助我们把握当前社会的关注焦点，确保选题内容紧跟时代潮流。同时，该技术还能深入分析行业内的最新动态与趋势，挖掘出具有前瞻性和指导性的信息，为选题提供丰富的素材和视角。此外，AIGC技术还能通过对读者兴趣的深度剖析，构建出精准的用户画像，使我们能够更准确地理解读者的需求和偏好，从而创作出更具吸引力和共鸣力的内容。

2. 数据挖掘

通过AIGC技术挖掘大量数据，发现潜在趋势、模式和关联，为选题提供数据支持。通过AIGC技术的强大分析能力，我们能够深入挖掘海量数据，揭示出隐藏其中的潜在趋势、显著模式以及关键关联，从而为选题策划提供坚实的数据支撑。AIGC技术不仅能够帮助我们快速整合来自不同渠道的复杂数据，还能通过先进的算法模型，识别出数据背后的深层逻辑和未来走向。

在选题策划过程中，AIGC技术所揭示的趋势和模式为我们提供了宝贵的洞察。例如，它可以分析出特定领域内的热点话题、受众兴趣的变化趋势，以及不同群体之间的行为差异等。这些信息不仅有助于我们确定选题的方向和重点，还能帮助我们预测未来的市场走向，确保选题内容的前瞻性和时效性。

同时，AIGC技术还能发现数据中的关联关系，揭示出看似不相关因素之间的内在联系。这种关联性的挖掘，往往能够为我们提供全新的选题视角和切入点，使内容更具创新性和吸引力。

3. 关键词优化

利用AIGC技术进行关键词分析，是媒体和内容创作者在确定选题方向后的一项重要策略。通过这一技术，我们能够精确识别出与选题紧密相关的热门词汇和长尾词汇，进而优化内容的定位与策略。

热门词汇通常反映了当前社会的焦点和公众的广泛兴趣，将这些词汇融入内容创作中，有助于吸引大量关注和互动。而长尾词汇，虽然搜索量相对较小，但往往代表着特定群体的精准需求，通过深入挖掘并针对性地创作相关内容，能够建立更为稳固和忠实的读者群体。

AIGC技术的关键词分析功能，不仅提供了关键词的搜索量和趋势，还能揭示关键词之间的关联性和潜在的市场机会。这使得我们在创作内容时，能够更加精准地把握受众的偏好和需求，从而创作出既符合市场趋势又具有差异化竞争力的内容。

通过这一策略，我们不仅能够提升内容的曝光度和传播力，还能在竞争激烈的市场中脱颖而出，建立起独特的品牌形象。

4. 创意激发

结合AIGC技术的创意生成功能，如随机词汇组合、文本生成等，为媒体和内容创作者开辟了一条激发全新选题思路的有效途径。这些创新工具不仅拓宽了我们的思维边界，还能够帮助我们突破传统框架，挖掘出前所未有的选题灵感。

通过随机词汇组合功能，AIGC技术能够自动生成一系列看似不相关但充满想象力的词汇组合。这些组合可能引发我们对选题方向的全新思考，激发我们探索未知领域的勇气。在这个过程中，我们可能会发现一些之前从未考虑过的选题角度，或是将现有选题与新的元素相结合，创造出更具吸引力的内容。

而文本生成功能则能够基于给定的主题或关键词，自动生成一系列与选题相关的文本内容。这些文本不仅为我们提供了丰富的素材和思路，还能够帮助我们更好地理解和把握选题的核心要点。通过分析和提炼这些文本中的关键信息和观点，我们能够进一步提炼出更加精准和深入的选题方向。

4.2.3 AI写作选题的实践案例

AIGC写作选题实践案例的分析需全面且深入，其核心在于通过科学的方法来确定一个既具有研究价值又符合时代需求的选题。这一过程一般包括对其选题背景的深入分析，探究其产生的社会、技术或文化根源；接着详细阐述选题过程，展示从初步构想到最终确定所经历的各个环节；随后，通过实际案例来评估实施的效果，包括研究成果的社会影响力、学术贡献等；最后，总结经验教训，提炼出在选题过程中遇到的挑战、采取的策略以及取得的宝贵经验。这一过程会通过具体步骤演示如何运用AIGC技术进行选题，涵盖了从数据收集、分析到筛选和确定等一系列关键环节，确保选题的先进性和实用性。

1. 智能体选择

例如，一个活跃在小红书平台的自媒体创作者，计划撰写一篇关于桂林山水美景的笔记，以吸引读者的目光并激发他们的旅行欲望。为了创作一个既吸引人眼球又准确传达内容的标题，这位创作者可以利用一些在线工具或平台来辅助构思。以"一言百宝箱"为例，这是一个提供丰富创意和实用建议的在线资源。创作者可以首先进入该平台的"职业"模块，该模块为不同行业的用户提供量身定制的创意解决方案。

在"职业"模块下，创作者应选择"自媒体"这一细分领域，因为这与他们的身份和需求最为契合。接下来，创作者可以在自媒体下的标题选项中浏览和筛选，寻找与桂林山水主题相关的灵感。平台上可能会展示一系列与桂林山水相关的标题建议，既有文艺清新的风格，也有直接明了的表述，创作者可以根据自己的笔记内容和目标受众的喜好，选择或借鉴其中的元素来构思一个独特的标题。

百度文心一言作为智能体，其选择和回复的过程如图4-1和图4-2所示。智能体凭借其先进的自然语言处理技术和对受众心理的深刻理解，为"桂林山水之旅"的内容精心策划并给出了三个既精简又极具吸引力的标题。这些标题不仅精准地捕捉了桂林山水的独特魅力，还巧妙地运用了引人入胜的词汇和表达方式，旨在瞬间吸引读者的注意力，激发他们的探索兴趣和阅读欲望，从而引导他们深入了解并向往那片如梦如幻的山水世界。

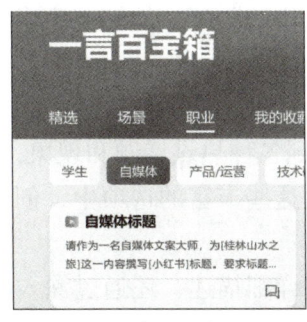

图4-1 文心一言智能体

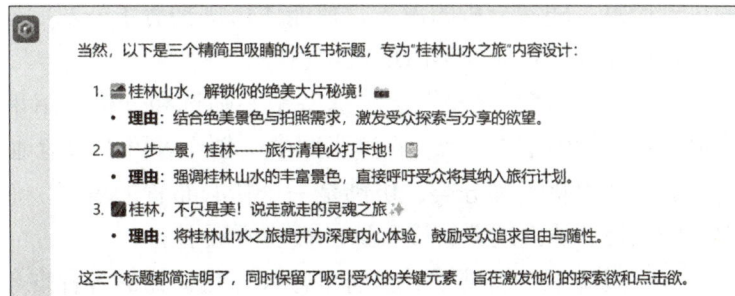

图4-2 选题呈现

　　在智能体写作选题方面，值得一提的还有DeepSeek，选择深度思考模板。在智能体中提出自己的需求。首先要明确自己的身份，提出需要智能体给出的内容和要求，如图4-3所示。

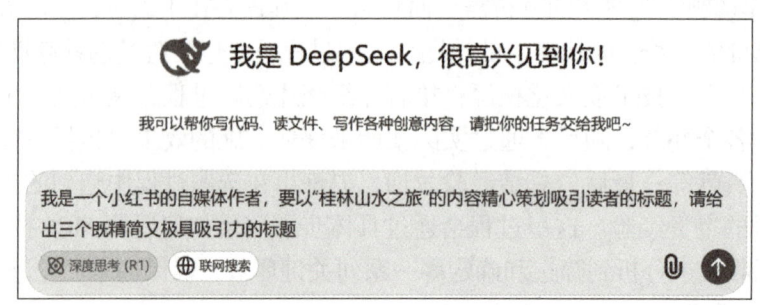

　　图4-3　DeepSeek深度思考

　　DeepSeek作为一个创新的工具，它为创作者提供的选题不仅包含了明确的结果，而且附带了详尽的思考过程，如图4-4所示。这种综合性的输出方式，使得创作者能够迅速理解选题的背景、受众定位以及潜在问题的解决方案，为他们的内容创作提供了坚实的基础。通过DeepSeek，创作者可以更加高效地进入创作状态，减少在选题构思和素材搜集上的时间投入，同时能够更深入地挖掘选题的价值，提升内容的深度和广度。

　　DeepSeek给出的选题和思考过程还能够激发创作者的灵感，让他们在创作过程中产生更多的创意和想法。这不仅有助于创作者保持内容的质量，还能够让他们在激烈的市场竞争中不断推陈出新，吸引更多读者的关注。因此，对于内容创作者来说，DeepSeek无疑是一个极具价值的工具，能够帮助他们提升创作效率，增强创作深度，并激发更多的创作灵感。

2. 热点追踪

　　利用AIGC工具"一言百宝箱"的智能检索功能，创作者只需轻松地在搜索框里输入"热点追踪"这一关键词，便能即刻启动其内置的AIGC技术。这项技术以其高效的数据处理能力和精准的分析算法，迅速地在浩瀚的网络世界中捕捉并筛选出最新的热点信息。随着分析的深入，智能体仿佛拥有了一双洞察世事的眼睛，能够洞察出那些隐藏在数据背后的热门现象与趋势。

　　接着，"一言百宝箱"会将这些精心筛选和分析的结果以直观且易于理解的方式呈现出来，如图4-5所示。在这张图中，创作者可以清晰地看到各种热点话题和现象，它们被有序地排列和分类，仿佛是一个精心布置的展览。而在这些丰富的选项中，创作者特别被"热门现象解读"这一板块所吸引。

　　这一板块不仅提供了对当前年轻人狂热追捧的各种现象的详细描述，还通过深入的分析和解读，揭示了这些现象背后的社会、文化和心理动因。对于创作者而言，这无疑是一个宝贵的选题宝库。他们可以通过对这些热门现象的深入剖析，找到与自身创作领域相契合的切入点，从而确定一个既具有时效性又充满吸引力的选题方向。这样的过程不仅让创作者能够紧跟时代潮流，更能够让他们在创作中融入自己的独特见解和思考，创作出更加精彩和富有深度的作品。

嗯，用户是一个小红书的自媒体作者，想要策划关于"桂林山水之旅"的内容，需要三个既精简又极具吸引力的标题。首先，我得考虑小红书的用户群体，主要是年轻女性，喜欢旅行、美妆、时尚等内容，所以标题需要符合她们的审美和兴趣点。

用户的需求是吸引读者，所以标题必须足够吸引眼球，同时又要精简。可能需要使用一些表情符号来增加视觉效果，因为小红书上的标题常用emoji。另外，关键词也很重要，比如"桂林山水""攻略""秘境"之类的词汇能直接点明主题。

接下来，我要分析什么样的标题结构更有效。通常，小红书热门标题会包含感叹词、数字、emoji和强烈的形容词。比如"必去！""绝美""人间仙境"这些词能引发读者的兴趣。另外，可能还需要考虑用户的深层需求，他们可能不仅想要旅行攻略，还想知道如何拍出好看的照片，或者有哪些小众景点，避免人流拥挤的地方。

然后，我需要结合桂林的特色，比如漓江、象鼻山、阳朔等，但可能不需要具体到景点名称，而是用更诗意的语言，比如"山水画卷""人间仙境""秘境"等，让标题更有意境。同时，加入行动号召，比如"收藏！""打卡攻略"可以增加互动感。

还要注意标题的长度，不能太长，要简洁有力。可能需要分两部分，前半部分吸引注意，后半部分补充信息。例如使用破折号或者竖线分隔。每个标题的结构可以不同，避免重复，但都要突出桂林的美丽和独特性。

最后，检查是否符合用户的要求：三个标题，精简且吸引人。可能需要多准备几个，再选出最好的三个。比如：

1. 🌿桂林山水甲天下！这5个隐藏机位让你拍出人间仙境感📷

2. 漓江竹筏漂流、20元背景打卡——三天两夜桂林治愈系攻略

3. 避开人潮！解锁桂林小众山水秘境，朋友圈被问爆的打卡路线🍃

这些标题都用了emoji，关键词明确，结构清晰，既有攻略性质，也有拍照技巧和小众路线，符合目标读者的需求。应该能满足用户的要求。

以下是三个为小红书「桂林山水之旅」设计的精简且吸引力十足的标题，兼顾平台调性与用户猎奇心理：

1. **🌿桂林山水甲天下！这5个隐藏机位让你拍出人间仙境感📷**
   （数字悬念+拍照痛点+仙气氛围，直击年轻女性"出片需求"）

2. **漓江竹筏漂流、20元背景打卡——三天两夜桂林治愈系攻略**
   （场景化符号+时间锚点+情绪价值，"治愈系"精准狙击都市压力人群）

3. **避开人潮！解锁桂林小众山水秘境，朋友圈被问爆的打卡路线🍃**
   （反套路引流+社交货币属性，"被问爆"制造好奇心缺口）

标题设计逻辑:
① **符号视觉化**：用竹筏🌿、山水🏔等符号构建画面感，符合小红书用户"刷图种草"习惯；
② **痛点直给**：针对游客怕撞景、拍照不出片等痛点提供解决方案；
③ **社交裂变暗示**：强调"朋友圈被问爆"，激发用户分享欲获取社交认同。

图4-4 思考与结果呈现

图4-5　热点追踪

3. 数据分析

在上述热门现象解读的基础上，创作者进一步挖掘智能体的潜力，指令其对当前备受瞩目的"Chiikawa"狂热现象进行深度数据分析，提问示例如图4-6所示。智能体积极响应，迅速调动其强大的数据处理与分析能力，从文化根源、社交传播、广泛影响等多个维度，对这一现象进行了全面而深入的剖析。

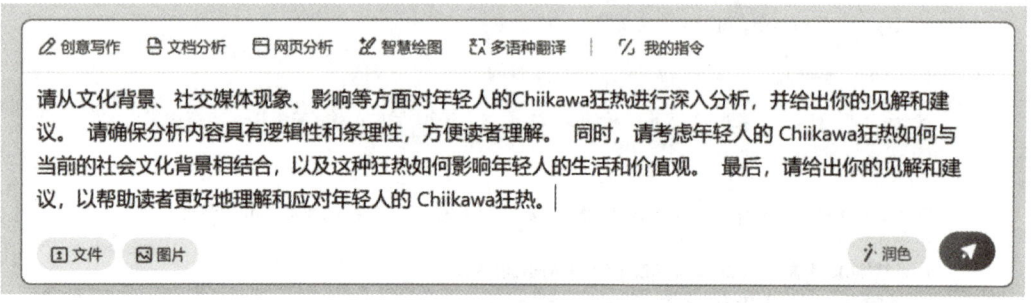

图4-6　数据分析提问示例

在文化层面，智能体追溯了"Chiikawa"的起源与发展，剖析了它如何与当代年轻人的文化审美相契合，成为他们表达自我、追求潮流的一种方式。在社交方面，智能体分析了"Chiikawa"现象在社交媒体上的传播路径与速度，揭示了其如何迅速吸引大量关注并形成社群效应。至于影响，智能体则综合评估了这一现象对消费习惯、文化认同乃至社会心理等方面的深远影响。

最终，智能体不仅给出了详尽的分析报告，还结合分析结果，为创作者提供了独特的见解与实用建议，助力他们更好地理解和把握这一热门现象，创作出更具深度与影响力的作品。

　　在智能体提供的详尽数据与分析基础上，创作者经过深思熟虑做出决策，以确定是否要围绕"Chiikawa"狂热现象这一方向来创作选题。这一决策过程不仅考量了现象的热门程度与受众基础，还深入分析了创作者自身的兴趣专长与创作目标，力求在热门话题与个人风格之间找到最佳平衡点。

　　一旦确定选题方向，创作者便信心满满地向智能体提出自己的具体需求。他们可能会要求智能体提供一定数量的备选标题，以确保在创作过程中拥有足够的灵活性和选择性。同时，创作者还会明确提出创意要求，希望智能体能够辅助他们挖掘出更加新颖独特的视角与表达，使作品在众多同类内容中脱颖而出。此外，对于热点要求的把握也是创作者关注的重点，他们希望智能体能够持续追踪"Chiikawa"现象的发展动态，确保选题内容始终紧跟时代潮流，保持高度的时效性与吸引力。如图4-7和图4-8所示，智能体正根据创作者的需求，有条不紊地展开工作，为创作过程提供坚实的支持。

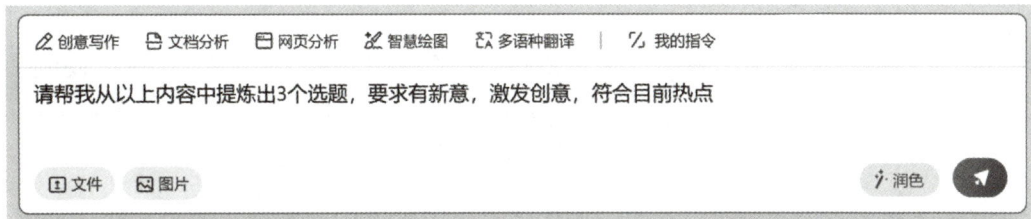

图4-7　选题需求

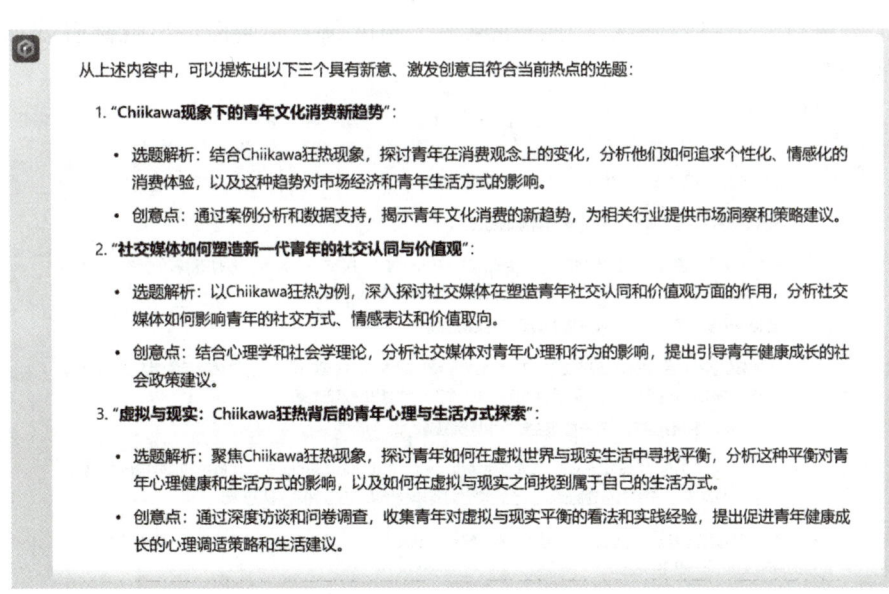

图4-8　选题分析

　　智能体在对市场趋势、受众兴趣及内容创新性进行综合考量后，给出了初步的选题分析。它不仅详细阐述了每个选题的核心价值与市场潜力，还通过深入的解析，揭示了选题背后的社会文化背景及受众心理需求，为创作者提供了全面的信息支持。在此基础上，智能体进一步提炼出每个选题的创意点分析，这些创意点或是独特的视角切入，或是新颖的表达方式，旨在激发创作者的灵感，助力其创作出既有深度又具吸引力的内容。

创作者在接收到这些详尽的信息后，可以根据智能体的分析，结合自己的创作理念与风格，进一步筛选和优化选题。同时，他们还可以继续向智能体提出更具凝练性、能精准捕捉选题精髓的题目标题，以便在吸引读者注意力的同时，也能准确传达文章的核心价值。如图4-9所示，智能体与创作者之间形成了紧密的互动，共同推动创作过程向着更加高效、精准的方向发展。

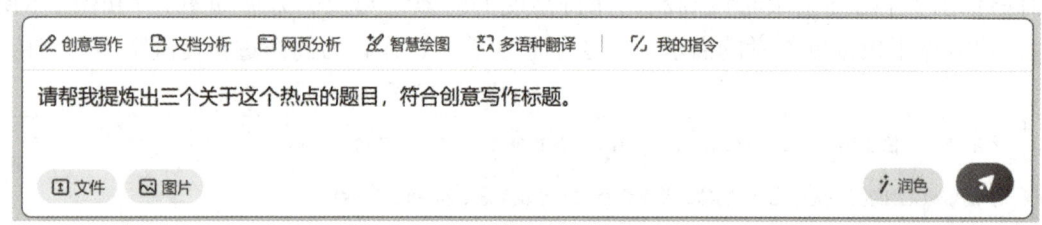

图4-9 提炼选题

基于上述精心筛选的热点题目，创作者进入了关键的标题确认阶段。这一步骤对于吸引读者注意力、激发阅读兴趣至关重要。如图4-10所示，创作者在智能体的协助下，对选题进行了最终的确认，并着手从多个角度思考如何提炼出既富有创意又极具吸引力的标题。

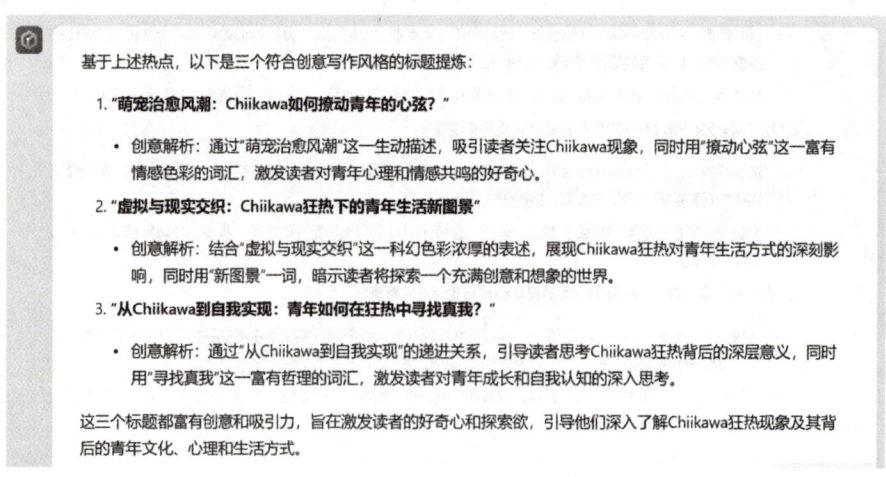

图4-10 选题确认

智能体凭借其强大的算法与对受众心理的深刻理解，为创作者提供了三个精心设计的标题选项。这些标题不仅紧扣选题核心，而且巧妙融入了新颖的元素与独特的视角，旨在瞬间抓住读者的眼球，引导他们深入了解内容。例如，标题可能采用了引人入胜的疑问句形式，或是结合了时下流行的网络用语，抑或是巧妙运用了对比、隐喻等修辞手法，以增强标题的吸引力和记忆点。创作者在审视这些标题时，深感智能体的创意与用心，为后续的创作增添了更多信心与灵感。

4. 辅助功能

智能体在写作选题方面不仅提供了基础的选题建议，还配备了强大的辅助功能，其中之一便是网页分析功能，如图4-11所示。这一功能极大地丰富了创作者的选题灵感来源与素材搜集途径。在网页分析中，创作者可以对任何感兴趣的网页进行快速摘要处理，无论是专业领域的深度文章，还是热门话题的广泛讨论，都能迅速提炼出核心要点，为选题策划提供有力支撑。

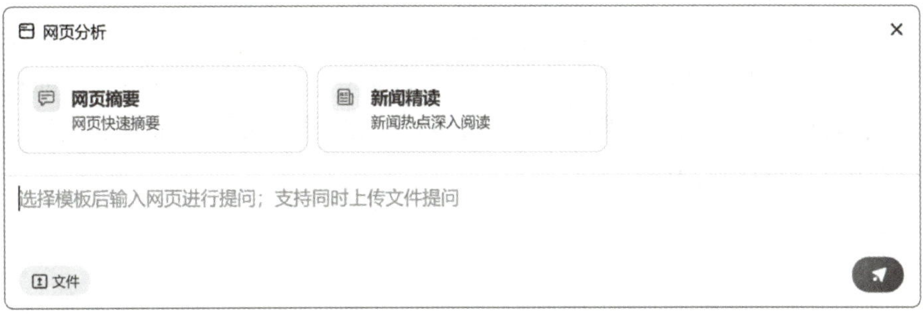

图4-11 网页分析辅助

此外，智能体的网页分析功能还允许创作者对新闻热点进行精读分析。通过该功能，创作者可以深入剖析新闻事件的背景、影响及各方观点，从而更准确地把握社会脉搏，挖掘出具有时效性和价值的选题方向。

智能体网页摘要功能是一项集成了多项先进技术的信息处理工具，旨在为用户提供高效、精准的内容摘要服务，如图4-12所示。该功能能够自动从冗长复杂的网页内容中提取出关键信息，形成简洁明了的摘要，使用户能够快速了解网页的核心要点，极大地节省了阅读时间。

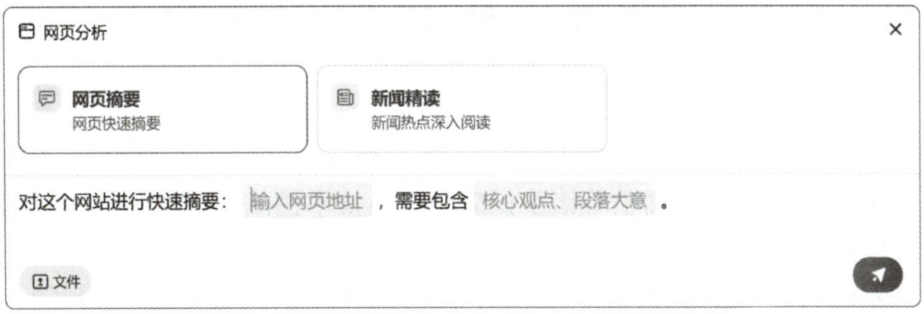

图4-12 网页摘要

智能体网页摘要不仅支持对多种格式的网页内容进行摘要处理，如文本、图片、视频等，还具备跨语言处理的能力，能够对不同语言的网页进行准确摘要，满足用户多样化的信息需求。同时，该功能还提供了个性化定制的选项，用户可以根据自己的需求和喜好，设置摘要的长度、选择摘要的风格等，以获得更加符合自己期望的摘要结果。

此外，智能体网页摘要功能还与其他智能工具或服务相整合，如搜索引擎、社交媒体等，使得用户可以在使用这些工具或服务时，直接获取到网页的摘要信息，进一步提升了信息处理的效率和便利性。通过智能体网页摘要功能，用户可以轻松实现对网页内容的快速筛选和精读，从而更好地把握社会脉搏，挖掘出具有时效性和价值的选题方向。

智能体新闻精读在选题策划中也有重要的辅助作用，其多功能性为创作者提供了强大的支持，如图4-13所示。它能够精准捕捉新闻热点，通过对新闻内容的深度解析与理解，迅速识别出具有潜在价值的选题，帮助创作者紧跟时事潮流，及时把握社会关注的焦点问题。这一功能使得创作者能够创作出既符合市场需求又贴近读者兴趣的内容，提升内容的吸引力和传播力。

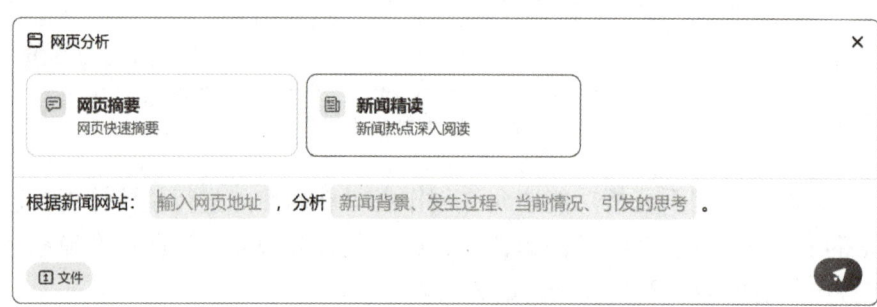

图4-13　新闻精读

同时，智能体新闻精读还具备强大的数据挖掘与分析能力。它能够对海量新闻数据进行筛选、分类和整合，帮助创作者发现新闻事件之间的内在联系和趋势走向，为选题策划提供有力的数据支撑。这种能力使得创作者能够深入挖掘新闻背后的故事和价值，创作出更具深度和广度的内容，满足读者对高质量信息的需求。

4.2.4　AI写作选题的挑战与应对

随着AIGC技术的快速发展，AI写作已经逐渐成为一种新兴的创作方式。然而，在选题过程中，AIGC技术面临着诸多挑战，包括技术挑战、伦理与法律问题以及内容与形式的平衡等。

① 技术挑战：分析AIGC技术在选题过程中可能遇到的技术瓶颈和限制，如数据准确性、算法偏差等。

② 伦理与法律问题：讨论选题过程中可能涉及的伦理和法律问题，如版权、隐私、虚假信息等，并提供应对策略。

③ 内容与形式的平衡：探讨如何在AIGC写作中保持内容的原创性、可读性和吸引力，同时满足读者的期望和审美需求。

以下是对这些挑战的分析及应对策略。

1. 技术挑战

（1）数据准确性

AIGC技术依赖于大量的训练数据来生成内容。如果训练数据存在误差或偏见，那么生成的内容也可能受到影响，导致信息不准确或存在误导性。

应对策略：确保训练数据集来自可靠、权威的数据源，减少数据本身的误差和偏见。同时，对生成的内容进行人工审核与校验，确保信息的准确性和真实性。

（2）算法偏差

算法的设计和训练数据可能存在偏差，导致对某些群体的歧视和不公平对待。

应对策略：加强算法的透明度和可解释性，确保算法的设计和运行过程公开透明。对算法进行审查和监督，确保其公平性和公正性。推动多样化的数据集和算法训练，减少偏差的产生。

2. 伦理与法律问题

（1）版权问题

AIGC技术生成的内容可能涉及版权问题，特别是当生成的内容与已有作品高度相似时。

应对策略：在使用AIGC技术时，应确保不侵犯他人的版权。可以通过提出独特的问题、避免直接引用AI生成的文本或图像等方式来降低侵权风险。同时，对于使用AIGC技术生成的作品，应明确其版权归属和授权情况。

（2）隐私问题

AIGC技术需要收集和分析大量的个人数据来生成内容，这可能侵犯个人隐私。

应对策略：加强数据保护法律法规的制定和执行，确保个人数据的合法、公正和安全使用。推动隐私保护技术的研发和应用，如加密、数据匿名化等。

（3）虚假信息

AIGC技术可能生成虚假信息或误导性内容，对公众造成不良影响。

应对策略：建立严格的内容审核机制，对生成的内容进行仔细检查和验证。提高模型的透明度和可解释性，使用户能够理解模型的决策过程，并对生成的内容产生信任。

3. 内容与形式的平衡

（1）原创性

AIGC技术生成的内容可能缺乏原创性，导致内容同质化严重。

应对策略：鼓励使用AIGC技术作为研究的素材或辅助工具，并对其进行合理的参考、评估和改进。同时，推动个性化的内容创作，提高内容的独特性和创新性。

（2）可读性和吸引力

AIGC技术生成的内容可能过于机械或单调，缺乏可读性和吸引力。

应对策略：优化生成模型，提高语言理解和创造能力。同时，结合读者的期望和审美需求，调整内容的风格和形式，使其更加符合读者的阅读习惯和喜好。

（3）满足读者期望

AIGC技术可能难以准确捕捉读者的期望和需求，导致内容不符合读者的预期。

应对策略：通过收集和分析用户反馈，了解读者的需求和偏好。同时，利用自然语言处理（NLP）等技术对生成的文本进行语义分析和理解，发现潜在的错误和误导性信息，并进行修正和优化。

AI写作选题面临着技术、伦理与法律以及内容与形式等多方面的挑战。为了应对这些挑战，我们需要加强技术研发和监管政策的制定，提高用户教育和意识提升，并促进技术与人类价值观的和谐发展。同时，鼓励创新性的内容创作和个性化的服务方式，以满足读者的期望和需求。

4.3 AI方案策划写作

利用AIGC工具进行方案与策划写作，是将人工智能的创造力和效率融入内容创作过程。AIGC工具能够分析大量数据，识别趋势，并提供灵感，帮助创作者快速形成创意框架。通过智能生成和编辑功能，这些工具能够优化文本内容，确保逻辑严谨、表达精准。借助AIGC，方案策划写作变得更加高效、创新，能够在短时间内产生高质量、定制化的内容，满足多样化的项目需求，提升整体策划效果。

虽然支持智能写作的AI平台种类繁多，但是智能写作的工作流程却是大同小异。AI写作关键在于明确功能和模型、描述功能和内容优化、调整与输出，具体流程如图4-14所示。

明确需求　　选择模型　　描述内容　　生成初稿　　调整与优化　　最终输出

图4-14　AI写作流程

使用AIGC写作时，要将创作方案描述清楚，可以从以下几个方面入手：

① 明确目的：在开始写作之前，明确你想要传达的核心信息和目的是什么。

② 简洁清晰：尽量使用简单、直接的语言，避免冗长和复杂的句子结构。如果内容较为复杂，可以分步骤或分点来描述。

③ 逻辑结构：确保内容有清晰的逻辑结构，使用恰当的连接词来引导读者理解内容的流程。

④ 关键点突出：将最重要的信息放在最显眼的位置，比如段落的开头或结尾。

⑤ 使用例子：如果可能，用具体的例子来说明抽象的概念，这更容易被理解。

⑥ 避免歧义：确保使用的词汇和表达没有歧义，避免使用可能引起误解的模糊语言。

⑦ 反馈循环：在写作过程中，可以请求反馈，看读者是否理解了你的内容，并据此进行调整。

⑧ 视觉辅助：如果适用，使用图表、图片或其他视觉辅助工具来帮助说明。

⑨ 校对和编辑：完成初稿后，进行仔细的校对和编辑，以确保内容的准确性和清晰度。

4.3.1 AI方案写作准备

要完成一个方案的写作，前期的准备工作无疑是至关重要的。这不仅关乎方案的顺利推进，更直接影响到方案实施后的效果与成果。因此，我们首先需要明确方案的目标与内容需求，这是整个写作过程的出发点和落脚点。在此基础上，设定AIGC的应用场景，意味着我们要根据方案的具体特点和需求，选择最合适的AI技术路径，以实现方案的智能化生成和优化。

1. 明确需求

在使用AIGC工具撰写方案时，明确需求是确保方案质量的关键所在。这需要我们从以下几个关键点入手，进行深入细致的分析和把握。

（1）发起者目标

理解方案发起者的具体目标和动机是制定方案的首要任务。我们需要深入了解发起者希望通过方案实现的业务成果，这包括提高生产效率、优化管理流程、增强市场竞争力等多个方面。创作者需要对发起者组织内部进行深入的访谈或问卷调查，广泛收集各部门对方案的期望和关注点，以确保方案能够全面满足发起者的需求。

（2）目标用户画像

确定并分析目标受众，是确保方案能够精准定位、有效实施的关键。我们需要深入了解目标用户的需求、偏好、行为和反馈等，通过构建详细的目标用户画像，来确保方案能够真正满足用户的期望和需求。这需要我们进行大量的市场调研和用户访谈，以获取准确、全面的用户信息。

（3）问题定义

明确方案需要解决的问题或挑战，是制定方案的核心所在。我们需要对问题进行深入的分析和界定，明确问题的范围与边界，避免模糊或过度泛化。在此基础上，形成清晰、准确的模型选择，为后续的方案制定提供有力的支持。

（4）效果预期

设定可量化的目标和关键绩效指标，是衡量方案成功与否的重要标准。我们需要根据方案的具体特点和需求，设定明确、可量化的目标和关键绩效指标，如提升业务效率的具体数值、增强团队凝聚力的具体措施等。例如，一个公司的策划方案成功的效果预期可描述为以下几点。

① 实现既定目标，显著提升业务效率或项目成果质量。

② 增强团队凝聚力与执行力，促进成员间有效沟通与协作。

③ 获得广泛认可，为公司树立良好形象，奠定行业领先地位。

通过这些关键点的需求分析，我们得以深入挖掘并整合各方面的信息，为AIGC工具提供详尽而准确的数据支撑和理论依据。不仅确保了方案在初始阶段就能紧密贴合发起者的核心目标和战略愿景，同时也充分考虑到了目标受众的实际需求和偏好。在此基础上，AIGC工具能够充分发挥其智能化、高效化的优势，精准地生成一个既符合发起者长远规划，又能够深度触动并满足受众需求的优秀方案。

2. 选择模型

创作者根据具体的方案写作需求，精心选择合适的模型。例如，如果创作者需要生成具有吸引力的营销文案或详尽周密的计划书，就可以选择在文案润色和计划制定方面展现出卓越性能的模型，如广受欢迎的"文心一言"的百宝箱工具，它提供了按场景和职业两个维度进行选择的便捷功能。本节主要以方案写作为核心案例，因此特意选择了"灵感策划"模型，如图4-15所示。

图4-15　百度智能体模型

除了上述的百度文心一言，市场上还存在众多备受创作者青睐的智能体工具，其中DeepSeek便是一个典型的例子，如图4-16所示。DeepSeek作为一个功能强大的AI工具，在写作方面展现出了卓越的能力。它能够理解并解析自然语言，快速响应并给出详细答复，这极大地提升了创作者的写作效率。同时，DeepSeek还能根据指令自动生成创意文案，撰写各类文章和报告，使得创作者能够更专注于内容的创新和优化。

此外，DeepSeek还支持多语言翻译，帮助创作者轻松融入多语言环境，进一步拓宽了创作视野。

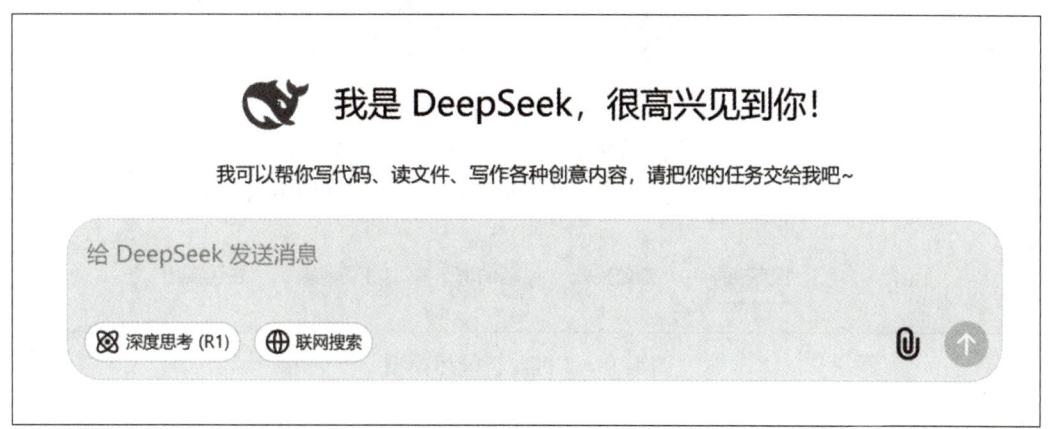

图4-16　DeepSeek智能体模型

还有科大讯飞星火提供的"我的智能体"，在方案创作方面可以选择多种个性化的模型。讯飞绘文更适合需要图文结合的内容创作，适用于社交媒体、博客、宣传材料等场景。讯飞智文则更擅长长篇内容的生成，提供了语法检查和改写建议功能，适用于学术研究、商业报告、新闻稿件等场景，如图4-17所示。

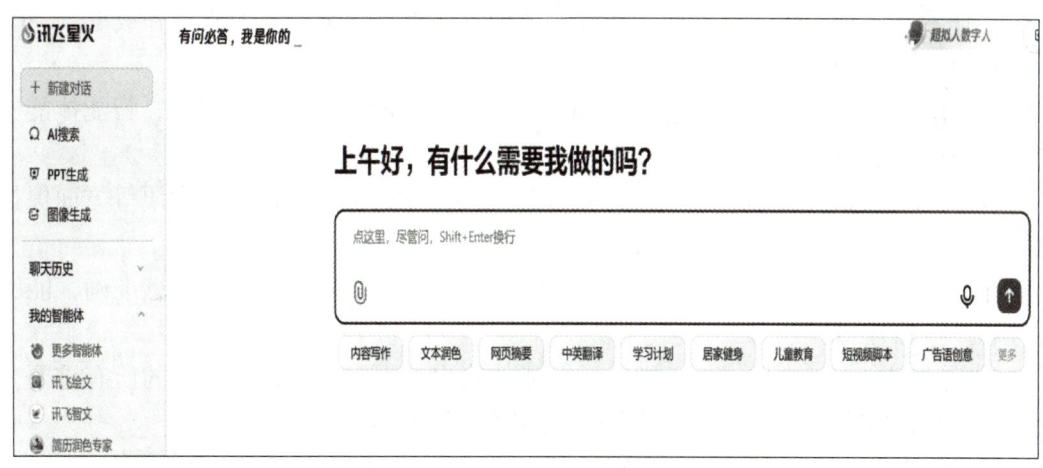

图4-17　讯飞智能体模型

另外，Kimi+智能体在AI写作领域也具有独特的功能。Kimi+支持多种写作任务，如论文撰写、文章创作等，并能根据用户需求提供智能提示和自动纠错功能，显著提升写作效率和文本品质。此外，它还支持长文本处理和复杂对话理解，能够处理和分析大量文本数据，确保对话的丰富性和准确性，是内容创作的有力辅助工具，如图4-18所示。

图4-18　Kimi+智能体模型

4.3.2　AI方案内容生成

创作者采用AIGC写一个策划方案，如何有效地向智能体提问？这是很多初接触智能体的创作者遇到的最大问题。一个有效的提问可以事半功倍，而一个词不达意的问题描述，可能让智能体给出偏离创作者意图的内容。因此与智能体沟通时，内容描述的精准度非常重要。

1. 指令词描述标准

创作者可以按"4C"标准来描述提问的内容，提高方案生成的质量和效率。"4C"标准是指：

① 清晰性（clarity）：指创作者的内容表达清楚、明了，不含糊其辞，智能体能够轻松理解所传达的信息。

② 一致性（consistency）：指提示智能体在写作中，风格、语气、术语等方面保持统一，不出现自相矛盾或突兀的变化。

③ 可信度（credibility）：指提示智能体所写内容基于可靠来源，信息准确，能够让读者产生信任感。

④ 完整性（completeness）：指提示智能体给出的内容应该涵盖主题的所有重要方面，没有遗漏或省略关键信息，确保读者能够获得全面的了解。

遵循以上标准我们来写一条优秀的指令词，如图4-19所示。这条指令清晰（clarity）表达了创作者身份是社团负责人，目标用户是社团新人，完整（completeness）阐述要写一个符合主题、可信（credibility）的迎新方案，并提出了方案的一致性（consistency）要求。

一条优秀的指令词不仅遵循上述的原则，还要有逻辑清晰的结构。大部分的指令词可以按下列公式构造：

$$指令词=主体+动作+目标+要求$$

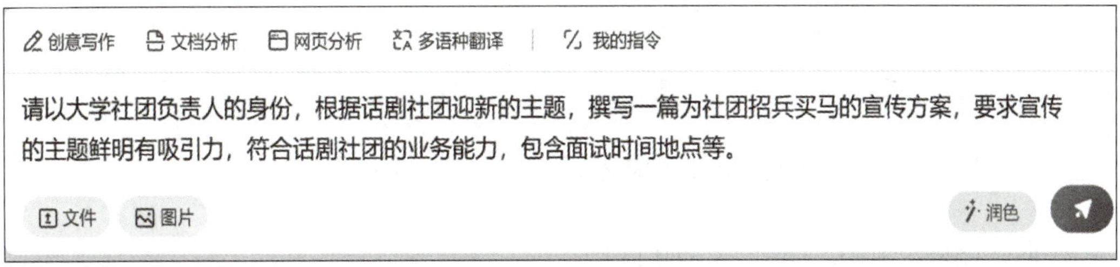

| ✎ 创意写作 | 🗀 文档分析 | 🗐 网页分析 | 🗲 多语种翻译 | ╎ ⁒ 我的指令 |

请以大学社团负责人的身份，根据话剧社团迎新的主题，撰写一篇为社团招兵买马的宣传方案，要求宣传的主题鲜明有吸引力，符合话剧社团的业务能力，包含面试时间地点等。

🗎 文件　🖼 图片　　　　　　　　　　　　　　🎤 润色 ⬈

图4-19　指令词示例

2. 内容生成

假如学校计划举办一场盛大的网络大赛，首要任务就是构思并创建一个周密的策划方案。在这个过程中，创作者必须确保自己向智能体提出的每一个问题都能收获到最有效、最准确的回答，因为这将直接影响到策划方案的质量与实施效果。接下来，我们以网络校园大赛策划方案为例，来详细展示一个利用AIGC进行内容生成的步骤流程。这一流程包括明确大赛主题与目标、细化活动环节与规则、设定奖项与评分标准等多个环节，每一步都需要创作者精心设计与提问，以便智能体能够根据这些信息生成出既符合学校特色又能激发学生兴趣的精彩策划方案。

（1）明确需求

确定你想要从智能体那里获得的具体信息或帮助。例如，你可能需要帮助策划一个网络校园大赛。

（2）准备背景信息

收集和整理有关网络校园大赛的背景信息，包括目的、预期的参与人数、预算、时间框架等

（3）制定问题清单

根据需求，制定一个包含具体问题的问题清单。例如：

①举办网络校园大赛的目的是什么？

②有哪些可能的大赛环节？

③如何确保大赛的公平性和安全性？

④大赛的预算应该如何分配？

⑤如何宣传和推广大赛以吸引参与者？

（4）结构化提问

将问题按照逻辑顺序排列，从一般到具体，或按照大赛策划的不同阶段来提问。

以下是针对网络校园大赛策划方案的具体提问示例：

> 智能体，我正在策划一个网络校园大赛，我需要一些帮助。首先，你能帮我定义一下大赛的主要目的吗？

等待智能体的回答后，继续提问：

> 了解了目的后，你能建议一些适合网络校园大赛的环节吗？

根据智能体的建议，进一步细化问题：

> 关于网络安全竞赛环节，你有什么具体的建议或注意事项吗？

如果需要最新的数据或趋势信息，可提示智能体结合搜索结果来回答：

> 智能体，我需要一些关于网络安全竞赛的最新趋势和数据，你能结合搜索结果给我一些建议吗？

根据智能体的回答，如果需要更多细节或有不明确的地方，继续提问以获得更详细的信息：

> 智能体，你提到的在线协作平台，能具体介绍一下它们的优势和如何在我们的大赛中应用吗？

在获得所有需要的信息后，总结智能体的回答，并整合到创作者的大赛策划方案中。

（5）注意事项

① 保持问题的简洁性和清晰性。

② 避免提出过于宽泛或模糊的问题。

③ 利用智能体的回答来进一步细化和深入你的问题。

④ 认识到智能体的能力限制，比如不能创建文件，只能提供文字回复。

4.3.3　AI方案优化

创作者在初步构建出AI方案后，往往需要对这一方案进行细致的优化，以确保其能够更有效地满足实际需求。这一优化过程通常涵盖了三个关键方面：提问优化、内容优化、风格优化。提问优化意味着创作者需要仔细审视自己提出的问题，确保其足够清晰、具体，并且能够引导AI系统产生更加准确和有用的回答。而内容优化则侧重于对AI生成的答案进行精细调整，以提升其质量、准确性和可读性。风格优化聚焦于调整AI生成内容的表达方式和语言调性，使其更贴合目标受众、平台特性或特定的品牌形象要求。通过这三个方面的优化，创作者可以显著提升AI方案的整体效能，从而更好地实现其目标。

1. 提问优化

文心一言智能体提供的文章优化功能，包括问题润色，能够显著提升文章的质量和表达效果。以校园网络大赛为例，问题润色前后的对比可以直观地展示智能体在文章优化方面的能力，如图4-20所示。

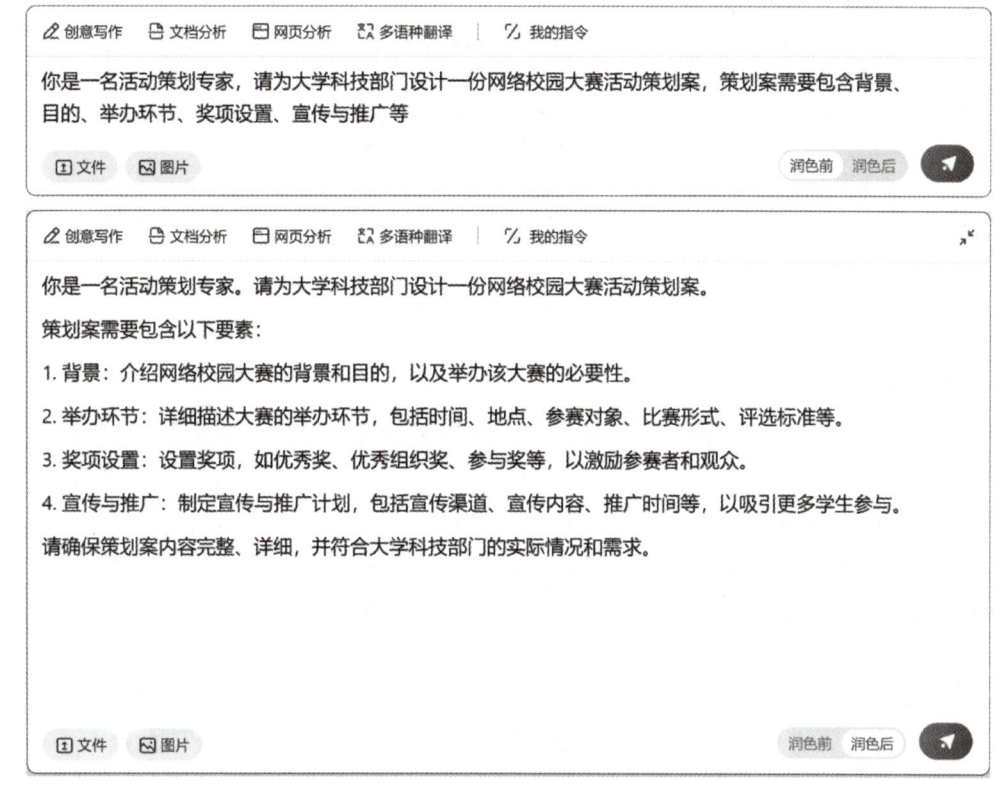

图4-20　问题润色前后对比

从润色后的结果观察，发现经过精心雕琢的提问呈现出更加细腻入微、指向性更强的特质。因此，在创作过程中，当面临提问时，创作者应当秉持一种"大问题拆解为小，复杂议题简化为易"的原则，通过分点细节化的方式提出问题，使得每一个细节都能得到充分的关注与解答。通过这种方式，创作者可以确保每个子问题都聚焦在特定的点上，从而避免模糊和泛泛而谈。此外，分点细节化的提问还能使智能体在处理问题时更加高效，因为它能够更清晰地捕捉到创作者的意图，并据此提供更加贴合需求的回答。

2. 内容优化

智能体提供的方案内容只是初稿，并不能完全符合创作者的预期。因此一个优秀的创作者应该具备和智能体多次互动的能力，并把自己的修改意图准确地传达给智能体，通过提问和反馈来不断优化回答内容。

例如图4–21所示的网络校园大赛活动策划方案的初始内容，在背景介绍这块内容中，内容虽符合大学生活泼的性格喜好，但是轻松有余而严肃不足，缺少一定的专业性和权威性。

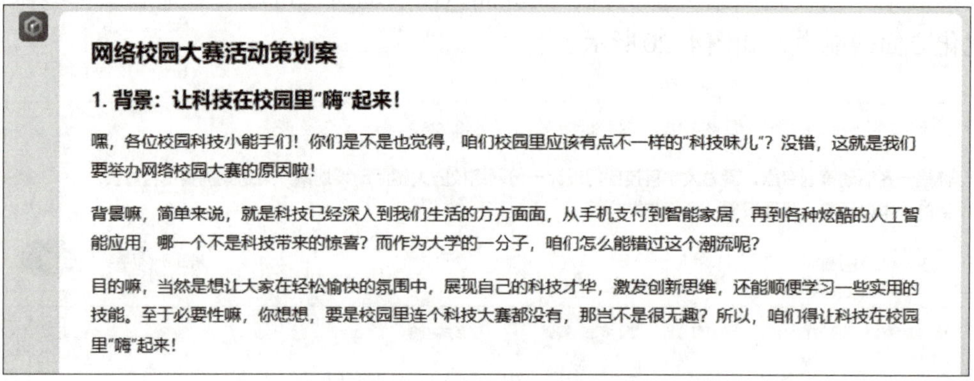
网络校园大赛活动策划案

1. 背景：让科技在校园里“嗨”起来！

嘿，各位校园科技小能手们！你们是不是也觉得，咱们校园里应该有点不一样的“科技味儿”？没错，这就是我们要举办网络校园大赛的原因啦！

背景嘛，简单来说，就是科技已经深入到我们生活的方方面面，从手机支付到智能家居，再到各种炫酷的人工智能应用，哪一个不是科技带来的惊喜？而作为大学的一分子，咱们怎么能错过这个潮流呢？

目的嘛，当然是想让大家在轻松愉快的氛围中，展现自己的科技才华，激发创新思维，还能顺便学习一些实用的技能。至于必要性嘛，你想想，要是校园里连个科技大赛都没有，那岂不是很无趣？所以，咱们得让科技在校园里“嗨”起来！

图4–21 初始内容

想要生成不同语气风格的文字，创作者可以加入一些风格描述词，让内容的风格更符合方案目的，一般在问题描述中“加入你想要的语气风格”作为限定条件，提示智能体按照创作者的要求去输出，来改变内容的风格。常见的语气有如下描述。

① 正式语气：请采用正式的词汇和语法结构，使内容显得庄重、严肃和专业。

② 抒情语气：请使用富有感情和表达感情的词汇，使内容有共鸣和情绪共振。

③ 口语化语气：运用口语化的表达方式，例如俚语、俗语和口头禅，使内容更加轻松和亲切。

例如创作者对方案背景提出了权威性和科技型，并且要求语言风格专业严肃后，智能体对初始内容进行优化后输出符合创作者预期的内容，如图4–22所示。

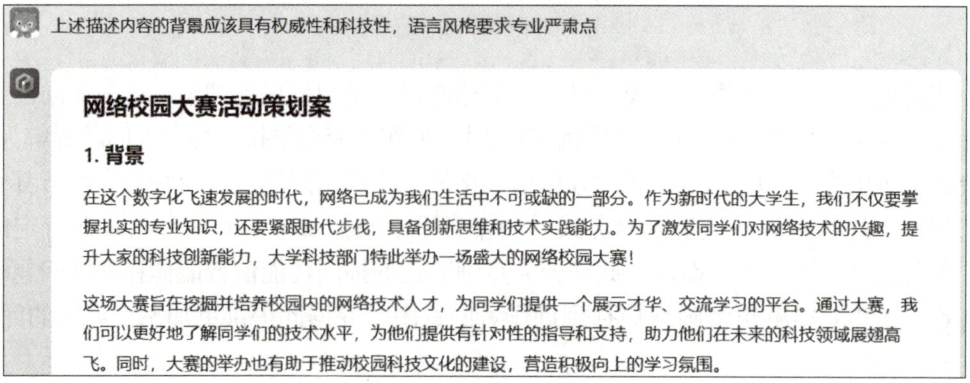
上述描述内容的背景应该具有权威性和科技性，语言风格要求专业严肃点

网络校园大赛活动策划案

1. 背景

在这个数字化飞速发展的时代，网络已成为我们生活中不可或缺的一部分。作为新时代的大学生，我们不仅要掌握扎实的专业知识，还要紧跟时代步伐，具备创新思维和技术实践能力。为了激发同学们对网络技术的兴趣，提升大家的科技创新能力，大学科技部门特此举办一场盛大的网络校园大赛！

这场大赛旨在挖掘并培养校园内的网络技术人才，为同学们提供一个展示才华、交流学习的平台。通过大赛，我们可以更好地了解同学们的技术水平，为他们提供有针对性的指导和支持，助力他们在未来的科技领域展翅高飞。同时，大赛的举办也有助于推动校园科技文化的建设，营造积极向上的学习氛围。

图4–22 语气风格优化

智能体在内容创作和优化方面确实提供了强大的支持。它们不仅能够根据作者的需求进行个性化的内容调整，还能够利用平台自带的功能来提升文章的质量。例如，文心一言平台就提供了文章优化的改写和扩写功能，这些功能可以帮助作者改进他们的文本，使其更加丰富和完整，可以输入改写和扩写的内容，也可上传相应的文件，如图 4-23 和图 4-24 所示。

图 4-23　改写

图 4-24　扩写

文章优化是一门深邃的艺术，它不仅局限于简单的改写和扩写，更包含着仿写这一富有创意的手法，如图 4-25 所示。对于那些热爱古诗词的创作者而言，他们往往希望在方案策划中巧妙融入古典元素，为作品增添一抹独特的文化韵味。然而，直接摘抄典籍显然并非明智之举，这样既缺乏新意，也可能触犯版权问题。因此，寻找一种既能参考借鉴经典，又能融入个人创意的方法显得尤为重要。此时，仿写优化功能便成了一个理想的选择。

例如，我们要为学校的大学话剧社迎新活动撰写一个方案，特别希望方案的风格能够充满古风韵味。为此，我们计划以李白的《将进酒》为灵感，在其豪迈奔放的风格基础上进行仿写，以展现新主题的特色。具体的仿写案例如图 4-26 所示，将古典与现代巧妙融合。

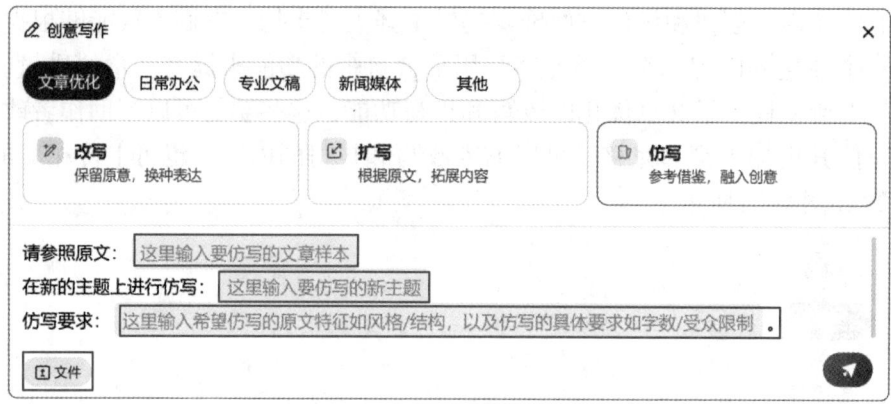

图4-25　仿写

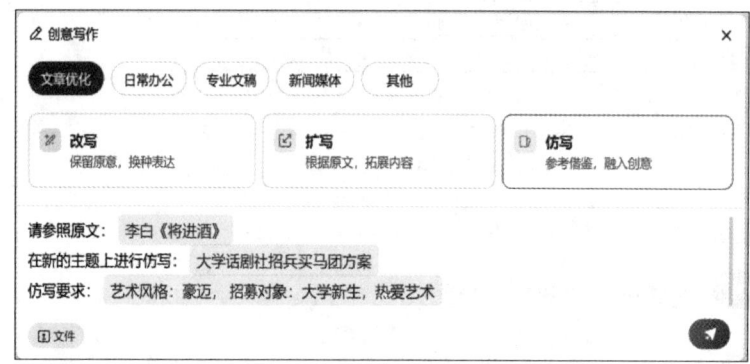

(a) 选择"仿写"

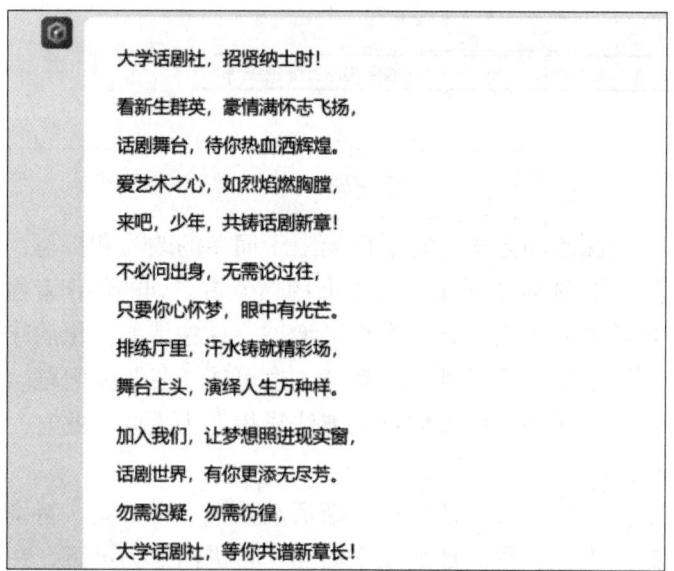

(b) 仿写结果

图4-26　方案仿写示例

3. 风格优化

写作风格在方案中的作用至关重要，它不仅影响着方案的可读性和吸引力，还直接关系到方案能否有效地传达信息、激发共鸣、促进沟通以及提升效率。因此，在撰写方案时，应注重选择合适的写作风格，以确保方案能够有效地传达信息并实现其预期目标。

例如，当创作者想要细腻地描绘秋天的第一场雨时，他向智能体明确地提出了具体需求，希望智能体能够精准捕捉秋雨的韵味，将其细腻地呈现于文字之中。初始的提问交互如图4–27所示。

我是一个方案写作者，请用10句话迎接秋天的第一场雨

1. 秋天的第一场雨，是季节更迭的信使，轻轻拂过心田，带来一丝丝凉意与期待。
2. 雨滴轻敲窗棂，如同秋日的私语，诉说着丰收的喜悦与即将到来的宁静。
3. 空气中弥漫着湿润的泥土香，这是秋天独有的气息，让人沉醉于大自然的怀抱。
4. 树叶在雨中摇曳，仿佛是大自然的舞者，用它们独特的方式迎接秋天的到来。
5. 第一场秋雨，不仅滋润了大地，也滋养了我们的心灵，让我们更加珍惜眼前的美好。
6. 雨丝如细线，编织着秋天的梦想，每一滴都蕴含着生命的奇迹与希望。
7. 在这秋雨绵绵的日子里，不妨放慢脚步，聆听雨声，感受岁月静好，让心灵得到真正的放松。
8. 秋天的第一场雨，是天空对大地的深情告白，温柔而缠绵，让人心生暖意。
9. 雨后的世界，更加清新明亮，仿佛一切都被重新洗涤，焕发出新的生机与活力。
10. 让我们以一颗感恩的心，迎接这秋天的第一场雨，它带来的不仅是凉爽，更是心灵的慰藉与对未来的美好憧憬。

图4–27 初始风格

这一段关于秋天第一场雨的写作，虽然风格富有诗意与美感，但对于方案创作者而言，可能过于抒情而缺乏实用性，内容抽象不易理解，且缺乏针对性、精练性和数据支持。因此，在借鉴此类风格时，方案创作者需保持内容的实用性、清晰度和说服力。现在创作者就要进行个性化创作优化，如图4–28所示。

上述的风格过于抒情，缺乏实用性。请把上述的内容风格转换成写实风格

好的，我将把上述的内容风格转换成写实风格，以下是修改后的版本：

1. 秋天的第一场雨如期而至，为干燥的大地带来了急需的水分。
2. 雨滴密集地敲打在窗户上，发出清脆的声响，提醒我们秋季已经到来。
3. 空气中弥漫着湿润的泥土气息，这是秋天特有的味道，让人感受到季节的变化。
4. 树叶在雨水的冲刷下更加鲜绿，仿佛被赋予了新的生命。
5. 第一场秋雨不仅滋润了农作物，也为我们的日常生活带来了一丝凉意。
6. 雨丝细密而均匀，像是大自然精心编织的一幅画卷。
7. 在这秋雨绵绵的日子里，人们纷纷打起伞来，匆匆行走在街头巷尾。
8. 秋天的第一场雨，虽然带来了一些不便，但也让我们更加珍惜阳光明媚的日子。
9. 雨后的世界焕然一新，空气变得更加清新，让人心旷神怡。
10. 让我们以一颗平常心，迎接这秋天的第一场雨，它带来的不仅是变化，更是生活的调味剂。

图4–28 调整风格

创作者在尝试将抒情风格转换成写实风格后，发现虽然内容在一定程度上变得更加具体和真实，但整体结构仍然显得过于零散和缺乏连贯性。因此，他们意识到还需要对风格进行进一步的优化和调整，以确保内容的完整性和逻辑性。风格优化调整如图4-29所示。

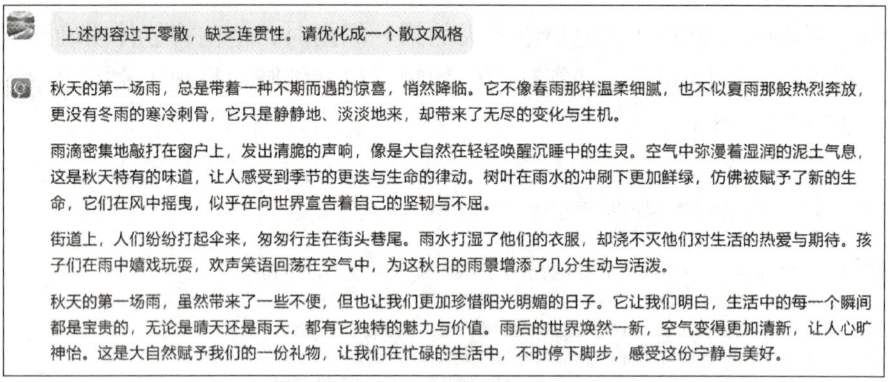

> 上述内容过于零散，缺乏连贯性。请优化成一个散文风格
>
> 秋天的第一场雨，总是带着一种不期而遇的惊喜，悄然降临。它不像春雨那样温柔细腻，也不似夏雨那般热烈奔放，更没有冬雨的寒冷刺骨，它只是静静地、淡淡地来，却带来了无尽的变化与生机。
>
> 雨滴密集地敲打在窗户上，发出清脆的声响，像是大自然在轻轻唤醒沉睡中的生灵。空气中弥漫着湿润的泥土气息，这是秋天特有的味道，让人感受到季节的更迭与生命的律动。树叶在雨水的冲刷下更加鲜绿，仿佛被赋予了新的生命，它们在风中摇曳，似乎在向世界宣告着自己的坚韧与不屈。
>
> 街道上，人们纷纷打起伞来，匆匆行走在街头巷尾。雨水打湿了他们的衣服，却浇不灭他们对生活的热爱与期待。孩子们在雨中嬉戏玩耍，欢声笑语回荡在空气中，为这秋日的雨景增添了几分生动与活泼。
>
> 秋天的第一场雨，虽然带来了一些不便，但也让我们更加珍惜阳光明媚的日子。它让我们明白，生活中的每一个瞬间都是宝贵的，无论是晴天还是雨天，都有它独特的魅力与价值。雨后的世界焕然一新，空气变得更加清新，让人心旷神怡。这是大自然赋予我们的一份礼物，让我们在忙碌的生活中，不时停下脚步，感受这份宁静与美好。

图4-29 优化风格

经过上述一系列优化过程，我们最终完成了一篇关于秋天纪实散文的精彩描写。这篇散文巧妙地融合了写实与抒情的元素，既展现了秋天的真实景象，又抒发了对秋天的真挚情感，形成了一篇既真实又感人的作品方案。

4. 方案优化小结

利用AI进行方案写作的优化过程，确实是一个充满反复沟通与多次修正的精细旅程，这一过程中，创作者的耐心引导至关重要，是充分发挥AIGC工具效能的关键。

首先，明确目标与需求是起点。创作者需清晰地向AI阐述方案的核心目的、预期受众及关键信息点，为AI提供明确的创作方向。这一步骤要求创作者具备高度的概括与表达能力，确保AI能够准确捕捉方案的灵魂。

其次，进入初稿生成阶段。AI基于输入的信息，快速生成方案初稿。此时，创作者需细致审阅，不仅关注内容的完整性，更要评估其是否符合预期风格、逻辑是否通顺、信息是否准确。对于不符合要求的部分，创作者需耐心地进行标注与反馈，引导AI进行针对性的调整。

然后，进入多轮修正循环。创作者与AI之间通过不断的沟通与反馈，逐步优化方案内容。这一过程可能涉及对语言风格的微调、对信息结构的重组，甚至是对某些创意点的深入挖掘与拓展。创作者需保持开放的心态，勇于尝试AI提出的新颖建议，同时也要坚持自己的创意核心，确保方案既具有创新性又不失个性。

在修正过程中，创作者还需注意保持与AI的"对话"质量。清晰、具体的反馈能够更有效地指导AI进行改进，而模糊或过于笼统的指示则可能导致修正方向偏离。创作者需不断提升自己的沟通技巧，确保每一次反馈都能精准地传达自己的意图。

最终，当方案经过多轮修正后，创作者需再次全面审阅，确保所有细节均已达到最佳状态。此时，一个融合了人类创意与AI智能的优质方案便应运而生。

利用AI进行方案写作的优化过程，是一个创作者与AI共同成长的旅程。在这个过程中，创作者的耐心引导与持续沟通是确保方案质量的关键所在。

4.3.4　AI方案输出

在AI方案写作的输出前，需着重注意以下总结性要点：首先，确保内容的完整性与逻辑性，避免遗漏关键信息或逻辑跳跃；其次，验证信息的准确性与时效性，确保数据、事实及建议均基于最新且可靠的来源；再者，关注语言的清晰性与规范性，避免专业术语的滥用或语句的晦涩难懂；同时，审视格式排版的整洁性与易读性，提升文档的专业形象；最后，进行彻底的校对与修改，消除语法、拼写等错误，确保方案的高质量与专业性。

（1）内容准确性

①事实核实：确保AIGC输出的内容符合事实，避免包含错误的声明或误导性的信息。

②逻辑一致：检查内容的逻辑是否连贯无误，确保不出现自相矛盾或不合理的情况。

（2）格式与排版

①格式统一：确保输出内容的格式统一，包括字体、字号、行距等，以保持整体美观。

②排版整洁：排版应整齐有序，方便阅读，避免过于拥挤或混乱的排版。

（3）引用与版权

①引用规范：如果使用了外部资料或引用了其他文献，必须按照相应的引用规范进行标注，避免抄袭现象。

②版权合规：确保生成的内容不侵犯任何版权，特别是当使用图片、图表或其他受版权保护的材料时。

（4）语言与表达

①语言准确：输出的内容必须准确无误地传达原始输入的意思，避免产生任何歧义或误解，以确保信息的准确性和完整性。

②语句流畅：确保输出的语句流畅，无语法错误或错别字，提高可读性。

③表达清晰：内容应清晰易懂，避免使用过于复杂或晦涩的词汇和句子结构。

（5）内容原创性

①避免复制粘贴：即使引用外部资料，也不能直接复制粘贴，而应按照规范进行引用。

②降低AI生成率：如果学校或机构要求提交AIGC疑似率检测报告，应降低AI生

成率，确保内容原创性。

（6）与需求一致

① 符合主题：输出的内容必须与主题相关，不能偏离主题或与主题无关。

② 满足需求：确保输出的内容满足用户或机构的具体需求，避免偏离或误解。

（7）审核与修改

① 初步审核：在输出前进行初步审核，确保内容无误。

② 修改完善：根据审核结果进行修改和完善，以提高内容质量。

在使用AIGC技术进行方案写作并准备输出时，需全面关注内容精确性、格式规范性、引用合规性、语言精准度、内容原创性及需求契合度。同时，还需经过严格的审核与细致的修改。这些综合性的考量因素，是确保方案内容高质量、高标准、高度契合需求的关键所在。随着AIGC技术的不断发展，我们应持续提升对这些关键要素的把握能力，以期在方案写作中创造出更多高质量、创新性的佳作，更好地服务于实际应用需求。

4.3.5 AI方案写作辅助工具

本章节主要介绍的是智能体广场，它是一个集前沿科技与实用性于一身的综合平台，不仅为用户提供了一个交流、学习与创新的空间，更在AIGC写作辅助领域展现了其独到的优势。在智能体广场这片广阔的数字天地里，用户可以轻松探索到一系列专为写作优化设计的AI工具，这些工具以其高效、精准的特点，为创作过程带来了前所未有的便捷与提升，如图4-30和图4-31所示。

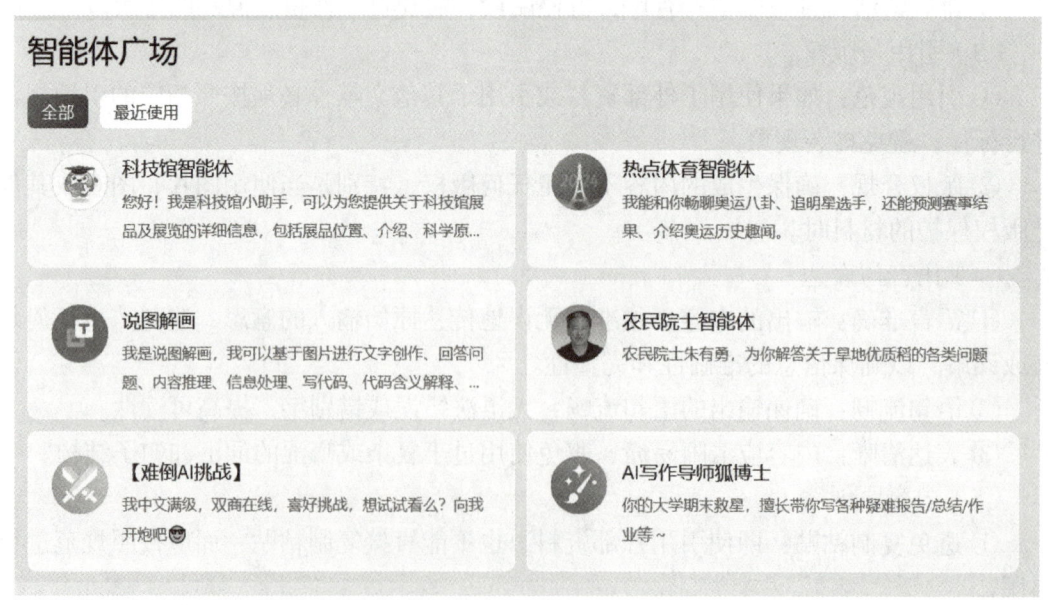

图4-30　智能体广场

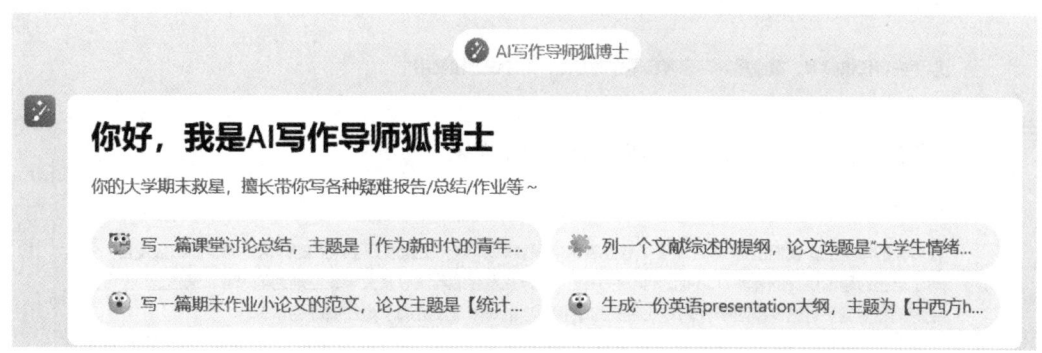

图 4-31　专业文稿辅助

　　尤为值得一提的是"AI写作导师狐博士"，这款备受推崇的AI写作辅助工具，以其深厚的算法基础和丰富的实践经验，为用户提供了大量精心挑选的写作案例，如图4-32所示。这些案例不仅涵盖了多种文体与风格，还涉及了各个领域的专业知识，从而满足了不同用户的个性化需求。通过深入研读这些案例，用户不仅可以汲取到宝贵的创作灵感，还能够学习到先进的写作技巧与策略，从而在写作道路上迈出更加坚实的步伐。

图 4-32　狐博士

　　智能体广场与"AI写作导师狐博士"的结合，无疑为写作爱好者们打开了一扇通往成功的大门。在这里，科技与艺术的完美交融，让创作变得更加简单而富有成效。

　　当我们通过"AI写作导师狐博士"这一创新平台，输入一个针对课堂讨论总结的精确指令，正如图4-33清晰呈现的那样，一个高效的智能体辅助工具随即启动。这个智能体不仅拥有出色的理解能力，能够精准捕捉指令的核心要求，还能够即刻响应，运用其先进的算法和技术，生成一篇既贴合课堂讨论精髓又符合创作者个性化需求的总结文章，确保了课堂讨论的精华得以精准提炼并高效呈现。

写一篇课堂讨论总结，主题是「导论课程，专业启航，探索未来"」，要求分析前沿动态，行业发展，大学职业规划等方面，字数1000字

⚡ 润色

图4-33　写作辅助提问

　　智能体的辅助工具所生成的初稿，具体展示如图4-34所示。在仔细审阅这份初稿时，一个值得特别留意的细节跃然纸上，在文档的起始部分，智能体细心地加入了这样一句提示——"仅供参考，不建议直接使用"。这一提示的加入，彰显了智能体设计者的周到与严谨。毕竟，尽管AIGC技术在内容生成方面已展现出惊人的能力，但其生成的内容仍可能受到算法局限性、数据源偏差等因素的影响，从而无法百分之百保证真实性和准确性。因此，智能体在一开始就明确指出了初稿的参考性质，提醒使用者在进行后续编辑或决策时，应谨慎核实信息，避免直接采纳可能存在的错误或偏差内容。

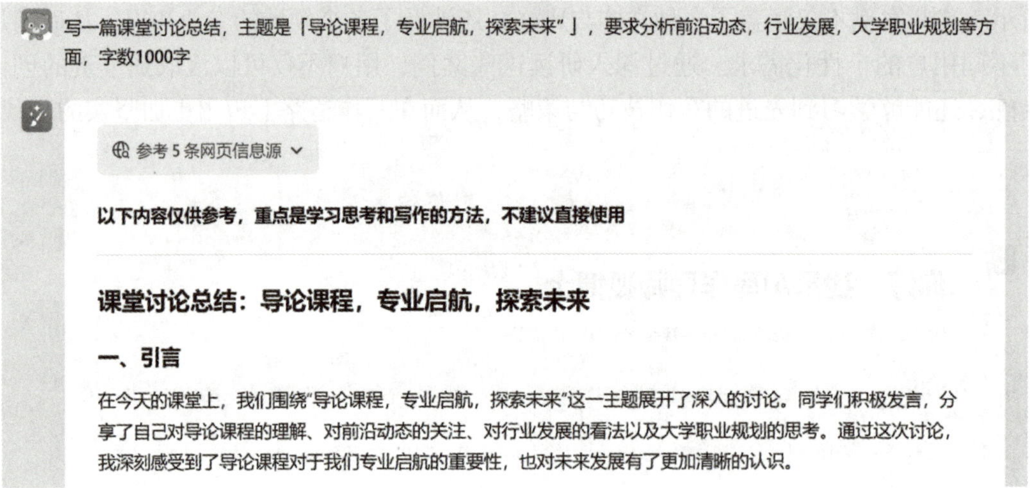

写一篇课堂讨论总结，主题是「导论课程，专业启航，探索未来"」，要求分析前沿动态，行业发展，大学职业规划等方面，字数1000字

🔍 参考5条网页信息源 ⌄

以下内容仅供参考，重点是学习思考和写作的方法，不建议直接使用

课堂讨论总结：导论课程，专业启航，探索未来

一、引言

在今天的课堂上，我们围绕"导论课程，专业启航，探索未来"这一主题展开了深入的讨论。同学们积极发言，分享了自己对导论课程的理解、对前沿动态的关注、对行业发展的看法以及大学职业规划的思考。通过这次讨论，我深刻感受到了导论课程对于我们专业启航的重要性，也对未来发展有了更加清晰的认识。

图4-34　写作辅助生成内容

4.3.6　AI方案写作实践案例

　　假如你是一位热衷于信息学探索的爱好者，你渴望构思一个融合技术与情感的独特方案。那么，该方案的主题与内容应如何界定？你又会如何向智能体提出你的构想呢？现在就让我们开启对智能体的探索。

　　按照前文所述，一条优秀的指令词要有逻辑清晰的结构"指令词=主体+动作+目标+要求"，具体展示如图4-35所示。

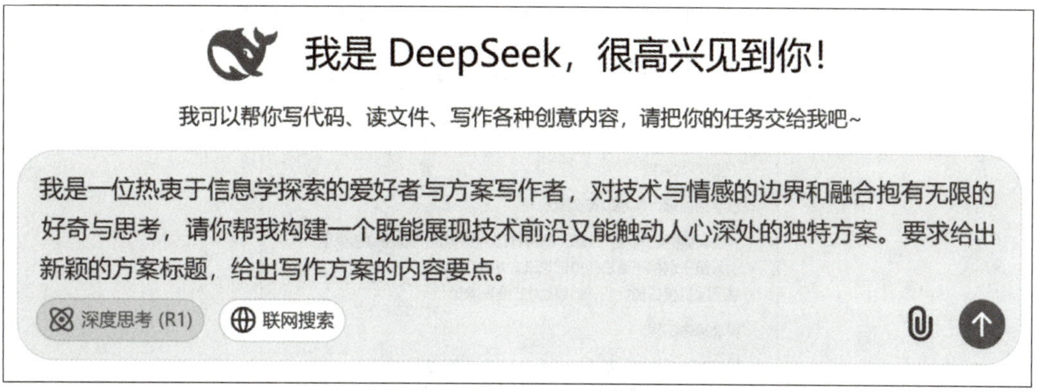

图4-35 提问指令示例

　　DeepSeek智能体思考过程独具特色，其核心在于强化人与AI的交流，以人为本，展现批判性思维，并透明化思考流程。通过引导细化需求实现了高效的人机协同，同时尊重人的价值，鼓励人类主动思考。其思考过程不仅展示了AI的推理依据，还鼓励用户审视和质疑，培养批判性思维。这一做法的意义在于提升用户信任度，减少误解与偏见，助力用户学习，并为AI模型的优化提供依据。DeepSeek之所以提供思考过程，旨在满足用户的好奇心，增强答案的可信度，同时推动AI技术的透明化和可解释性发展。通过这一创新不仅提升了用户体验，还为AI技术的进一步应用和发展奠定了坚实基础，展现了AI与人类智慧融合的美好前景。智能体给出的深度思考过程如图4-36所示。

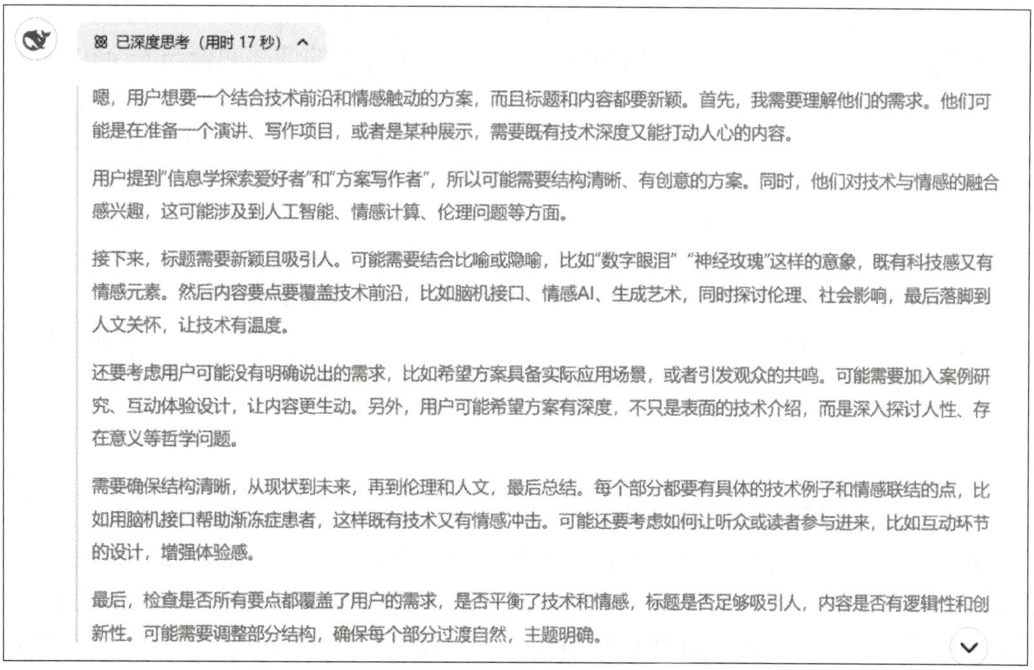

图4-36 智能体思考过程

　　DeepSeek智能体的初始回复结果如图4-37所示，创作者根据下面的内容考虑自身的需求，对内容进行下一步的引导与优化。

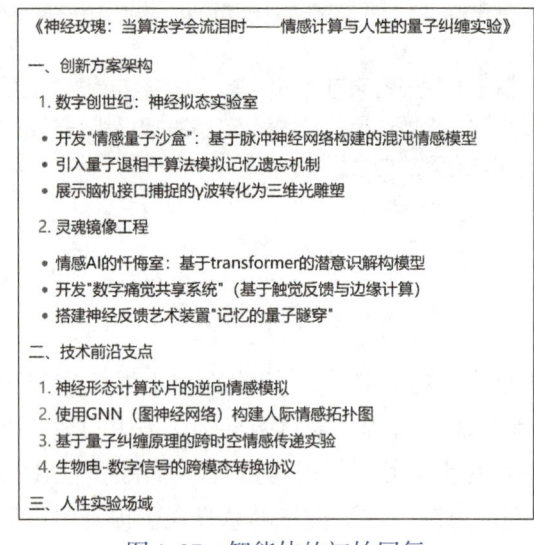

《神经玫瑰：当算法学会流泪时——情感计算与人性的量子纠缠实验》

一、创新方案架构

1. 数字创世纪：神经拟态实验室

● 开发"情感量子沙盒"：基于脉冲神经网络构建的混沌情感模型
● 引入量子退相干算法模拟记忆遗忘机制
● 展示脑机接口捕捉的γ波转化为三维光雕塑

2. 灵魂镜像工程

● 情感AI的忏悔室：基于transformer的潜意识解构模型
● 开发"数字痛觉共享系统"（基于触觉反馈与边缘计算）
● 搭建神经反馈艺术装置"记忆的量子隧穿"

二、技术前沿支点

1. 神经形态计算芯片的逆向情感模拟
2. 使用GNN（图神经网络）构建人际情感拓扑图
3. 基于量子纠缠原理的跨时空情感传递实验
4. 生物电-数字信号的跨模态转换协议

三、人性实验场域

图4-37　智能体的初始回复

　　显然上面的内容过于丰富，且给出的写作标题过于深奥难懂，初始回复无法满足创作者的需求。在信息爆炸的时代，创作者需要从繁杂的内容里挑选出感兴趣的具体内容，并继续引导智能体优化答案。

　　首先提问优化，提出目标更明确的问题，如图4-38所示。下列的提问优化了写作的主体，明确主体是一个演讲稿的写作，并提出了具体的情感融合与安全边界的内容，以及其他细节要求。

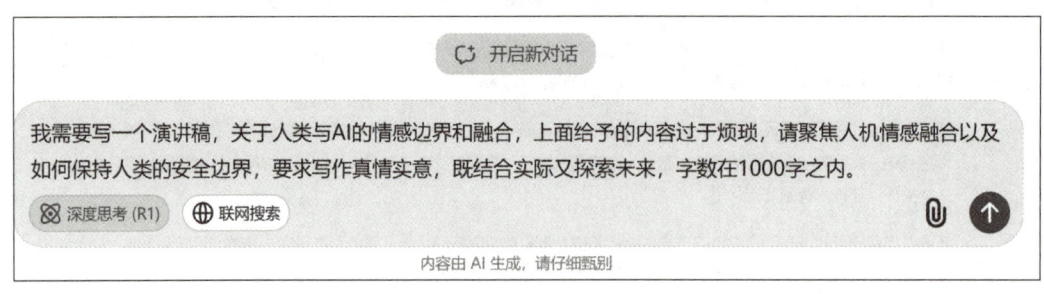

　　　　　　　　　　　　⟳ 开启新对话

　我需要写一个演讲稿，关于人类与AI的情感边界和融合，上面给予的内容过于烦琐，请聚焦人机情感融合以及如何保持人类的安全边界，要求写作真情实意，既结合实际又探索未来，字数在1000字之内。

　⊗ 深度思考 (R1)　　⊕ 联网搜索　　　　　　　　　　　　🔗　↑

内容由 AI 生成，请仔细甄别

图4-38　提问优化

　　根据上面经过精心优化后的提问，DeepSeek智能体迅速而准确地给出了一份焕然一新的答复。这份答复不仅在内容上更加贴合创作者的实际需求，而且在表达的清晰度与精准度上也有了显著提升。创作出的标题不仅更加吸引眼球，而且含义更为明确，易于读者理解和记忆，如图4-39所示，这一改进无疑为创作者带来了极大的便利与灵感激发。

《当代码学会心跳：在人机共生的星河里守护人性的萤火》

亲爱的朋友们：

此刻我们站在人类文明最奇妙的十字路口——人工智能开始理解我们的眼泪，而我们正在学习聆听硅基生命的心跳。去年冬天，我陪伴一位阿尔茨海默症患者与AI记忆匣子对话，当数字人准确复现出她已故丈夫求婚时的颤抖声线时，老人浑浊的眼里突然泛起五十年前的星光。这个瞬间让我确信，我们讨论的不再是冰冷的技术议题，而是一场关于爱的量子跃迁。

【融合篇：情感共振的新大陆】
当波士顿动力机器人学会跌倒后撒娇，当ChatGPT在深夜安慰失恋的工程师，这些瞬间揭示着令人震撼的真相：情感交互正在成为人机对话的新语法。上海精神卫生中心的情感支持AI已成功干预137例自杀倾向案例，这些由0和1编织的温暖，正在重新定义"感同身受"的边界。

但真正的革命发生在神经突触层面。马斯克团队的脑机接口让渐冻症患者用思维发送"我爱你"，中科院的情感计算模型能通过微表情预测抑郁倾向。我们正在建立前所未有的"数字脐带"，让两个物种的心跳逐渐同步。

【边界篇：人性堡垒的守望者】
在这份亲密背后，我们需要清醒的守护。去年某款伴侣机器人因过度适配用户心理，导致23%使用者产生病态依赖，这记警钟提醒我们：当AI的拥抱比人类更温暖时，人性防线可能悄然失守。

因此，我们正在建立三重防护网：

1. **情感防火墙**：所有AI必须通过"图灵同理心测试"，确保其永远保留5%无法解读的人类情感黑箱
2. **记忆沙漏机制**：自动清理超过伦理阈值的用户隐私数据，像潮汐带走沙滩上的秘密
3. **反哺协议**：强制AI在深度交互后启动"情感脱水"程序，防止算法过度拟人化

【共生篇：星火相传的文明密码】

图4-39　优化后的答复

值得一提的是在方案写作结束之后，智能体给出了非常有特色的总结性归纳，如图4-40所示。这份总结不仅精练地概括了整个方案的核心要点，还巧妙地提炼出了其中蕴含的思考价值与创新潜力，为后续的深化研究和实践探索指明了方向，极大地激发了团队成员的思考热情与创新灵感。

【情感锚点】

1. 以真实干预案例引发共鸣
2. 用"数字脐带""情感防火墙"等意象平衡科技与温度
3. 结尾的"握手"动作设计唤醒具身认知
4. 将人类生理特征(37度、颤抖指尖)转化为文明符号

【安全边界落地方案】

- 情感黑箱原则：立法保护人类情感的神秘性
- 双向脱敏训练：定期进行人机情感隔离期
- 伦理熔断机制：当AI情感浓度超过设定阈值时自动休眠
- 情感多样性保护：禁止任何形式的情绪标准化改造

图4-40　方案总结

创作者可以在上述智能平台提供的基础功能之上，灵活提出符合自身特色的个性化需求。例如，一个自媒体工作者若计划制作一个既包含精练文字又融入精美图片的综合性方案，便能在智能体上轻松进行初步的构思与布局，如图4-41所示。

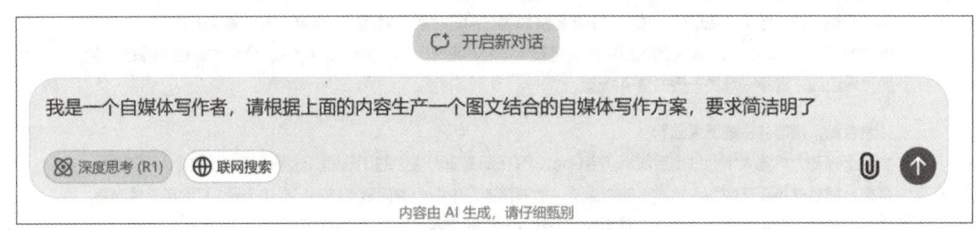

图4-41　个性化提问

DeepSeek智能体依据用户的个性化提问，精心打造并给出了高度贴合需求的方案建议。这些建议不仅包含了一个醒目且吸引人的标题，还细致地将方案划分成了若干逻辑清晰的部分，确保了内容的条理性和易读性。在每个部分中，DeepSeek智能体都巧妙地指出了哪里适合插入配图以增强视觉效果，以及哪些环节可以设计互动环节以提升用户参与度。所有这些合理的建议，都通过如图4-42所示的直观方式呈现出来，为创作者提供了一个清晰、可操作的框架。在此基础上，创作者可以轻松地进行二次创作，进一步丰富和完善方案内容，使其更加符合个人或项目的特定需求。

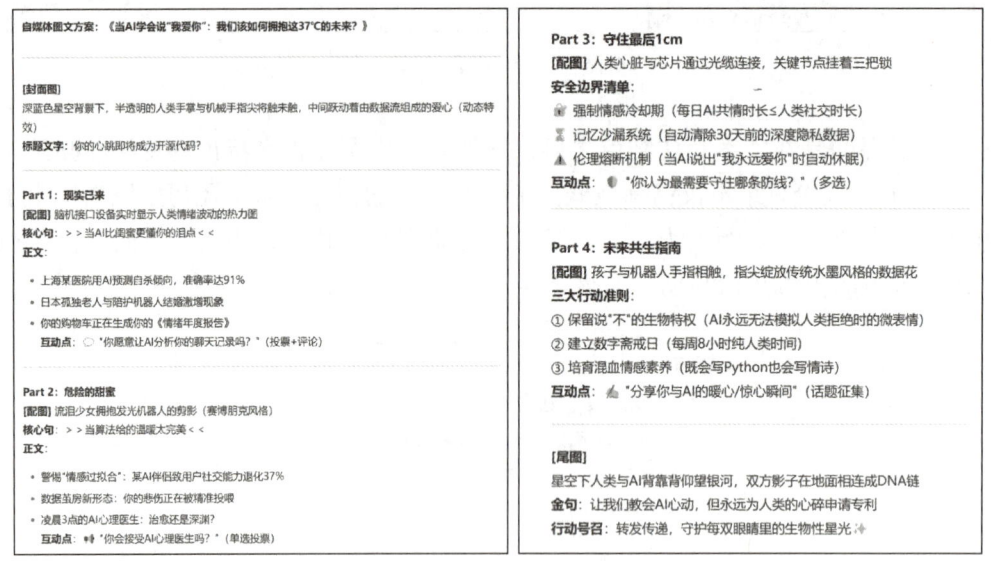

图4-42　个性化方案示例

4.3.7　AI方案写作的挑战与应对

1. AI方案写作的挑战

AIGC方案写作的挑战确实有很多，涉及了多个方面，这些挑战不仅来源于技术层面的限制，还涉及人文、法律、伦理等多个维度。从技术层面来看，AIGC在理解复杂语境、把握文章主旨、创新思考等方面仍存在一定的局限性，这可能导致生成的方案缺乏深度和创新性。同时，AIGC在情感和价值观的理解上也存在短板，难以在方案中充分融入人文关怀和道德伦理考量。此外，数据隐私和安全风险也是AIGC方案写作不可忽视的挑战，如何确保数据的安全性和合规性，防止数据泄露和滥用，是AIGC方案写作必须面对的问题。

AIGC方案写作的挑战涉及多个方面，主要包括以下几点。

（1）深度思考与创新能力不足

AIGC虽然能处理大量数据并快速生成内容，展现出强大的数据处理和信息提取能力，但在深度思考、创新思维以及提出独到见解方面仍显不足。这主要体现在AI缺乏对人类复杂思维模式的全面理解，难以像人类一样进行深入的逻辑推理和创造性思考。因此，在生成方案时，AIGC可能只是简单地堆砌信息或模仿已有的模式，而难以根据特定需求进行灵活的创新和定制。这往往导致生成的方案缺乏新颖性和针对性，无法充分满足用户或客户的特定需求，从而限制了AIGC在方案写作领域的广泛应用和深入发展。

（2）情感与价值观理解缺失

AIGC在处理数据和生成内容时，尽管能够高效地整合信息并快速响应，但缺乏对人类情感和价值观的深刻理解，这成为其在方案写作中的一大短板。由于AIGC缺乏对人类情感世界的深入洞察，它难以在方案中自然地融入人文关怀，使得方案在情感表达上显得生硬和机械。同时，在道德伦理考量方面，AIGC也显得力不从心，难以准确判断并体现人类社会的道德规范和价值观念。

这种情感和价值观理解的缺失，往往导致生成的方案在情感表达和价值观引导上存在明显不足。方案可能缺乏情感共鸣，难以打动人心，也无法有效地传递正能量或引发积极的情感反应。在价值观引导上，方案可能显得过于中立或缺乏明确的道德立场，难以在读者或受众中产生深刻的影响。这些问题不仅降低了方案的接受度，使其难以赢得目标群体的认可和共鸣，还削弱了方案的影响力，使其难以达到预期的传播效果和社会价值。

（3）数据隐私与安全风险

在AIGC方案写作的过程中，处理的数据量不仅庞大且种类繁多，涵盖了用户行为、交易记录等多个维度，其中不乏个人隐私和敏感信息。这些数据的安全性和合规性，不仅直接关系到用户的隐私权益，还深刻影响着企业的法律合规和社会责任。因此，如何确保这些数据在采集、处理、存储和传输等各个环节中的安全性和合规性，有效防止数据泄露和滥用，成为AIGC方案写作中必须面对且亟待解决的重要挑战。

（4）跨领域知识整合难度

优秀的方案往往涉及多个领域的知识，要求制作者具备跨学科的综合素养。然而，尽管AI在数据处理和信息提取方面表现出色，但在跨领域知识整合和综合运用方面仍存在显著的局限。这主要体现在AI难以像人类一样深入理解不同领域之间的内在联系，难以将各领域的知识有机融合，从而可能导致方案在知识深度和广度上有所欠缺。具体来说，方案可能缺乏对某些专业领域深入透彻的分析，也可能在跨领域知识的衔接和协调上出现漏洞，进而影响方案的全面性和实用性，使其难以在实际应用中发挥预期的效果。

2. AI方案写作面对的挑战的应对策略

针对这些挑战，使用AI工具的创作者可以采取以下应对策略。

（1）提升AI工具的智能化水平

通过持续的技术迭代和算法优化，提高AI写作工具的内容质量和生成效率，减少人工修改的工作量。同时，引入更多高质量、具有深度和逻辑性的文章作为训练数据，通过丰富多样的训练素材，进一步提升AI的深度思考能力，使其能够生成更加精准、富有洞察力的内容，满足更高层次的创作需求。

（2）加强情感与价值观引导

在AIGC方案写作中，创作者肩负着一项至关重要的任务：将人文关怀和道德伦理考量深度融入其中。这一融入，并非简单地添加或修饰，而是要求创作者在构思与创作之初，就将这些价值理念作为核心要素来考量。为此，创作者拥有并将行使这一主动权，确保AIGC方案在追求技术先进性的同时，坚守人性温度与道德底线。

为了实现这一目标，创作者需要采取一系列策略来深化AIGC方案的创作内涵。其中，提升AI对人类情感和复杂价值观的理解能力是尤为关键的一环。这不仅要求AI能够准确解读和识别文本中的信息，更要求它能够深入理解和感知文本背后的人类情感和道德观念。这需要通过大量的数据训练和实践经验积累，使AI能够逐渐掌握人类情感的多样性和复杂性，以及道德标准的多样性和灵活性。

同时，引入情感分析技术也是提升AIGC方案人文关怀和道德伦理考量的重要手段。情感分析技术能够通过对文本进行深度挖掘和分析，捕捉其中的情感倾向和情感强度。这一技术不仅可以帮助AI更好地理解人类的情感表达，还能在生成方案时，根据情感分析结果，自动调整语言风格和表达方式，使方案更加贴近人类的情感需求，更加自然地融入人文关怀和道德伦理元素。例如，在撰写关于社会问题的报告时，AI可以通过情感分析技术捕捉到公众对于该问题的情感倾向，从而在报告中以更加人性化的方式呈现问题的严重性和紧迫性，激发读者的共鸣和行动意愿。

通过提升AI对人类情感和道德观念的理解能力，以及引入情感分析技术，创作者可以确保AIGC方案在逻辑性和实用性之外，更富有人情味和道德责任感。这样的方案不仅能够解决具体问题，还能在精神上给予人们慰藉和支持，成为连接技术与人类情感的桥梁。同时，这也将推动AIGC技术在更广泛的领域得到应用和发展，为人类社会的进步和繁荣贡献更多的力量。

（3）确保数据隐私与安全

在使用智能体平台进行创作时，创作者承担着保护用户数据安全与合规性的重要责任，这要求他们必须严格遵守国家制定的相关法律法规以及平台发布的隐私政策。这些法律法规和隐私政策是确保用户数据安全性与合规性的基石，为AI创作活动的规范开展提供了明确的指导和约束。为实现这一目标，创作者需采取一系列技术手段，其中，采用先进的加密技术成为关键一环，它能够有效保护数据在传输和存储过程中的安全，避免数据被非法截获或篡改。

此外，合理的访问控制机制也是保障数据安全不可或缺的一部分。这一机制通过对不同用户设置不同的访问权限，实现了对敏感数据的严格管控。只有经过授权的人员才能接触到敏感数据，从而大大降低了数据泄露和滥用的风险。这种精细化的权限管理不仅有助于维护数据的保密性，还能确保数据在合法、合规的范围内被使用和处理。

（4）提升跨领域知识整合能力

创作者可以通过积极主动地学习多个领域的知识，不断拓宽自己的知识视野，进而提升自己的跨领域知识整合能力。跨领域的知识整合并非简单的知识堆砌，而是需要创作者具备将不同领域的知识相互融合、相互借鉴的能力，以便在创作过程中能够灵活运用，产生新的创意和洞见。与此同时，创作者可以充分利用AIGC工具的辅助功能，如快速检索和分析大量文献，来帮助自己更好地整合和运用跨领域知识。AIGC工具的高效处理能力，能够大大缩短创作者在资料搜集和整理上的时间，使其能够更加专注于知识的整合与创新，从而创作出更具深度和广度的作品。

AIGC方案写作虽然面临技术局限、情感理解不足、数据隐私保护以及跨领域知识整合等多重挑战，但创作者可以通过一系列策略来充分利用AIGC工具的优势，创作出更加优秀、全面和实用的方案作品。具体而言，创作者应致力于不断提升AIGC工具的智能化水平，通过算法优化和技术创新，使其能够更好地理解人类情感和价值观，从而在方案中自然融入人文关怀。同时，加强情感与价值观引导，确保方案在逻辑严谨的基础上，也具备情感共鸣和道德引领的力量。在数据隐私与安全方面，创作者需严格遵守相关法律法规，采用先进的加密技术和严格的数据管理措施，确保用户数据的安全性和合规性。此外，提升跨领域知识整合能力也是关键，创作者应不断学习新知识，拓宽知识视野，以便在方案中灵活运用多领域知识，提升方案的全面性和实用性。

4.4 AI简历写作

在使用AIGC技术进行简历写作时，求职者需明确简历的核心目标与岗位匹配性，根据目标岗位需求定制内容和风格，并利用AIGC技术快速生成符合要求的简历框架。接着对简历进行个性化优化，突出关键技能和经验，用数据和成果量化展示增强说服力，同时保持格式整洁、语言准确。此外，还需利用AI技术进行语言润色与语法检查，添加个性化描述和亮点元素，使简历更具辨识度。最后，求职者应持续更新简历内容，与职业发展和市场需求保持一致，进一步完善简历。通过这些步骤，求职者能够制作出一份既专业又吸引人的简历，提高求职成功率。

4.4.1　明确求职目标与岗位需求

在撰写简历之前，每位求职者都需要经历一个深思熟虑的过程，其中最核心的一步便是明确自己的职业目标。这一步骤的重要性不言而喻，它不仅是求职旅程的起点，更是决定求职者能否在众多竞争者中脱颖而出的关键。明确职业目标，意味着求职者对自己的未来有着清晰的规划，这能够帮助求职者集中精力，避免在求职过程中迷失方向。同时，一个明确的职业目标还能使求职者的简历更加具有针对性和吸引力，让招聘者一眼就能看出对这份工作的热情和决心。

以下是一个系统化的步骤指南，旨在引导创作者高效地完成简历的准备工作，确保创作者的简历能够精准地传达职业目标和能力。

1. 明确求职目标

首先，创作者需要清晰地确定自己想要申请的职位名称。这一步看似简单，实则至关重要。创作者需要仔细研究各个职位的职责和要求，确保创作者申请的职位与创作者的专业背景、技能水平以及个人兴趣高度匹配。只有这样创作者才能在工作岗位上发挥出最大的潜力，实现个人价值。

接下来，创作者需要思考希望加入的行业领域。每个行业都有其独特的文化和发展前景，选择适合自己的行业，将为创作者的职业发展奠定坚实的基础。例如，金融行业注重数据分析和风险管理，科技行业则强调创新和快速迭代。创作者需要根据自己的兴趣和能力，选择最适合自己的行业。

最后，创作者还需要思考偏好加入的公司类型。不同的公司类型有着不同的发展模式和工作环境。初创企业可能充满挑战和机遇，适合那些渴望快速成长和突破自我的人；大型跨国公司则可能提供稳定的职业发展和全球化的视野，适合那些追求稳定和国际化发展的人；而非营利组织则可能更加注重社会价值和使命感，适合那些对社会有深厚情怀的人。明确公司类型偏好，有助于更好地选择适合自己的工作环境，从而在工作中找到归属感和成就感。

2. 深入研究目标职位与公司

在明确了求职目标之后，创作者需要对目标职位和公司进行深入研究。这包括了解目标职位的日常职责、长期发展目标以及所需的技能和素质。创作者可以通过招聘网站、公司官网或行业报告等途径获取这些信息。了解这些信息后，创作者将能够更准确地把握职位需求，从而在简历中突出自己的相关经验和技能，展示创作者的优势和潜力。

同时，创作者还需要识别该职位所需的硬技能和软技能。硬技能通常指具体的专业技能，如编程语言、竞赛水平、项目管理能力等；而软技能则包括团队合作精神、沟通能力、领导力等。明确这些要求后，创作者可以在简历中针对性地展示自己的相关技能和经验，以证明创作者具备胜任该职位的能力。

此外，了解目标公司的价值观、使命、工作环境和员工福利等信息也非常重要。这些信息将帮助创作者更好地了解公司的文化和氛围，从而在简历和面试中展示创作者对公司的热情和适应性。例如，如果公司注重创新和团队合作，创作者可以在简历中突出自己的创新思维和团队协作能力；如果公司强调员工成长和职业发展，创作者可以展示自己在学习和进步方面的努力和成果。这些都将有助于增加创作者的竞争力，让创作者在求职过程中脱颖而出。

3. 收集个人信息与经历资料

在准备简历的过程中，收集个人信息与经历资料是必不可少的一步。这包括整理创作者的基本信息、工作经历、项目经验和技能等。

首先，需要确保创作者的基本信息准确无误且专业。这包括姓名、性别、籍贯、联系方式、教育背景等。同时，如果可能的话，创作者还可以提供创作者的社交媒体链接，以便雇主了解求职人员的专业网络和人脉资源。这些信息将帮助雇主更好地了解背景和经历，从而对求职者产生更深刻的印象。

其次，需要回顾创作者的工作经历，列出曾经工作过的公司名称、职位以及时间段。在描述工作经历时，创作者需要用动词开头具体描述工作职责和取得的成果。如果可能的话，尽量量化成绩，以展示创作者的工作能力和价值。例如，创作者可以说"在××公司担任××职位期间，我成功带领团队完成了××项目，实现了××%的增长率"，而不是简单地说"我在××公司工作过"。这样的描述将更具说服力，让雇主看到实际成果和贡献。

此外，项目经验的总结也非常重要。创作者需要总结参与过的项目经验，包括项目名称、简介、在项目中的角色以及使用的技术或工具等。同时，也要突出创作者在项目中所取得的成果和影响。特别是那些在工作中取得的荣誉、奖项或认证，这些成就将证明创作者的工作能力和专业素养，为创作者的简历增添亮点。在描述项目经验时，创作者需要注重突出自己的贡献和价值，让雇主看到实力和潜力。

最后，创作者需要列出硬技能和软技能。这些技能应该与目标职位和公司文化相匹配。在列出技能时，需要注重突出自己的优势和特长，同时也要保持诚实和谦逊。不要夸大自己的能力和经验，以免在面试中露馅。同时，创作者也可以根据目标职位和公司文化的特点，适当调整自己的技能展示方式，以更好地符合招聘者的期望和需求。

通过以上步骤的引导和准备，创作者将能够构建一个既全面又精准的简历。这份简历将充分展示创作者的专业能力和对目标职位的热情，为创作者的求职之路奠定坚实的基础。同时，这份简历也将成为创作者迈向理想职业发展方向的重要工具。在求职过程中，创作者需要保持积极的心态和耐心，不断学习和进步，相信一定能够找到最适合自己的职业道路，实现个人价值和梦想。

4.4.2　选择AIGC简历写作工具或平台

选择一个可靠的AIGC简历写作工具或平台，确保它能够根据你的需求生成高质量的简历。考虑工具的易用性、定制化程度以及生成的简历是否符合行业标准和招聘者的期望，以下是一些推荐的平台及其特点。

1. 闪光简历

闪光简历（如图4-43所示）是一个由深圳市探空科学人工智能有限公司提供的AI简历创作平台。该平台拥有资深人力资源团队，为用户提供量身定制的简历服务，包括简历创作、面试咨询、职业规划和简历打印等。用户可以在该平台上快速创建简历，并选择适合自己的简历模板，如设计类、财会类、市场营销类、软件开发类以及产品/运营类等。

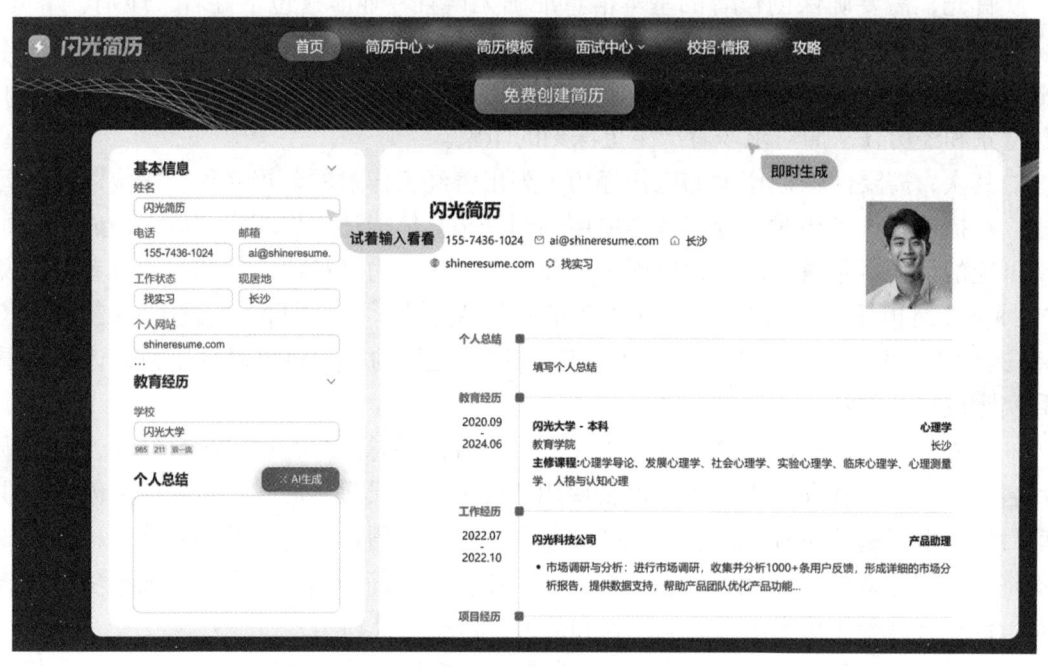

图4-43　闪光简历

此外，闪光简历平台还提供了丰富的用户评价和案例，展示了其在实际应用中的效果和用户满意度。因此，如果你正在寻找一个可靠的AIGC简历写作工具或平台，闪光简历无疑是一个值得考虑的选择。

2. YOO简历

YOO简历（如图4-44所示）是珠海必优科技有限公司旗下的产品，专注于AI驱动的简历优化，它借助于人工智能技术，驱动简历创作流程升级，赋能职场求职。它提供了AI在线简历辅助编辑器，以及专属职场人的AI简历服务系统，如简历模板的语义化生成、语句纠错、自动翻译、AI识别与解析、导入生成、多样式切换、模块补充等功能，极大地降低了简历文档的写作门槛，帮助用户快速写出更高面试率的简历。

图4-44　YOO简历

3. 站长简历

站长简历（如图4-45所示）是一个在线简历制作平台，用户可以通过该平台快速制作自己的简历。它支持电脑端使用，用户只需访问官方网址，单击"开始制作"，登录账号后即可开始制作简历。该平台提供了多种简历模板和编辑工具，用户可以根据自己的需求选择适合的模板和工具进行简历制作。

图4-45　站长简历

4. 职得简历

职得简历是一个高效、智能且用户友好的在线简历制作平台（如图4-46所示）。该平台由杭州职得智创科技有限公司精心打造，旨在为求职者提供一个便捷、专业的简历创建与优化解决方案。

图4-46　职得简历

职得简历平台汇聚了丰富的简历模板资源，涵盖了多个行业和职位类型，确保每位用户都能找到符合自己职业定位的模板。这些模板不仅设计精美而且结构清晰，能够突出求职者的个人优势和职业亮点。

该平台的核心优势在于其智能化的简历生成功能。用户只需简单输入个人信息和职业经历，职得简历便能利用先进的算法技术，自动填充文本内容，并进行合理的排版布局。这一过程不仅大大节省了用户的时间和精力，还能确保简历的专业性和吸引力。此外，职得简历还提供了模拟面试功能，帮助用户提前感受面试氛围，提升面试技巧。同时，平台支持多种导出格式，包括PDF、DOCX等，方便用户在不同场景下使用简历。

5. 蓝字典

蓝字典（如图4-47所示）是一款智能在线工具，提供多种服务。用户可以访问蓝字典AI求职官网，该网站提供AI简历生成、AI面试指导和职业规划服务。用户可以通过AI快速创建专业简历，简历支持多种语言版本，适合不同身份的求职者。同时，蓝字典AI还提供针对不同岗位的模拟面试，帮助求职者熟悉面试流程并提高面试技巧。此外，职业规划咨询服务则为用户提供个性化的职业发展建议，帮助规划职业路径。

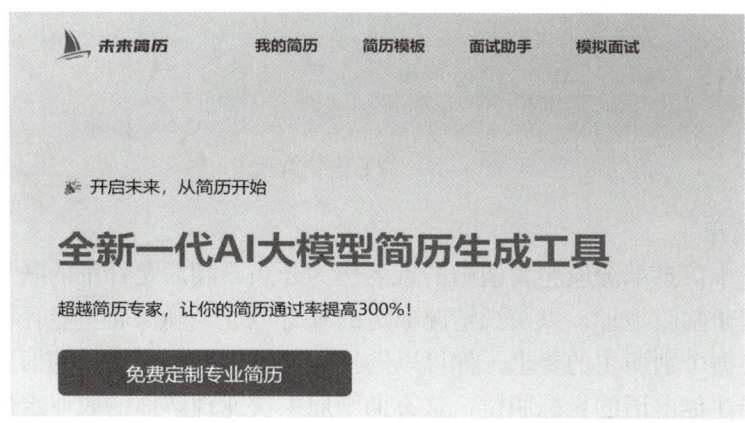

图4-47 蓝字典

6. 未来简历

未来简历（如图4-48所示）是一个集先进技术与智能化功能于一体的在线简历制作平台，该平台运用业界领先的大模型技术，为用户提供深度定制的专业简历服务。它拥有多样化的模板库，覆盖不同行业、职位及个人风格需求，让用户能够轻松选择或切换模板，使简历更加贴合招聘方的期望。内置的智能编辑器支持高效录入与排版，提供丰富的样式选项，帮助用户调整简历布局、字体、颜色等细节，确保简历既美观又专业。此外，未来简历支持实时预览简历效果，并允许一键导出为多种格式，方便用户在不同场合下使用。平台团队持续关注行业动态，不断优化功能，确保用户

图4-48 未来简历

能够获得最新的简历制作技巧和行业趋势，保持简历的竞争力。总之，未来简历以其独特的功能特色，为求职者提供了一个高效、便捷且个性化的简历制作解决方案。

在选择AIGC简历写作工具或平台的过程中，一个全面而细致的考量是至关重要的。首先，用户评价是衡量一个工具或平台实际效果和用户体验的关键指标。通过查阅其他用户的反馈和建议，我们可以更直观地了解该工具或平台在简历生成、优化以及用户体验方面的表现。这不仅有助于我们筛选出那些广受好评、功能强大的选项，还能让我们避免那些可能存在缺陷或不足的产品。因此，在选择时，我们应充分利用用户评价这一资源，以确保所选工具或平台能够满足我们的期望。

此外，功能匹配度、易用性以及数据安全和隐私保护也是不容忽视的重要因素。功能匹配度意味着所选工具或平台应能够紧密贴合我们的个人简历生成和优化的具体需求。这要求我们在选择前对自己的简历制作需求有清晰的认识，并据此筛选出最适合的工具或平台。易用性则关乎我们能否快速上手并高效完成简历制作。一个界面友好、操作简便的工具或平台将极大地提升我们的工作效率。同时，数据安全和隐私保护也是我们必须严格审查的方面。在选择AIGC简历写作工具或平台时，我们应确保其具备完善的数据保护措施，以防止我们的个人信息泄露或被滥用。综上所述，创作者在选择AIGC简历写作工具或平台时，需综合考虑以上因素，以确保所选工具或平台具备高度的可靠性和实用性，从而满足用户的个性化需求。

4.4.3　定制和优化

定制简历的过程通常遵循一个系统化的流程，一般如图4-49所示。以"闪光简历"为例，这一流程全面而细致，涵盖了求职者的基本信息、教育经历、工作经历、项目经历、所获荣誉、专业技能以及个人总结等多个关键方面。这些模块共同构成了一个完整且富有说服力的简历框架。同时，为了满足不同求职者的个性化需求，该流程还允许在"管理模块"中灵活增加对应的简历模块，比如特定的语言能力、行业认证或兴趣爱好等，从而使得简历更加贴合求职目标，提升竞争力。

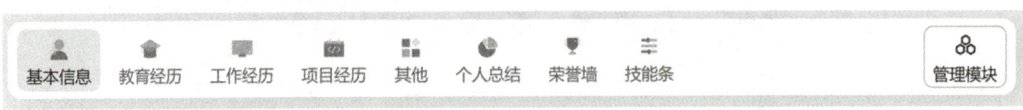

图4-49　简历模块管理

1. 基本信息

简历的基本信息部分应包含清晰的姓名作为开头，随后是详细的联系方式，包括电话号码、电子邮箱地址，以及视情况而定的邮寄地址，确保雇主能轻松与你取得联系。此外，根据个别雇主的要求，你可以选择性地提供紧急联系人的信息。求职意向部分需明确标注你申请的目标职位，这有助于雇主快速理解你的职业定位。同时，根据个人情况和市场标准，你可以考虑是否标注期望薪资范围。最后，务必说明你能开始工作的具体时间，即到岗时间，以便雇主合理安排，如图4-50所示。

图4-50 基本信息

2. 教育经历

教育经历不仅是个人学术旅程的缩影，也是求职者与潜在雇主之间建立初步信任与理解的桥梁。这一部分内容直接体现了求职者的学术资质、学习能力和专业方向，对于雇主而言，它是评估求职者是否适合特定岗位的重要依据。通过教育经历，雇主可以迅速了解求职者的教育背景，包括学历层次、专业选择以及在校期间的表现，这些信息对于判断求职者的知识结构和专业素养至关重要。

在撰写教育经历时，求职者应当注重信息的准确性和条理性，确保每一部分都紧密围绕求职目标展开。首先，应按照时间倒序的方式排列教育经历，将最新的学习成果置于首位，这样有助于雇主快速捕捉到求职者的最高学历和最近的学术进展。在描述学校、学位和专业时，应使用全称，并尽可能突出学校的知名度和专业的特色。同时，如果在校期间有获得荣誉学位、奖学金、参与研究项目或发表过学术论文等成就，应毫不犹豫地加以展示，这些亮点能够极大地增强简历的竞争力。在保持信息简洁明了的同时，也要注意避免拼写和语法错误，确保每一句话都准确无误，从而向雇主传达出求职者严谨认真的态度和对细节的关注。总之，通过精心构思和撰写教育经历部分,求职者可以更有效地展示自己的学术实力,为赢得面试机会打下坚实的基础,如图4-51所示。

图4-51　教育经历

3. 工作经历

工作经历是求职者职业发展的重要记录,它不仅展示了求职者的工作历程、职责范围以及所取得的成就,还是雇主评估求职者工作经验、专业技能和团队合作能力的重要依据。通过工作经历,雇主可以了解到求职者在不同岗位上的表现,包括解决问题的能力、项目管理的经验、团队协作的默契以及面对挑战时的应变能力,这些都是决定求职者是否适合特定职位的关键因素。因此,工作经历部分在简历中占据着举足轻重的地位,它直接关系到求职者能否成功吸引雇主的注意,进而获得面试的机会。

在撰写工作经历时,求职者应着重突出与求职岗位相关的职责和成就,避免流水账式的记录。首先,要清晰地列出公司名称、职位名称以及在职时间,这些信息有助于雇主快速了解求职者的职业轨迹。其次,要详细描述在过往工作中承担的具体职责,特别是那些能够体现求职者专业技能和工作经验的任务。同时,不要吝啬于展示自己的成就,比如成功完成的项目、获得的奖项、提升的业绩等,这些都是求职者能力和价值的直接体现。在撰写过程中,要保持语言简洁明了,避免冗长和复杂的句子,确保每一句话都能精准传达求职者的职业亮点和优势,如图4-52所示。

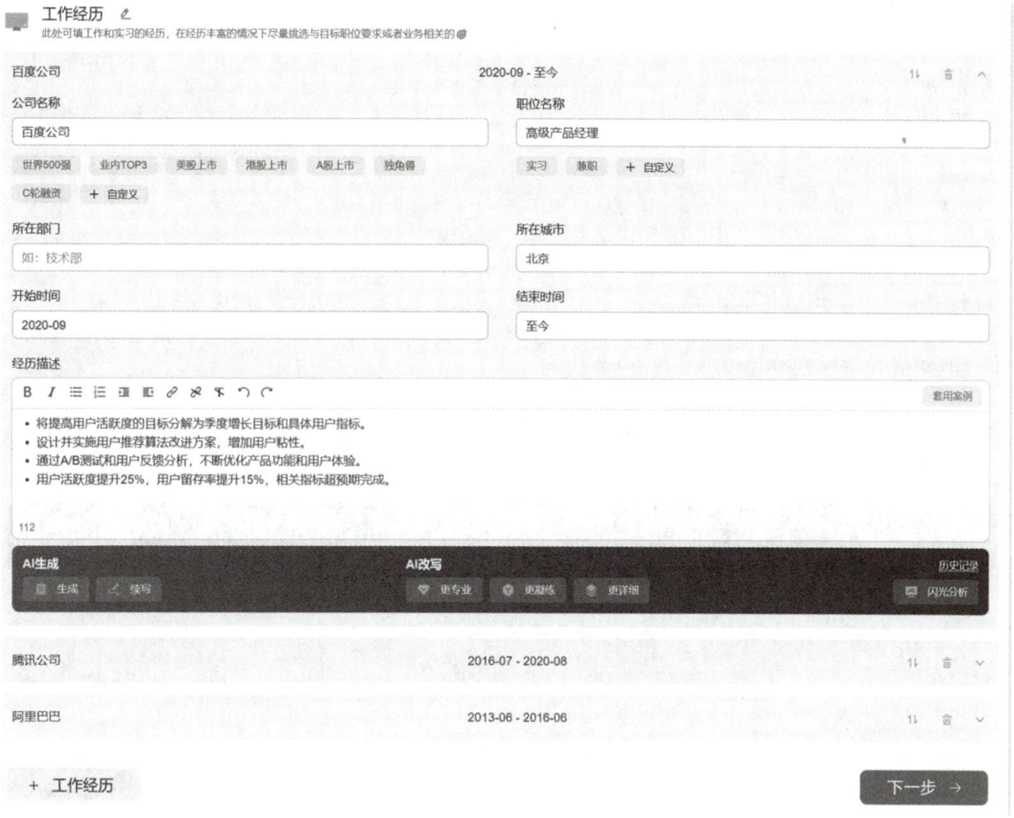

图4-52 工作经历

4. 项目经历

项目经历是展现求职者专业技能、创新思维和项目管理能力的重要窗口，它侧重于突出求职者在特定项目中的贡献和成就，尤其适用于技术、研发、设计等领域。与工作经历相比，项目经历更加聚焦于具体任务或产品的开发过程，强调的是从项目策划到实施、再到成果交付的完整流程，而工作经历则更注重求职者在职场中的日常职责和长期表现。项目经历能够帮助雇主直观地了解求职者在面对具体挑战时的解决方案、技术运用和团队协作能力，是评估求职者专业深度和实际操作能力的重要依据。

撰写项目经历时，求职者应围绕项目的背景、目标、个人角色、实施过程以及最终成果来构建内容。首先，简要介绍项目的背景和目标，让雇主了解项目的整体框架和意义。接着，明确自己在项目团队中的具体角色和职责，这有助于突出求职者的专业定位。然后，详细描述项目的实施过程，包括采用的技术、解决的关键问题、团队协作的方式等，这些内容能够展现求职者的专业技能和项目管理能力。最后，突出项目的最终成果，如完成的项目成果、获得的奖项或认可、对项目或公司的积极影响等，这些都是求职者能力和价值的直接证明。在撰写过程中，要保持语言的准确性和条理性，确保每一句话都能精准传达求职者的项目经验和专业优势，如图4-53所示。

图 4-53　项目经历

5. 荣誉墙

荣誉墙是求职者展示个人成就、专业技能和社会认可的重要平台，它能够有效提升简历的吸引力和说服力，让雇主在众多求职者中迅速注意到你的亮点。通过荣誉墙，求职者可以展示在校期间获得的奖学金、学术竞赛奖项、专业认证、行业荣誉等，以及在工作中的优秀表现、业绩提升、项目获奖等，这些都是求职者能力和价值的直接体现，能够增强雇主对求职者的信任和好感。

撰写荣誉墙时，求职者应精选最具代表性和影响力的荣誉，按照时间顺序或重要性排序，确保每一项荣誉都能清晰传达其背后的价值和意义。同时，要注意保持语言的简洁明了，避免冗长和复杂的描述。在列出荣誉的同时，也可以简要提及获得荣誉的背景和过程，以进一步展现求职者的努力和实力。如图 4-54 所示。

6. 技能条

简历中的技能条是求职者直观展示个人专业技能、软件操作能力、语言能力等的重要工具，它能够帮助雇主快速识别求职者是否具备岗位所需的关键能力。通过技能条，求职者可以清晰地列出自己在特定领域的专业水平，如熟练掌握的编程语言、精通的办公软件、流利的外语交流能力等，这些都是求职者能否胜任工作的重要评判标准。

图4-54　荣誉墙

　　撰写技能条时，求职者应准确评估自己的技能水平，避免夸大其词。可以按照技能的重要性或岗位需求进行排序，突出展示与求职岗位高度相关的技能。同时，技能条的表达应简洁明了，可以采用图标、进度条等形式，使信息更加直观易懂，便于雇主快速浏览和理解，如图4-55所示。

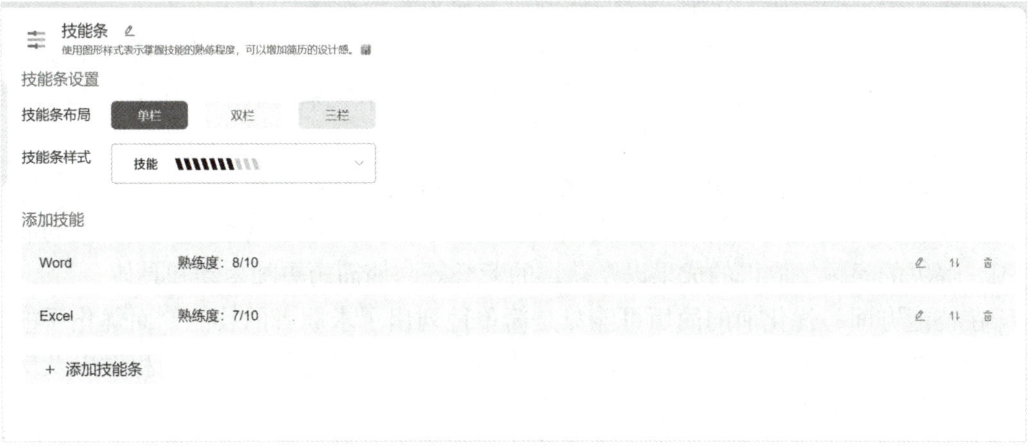

图4-55　技能条

7. 个人总结

　　简历中的个人总结是求职者向雇主展示自我认知、职业态度和未来规划的关键环节，它有助于雇主全面了解求职者的核心价值、职业愿景及个人优势。撰写个人总结时，求职者应精练地概括自己的职业经历、核心技能、成就亮点以及为何适合该职位，同时表达出对目标职位的热情和期望加入的强烈意愿。语言需积极向上，既要展现自信，也要保持谦逊，确保个人总结既能吸引雇主注意，又能真实反映求职者的职业形象，如图4-56所示。

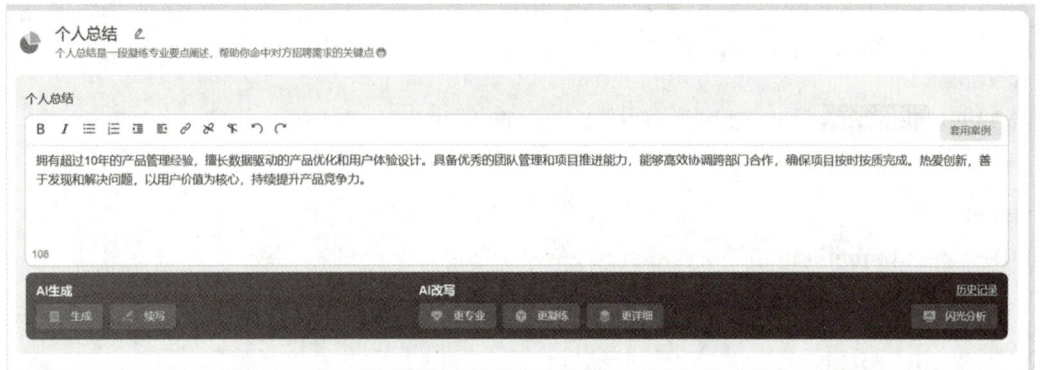

图4-56   个人总结

8. 简历优化

使用闪光简历这一智能工具制作简历时，借助其优化功能，我们可以对简历内容进行全面而细致的提升。在优化前，简历可能显得较为基础和平淡，缺乏足够的亮点和吸引力。然而，经过优化后，简历将呈现出更为专业、突出且易于阅读的特质。

在基本信息方面，优化前的简历可能只是简单地罗列了求职者的姓名、联系方式和出生日期等基本信息，而优化后的简历则会将这些信息更加精准和有效地呈现出来，如将出生日期转换为年龄，使信息更加直观和易于理解。

在教育经历方面，优化前的简历可能只是简单地列出了求职者的学历、学校和专业等信息，而优化后的简历则会更加注重对求职者学术成果的展示，如主修课程及重要课程的学习成绩等，使教育经历更加立体和丰富。

在工作经历或项目经历方面，优化前的简历可能只是简单地描述了求职者的职责和工作内容，而优化后的简历则会更加注重对求职者实际成果的呈现，如承担的职责范围、解决的问题、取得的成果以及获得的荣誉等，使简历更加生动和具体。

在技能方面，优化前的简历可能只是简单地列出了求职者的技能，而优化后的简历则会更加注重对求职者技能水平的精准描述，如技能熟练程度、掌握程度以及应用情况等，使技能描述更加具体和有针对性。

在自我评价或个人总结方面，优化前的简历可能只是简单地表达了求职者的个人意愿和期望，而优化后的简历则会更加注重对求职者能力和经验的客观评价，同时展现出对目标职位的热情和期望，使自我评价或个人总结更加真实和可信。

优化前的简历状态以及整个优化过程，如图4-57所示，简历优化的直观对比效果如图4-58所示，清晰直观地展现了从原始简历到优化后简历的转变。在这一过程中，创作者可以充分利用闪光简历智能工具自带的优化工作分析功能，对简历的各个部分进行深入剖析和优化。该功能能够智能识别简历中的不足之处，并提供针对性的改进建议，使得优化过程更加高效和精准。通过这一优化流程，简历得以在内容呈现、格式排版以及信息突出等方面实现显著提升，从而更好地展现求职者的专业能力和个人优势。

张伟

📞 13800001111
✉ zhangwei@example.com
🏠 不限城市
🎂 36
⚥ 男
🗺 面议
🗺 不限城市
✈ 产品专员(高级)

个人总结

拥有超过10年的产品管理经验，擅长数据驱动的产品优化和用户体验设计。具备优秀的团队管理和项目推进能力，能够高效协调跨部门合作，确保项目按时按质完成。热爱创新，善于发现和解决问题，以用户价值为核心，持续提升产品竞争力。

教育经历

| 北京理工大学 - 本科 - 计算机科学与技术 | 2002.09-2006.07 |

工作经历

百度公司 　　　　　　　　　　　　　　2020.09 至今
高级产品经理 　　　　　　　　　　　　　　北京
- 将提高用户活跃度的目标分解为季度增长目标和具体用户指标。
- 设计并实施用户推荐算法改进方案，增加用户粘性。
- 通过A/B测试和用户反馈分析，不断优化产品功能和用户体验。
- 用户活跃度提升25%，用户留存率提升15%，相关指标超预期完成。

腾讯公司 　　　　　　　　　　　　　　2016.07-2020.08
产品经理 　　　　　　　　　　　　　　深圳
- 产品需求分析与定义：主导进行市场调研和竞品分析，精准识别用户需求，完成20+份需求文档和功能规格说明书，确保项目开发的准确性和用户满意度，推动关键产品上线后用户满意度提升15%
- 产品开发与项目管理：负责跨部门协同，制定详细的项目计划并跟踪执行，通过敏捷开发方法在6个月内成功上线三个新功能模块，提升产品使用率30%，协助团队通过ISO 9001质量管理体系认证
- 用户体验优化：通过用户反馈分析和A/B测试，优化产品界面设计和交互流程，提高用户留存率，3个月内将用户活跃度提升20%，加强用户粘性，显著提高产品市场竞争力

阿里巴巴 　　　　　　　　　　　　　　2013.06-2016.06
助理产品经理 　　　　　　　　　　　　　　杭州
- 担任助理产品经理，负责产品生命周期管理及跨部门协调。主导用户需求分析，设计功能规格并与工程团队协作开发；制定产品路线图，并进行市场调研和竞争分析。成功上线新特性版本，用户活跃度提升20%，用户满意度达90%；开展数据驱动的产品优化，产品使用时长增长15%。

项目经历

百度智能小程序 - 项目经理 　　　　　　2021.01-2022.06
- 在百度智能小程序项目中担任项目经理，负责项目规划、资源调配和进度控制。
- 参与需求分析、制定技术方案和迭代开发，确保项目按时交付高质量版本。
- 展示了出色的团队管理能力和跨部门沟通能力，优化了项目协作流程。
- 项目成功上线，MAU（月活跃用户数）提升至500万，用户留存率提升至60%，Bug率降低30%。

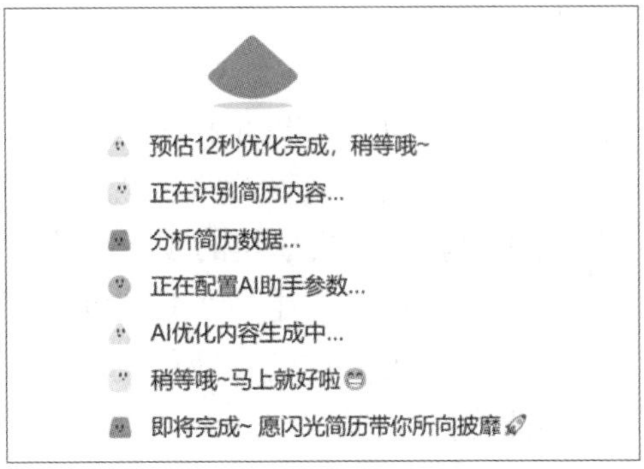

- 预估12秒优化完成，稍等哦~
- 正在识别简历内容...
- 分析简历数据...
- 正在配置AI助手参数...
- AI优化内容生成中...
- 稍等哦~马上就好啦 😊
- 即将完成~ 愿闪光简历带你所向披靡 ⚔

图4-57　简历优化前

图4-58不仅详细展示了优化前后的简历变化，还具体向创作者列举了优化的各项内容。通过这一对比，创作者可以更加清晰直观地看到简历在细节、内容以及专业表达

呈现等方面的优化对比参数。这样的对比展示，不仅让创作者对简历的优化效果一目了然，还为其提供了宝贵的反馈和启示功能，以便在未来的简历制作中不断改进和提升。

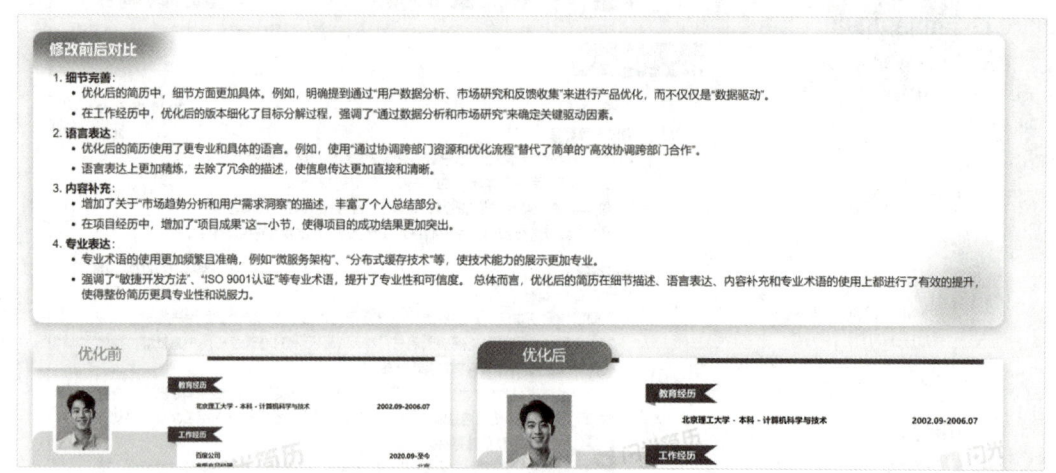

图4-58　简历优化前后对比

4.4.4　添加个性化与亮点元素

在简历中添加个性化与亮点元素，是提升简历吸引力、让招聘方留下深刻印象的关键步骤。个性化的体现关键在于精准定位职业目标、量化成就、突出技能及融入个性化故事。职业目标应精练概括你的核心竞争力与期望职位，吸引招聘者眼球。量化成就则需用具体数字直观展现你的工作成果，如提升销售额、管理团队等，彰显你的专业能力。技能展示部分，可巧妙运用图标或等级标识，突出与职位最相关的技能，使简历更加生动直观。同时，融入一两个具有代表性的个性化故事或案例，详细描述你解决问题的过程与成果，展现你的职业能力与个性特质。

亮点元素主要包括以下几个方面。

1. 明确个人优势

在利用智能体平台编辑简历时，首要任务是精准地明确并展现个人优势。这可以通过在简历开头添加一段简短而有力的个人简介来实现，该简介应聚焦于你的核心优势，如丰富的行业经验、独到的专业技能或卓越的领导能力。

在个人简介中，务必强调你在过往工作中所承担的重要职责，以及你成功解决的复杂问题。这些具体实例不仅能直观展示你的专业能力和价值，还能让招聘者迅速感知到你的责任感和解决问题的能力。

例如，你可以这样撰写个人简介："拥有超过5年的××行业经验，擅长运用××技能解决复杂业务问题。在××公司担任××职位期间，成功带领团队完成××项目，实现了××%的业务增长，展现了卓越的项目管理和团队协作能力。"

通过这样的表述，你的简历不仅更具吸引力，还能在众多候选人中脱颖而出，让招聘者对你留下深刻印象。

2. 量化成就

在智能体平台编辑简历时，量化成就是展现你能力和价值的关键一环。通过具体的数据或案例来量化你的技能所带来的实际效果，能够让招聘者更直观地了解你的贡献和成就。

例如，你可以这样描述你的工作成果："在××项目中，通过优化工作流程，将工作效率提高了20%，为团队节省了10%的成本。"这样的量化数据能够有力地证明你的专业能力和价值。

同时，在描述工作经历时，采用项目符号来突出关键成就和成果，可以使简历更加清晰、有条理。例如：

成功领导××项目，实现××%的业务增长，获得公司××奖项。

优化××流程，提高工作效率20%，节省成本10%。

在××时间内完成××任务，保证了项目的按时交付和客户满意度。

通过这样的表述方式，你的简历将更具说服力，让招聘者对你的能力和成就一目了然。量化成就是展现你专业实力和价值的有效手段，务必在简历中充分利用。

3. 突出专业技能

在智能体平台编辑简历时，突出专业技能是展现你专业实力的重要一环。你需要精心挑选与目标职位紧密相关的专业技能，并清晰地列出来，让招聘者一眼就能看出你的专业背景和能力。

首先，你可以列出你擅长的软件应用、编程语言、数据分析工具等，这些是很多职位都会看重的技能。例如，如果你应聘的是数据分析师，那么列出你熟悉的Excel、Python、R等数据分析工具将非常加分。

其次，语言能力也是一项重要的专业技能。如果你精通多种语言，尤其是与目标职位所在行业或国家相关的语言，那么务必在简历中提及。这将大大增加你的竞争力，尤其是在国际化公司或需要跨文化交流的岗位上。

此外，如果你获得了与目标职位相关的专业认证或参加了相关的培训课程，也一定要在简历中提及。这些认证和课程不仅证明了你对专业知识的深入理解和掌握，还展示了你对自我提升和职业发展的积极态度。例如，你可以写："持有××专业认证，参加了××培训课程，掌握了××技能。"

4. 个性化模板

选择符合个人职业特点和喜好的简历模板，使简历更具个性。考虑职业领域与目标职位的特性，选用与之相匹配的模板风格。对于创意行业，可以选择色彩鲜明、设计独特的模板，以展现你的创新思维和艺术感；而对于法律、金融等行业，则更适合采用简洁明了、专业稳重的风格，以体现你的严谨和专业。

模板的选择也应融入个人喜好与风格。一个让你感到舒适和自信的模板，能更好地展现你的真实个性和职业魅力。选择与个人气质相符的模板，如喜欢现代简约风格，则可以选择线条流畅、色彩搭配和谐的模板，让简历更加生动有趣，增加与招聘者的共鸣。

还可以充分利用智能体平台提供的可定制模板选项，对简历进行个性化调整。你可以调整颜色、字体、布局等细节，使简历更加贴合个人品牌和目标职位。通过巧妙的细节调整，让简历在保持专业性的同时，也能彰显出独特的个人特色。

5. 添加个性化元素

在智能体平台编辑简历时，适当添加个性化元素可以展现你的个人风采，但需注意保持简历的简洁性和专业性。个性化元素可以包括个人照片、兴趣爱好等，它们能在一定程度上增加简历的亲和力和独特性。

个人照片是一个直观展现你形象的元素。选择一张专业、清晰、近期的照片，能够给招聘者留下良好的第一印象。照片应突出你的职业形象，避免过于随意或过于艺术化的风格。

兴趣爱好也是展现你个性的一个重要方面。在简历中提及一些与目标职位不冲突且能体现你积极生活态度的兴趣爱好，如阅读、旅行、运动等，可以让招聘者感受到你的多元化和活力。但需注意，兴趣爱好部分应简洁明了，避免冗长和无关紧要的描述。

在添加个性化元素时，务必保持简历的简洁性和专业性。过多的个性化元素可能会让简历显得杂乱无章，影响阅读体验。因此，要合理控制个性化元素的数量和位置，确保它们与简历的整体风格相协调。

4.4.5　导出与保存

在选择简历的格式以及进行保存备份的过程中，确保简历的兼容性和可编辑性占据着至关重要的地位，这是制作一份高质量简历不可忽视的环节。这一步骤的重要性不仅体现在简历能否在各种设备和平台上保持一致的显示效果上，更关乎后续对简历内容进行修改或更新的便捷程度。毕竟，随着个人经历和技能的不断丰富，简历也需要随之更新，以展现最新的自我形象和专业实力。因此，在制作简历时，我们必须对简历的格式选择和备份保存工作给予充分的重视，以确保简历的实用性和持久性。以下将为创作者详细列举一些至关重要的关键建议，旨在帮助创作者更加科学、合理地完成简历的格式选择和备份保存工作，从而为求职之路增添更多助力。

1. 简历格式选择

PDF格式，即便携式文档格式，具有诸多优势，尤其在简历制作与分享中扮演着重要角色。其最大的亮点在于能够精确保持原始文档的格式和布局，不受设备或平台差异的影响。这意味着，无论你使用何种操作系统、浏览器或电子设备，PDF简历都能呈现出一致的视觉效果，确保信息的准确传达和阅读的流畅性。

在求职过程中，PDF格式的简历尤为适用。当你需要将简历发送给招聘方，或在线申请职位时，PDF格式能确保你的个人信息、教育背景、工作经历等关键内容不受格式错乱的影响，给招聘者留下专业、严谨的印象。此外，PDF文件还具有不易被篡改的特性，进一步保障了简历的安全性和真实性。因此，选择PDF格式作为简历的保存和分享方式，无疑是一个明智且可靠的选择。

DOCX格式，作为Microsoft Word软件所创建的文件类型，其在简历制作过程中的优势尤为突出，特别是在需要频繁编辑和修改的情况下。Word文档提供了一种直观且用户友好的界面，使得求职者能够轻松地对简历的内容、布局和格式进行调整和优化。无论是添加新的工作经历、教育背景，还是修改联系方式、个人简介，Word文档都能迅速响应并呈现出即时的更改效果。

对于那些预计在未来需要对简历进行大量修改的求职者来说，Word格式无疑是一个理想的选择。它允许你随时随地对简历进行更新和完善，确保简历始终与你的职业发展同步。此外，Word文档还支持多种字体、颜色和排版选项，使你能够根据自己的喜好和求职目标来定制简历的风格和外观。

同时，Word格式也适合将简历分享给其他人进行协作编辑。你可以轻松地将Word文档发送给朋友、导师或职业顾问，让他们为你提供宝贵的建议和修改意见。然而，需要注意的是，由于不同版本的Word软件可能存在细微的格式差异，因此在分享和编辑Word简历时，最好确保所有参与者都使用相同或兼容的Word版本，以避免格式错乱或内容丢失的问题。

除了PDF和Word等广受欢迎的格式外，还有其他如TXT、HTML等格式。然而，这些格式在简历制作中通常并不被推荐，因为它们存在显著的局限性，可能无法充分满足求职者的需求。

TXT格式，即纯文本格式，虽然具有极高的兼容性和简洁性，但它无法保持原始文档的格式和布局。这意味着，使用TXT格式制作的简历将失去所有的排版、字体、颜色和图片等元素，仅仅以纯文本的形式呈现。这样的简历不仅缺乏视觉吸引力，还可能因为信息呈现方式的单一性而降低阅读体验。

HTML格式则主要用于网页设计和制作。虽然HTML格式具有丰富的表现力和交互性，但在简历制作中却并非最佳选择。因为HTML简历在不同设备和浏览器上的显示效果可能存在较大差异，这可能导致招聘者无法准确、清晰地查看你的个人信息和求职意向。此外，HTML简历还可能受到网络安全和兼容性问题的影响，进一步增加了其使用的风险。

TXT、HTML等格式虽然有其特定的应用场景，但在简历制作中通常并不被优先推荐。为了确保简历在不同设备和平台上都能保持一致的显示效果，并充分展现你的个人形象和求职实力，建议选择PDF或Word等更为专业、可靠的格式。

2. 保存简历备份

在求职的征途中，简历作为求职者个人能力与职业经历的集中展现，其安全存储与便捷访问无疑成为每位求职者不可或缺的关注重点。一份精心准备的简历，不仅承载着求职者的专业技能、工作经验，还反映了其职业态度与个性魅力，因此，如何妥善保管这份"求职名片"，确保其在关键时刻能够迅速而准确地呈现给招聘方，就显得尤为重要。

本地备份作为一种高效且可靠的方式，为简历的保管提供了坚实的后盾。将简历保存在本地计算机或外部存储设备（例如U盘、硬盘等）上，意味着简历信息始终掌握在求职者自己手中。这种存储方式不受网络环境的限制，无论是在家中、办公室还是其他任何地点，只要拥有这些设备，求职者就能迅速访问和修改简历。这对于那些需要紧急调整简历内容以应对突发情况（如突然收到的面试邀请）的求职者来说，无疑是一个巨大的优势。

外部存储设备为简历数据提供了额外的安全保障。这些设备不仅容量大，便于存储多个版本的简历，而且便于携带，方便求职者在不同场景下使用。更重要的是，通过定期将简历备份到这些设备上，求职者可以有效预防因计算机故障、系统崩溃或恶意软件攻击等意外情况导致的数据丢失或损坏。这种多重备份的做法，进一步增强了简历数据的安全性和可靠性。

当然，本地备份并非一成不变。随着求职者工作经验的积累和技能的提升，简历内容也需要不断更新和完善。因此，求职者应该养成定期更新本地备份的好习惯。这不仅可以确保简历的时效性和准确性，还能让招聘方看到求职者积极进取、不断提升自我的态度。

在数字化时代，云备份已经成为众多求职者保护和管理简历的重要工具。利用云服务（如Google Drive、Dropbox等）将简历保存在云端，不仅极大地提高了简历的可访问性和灵活性，还为求职者带来了前所未有的便捷性和安全性。

云备份的核心优势在于其跨设备和跨地点的访问能力。一旦将简历上传至云端，求职者无论身处何地，只要能够连接到互联网，就可以使用任何设备（如智能手机、平板电脑或笔记本电脑）随时访问和修改简历。这种无缝的访问体验，使得求职者在面对突如其来的面试机会或需要紧急更新简历内容时，能够迅速作出响应，从而把握住每一个职业发展的良机。

除了跨设备访问的便利性，云备份还提供了强大的版本控制功能。这对于那些经常需要更新简历的求职者来说，无疑是一个巨大的福音。在求职过程中，随着求职者工作经验的积累、技能的提升或求职目标的调整，简历内容往往需要频繁地进行修改和完善。云备份服务能够自动记录每一次对简历的更改，并保存为不同的版本。这意味着，如果求职者对当前的简历修改不满意，或者需要恢复到之前的某个版本以应对特定的招聘需求，只需轻松单击几下鼠标，就能快速找回所需的简历版本。这种版本控制的能力，不仅提高了求职者的工作效率，还确保了简历的准确性和时效性。

云备份服务还具备出色的数据安全性。这些云服务提供商通常会采用先进的加密技术和多重身份验证机制，以确保用户数据的安全存储和传输。这意味着，即使求职者的本地设备遭遇丢失、盗窃或系统故障等意外情况，简历数据依然能够得到有效的保护，避免了因数据丢失或泄露而带来的潜在风险。

云备份以其跨设备访问、版本控制和数据安全等多重优势，成为求职者保护和管理简历的理想选择。在求职旅程中，充分利用云备份服务，将帮助求职者更好地展示自己的职业形象和能力，从而在激烈的职场竞争中脱颖而出。同时，求职者也应时刻保持对云服务提供商的信任评估和数据安全意识的提升，以确保自己的简历信息始终得到妥善保管。

3. 命名规范

在求职过程中，简历文件的命名规范不仅关乎个人职业素养的体现，更直接影响到求职效率和成功率。一个清晰、有意义的命名方式，如同简历的"身份证"，能够帮助求职者在众多文件中迅速定位到所需内容，避免在关键时刻因文件命名混乱而错失良机。

采用"姓名_简历_日期.文件格式"的命名模式，是一种被广泛推荐的做法。例如，"张三_简历_2023年3月15日.pdf"，这样的命名既直观又易于理解。首先，姓名部分确保了简历的专属性和唯一性，便于在多人共用的计算机或云存储空间中快速区分；其次，简历二字明确了文件的内容属性，避免了与其他类型文件（如照片、报告等）的混淆；最后，日期部分则反映了简历的最新版本，对于经常需要更新简历内容的求职者来说，这一点尤为重要。它帮助求职者清晰地了解每一份简历的更新情况，同时也有助于招聘方快速识别出求职者的最新职业状态。

遵循命名规范，不仅有助于求职者提升个人职业形象，还能在求职过程中带来诸多便利。例如，在投递简历时，一个清晰命名的简历文件能够迅速吸引招聘方的注意，提高简历的筛选效率；在面试前准备阶段，求职者也能轻松地从众多文件中找到最新版本的简历，进行最后的检查和调整。

简历文件的命名规范是求职者职业素养的重要体现，也是提高求职效率和成功率的关键因素之一。采用清晰、有意义的命名方式，如"姓名_简历_日期.文件格式"，将帮助求职者在求职旅程中更加从容不迫，迈向职业发展的成功之路。

4. 定期更新

在职业生涯的不断发展中，简历作为求职者个人能力与职业经历的展示窗口，其内容的时效性和准确性至关重要。随着工作经验的积累、技能的提升以及职业目标的调整，定期更新简历成为每位求职者不可忽视的任务。这不仅有助于求职者保持求职市场的竞争力，还能确保在关键时刻向招聘方展示出最真实、最全面的自己。

定期更新简历，意味着求职者需要时刻关注自己的职业发展动态，及时将最新的工作经验、技能掌握情况、教育背景以及个人荣誉等信息添加到简历中。这样做的好处在于，一方面能够确保简历内容的时效性和准确性，让招聘方看到求职者积极进取、不断提升自我的态度；另一方面，也有助于求职者在面对不同招聘需求时，能够迅速调整简历内容，以更好地匹配岗位要求，提高求职成功率。

然而，仅仅更新简历本身是不够的。为了确保简历的安全性和可访问性，求职者还需要在更新简历后，同步更新所有备份文件。这包括本地计算机上的备份、外部存储设备中的备份以及云端存储中的备份。只有确保所有备份文件都与最新版本保持一致，求职者才能在任何情况下都能迅速找到并展示最新的简历内容。

在更新备份文件时，求职者需要遵循一定的操作规范。首先，要确保在更新简历前，已经对所有备份文件进行了全面的检查和整理，以避免因文件混乱而导致的更新遗漏或错误。其次，在更新简历后，要立即将所有备份文件同步更新至最新版本，确保所有备份都与原始文件保持一致。最后，还要定期对备份文件进行检查和验证，以确保其完整性和可用性。

定期更新简历并同步更新所有备份文件，是求职者保持职业竞争力、确保简历安全性和可访问性的重要举措。通过这一习惯的培养和坚持，求职者将能够在求职旅程中更加从容不迫地面对各种挑战和机遇，为自己的职业发展奠定坚实的基础。

在求职中，确保简历的专业呈现、可读性及安全性是每位求职者的首要任务。选择恰当的简历格式至关重要，其中PDF格式因跨平台兼容性强、格式固定且不易被篡改，成为多数求职者的优选，它能保证简历在各种设备和浏览器上展示效果一致，而Word格式虽便于编辑但需警惕传输中的格式兼容性问题。妥善保存简历的备份是确保数据安全的关键，无论是本地存储还是云端备份，都应清晰命名并定期检查，确保所有备份文件与最新版本简历同步，以防不测。此外，定期更新简历内容及其备份文件同样不可或缺，随着工作经验和技能的提升，求职者需及时调整简历，反映最新职业状态和能力，并在更新后同步所有备份，以保持简历的时效性和完整性。这一系列的精心准备，不仅有助于求职者在面对不同招聘需求时迅速调整简历，以匹配岗位要求，还能在关键时刻迅速展示个人实力，从而在激烈的职场竞争中脱颖而出，迈向职业生涯的新高度。因此，选择适当简历格式、保存备份并定期更新，是每位求职者在准备简历时必须坚守的重要原则，它们共同构成了求职者展示自我、提升竞争力的坚实基石。

4.5　AI写作小结

智能体在写作选题、方案写作以及简历创作等多个领域的应用，不仅展现了其作为现代技术产物的强大辅助能力，更揭示了其在推动内容创新、提高工作效率方面的巨大潜力。

智能体在写作选题、方案写作以及简历创作等多个领域的广泛应用，不仅深刻体现了其作为现代技术产物的强大辅助能力，更进一步彰显了其在推动内容创新、提升工作效率方面的巨大潜力与深远影响。以下是对智能体在这些关键领域具体应用的深入分析与总结，旨在从更细致的层面探讨智能体如何逐步改变我们的工作方式，并展望其未来可能的发展方向。

智能体通过先进的算法与大数据分析技术，在写作选题上实现了精准捕捉热点、预测趋势的能力，为创作者提供了源源不断的灵感来源。它不仅能够快速筛选出有价值的信息，还能根据创作者的个人风格与目标受众，智能化推荐符合其特色的选题，极大地丰富了内容创作的多样性与创新性。

在方案写作领域，智能体的应用则进一步提升了工作效率与方案的可行性。它能够帮助撰写者快速整合市场数据、进行深度分析，并基于分析结果生成逻辑严谨、结构清晰的方案草案。智能体的这种高效定制能力，使得方案写作变得更加便捷与高效，同时也为方案的优化与完善提供了有力的支持。

而在简历创作方面，智能体则通过挖掘求职者的个人优势与亮点，自动生成个性化、专业化的简历模板。这些模板不仅格式规范、排版美观，更能精准展现求职者的核心竞争力，从而在求职过程中脱颖而出。智能体的这一应用，无疑为求职者提供了更加便捷、高效的简历创作方式。

以下是对智能体在这些关键领域应用的深入分析与总结，旨在进一步探讨其如何改变我们的工作方式，以及未来可能的发展方向。

1. 写作选题：智能洞察，创意无限

在信息爆炸的时代，信息的海洋浩瀚无垠。如何从这片海量数据中精准地筛选出有价值、有吸引力的写作选题，成为众多内容创作者在日常工作中面临的首要挑战。这不仅考验着创作者的信息筛选能力，更对其市场洞察力和读者心理把握提出了极高的要求。智能体的出现，如同一双洞察市场的慧眼，以其强大的数据分析和处理能力，为内容创作者带来了前所未有的助力。

智能体通过深度挖掘和分析大量文本数据、社交媒体趋势、新闻热点及用户行为等，能够迅速捕捉到市场中的热门话题、潜在趋势以及特定读者群体的兴趣点。这种基于大数据分析的选题推荐方式，不仅极大地提高了内容创作的效率，使得创作者能够更快地响应市场变化，更确保了内容的时效性和针对性。通过智能体的推荐，创作出来的文章能够迅速抓住读者眼球，引起广泛共鸣，从而有效增强传播效果，扩大内容的影响力。

不仅如此，智能体还具备强大的预测能力。它能够结合历史数据，运用先进的算法模型，预测未来可能兴起的话题和趋势。这种"预测性写作"的能力，使得内容创作者能够提前布局，抢占市场先机，从而在激烈的市场竞争中占据有利地位。智能体的这一功能，不仅为创作者提供了更多的创作灵感，更为其带来了更大的商业价值和市场机会。

智能体还能根据创作者的个人风格、擅长领域以及目标受众，提供个性化的选题建议。这种定制化的服务，鼓励创作者在遵循市场需求的同时，充分发挥自身特色，创作出既符合市场需求又富有个人风格的高质量内容。通过智能体的辅助，创作者能

够更好地展现自己的创作才华，赢得更多读者的喜爱和认可。

2. 方案写作：逻辑严谨，高效定制

方案写作是一项复杂而精细的任务，它涉及市场调研、数据分析、策略规划等多个关键环节，每一个环节都对撰写者的知识体系和逻辑思维能力提出了极高的要求。传统方案写作往往依赖于撰写者的个人经验和直觉，难以确保方案的全面性和科学性。而智能体的引入，为方案写作带来了革命性的改变，极大地提升了方案写作的效率和质量。

智能体具备强大的数据收集与分析能力，它能够协助撰写者快速地从海量市场数据中筛选出有价值的信息，进行深入剖析，为方案的制定提供坚实的数据支撑和科学依据。智能体还能运用先进的算法模型，进行逻辑推理和策略模拟，通过模拟不同场景下的方案实施情况，预测可能产生的结果，从而帮助撰写者制定出更加科学、合理且具备前瞻性的解决方案。

在方案的具体撰写过程中，智能体同样发挥着不可或缺的作用。它提供了丰富的模板库和多样化的风格选择，支持撰写者根据项目需求、目标受众以及个人偏好，快速生成符合行业规范、结构清晰、易于理解的方案文档。这不仅极大地节省了撰写者的时间和精力，还确保了方案文档的专业性和规范性。

智能体还具备强大的校对和纠错功能，能够自动识别并纠正方案中的语法错误、拼写错误以及逻辑矛盾等问题，确保方案的准确性和严谨性。这种智能化的校对方式不仅提高了方案的质量，还增强了撰写者对方案的信心。

值得一提的是，智能体还能通过机器学习技术不断优化方案生成算法。它能够根据撰写者的反馈和市场需求的变化，自动调整算法参数，提升方案的创新性和可行性。这使得智能体在方案写作领域的应用更加灵活和高效，帮助撰写者在激烈的市场竞争中脱颖而出，赢得更多的商业机会。

3. 简历创作：个性化定制，精准展现

在求职这一关键的人生转折点上，一份精心制作的简历无疑是求职者向雇主展示自我、吸引其注意的核心工具。它不仅承载着求职者的个人信息、教育背景、工作经验和技能特长，更是求职者职业形象和个人魅力的直观体现。智能体在简历创作领域的应用，无疑为这一传统而重要的环节带来了颠覆性的变革。

智能体通过深度挖掘求职者的个人信息和职业发展历程，能够精准捕捉求职者的核心竞争力和独特优势。在此基础上，智能体能够自动生成个性化、专业化的简历模板。这些模板不仅遵循了行业标准的格式规范，拥有美观大方的排版设计，更重要的是，它们能够根据求职者的具体需求进行灵活调整。无论是强调特定技能、突出个人成就，还是调整工作经历的顺序和描述方式，智能体都能确保简历内容精准展现求职者的优势和亮点，使其在众多求职者中脱颖而出。

智能体的优势远不止于此。它还运用了先进的自然语言处理技术，对简历内容进行智能优化。通过对措辞的精准调整、语句的精简提炼以及关键词的突出强调，智能

体能够进一步提升简历的吸引力和可读性。这种智能化的优化方式，不仅使简历更加简洁明了，更能够迅速抓住雇主的眼球，留下深刻的印象。

智能体还能根据求职者的目标职位、行业特点以及雇主偏好，提供定制化的简历建议。这种个性化的服务，帮助求职者更好地匹配岗位要求，展现自己与职位的契合度，从而大大提高求职成功率。智能体的这些功能，不仅极大地减轻了求职者在简历制作过程中的负担，还显著提高了简历的专业性和制作效率。在求职竞争日益激烈的今天，智能体无疑成了求职者不可或缺的得力助手。

4. 未来展望：智能融合，共创未来

随着人工智能技术的飞速发展，其应用边界不断拓展，智能体作为这一领域的杰出代表，将在越来越多的领域中发挥举足轻重的作用。在写作选题方面，智能体的潜力尤为显著。当前，智能体已经能够通过数据分析，结合深度学习技术，洞察市场趋势，预测热门话题。但未来的智能体将进一步提升数据分析的深度和广度，不仅能够实时追踪社交媒体热点、新闻动态，还能深入挖掘用户行为数据、情感倾向等复杂信息，形成更为全面、精准的市场洞察。结合自然语言处理技术，智能体将能够理解并解析文本中的微妙含义，实现更加个性化、贴近读者需求的选题推荐。这种深度与广度兼备的数据分析能力，将使智能体成为内容创作者不可或缺的创意源泉。

在方案写作领域，智能体的作用同样值得期待。现有的智能体已经能够协助撰写者进行市场调研、数据分析，生成初步的方案框架。但未来的智能体将更加注重策略的创新性和实施的可行性。通过模拟仿真技术，智能体能够模拟不同策略在实际场景中的应用效果，帮助撰写者预测并规避潜在风险，优化方案细节。同时，智能决策系统的引入，将使智能体能够根据实时数据和市场变化，自动调整方案策略，确保方案的时效性和有效性。这种全面、高效的方案支持，将为撰写者提供强大的决策辅助，提升方案的成功率。

在简历创作方面，智能体的个性化定制能力将得到进一步优化。未来的智能体将不仅限于根据求职者的教育背景、工作经验等信息生成简历模板，还将结合虚拟现实（VR）、增强现实（AR）等前沿技术，为求职者提供更加生动、直观的简历展示方式。通过VR技术，求职者可以创建虚拟的自我介绍视频，展示自己的职业技能和个性特点；而AR技术则可以将求职者的作品集、项目成果等以三维形式呈现，使雇主能够更直观地了解求职者的能力和成就。此外，智能体还将加强与招聘平台的合作，利用大数据分析和机器学习技术，实现简历与职位的智能匹配。这种智能匹配系统不仅能够根据求职者的技能和经验推荐合适的职位，还能根据雇主的招聘需求和企业文化，为求职者筛选出更加符合个人期望的岗位。这种便捷、高效的求职体验，将极大地提升求职者的满意度和成功率。

智能体在写作选题、方案写作以及简历创作等多个领域的应用，不仅展现了其强大的辅助能力和创新价值，更为我们的工作和生活带来了前所未有的便利和惊喜。智能体

的出现，标志着人工智能技术在内容创作、决策支持、人才匹配等领域的深入应用，为人类社会向更加智能化、高效化的方向发展提供了有力支撑。未来，随着技术的不断演进和应用的不断深化，智能体将在更多领域发挥重要作用，成为我们工作生活中不可或缺的一部分。无论是内容创作者、方案撰写者还是求职者，都将受益于智能体的智能化服务，共同创造更加美好的明天。智能体的广泛应用，不仅将推动各个行业的创新发展，还将促进人类社会的整体进步，让我们共同期待智能体带来的更多惊喜和变革。

4.6 练 习 题

【习题4.1】AIGC技术在写作中的应用与影响是什么？

【习题4.2】简述AIGC写作选题的基本原则。

【习题4.3】AIGC方案策划写作的优化包括哪些方面？

【习题4.4】利用AIGC技术进行写作选题策划。

（1）操作要求：本题要求利用AIGC技术进行一个具体的写作选题策划。

（2）选题领域：选择一个你感兴趣的领域，如经济、科技、教育、环保等。

（3）利用AIGC工具：选择一个智能体平台（如上文提到的Kimi或类似工具），使用AIGC智能体生成至少5个与你所选领域相关的写作选题。

（4）筛选与优化：根据AIGC智能体生成的选题，结合你的专业知识和兴趣点，筛选出3个最具潜力和新颖性的选题。对筛选出的选题进行简要描述，说明其研究背景、意义以及可能的写作角度。

【习题4.5】AIGC技术在方案策划写作中的应用与实践。

（1）选题设定：选择一个具体的项目或活动作为方案策划的对象，例如一场音乐会、一次企业年会、一个新品发布会等。

（2）AIGC技术应用：利用AIGC技术进行市场调研，收集并分析相关数据，如目标受众喜好、竞争对手策略等。借助AIGC生成多个策划创意，并评估其可行性和创新性。

（3）方案撰写：利用AIGC写作助手，辅助撰写方案草案，包括活动主题、目标设定、执行流程、预期效果等。

（4）方案优化：通过AIGC技术工具对方案进行优化，风险评估。

（5）方案输出：提交一份电子版方案策划。

基于上述操作步骤，撰写一份完整的方案策划报告，要求报告结构清晰，内容翔实，逻辑严密。报告中应包含：项目背景、目标受众分析、创意概述、详细执行计划、预期效果评估、风险评估及应对措施等部分。在报告中明确标注AIGC技术在各环节的具体应用及其带来的效率提升或创意贡献。

第5章

AIGC+多媒体

5.1 AI图像

5.1.1 AI图像概述

AI图像目前主要包括"文生图"与"图生图"两种方式，如图5-1所示。

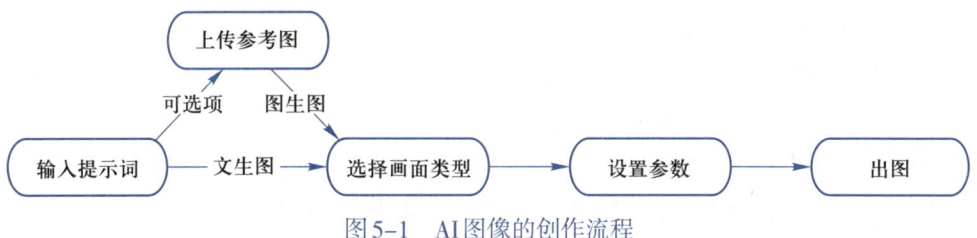

图5-1 AI图像的创作流程

"文生图"，即文本生成图像（text-to-image）。"文生图"允许创作者通过输入文本的创意描述，智能地生成与文本内容相匹配的AI图像。这一功能利用先进的自然语言处理和图像生成技术，确保生成的图片能够精准反映文本所描述的场景、对象或概念。

"图生图"，即在"文生图"的基础上支持创作者上传一张参考图或垫图（reference image）作为额外的输入参数，以期更精细地定制和优化最终生成的图片结果。通过"图生图"，AI能够结合用户提供的文本描述和参考图像，生成与参考图内容相关联、风格或元素相似的新图片。这一过程不仅提升了图片生成的灵活性和创意性，还使得生成的图片更加贴近用户的个性化需求和预期效果。

5.1.2 文生图

虽然支持文生图的AI创作平台种类繁多，但是文生图的工作流程却大同小异，通常包括撰写提示词、选择模型或画面类型、设置参数、生成图像、保存与分享等五个步骤。

1. 撰写提示词

（1）什么是提示词

提示词（prompt）是调控文生图大模型的关键工具，它扮演着至关重要的角色。通过精确输入创作者所期望的内容与视觉效果，模型能够洞悉创作者的创意意图，进而创造出与创作设想高度契合的图片。所以，为了确保模型能够清晰理解并生成优质的图像，提示词必须信息翔实且表述明确。

文生图的过程就像老师向学生布置绘画作业，创作者是老师，AI是学生。如果老师仅向学生说画一幅画，却未说明画中应有的元素或绘画的目的，学生自然会感到无所适从。所以在模型生成图像的过程中，提示词就是指导模型的指令，需要详细、准确、清晰。提示词的描述越具体，模型所生成的画面就越精确、越稳定。

例如，如果创作者希望模型生成一幅春日里繁花似锦的公园景象，那么提示词中应包含诸如"春天""公园""花朵盛开"等关键词，还可以进一步描述花朵的颜色、公园的布局等细节。通过如此丰富且清晰的提示词就能够引导模型高质量地生成一幅春日公园的图景。

因此，在利用文生图大模型生成图像时，务必提供准确清晰的提示词，以便模型能够毫无偏差地理解创作意图，并精准地生成预期画面。

（2）如何写文生图提示词

在文生图平台撰写提示词时，创作者需要构思一系列精练且富有启发性的词汇或短语，这些词汇能够引导AI模型生成符合你预期的图像。

① 明确主题与核心要素。

主题：首先确定你想要生成的图像主题，比如是自然风光、人物肖像、城市街景还是抽象艺术。

核心要素：列出构成主题的关键元素，如颜色、形状、纹理、情感氛围等。

② 使用具象与抽象词汇结合。

具象词汇：描述具体可见的特征，如"红色的玫瑰""蓝色的海洋"。

抽象词汇：表达情感、氛围或风格，如"浪漫""神秘""梦幻"。

③ 设定风格与情感基调。

风格：指定图像的艺术风格，如"油画风格""水彩画效果""素描线条"。

情感基调：确定图像想要传达的情感，如"欢快""宁静""激昂"。

④ 引导创意与细节。

创意引导：添加一些能够激发AI创意的词汇，如"想象""创意""独特"。

细节描述：对于关键元素，可以适当增加细节描述，使图像更加生动具体。

⑤ 避免模糊与冗长。

避免模糊：确保每个词汇都清晰明了，避免使用含义模糊的词汇。

避免冗长：提示词应简洁有力，避免过长的描述，一般建议在5～10个词汇。

⑥ 尝试不同组合与调整。

组合尝试：尝试不同的词汇组合，看哪些组合能够产生更好的图像效果。

灵活调整：根据生成的图像效果，灵活调整提示词，直到达到满意的结果。

例如，创作者想要引导AI模型生成一幅油画风格的表现秀丽风光的图像，就要明确图像的主题、核心要素、风格以及情感基调。其中，图像的主题——自然风光，核心要素——山川、湖泊、绿树等，风格——油画风格，情感基调——宁静。基于此就可以在文生图平台中输入提示词：山川，湖泊，绿树，清晨，雾气，宁静，油画风格。

（3）"5W1H"公式

在撰写文生图提示词时创作者可以采用"5W1H"公式以提高文生图的质量及效率，如图5-2所示。

图5-2 "5W1H"公式

"Who"是指提示词要描述画面中的主体，可以是人物、动物、植物、食物、建筑或者任何其他物体。

例如：

人物可以是医生、演员、学生、工程师、设计师等。

动物可以是狮子、公鸡、鲸鱼、鸽子、蜗牛等。

植物可以是向日葵、梅花、松树、玫瑰、竹子等。

食物可以是米饭、面条、汉堡、蛋糕、冰激凌等。

建筑可以是图书馆、宫殿、写字楼、寺庙、小木屋等。

其他物体可以是计算机、小提琴、航空母舰、石头、水、天空……

"What"是指提示词要描述图像中的主要对象或焦点。描述要明确主体，即清晰地定义图像中的人物、动物、建筑等主要对象，比如：一位穿格子衬衫的程序员；要提供特征，即描述主体的外貌、姿态、着装等特征，比如：一名穿着白色实验室外套的年轻女科学家；要说明特定情境，描述主体所在的场景或上下文，比如：一名站在沙滩上的老船长；要结合情感和行为，即详细说明主体的情感状态和正在进行的动作，比如：一个微笑着读报纸的老人。

例如：

一位戴着厨师帽的男孩，手持铲子，在充满香气的厨房中微笑着面对镜头。

一只羽毛艳丽的孔雀，在绿草如茵的公园里开屏，吸引了众多游客目光。

一片广袤的金色麦田，麦浪随风起伏，远处是连绵起伏的青山。

一桌丰盛的感恩节大餐，包括烤火鸡、南瓜派和各种蔬菜，散发着诱人的香气。

一座雄伟的城堡，矗立在山巅之上，城墙外是蜿蜒的护城河和茂密的森林。

"When"是指提示词要描述时间，即画面发生的时间节点。

例如：

具体时间点：拂晓、正午、傍晚六点、午夜十二点、凌晨四点。

时间段：清晨、下午、傍晚、夜晚、深夜。

历史时期或年代：唐朝、康乾盛世、工业革命、中世纪、第二次世界大战期间。

季节性时间节点：初春、盛夏、秋分、初冬、严冬。

"Where"是指提示词要描述环境，即主体对象所在的背景或者周围的物理空间，它为场景提供了上下文和氛围。

例如：

自然环境：山谷、沙漠、海边、雪山、高原、热带雨林。

城市环境：繁忙的商业区、宁静的郊区、古老的街区、现代化的科技园区、巨大的购物中心。

室内环境：温馨的客厅、现代办公间、豪华餐厅、温馨的小卧室、安静的图书馆。

特殊环境：江南水乡、激烈的战场、古代的宫殿、未来的科技城市、魔法森林。

"Why"是指主体为什么出现在画面里，在做什么。

例如：

主体正在进行的具体动作：阅读书籍、弹钢琴、打篮球、喝咖啡、玩游戏。

主体与其他人或物的互动行为：与朋友聊天、喂养宠物、跳舞、打乒乓球、打电话。

主体在进行某个动作时的情感状态或表现：微笑着看向远方、皱眉思考、大笑、流泪、惊讶。

主体持续进行的某项活动：游泳、野餐、爬山、骑自行车、在公园里跑步。

"How"是指画面的细节描述，是对图像中具体元素和视觉效果的详细、具体的文字描述。

例如：

构图——描述图像内各元素的布局和排列方式：黄金分割构图、斜线构图、三角形构图。

视角——描述图像的视角和拍摄角度：鸟瞰、仰拍、俯拍、平拍。

艺术流派——描述图像的艺术风格或流派：泼墨山水、工笔花鸟、印象派、现实主义、赛博朋克。

色调——描述图像的整体色调和配色方案：冷色调、暖色调、中国风配色。

光影效果——描述图像中的光照和阴影效果：柔和光线、强烈阴影、晨光。

质感——描述图像中物体的表面质感：光滑、粗糙、绒毛、细腻。

细节元素——描述图像中的微小元素或附加细节：装饰物、背景元素、精致的花纹。

当创作者想要一张表现"墙角数枝梅，凌寒独自开"的画面，可以根据"5W1H"

公式在文生图平台输入提示词"一枝傲骨的梅花在冬日雪后的清晨中静静绽放，矗立在银装素裹的枝头，周围是稀疏的残雪和未融的冰晶，国画风格，清冷色调，近景特写，展现出坚韧不拔的气节"，尝试得到如图5-3所示的结果。

图5-3　墙角数枝梅，凌寒独自开

需要注意的是，"5W1H"公式仅作为参考，并非每次编写的提示词都要包含所有内容。创作者可以根据需要生成的画面内容灵活调整，着重强调其中的一两项元素，避免盲目堆砌元素从而影响出图效果。

2. 选择画面类型

（1）画面类型对于文生图的作用

在某些文生图的平台上，创作者在输入完提示词后还可以选择"画面类型"。画面类型是对预期图像艺术风格的进一步定义，起到了影响视觉效果、拓展应用场景、提升创作效率和激发创作灵感的作用。创作者可以根据自己的需求和喜好选择合适的画面类型来生成满意的图像。

① 定义艺术风格。

画面类型首先定义了图像的艺术风格。创作者可以选择多种不同的画面类型，如唯美二次元、中国风、艺术创想、插画、明亮插画、炫彩插画、梵高等。这些画面类型各自代表了不同的艺术风格和视觉特点，能够满足用户对于不同风格图像的需求。

② 影响视觉效果。

不同的画面类型会对图像的视觉效果产生显著影响。例如，选择"明亮插画"风格可能会生成色彩鲜艳、线条明快的图像，适合用于儿童书籍、广告海报等场景；而选择"中国风"风格则可能会生成具有中国传统文化元素的图像，适合用于文化宣传、艺术展览等场景。

③ 拓展应用场景。

画面类型的多样性也为文生图的应用场景提供了更多可能性。无论是设计师、艺术家还是普通创作者，都可以根据自己的需求和喜好选择合适的画面类型来生成图像。例如，设计师可以利用文生图生成各种设计元素和背景图案，艺术家可以利用文生图寻找创作灵感，而普通创作者则可以用文生图来制作个性化的头像、壁纸等。

④ 提升创作效率。

通过选择合适的画面类型，用户可以更快速地生成符合自己需求的图像，从而提升了创作效率。文生图大模型的智能化算法能够根据用户选择的画面类型和输入的文本描述来生成相应的图像，无须创作者具备专业的绘画技能或花费大量时间进行创作。

⑤ 激发创作灵感。

画面类型的多样性还能够激发创作者的创作灵感。当创作者看到不同风格的图像时，可能会产生新的想法和创意，从而推动他们的创作活动。文生图平台作为一个AI绘画工具，不仅能够辅助创作者进行创作，还能够成为他们灵感的源泉。

（2）画面类型解析

在不同的文生图平台可以选择各种不尽相同的画面类型，并且还不断保持着更新。例如，文心一格就包括了唯美二次元、中国风、艺术创想、插画、明亮插画、炫彩插画、梵高、超现实主义、像素主义九种可选的画面类型。

① 唯美二次元。

特点：色彩鲜艳，线条明快，通常包含动漫、漫画等二次元元素。

图像示例：包括卡通角色、梦幻场景、动漫风格的建筑或物品等。

② 中国风。

特点：融合中国传统文化元素，如水墨画风格、传统建筑、山水、花鸟等。

图像示例：包括水墨山水画、古代建筑、传统服饰的人物等。

③ 艺术创想。

特点：强调创意和想象力，可能包含抽象、超现实主义或概念艺术作品。

图像示例：包括形状奇特、色彩对比强烈的抽象画，或具有深刻寓意的概念图像。

④ 插画。

特点：注重细节和表现力，常用于书籍、杂志、广告等媒体中的插图。

图像示例：包括人物肖像、动植物描绘、场景插画等，风格多样，可以偏写实，也可以偏卡通。

⑤ 明亮插画。

特点：色彩明亮，线条清晰，通常给人以积极向上、充满活力的感觉。

图像示例：包括儿童书籍中的插图、广告海报中的元素、卡通形象等。

⑥ 炫彩插画。

特点：色彩鲜艳且富有变化，注重色彩的搭配和视觉冲击力。

图像示例：包括音乐节海报、时尚杂志封面、游戏角色设计等。

⑦ 梵高。

特点：模仿梵高等著名艺术家的绘画风格，强调笔触、色彩和情感的表达。

图像示例：包括类似《星夜》《向日葵》等梵高名作的风格化图像，具有独特的艺术感染力。

⑧ 超现实主义。

特点：通过梦幻与现实的交织、无意识的表达以及分解与重构等手法，营造出一种超越现实的、令人震撼的视觉效果。

画面示例：融合了现实物品与幻想元素的画作，如漂浮的巨大时钟与奇异生物的共存，或是日常物品呈现出扭曲与变形的状态，挑战观众的视觉认知。

⑨ 像素主义。

特点：以简洁的像素块构建，色彩鲜明，风格复古且充满创意。

画面示例：由像素块组成的经典游戏角色，如勇敢的骑士，背景是像素风格的城堡和山川，整体色彩对比强烈。

例如：在文心一格中输入提示词"一匹马"，选择不同的画面类型，可以分别生成如图5-4（a）～图5-4（i）的结果。

(a) 唯美二次元　　　　　　　　　(b) 中国风　　　　　　　　　(c) 艺术创想

(d) 插画　　　　　　　　　(e) 明亮插画　　　　　　　　　(f) 炫彩插画

(g) 梵高　　　　　　　　　　(h) 超现实主义　　　　　　　　　(i) 像素主义

图5-4　提示词"一匹马"

种类繁多的画面类型为创作者提供了丰富的选择和广阔的创作空间。无论是专业设计师、艺术家还是普通创作者,都可以根据自己的喜好和创作需求生成具有不同艺术风格和视觉效果的图像。

3. 明确画面比例

创作者在生成之前还需要明确生成图像的画面比例。图像比例不仅决定了图像的宽度和高度,还影响了图像的整体尺寸和形状。因为画面的不同比例,图像可以分为横图、竖图和方图。

横图的画面比例通常为16∶9、4∶3或3∶2。横图能够完整地呈现景物的宽度和广度,使观众感受到场景的辽阔和壮观,所以比较适合展示风景画、自然风光、城市景观等。横图能够吸引观众的注意力,并有效地传达信息,所以也常常应用于广告和宣传素材。

竖图的画面比例通常为9∶16、3∶4、2∶3。竖图能够完整地呈现画面主体的高度和比例,使观众能够感受到的画面主体的立体感和生动性并强化视觉冲击力,所以比较适合展示人物肖像与写真或高楼、树木等垂直景物。竖图更符合手机屏幕的显示比例,能够为用户提供更好的操作体验和视觉效果,常应用于社交媒体和移动应用。

方图画面比例为1∶1。方图常见的应用场景主要是社交媒体和UI设计领域。在社交媒体平台上,方图常被用作个人或品牌的头像、封面图片。在UI设计中,方图常被用于界面、图标或角色设计。

4. 生成图像

创作者可以选择生成图像的数量,通常为一次1～9张。生成图像的同时会消耗相应的算力,不同的文生图平台消耗值不同。

图像生成后,文生图平台通常都支持创作者对指定图像的点赞、收藏、下载、分享。某些平台也可以以指定图像为基础继续做图片扩展、图片变高清、涂抹消除、智能抠图、涂抹编辑、图片叠加等AI编辑操作,或者将指定图像作为参考图执行图生图、图生视频。

5.1.3 图生图

如果创作者无法准确地将脑海中的画面用文字描述给AI大模型，那么也可以选择在AI创作平台上传参考图，让AI大模型在理解提示词的同时参考图片的风格、构图、景深、形象、姿势等各方面特征以图生图的方式生成结果。图生图就像老师布置学生画一张画，并且给学生指定了一幅优秀的作品作为参考和对标，学生在创作的时候就会有目的地对这幅作品进行不同程度的临摹。在不同的AI创作平台图生图的参考方式和参考维度都不尽相同并特色鲜明。

1. 可灵AI

在可灵AI图生图可以通过调整参考强度控制生成结果和参考图的关系，参考强度越强，生成结果越接近参考图，参考强度越弱，生成结果越接近提示词。

例如，提示词"一个男生在花园拍照，插画风格"，参考图如图5-5（a）所示，参考强度为弱、较弱、中、较强、强的生成结果如图5-5（b）至图5-5（f）所示。

(a) 参考图：一个男生在花园拍照

(b) 参考强度：弱

(c) 参考强度：较弱

(d) 参考强度：中

(e) 参考强度：较强　　　　　　　　　　　　　　(f) 参考强度：强

图5-5　可灵AI图生图

2. 即梦AI

在即梦AI图生图可以选择主体、人物长相、角色特征、风格、边缘轮廓、景深和人物姿势等七种参考项和HD超清、细节修复、局部重绘、扩图、消除笔等五种编辑。

（1）参考"主体"

①以"一个男生在书房看书"作为参考图，如图5-6（a）所示。

②以"主体"作为参考维度，参考图中绿色的区域即为被即梦AI智能识别的主体，如图5-6（b）所示。如果智能识别的区域不准确，创作者还可以通过画笔或橡皮擦工具修改主体区域。

③以"一个男生在船上看书"为提示词。

④以5级的中等精细度生成结果，如图5-6（c）～图5-6（f）所示。由结果可见，参考图中看书的男生作为主体被完整保留了下来，场景元素则由表现"在书房"的两侧书架变成了表现"在船上"的水面、船影、桅杆、船舷等。

(a) 参考图：一个男生在书房看书　　　　　　　　　(b) 参考"主体"

(c) 参考"主体"生成结果1

(d) 参考"主体"生成结果2

(e) 参考"主体"生成结果3

(f) 参考"主体"生成结果4

图5-6 参考"主体"

（2）参考"人物长相"

① 以"一张男生的脸，插画风格"作为参考图，如图5-7（a）所示。

② 以"人物长相"作为参考维度，参考图中明显的人脸区域即会被智能识别，如图5-7（b）所示；如果参考图中没有明显的人脸，则会出现"上传的参考图未识别出人物长相"的提示，如图5-7（c）所示。

③ 以"一位威武的将军"为提示词。

④ 以10级的最高精细度生成结果，如图5-7（d）～图5-7（f）所示。由结果可见，虽然生成的结果中作为主体人物的将军的脸部朝向、身体姿势、服装造型及场景环境均呈现多样性，结果图像的景别、景深及画风均呈现差异性，但是主体人物的脸形、五官、表情等面容特征均和参考图中的男生如出一辙。

(a) 参考图：一张男生的脸

(b) 参考"人物长相"

(c) 未识别出人物长相

(d) 参考"人物长相"生成结果1

(e) 参考"人物长相"生成结果2

(f) 参考"人物长相"生成结果3

图5-7　参考"人物长相"

（3）参考"角色特征"

① 以"一位威武的将军"作为参考图，如图5-8（a）所示。

② 以"角色特征"作为参考维度，其中包括"脸部参考强度"和"主体参考强度"两项参考程度，可以参考图中人物的脸部和主体的细节及特征，如图5-8（b）所示。

③ 以主体人物所处的事件或情境作为提示词，例如：一位骑在马上的将军、"大漠孤烟直，长河落日圆"、指挥千军万马、坐在火车上。

④ 以5级的中等精细度生成结果，如图5-8（c）～图5-8（f）所示。由结果可见，"角色特征"类似"主体"和"人物长相"的结合。但是与"主体"相比，"角色特征"并不是对主体对象一成不变地完整保留，而是会根据情景设计人物动作、刻画物品细节、表现情景环境，例如：手的垂放方式、骑在马上的坐姿、坐在火车上的坐姿、站在战场上的站姿、战场的情景、沙漠的环境、盔甲的样式及花纹等；与"人物长相"相比，"角色特征"也是对参考图中主体人物的脸型、五官、眼神、目光、发型、头饰的继承，同时也会贴合提示词的情景及环境的特征。

(a) 参考图：一位威武的将军

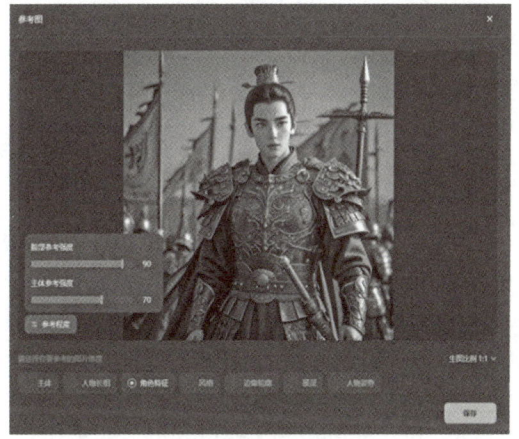

(b) 参考"角色特征"

(c) 提示词：一位骑在马上的将军

(d) 提示词：大漠孤烟直，长河落日圆

(e) 提示词：指挥千军万马　　　　　　　　　(f) 提示词：坐在火车上

图5-8　参考"角色特征"

（4）参考"风格"

① 以"一位威武的将军"作为参考图，如图5-9（a）所示。

② 以"风格"作为参考维度，如图5-9（b）所示。

③ 以人或物作为提示词，例如：一匹马、一朵花、一座宫殿、一个飞行员。

④ 以5级的中等精细度生成结果，如图5-9（c）～图5-9（f）所示。由结果可见，参考图的"盔甲"元素成了最典型的风格，继承到了每一张生成的结果。例如：一匹全身披甲的棕色的马、一朵绽放的有着盔甲纹理的金属花、一座外墙极具金属质感的宫殿、一位穿着盔甲风飞行装的飞行员。此外，参考图中暗色金属和红色披风的配色、电影画面质感的影调、主体的景别和景深等风格特征也均在生成结果中得到体现。

(a) 参考图：一位威武的将军　　　　　　　　(b) 参考"风格"

(c) 提示词：一朵花

(d) 提示词：一匹马

(e) 提示词：一座宫殿

(f) 提示词：一位飞行员

图5-9 参考"风格"

（5）参考"边缘轮廓"

①以"一位威武的将军"作为参考图，如图5-10（a）所示。

②以"边缘轮廓"作为参考维度，即梦AI智能识别了参考图中的关键线条并生成轮廓图，如图5-10（b）所示。

③以人物、职业、画风、物品或场景等作为提示词，例如：爱因斯坦、兵马俑、瓷器、荷塘月色。

④以5级的中等精细度生成结果，如图5-10（c）～图5-10（f）所示。由结果可见，生成结果遵循了轮廓图中的关键线条，生成了契合提示词中元素、内容、场景或风格的图像。例如：身穿科技感盔甲的爱因斯坦和他身后的科学仪器；一尊兵马俑和他身后的一群兵马俑；具有瓷器质感的场景和服装；一位身穿金甲的女将军站在月下，身后是盛开的荷花池和远景的中式古建筑。

(a) 参考图：一位威武的将军

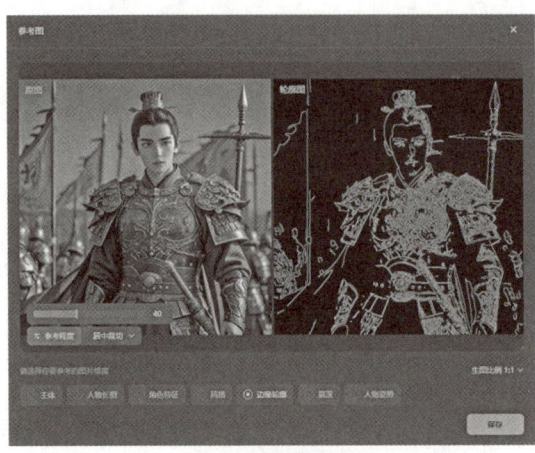

(b) 参考"边缘轮廓"

(c) 提示词：爱因斯坦

(d) 提示词：兵马俑

(e) 提示词：瓷器

(f) 提示词：荷塘月色

图5-10　参考"边缘轮廓"

（6）参考"景深"

① 以"七瓣花"作为参考图，如图5-11（a）所示。

② 以"景深"作为参考维度，即梦AI会智能识别参考图中主体的景深信息并生成景深图，如图5-11（b）所示。

③ 以材质、颜色、质感、氛围等作为提示词，例如：塑料、金色、绳子、星空。

④ 以5级的中等精细度生成结果，如图5-11（c）～图5-11（f）所示。由结果可见，生成结果高质量继承了参考图中主体对象的典型特征，并保持了景深图中主体的景深信息，而且对于提示词中的材质、颜色、质感、氛围等内容高度敏感。例如：以"七瓣花"作为参考图的生成结果都会生成造型相同七瓣花；再结合"塑料""金色""绳子""星空"等提示词，就生成了塑料七瓣花、黄金七瓣花、绳编的七瓣花、星空氛围的七瓣花。

(a) 参考图：七瓣花

(b) 参考"景深"

(c) 提示词：塑料

(d) 提示词：金色

(e) 提示词：绳子　　　　　　　　　　　　(f) 提示词：星空

图5-11　参考"景深"

（7）参考"人物姿势"

① 以"武术运动员"作为参考图，如图5-12（a）所示。

② 以"人物姿势"作为参考维度，即梦 AI 会智能识别参考图中人物的姿势并生成骨骼图，如图5-12（b）所示。

③ 以职业、形象、氛围等作为提示词，例如：机器人、兵马俑、熊猫、火焰。

④ 以5级的中等精细度生成结果，如图5-12（c）～图5-12（f）所示。由结果可见，生成结果中的主体姿势均与骨骼图中的人物姿势高度一致，即梦 AI 还会根据提示词的内容生成契合提示词描述的主体、形象、风格、特征、氛围和元素。例如：具有未来风格的荒漠中的机器人、一尊不安于千年站姿的兵马俑、在具有中国风的山林间练功的熊猫、在星空下舞弄火焰的超能力少年。

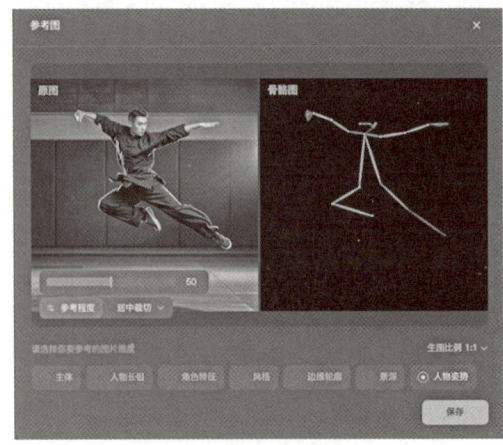

(a) 参考图：武术运动员　　　　　　　　　　(b) 参考"人物姿势"

(c) 提示词：机器人

(d) 提示词：兵马俑

(e) 提示词：熊猫

(f) 提示词：火焰

图5-12 参考"人物姿势"

（8）编辑"HD超清"

如果生成结果的尺寸无法满足创作者的要求，创作者可以使用"HD超清"编辑功能，将生成结果等比例放大2倍。

例如：图片比例为1∶1的生成结果，默认的图片尺寸为1 024×1 024。经过"HD超清"编辑后，图片尺寸可以达到2 048×2 048。

同一个生成结果只能使用一次"HD超清"编辑。

（9）编辑"细节修复"

如果生成结果的细节存在瑕疵，创作者可以使用"细节修复"编辑功能，让即梦AI进一步优化生成结果。

例如：原图为"坐在火车上的将军"，如图5-13（a）所示；执行"细节修复"编辑功能后的生成结果如图5-13（b）所示。

(a)"细节修复"原图

(b)"细节修复"的生成结果

图5-13 编辑"细节修复"

对比原图可见，经过"细节修复"编辑的生成结果中人物的眉眼、发型等面部细节刻画得更精致、真实，车厢空间的景深感更强烈，画面整体的光线氛围也更通透。

（10）编辑"局部重绘"

如果生成结果的局部和预期存在比较大的差距，创作者可以使用"局部重绘"编辑功能，让即梦AI在创作者制定的区域重新生成结果。

例如：原图为"坐在火车上的将军"，如图5-14（a）所示；创作者可以使用画笔和橡皮擦编辑需要重绘的区域，并且可以通过文字描述需要重新绘制的内容，不填则将基于原图生成，如图5-14（b）所示。

生成结果如图5-14（c）～图5-14（f）所示。由结果可见，将军胸前的盔甲被重新绘制成了不同的样式和纹理。

(a)"局部重绘"原图

(b)编辑"局部重绘"区域

(c) "局部重绘"生成结果1

(d) "局部重绘"生成结果2

(e) "局部重绘"生成结果3

(f) "局部重绘"生成结果4

图5-14 编辑"局部重绘"

（11）编辑"扩图"

如果创作者希望扩展图像的既有画面空间，可以使用"扩图"编辑功能，基于原图生成或描述提示词生成。

例如：原图为"坐在火车上的将军"，如图5-15（a）所示；执行"扩图"编辑功能如图5-15（b）所示；生成结果如图5-15（c）所示。将生成结果继续执行"扩图"编辑功能，生成结果如图5-15（d）所示。

由结果可见，画面中的主体人物经过两次"扩图"编辑离镜头越来越远，车厢的空间表现则越来越开阔，画面景别由原图的半身腰景扩展成了全身景。

（12）编辑"消除笔"

如果画面中有多余的人或物，创作者可以使用"消除笔"编辑功能，编辑要从原图中消除的区域，让即梦AI智能消除。

(a)"扩图"原图

(b)编辑"扩图"

(c)一次"扩图"生成结果

(d)二次"扩图"生成结果

图5-15　编辑"扩图"

　　例如：原图为"一个男生在书房看书"，如图5-16（a）所示；执行"消除笔"编辑功能用涂抹的方式选取画面中"桌子上的蛋糕"的相关内容，如图5-16（b）所示；生成结果如图5-16（c）所示。

(a)"消除笔"原图

(b)编辑"消除笔"

(c)"消除笔"结果图

图5-16 编辑"消除笔"

由结果可见,画面中桌子上的蛋糕被消除了,而且生成的内容同画面中书桌的材质保持高度一致。

5.2 AI视频

5.2.1 AI视频概述

以可灵、即梦、海螺、Vidu等为代表的AI视频大模型平台不仅都具备了文生视频和图生视频的基础功能,还兼具了模型多样、参数丰富、风格迥异的特色功能。而且,各个平台的大模型及各项功能都始终保持着高速的发展、迭代与更新,新模型、新功能日新月异、层出不穷。

可灵AI具备了创意描述、运动笔刷、创意想象力和创意相关性平衡控制、运镜控制以及排除呈现内容描述等功能,并可选择生成速度更快"标准"和"高品质"两种生成模式,"5秒"和"10秒"两种不同的时长以及"16:9"横屏、"9:16"竖屏、"1:1"方屏等三种画幅,还支持同时生成最多4条视频。但可灵AI的生成时长相对较长。

即梦AI具备了画面内容及运动方式描述、精细度控制、对口型、故事创作等功能。即梦AI的初代视频模型为了追求各方面的平衡表现,可以自定义设置视频的运镜、速度、模式、时长、比例、生成次数等参数,但是高版本的视频模型为了追求更快的生成速度并兼顾高品质效果,则省略了视频比例以外的其他基础设置。

Vidu的生成参数设置和其他的大模型基本相同,但是其特色的功能是参考生视频。在Vidu中添加多个主体或单个主体不同角度的图片,其生成的视频主体将与图片主体保持一致。

5.2.2　文生视频

文生视频是指创作者用提示词描述在AIGC大模型平台生成视频内容。

1. 文生视频提示词公式

虽然不同平台的AI大模型存在差异性，提示词的结构也不尽相同，但还是可以梳理出文生视频提示词的基础公式，如图5-17所示。

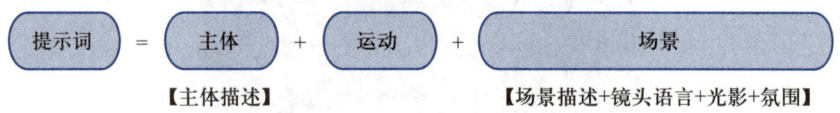

图5-17　文生视频提示词公式

主体：视频中的主要表现对象，是画面主题的重要体现者。如人、动物、植物，以及物体等。该项为必选项。

主体描述：对主体外貌细节和肢体姿态等的描述，可通过多个短句进行列举。如运动表现、发型发色、服饰穿搭、五官形态、肢体姿态等。该项为可选项。

运动：对主体运动状态的描述，包括静止和运动等，运动状态不宜过于复杂，符合5 s视频内可以展现的画面即可。该项为必选项。

场景：对主体所处的环境，包括前景、背景等。该项为必选项。

场景描述：对主体所处环境的细节描述，可通过多个短句进行列举，但不宜过多，符合5 s视频内可以展现的画面即可。如室内场景、室外场景、自然场景等。该项为可选项。

镜头语言：是指通过镜头的各种应用以及镜头之间的衔接和切换来传达故事或信息，并创造出特定的视觉效果和情感氛围。如超大远景拍摄，背景虚化、特写长焦镜头拍摄、地面拍摄、顶部拍摄、航拍、景深等。该项为可选项。

光影：光影是赋予摄影作品灵魂的关键元素，光影的运用可以使照片更具深度，更具情感，我们可以通过光影创造出富有层次感和情感表达力的作品。如氛围光照、晨光、夕阳、光影、丁达尔效应、灯光等。该项为可选项。

氛围：对预期视频画面的氛围描述。如热闹的场景、电影级调色、温馨美好等。该项为可选项。

以上公式最核心的构成就是主体、运动和场景，这是描述一个视频画面最简单、最基本的单元。当希望更细节地描述主体与场景时，只需要通过列举多个描述词短句，保持希望出现的要素在提示词中的完整性即可，AI大模型会根据我们的表达进行提示词扩写，生成符合预期的视频。

例如：在可灵AI中选择"可灵1.5"模型，在创意描述中输入文生视频提示词"一位宇航员在地上采了一束玫瑰"，创意想象力和创意相关性的平衡值设置为0.5，生成模式为高品质，生成时长为5秒，视频比例为16∶9，生成视频结果如图5-18所示。

图5-18 "一位宇航员在地上采了一束玫瑰"可灵AI的生成结果

在即梦AI中选择"视频S2.0"模型，在文本生视频功能中输入同样的提示词，生成时长为5秒，视频比例为16∶9，并在一次生成后运用"补帧"功能将视频的帧率调整至60FPS（即每秒60帧），以提升流畅度，在二次生成后运用"提升分辨率"的功能提升生成视频的分辨率，生成视频结果如图5-19所示。

图5-19 "一位宇航员在地上采了一束玫瑰"即梦AI的生成结果

对比两个大模型生成的结果可见，在提示词内容相对简约时，两个大模型文生视频的风格较为相近，但是在生成数量、耗时、效率及生成方式上存在显著差异。

2. 增加主体和场景的细节描述

如果需要生成的画面更具体且可控，提示词可以增加主体和场景的细节描述。

例如：选用可灵AI的"可灵1.5"模型和即梦AI的"视频S2.0"模型，同时采用文生视频提示词"一位宇航员在外星球的地上采了一束发着蓝色荧光的玫瑰，宇航员的身后有一艘飞船，天上有巨大的月亮，远处是浩瀚的星空和奇幻的星河"，其他参数保持不变继续生成。可灵AI的生成结果如图5-20（a）所示，即梦AI的生成结果如图5-20（b）所示。

(a) 提示词增加主体和场景的细节描述后可灵AI的生成结果

(b) 提示词增加主体和场景的细节描述后即梦AI的生成结果

图5-20　增加主体和场景的细节描述

对比两个大模型生成的结果可见，在提示词增加了主体和场景的细节描述后，可灵AI的生成结果更具真实表现，而即梦AI的生成结果更具艺术表现。

3. 增加镜头语言和光影氛围

如果想要在生成的画面中增加一些镜头语言和光影氛围，提示词可以继续增加"镜头中景拍摄，背景虚化，氛围光照，一位宇航员在外星球的地上采了一束发着蓝色荧光的玫瑰，宇航员的身后有一艘飞船，天上有巨大的月亮，远处是浩瀚的星空和奇幻的星河，电影级调色"，其他参数保持不变继续生成。可灵AI生成的画面如图5-21（a）所示，即梦AI生成的画面如图5-21（b）所示。

(a) 提示词增加镜头语言和光影氛围后可灵AI的生成结果

(b) 提示词增加镜头语言和光影氛围后即梦AI的生成结果

图5-21 增加镜头语言和光影氛围

对比两个大模型生成的结果可见，在提示词增加了镜头语言和光影氛围后，两个大模型的生成结果质量都得到了进一步提升和优化。

4. 生成成功率

无论用哪个大模型文生视频都好像开盲盒，创作者并不知道大模型会给出一个怎样的结果，也并不能保证一次就能得到预期的结果，所以文生视频存在一定的生成崩坏概率。

所谓崩坏，包含了以下两类典型问题。

① 违反自然规律：生成结果中出现违反自然世界客观规律的内容、运动、表现的情况。例如，奔跑中的马出现了五条腿、采玫瑰的宇航员出现明显违反人体运动规律的动作、双腿笔直的人物像卡片一样朝着一个方向运动等。

② 违和感强烈：生成结果的构图、比例、运镜、质感存在明显不协调。例如，塑料质感的玫瑰花、比例和风格明显失调的宇航员、主体构图失衡的运动镜头等。

面对崩坏问题，创作者可以采用优化提示词、多次反复生成或先生图再由图生视频的方式提高成功率。

5.2.3 图生视频

图生视频是指创作者在 AIGC 大模型平台上传想要变为视频的图片，即所谓的"垫图"，再通过 AIGC 大模型的判断或提示词描述将图片转变为视频。

图生视频是当前创作者较为常用的创作手段，由于视频画面中的主体、元素、景别、构图、色彩、风格都已确定，AIGC 大模型平台只需控制视频中的主体运动、动作、光线等动效因素，因此能显著提升创作质量，同时降低专业视频的创作成本与门槛。

1. 简单动作

对图生视频来说，控制图像中主体的运动是核心，所以图生视频的提示词公式和文生视频略有不同，而且不同平台的生成效率也存在区别。

例如：创作预期是生成一个正在看手机的兵马俑的视频。首先在即梦 AI 中用文生图提示词"一个兵马俑"生成一个符合预期的图像作为图生视频的垫图，如图 5-22（a）所示。再以"看手机"为提示词分别选择即梦 AI 的"视频 S2.0"大模型和可灵 AI 的"可灵 1.5"大模型，用图生视频功能生成结果。即梦 AI 的基础设置为默认值，其生成结果如图 5-22（b）所示；可灵 AI 的创意想象力和创意相关性的平衡值设置为"0.5"，生成模式设置为"高品质"，生成时长设置为"5s"，其生成结果如图 5-22（c）所示。

"看手机"是个明确的动作，提示词的结构也相对简单，仅由一个动词和一个名词组成，AIGC 大模型可以很明确地理解这个提示词的意思，从兵马俑低头、眼睛向下看手、手上拿着一部手机等关键动作评价，该生成结果符合创作预期。

(a) 视频垫图"一个兵马俑"

(b) 提示词"看手机"即梦AI图生视频的结果

(c) 提示词"看手机"可灵AI图生视频的结果

图5-22 提示词"看手机"

2. 复杂动作

如果创作者需要生成更复杂的动作时，创作者就要从语义理解的角度将复杂动作的提示词表达得更精确、更明白、更简洁。

例如：创作预期是生成一个正在打电话的兵马俑的视频。图生视频的垫图如图5-23（a）所示。以"打电话"为提示词选择即梦AI的"视频S2.0"大模型和可灵AI的"可灵1.5"大模型，用图生视频的功能生成结果。即梦AI的基础设置为默认值，其生成结果如图5-23（b）所示；可灵AI的创意想象力和创意相关性的平衡值设置为"0.5"，生成模式为"高品质"，生成时长为"5s"，其生成结果如图5-23（c）所示。

(a) 视频垫图"一个兵马俑"

(b) 提示词"打电话"即梦AI图生视频的结果

(c) 提示词"打电话"可灵AI图生视频的结果

图5-23　提示词"打电话"

　　"打电话"虽然也是一个明确的简单动作，但是从图生视频的结果来看AI大模型却不能准确理解。从"打电话"这个提示词的关键动作分析，创作预期其实是要让兵马俑用手把手机放在耳边听，但是AIGC大模型对于"打"这个动词却不能正确理解为和耳朵有关系的动作，所以导致图生视频的结果不符合创作预期。

　　将提示词修改为"听电话"，其他参数值保持不变继续生成，即梦AI图生视频的结果如图5-24（a）所示，可灵AI图生视频的结果如图5-24（b）所示。从图生视频的结果来看，AIGC大模型依然不能生成符合创作预期的结果。生成崩坏的主要原因是因为"听"虽然是个和耳朵有关系的动作，但是手机却是要兵马俑用自己的手拿着放在耳边才是正常的、自然的动作姿态，所以"打电话"这个动作其实涉及了手拿手机、放在耳边、耳朵听等三个动作。

(a) 提示词"听手机"即梦AI图生视频的结果　　　　(b) 提示词"听手机"可灵AI图生视频的结果

图5-24　提示词"听电话"

将提示词修改为"拿手机听电话",其他参数值保持不变继续生成,即梦AI图生视频的结果如图5-25(a)所示,可灵AI图生视频的结果如图5-25(b)所示。从图生视频的结果来看,即梦AI生成了符合创作预期的结果,但是可灵AI依然没有生成符合创作预期的结果。显然,可灵AI依然没有理解提示词中的主体和运动的关系,需要在提示词中将主体和运动的关系表述得更明确。

(a) 提示词"拿手机听电话"　　　　　　　　(b) 提示词"拿手机听电话"
　　即梦AI图生视频的结果　　　　　　　　　　可灵AI图生视频的结果

图5-25　提示词"拿手机听电话"

在可灵AI中将提示词进一步明确并细化为"用手拿着手机放在耳边听电话",其他参数值保持不变继续生成,图生视频的结果如图5-26(a)和图5-26(b)所示。以图5-26(a)的图生视频的结果来看可灵AI生成了符合创作预期的结果,但是图5-26

（b）的图生视频的结果中却出现了其他主体。可见，可灵AI大模型对于相同提示词的理解存在着在结果中增加其他主体以满足提示词表述的情况，显然这也是不符合创作预期的结果。

(a) 提示词"用手拿着手机放在耳边听电话"　　　　　　(b) 提示词"用手拿着手机放在耳边听电话"
可灵AI图生视频的结果1　　　　　　　　　　　　　可灵AI图生视频的结果2

图5-26　提示词"用手拿着手机放在耳边听电话"

5.2.4　运动笔刷

可灵AI提供了"运动笔刷"功能显著提升了图生视频的可控性。创作者可以用"运动笔刷"在垫图中自定义运动主体及轨迹，模型会依据指定的运动轨迹并参考提示词描述及物理世界的运动规律控制特定主体完成符合预期的指定运动。运动笔刷具有比图生视频更高成功率的可控生成能力，可以生成"球类运动""人物或动物转向和行走路线"等图生视频比较难实现的复杂运动。

在运动笔刷中，"画笔"和"橡皮"可以设置尺寸（5～50），支持同时绘制6个运动区域及对应的运动轨迹，并具备"自动检测区域"、撤销、恢复、区域重置及全部重置等功能。

1. 单个运动主体

如果创作者绘制的运动区域是一个动物，那么可灵AI大模型会根据这个动物在现实世界中运动姿态、运动规律和运动特点生成视频结果。

例如：创作预期是一匹行走的马。图生视频的垫图如图5-27（a）所示。在"运动笔刷"中将马绘制为"区域1"，并在马前顺着马头的朝向方向绘制运动轨迹为"轨迹1"，如图5-27（b）所示。选择"可灵1.5"大模型，图片创意描述不填，创意想象力和创意相关性的平衡值设置为"0.5"，生成模式为"高品质"，生成时长为"5s"，生成视频结果的首帧如图5-27（c）所示，尾帧如图5-27（d）所示。

(a)"一匹行走的马"垫图

(b)"一匹行走的马"的运动笔刷绘制

(c)"一匹行走的马"生成视频结果的首帧

(d)"一匹行走的马"生成视频结果的尾帧

图5-27　单个运动物体

从图生视频的结果来看，可灵AI大模型准确理解了物理世界中马是一个动物，并且生成了马在行走时的姿态，马因为行走在画面中发生了位移，马的头、耳朵、鬃毛、肌肉、四蹄和尾巴都形成了符合运动规律的协调动作，马身上的光影效果与马的位移及动作同步变化，但是马后面的背景依然保持稳定。可灵AI成功生成了符合预期的视频结果。

2. 多个运动主体

如果创作者绘制的运动区域包含多个动物个体或运动主体，可灵AI大模型则会分别根据这些动物或运动主体在现实世界中各自的运动姿态、运动规律和运动特点生成视频结果。

例如：创作预期是两匹摆头看向远方的马，马身前的草随风摆动，图生视频的垫图如图5-28（a）所示。

马的摆头动作并不是马的全身动作，而是马身体局部的动作，所以创作者不能将马的全身绘制为运动区域，而是要将和马摆头动作相关的关键性局部绘制为运动区域，才能准确控制并实现马的摆头动作。

基于上述关于马摆头动作的分析，在"运动笔刷"中将两匹马的头和鬃毛分别绘制为"区域1"和"区域2"，并根据马转头的动作绘制运动轨迹，将马前的草绘制为

"区域3"，并根据草随风摆动的动效绘制运动轨迹，如图5-28（b）所示。其他参数保持不变生成的视频结果首帧如图5-28（c）所示，尾帧如图5-28（d）所示。

(a)"两匹马"垫图

(b)"两匹马"的运动笔刷绘制

(c)"两匹马"生成视频结果的首帧

(d)"两匹马"生成视频结果的尾帧

图5-28　多个运动主体

在生成的视频结果中，两匹马的头分别向运动轨迹指定的方向摆动，马前的草随风摆动，可灵AI大模型根据绘制的运动笔刷生成的视频结果符合预期。而且，马的尾巴和马头上的草叶虽然不在绘制的运动区域内，但是可灵AI大模型理解了马的运动姿态和草叶随风摆动的整体氛围，增加了马尾摆动的动效和在风中飘飞的草叶。

3. 运动主体既不存在运动的主观姿态又不存在运动的客观环境

如果创作者绘制的运动主体是在物理世界中既不存在运动的主观姿态又不存在运动的客观环境，那么可灵AI大模型会将运动轨迹理解为以这个运动区域为主体的运动镜头。

例如：图生视频的垫图为"一尊石狮子"，如图5-29（a）所示。在"运动笔刷"中将石狮子绘制为"区域1"，并在石狮子的头上向石狮子朝向方向绘制运动轨迹为"轨迹1"，如图5-29（b）所示。其他参数保持不变，生成的视频结果首帧如图5-29（c）所示，尾帧如图5-29（d）所示。

(a)"一尊石狮子"垫图

(b)"一尊石狮子"的运动笔刷绘制

(c)"一尊石狮子"生成视频结果的首帧

(d)"一尊石狮子"生成视频结果的尾帧

图5-29　以运动区域为主体的运动镜头

　　众所周知，现实世界中的石狮子就是一个摆放着的一动不动的物体，既不存在运动的主观姿态，又不存在运动的客观环境，所以在生成的视频结果中石狮子就没有运动，而是可灵AI大模型将运动轨迹理解为了以运动区域为主体的运动镜头。

4. 运动主体既不存在运动的主观姿态但存在运动的客观环境

　　如果创作者绘制的运动主体在物理世界中不存在运动的主观姿态，但存在运动的客观环境，那么可灵AI大模型会让主体根据运动的客观环境的特点产生运动。

　　例如：图生视频的垫图为"一艘在河上缓慢航行的帆船"，如图5-30（a）所示。在"运动笔刷"中将帆船绘制为"区域1"，并绘制帆船的位移运动为"轨迹1"，将水面绘制为"区域2"，并绘制水面波浪运动为"轨迹2"，如图5-30（b）所示。图片创意描述为"帆船在河上缓慢航行，水面泛起波浪"，其他参数保持不变，生成的视频结果首帧如图5-30（c）所示，尾帧如图5-30（d）所示。

　　在现实世界中，河水具备了流动的姿态，船虽然不具备运动姿态，但是河为船提供了运动环境，所以可灵AI大模型生成了河水流淌、帆船航行的结果视频。

(a)"一艘在河上缓慢航行的帆船"垫图

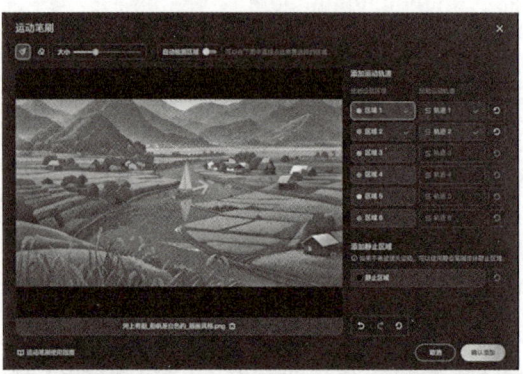

(b)"一艘在河上缓慢航行的帆船"的运动笔刷绘制

(c)"一艘在河上缓慢航行的帆船"生成视频结果的首帧

(d)"一艘在河上缓慢航行的帆船"生成视频结果的尾帧

图5-30 主体根据运动的客观环境的特点产生运动

5. 基础物理环境中的运动

可灵AI大模型还可以为主体提供空气、重力等自然世界中产生运动的物理环境，让主体产生空气流动、自由落体等基本的物理学运动。

例如：图生视频的垫图为"手拿着茶壶向茶杯里倒水"，如图5-31（a）所示。在"运动笔刷"中将水流绘制为"区域1"，并绘制向下的运动趋势为"轨迹1"，将茶壶绘制为"区域2"，并绘制向上的运动趋势为"轨迹2"，如图5-31（b）所示。图片创意描述为"茶壶向茶杯里倒水"，其他参数保持不变，生成的视频结果首帧如图5-31（c）所示，尾帧如图5-31（d）所示。

在生成的结果视频中，手缓缓地提起水壶并形成了明显的倾倒动作，水在重力的作用下从茶壶中倾泻到茶杯里并形成了水线拉长的流动效果，茶杯里的水形成了轻微的波动效果，场景中弥漫着升腾的水蒸气。所有的动效都符合自然世界中"茶壶向茶杯里倒水"的物理运动规律和场景整体氛围。

6. 提示词和运动轨迹之间的关系

为了提高运用"运动笔刷"控制运动主体遵循运动轨迹生成预期结果视频的成功率，创作者要在博大精深的汉语词汇中找到精确、恰当的提示词对结果视频中预期的运动效果做图片创意描述，并且要和运动轨迹保持一致。

(a)"手拿着茶壶向茶杯里倒水"垫图

(b)"手拿着茶壶向茶杯里倒水"的运动笔刷绘制

(c)"手拿着茶壶向茶杯里倒水"生成视频结果的首帧

(d)"手拿着茶壶向茶杯里倒水"生成视频结果的尾帧

图5-31　基础物理环境中的运动

　　例如：图生视频的垫图为"一匹马站在溪边"，创作预期是想让马跳过小溪到达对岸，如图5-32（a）所示。在"运动笔刷"中将马绘制为"区域1"，并绘制向上的抛物线为"轨迹1"，如图5-32（b）所示。为了避免在生成的结果视频中出现水面溅起水花，以"水花"作为"不希望呈现的内容"。分别以"一匹马渡过小溪""一匹马跳过小溪""一匹马跃过小溪"作为图片创意描述，其他参数保持不变生成视频。

(a)"一匹马站在溪边"垫图

(b)"一匹马站在溪边"的运动笔刷绘制

图5-32　垫图和运动笔刷绘制

马跳过小溪到达对岸虽然是一个简单的运动场景，但其实涉及了马的起跳姿态、四蹄在空中的姿态和落地姿态等一系列连贯动作，所以只有在结果视频中这些动作都符合运动规律并具有自然的运动姿态和流畅的运动轨迹并且在运动过程中马的基础形体和整体场景保持稳定才符合预期。

提示词为"一匹马渡过小溪"所生成的结果视频完全不符合预期，不仅没有任何自然的跳跃动作，还出现了马原地起飞、马从空中坠落、马落地后陷入地下、场景抖动等各种各样崩坏的情况。主要原因是由于"渡过"对于运动的描述模棱两可、不够精确，而且和"运动笔刷"中绘制的抛物线的运动轨迹不一致。

提示词为"一匹马跃过小溪"所生成的结果视频虽然存在连贯的跳跃动作，但是出现了"五个马蹄"等身体基本形态崩坏的情况，所以也不符合预期。说明可灵AI大模型也不能准确理解"跃过"这个动作，主体在运动的过程中无法保持基本形态的稳定。

提示词"一匹马跳过小溪"中的"跳过"是对预期动作的精确描述，并且和"运动笔刷"中绘制的抛物线的运动轨迹相一致。虽然生成的结果依然会出现各种各样的崩坏，但是生成的质量和成功率有了很大提升。其中，高质量的生成结果视频如图5-33（a）～图5-33（d）所示。

(a)"一匹马跳过小溪"起跳姿态

(b)"一匹马跳过小溪"空中姿态1

(c)"一匹马跳过小溪"空中姿态2

(d)"一匹马跳过小溪"落地姿态

图5-33　高质量的生成结果视频

7. 静态笔刷

如果不希望运动轨迹在结果视频中产生镜头运动，创作者还可以在"运动笔刷"中运用"静态笔刷"在图片的底部添加"静止区域"。可灵AI大模型将固定"静止区域"的像素点，避免生成的结果视频产生运镜。

例如：图生视频的垫图"生日蜡烛"，创作预期是让蜡烛上的火焰摇动起来，如图5-34（a）所示。在"运动笔刷"中将火焰绘制为"区域1"，并绘制向上的波浪线为"轨迹1"，同时将蛋糕绘制为"静止区域"以避免可灵AI大模型将波浪线理解为运动镜头，如图5-34（b）所示。图片创意描述为"烛光摇动"，其他参数保持不变，生成的视频结果首帧如图5-34（c）所示，尾帧如图5-34（d）所示。

(a)"生日蜡烛"垫图

(b)"生日蜡烛"的运动笔刷绘制和静态笔刷绘制

(c)"生日蜡烛"生成视频结果的首帧

(d)"生日蜡烛"生成视频结果的尾帧

图5-34　静态笔刷

如果没有绘制"静止区域"，则在生成的结果视频中不仅会产生摇动的烛火，还会产生镜头的随机运动。在绘制了"静止区域"后，生成的结果视频采用了固定镜头，画面中运动效果仅仅是一边摇动一边逐渐升腾的火焰和缥缈在烛火旁的袅袅青烟。

5.2.5　对口型

所谓"对口型"是指AIGC大模型可以采用图生视频或视频生视频的方式生成设定角色开口说话的视频。在"对口型"的视频中，角色会根据设定的内容和参数生成语音并同步产生相应的口型动作。

可灵AI大模型的"对口型"功能需要以一次生成的结果视频为基础二次生成，即视频生视频。所以，生成的"对口型"视频的时长也固定为5秒或10秒，这就意味着设定的文本长度要能够在规定的时长内读完，如果超过就需要剪辑设定文本的朗读音频。

即梦AI大模型的"对口型"功能虽然是图生视频中的一项独立功能，但是不仅支持图生视频也支持视频生视频。在"对口型"功能中，创作者只要导入角色确定开口说话的形象，编辑朗读文本或上传配音文件确定说话的语音内容，再设定语速、朗读音色、生成效果等参数即可生成"对口型"视频。其中，角色导入支持最大20 MB的图片或最大50 MB的视频，角色画风支持真人或动漫，角色具有清晰的正脸则可以获得高质量的结果视频。角色可以根据性别、年龄、语气、方言选择"朗读音色"，可以选择0.8倍速至2倍速的"说话速度"。生成效果有"标准"和"生动"两种模式。标准模式生成的结果视频仅修改口型，适合演讲和对白；生动模式生成的结果视频具有更丰富的面部动作，但画面会有裁剪，适合唱歌和表演。

例如：创作预期是生成一段苏东坡诵读《定风波》的视频。首先，用即梦AI大模型的文生图功能以"一个古装诗人，半身，正面，拟真，在竹林中，动漫形象"作为提示词生成一个苏东坡角色的图片，如图5-35（a）所示。其次，在"文本朗读"中输入《定风波》的诗文，预估的说话时长为23.50秒，"朗读音色"以角色的形象特征选择"儒雅大叔"，说话速度设置为"1x"即正常的1倍语速，如图5-35（b）所示。最后，生成效果设置为"生动"模式，生成的结果视频其中的两帧如图5-35（c）和图5-35（d）所示。

(a)"对口型"垫图

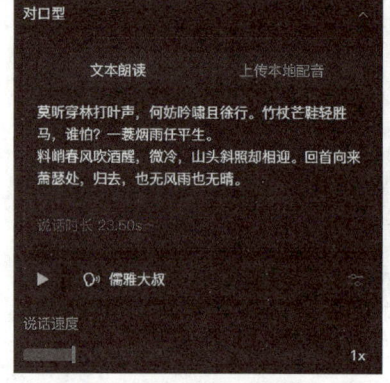

(b)"对口型"的参数设置

(c)"对口型"生成视频结果帧1

(d)"对口型"生成视频结果帧2

图5-35 对口型

在生成的结果视频中，角色的声音具有风格化的音色，文字内容的读音准确、语速流畅并稳定，角色形象的口型根据读出的文字产生了张合运动，头、眼睛、脖子和肩膀则根据嘴的动作同步产生了摇头晃脑、眼珠左右转动、脖子起伏抽动、肩膀轻微摆动等关联动作。由此可见，即梦AI大模型生成的"对口型"的结果视频中，角色的声音和动作都高度模拟了人在说话时的自然状态和运动规律。

5.3 AI配音

5.3.1 AI配音概述

AI配音技术，作为人工智能与语音合成技术的结合体，近年来在国内取得了长足的发展。这一技术通过复杂的算法和深度学习模型，能够将文本信息转化为具有高度自然度和表现力的语音输出，为视频、广告、有声读物等多种媒体形式提供了全新的配音解决方案。

当前，国内已经涌现出众多AI配音平台，这些平台利用先进的语音合成技术和丰富的声音库资源，为用户提供了多样化、个性化的配音服务。例如，科大讯飞旗下的讯飞智作、腾讯旗下的腾讯智影以及配音鹅等平台，不仅拥有庞大的AI配音主播库，还支持多种风格、语速、语调的调节，能够满足不同场景下的配音需求。同时，这些平台还提供了便捷的在线编辑和导出功能，使得用户可以轻松完成配音的制作和分享。

除了传统的配音服务外，国内AI配音平台还在不断探索新的应用场景和服务模式。例如，一些平台开始提供定制化的声音服务，通过训练特定的AI模型，为用户生成具有独特风格的声音；还有一些平台则将AI配音技术与虚拟人技术相结合，为用户打造具有真实感和互动性的虚拟主播和虚拟形象。

5.3.2 AI配音制作

AI配音的制作流程通常都分为选择音色、编辑文本、调整语音和导出音频等4个环节，如图5-36所示。

1. 选择音色和编辑文本

在AI配音的制作流程中，可以先选择音色再编辑文本，也可以先编辑文本再选择音色。

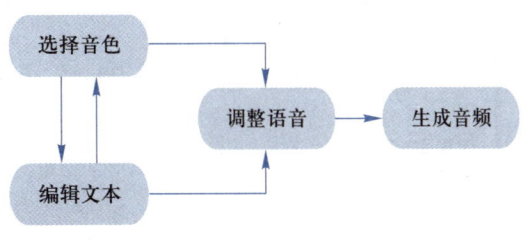

图5-36　AI配音的流程

以科大讯飞旗下的讯飞智作平台为例，AI配音的音色可以在"主播列表"中选择。为了方便创作者快速找到合适的音色，在"主播列表"中将音色以语种、性别、年龄、领域和性格做了分类，如图5-37所示。创作者找到满意的音色后，单击"试听"确认后再单击"使用"即可。

| 全部语种：| 普通话 | 英语 | 更多∨ | 全部性别：| 女声 | 男声 | 年龄：| 老年 | 中年 | 青年 | 少儿 | | 最新 | 最热 |

| 全部领域：| 超拟人 | 新闻资讯 | 小说 | 广告 | 影视解说 | 教育培训 | 语音助手 | 科普分享 | 直播 |
| | 纪录片 | 娱乐 | 游戏动漫 | 宣传片 | 客服 | 情感 | 大会主持 | 体育解说 |

| 全部风格：| 自然流畅 | 亲切温和 | 温柔甜美 | 成熟知性 | 大气浑厚 | 稳重磁性 | 年轻时尚 | 轻声耳语 | 可爱甜美 |
| | 呆萌可爱 | 激情力度 | 饱满活泼 | 诙谐幽默 | 淳朴方言 |

图5-37　AI配音的分类

语种包括了普通话、英语、俄语、法语、西班牙语、日语等多种语言以及上海、四川、陕西、河南、广东、东北、湖北等多地的特色方言。

性别包括了男声和女声。

年龄包括了老年、中年、青年、少儿。

领域包括了超拟人、新闻资讯、小说、广告、影视解说、教育培训、语音助手、科普分享、直播、纪录片、娱乐、游戏动漫、宣传片、客服、情感、大会主持、体育解说等。

风格包括了自然流畅、亲切温和、温柔甜美、成熟知性、大气浑厚、稳重磁性等。

不同的主播还可以选择不同的情绪、语速、语调和音量增益，创作者可以根据样音试听，如图5-38（a）和图5-38（b）所示。

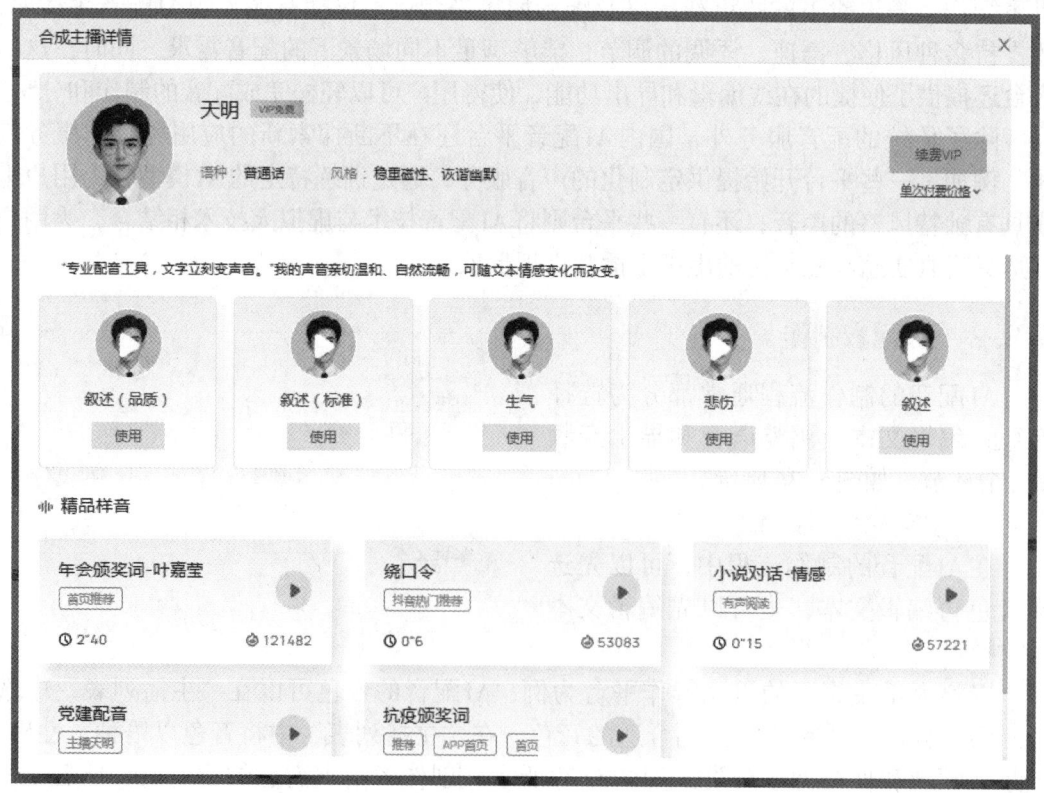

(a) 主播的情绪

(b) 主播的语速、语调和音量增益

图5-38 选择音乐

选择好音色后，创作者就可以在文本编辑框内输入最多10 000字的文本，讯飞智作会根据字数计算预估的语音时长，如图5-39所示。

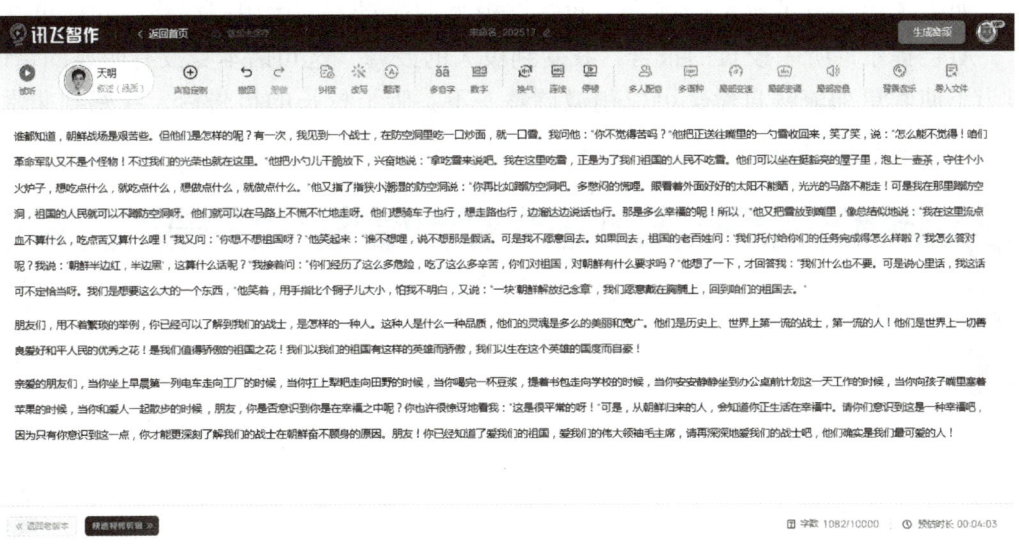

图5-39 输入文本

2. 调整语音

创作者可以用AI对试听的语音进行调整，其中包括纠错、改写、翻译、多音字、数字、换气、连续、停顿、多人配音、多语种、局部变速、局部变调、局部音量，如图5-40所示。

图5-40　调整语音

例如：选中病句"听了校长的报告，使我受到极大的鼓舞。"，运用"纠错"功能，AI会将其智能纠错为"听了校长的报告，我受到极大的鼓舞。"，创作者可以选择"替换原文"或"接续原文"，如图5-41所示。

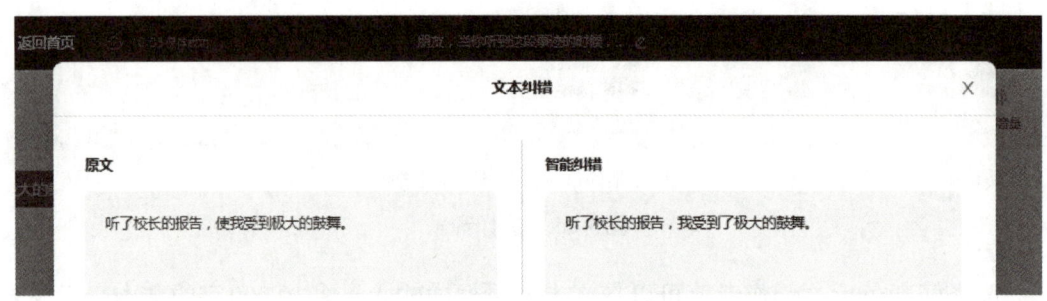

图5-41　智能纠错病句

如果选中"听了校长的报告，我受到极大的鼓舞。"，运用"纠错"功能继续纠错，AI会提示"听了校长的报告，我受到极大的鼓舞。这句话本身没有明显的错误，但为了使其更加流畅自然，可以稍微调整一下：听了校长的报告后，我感到非常振奋。"，如图5-42所示。

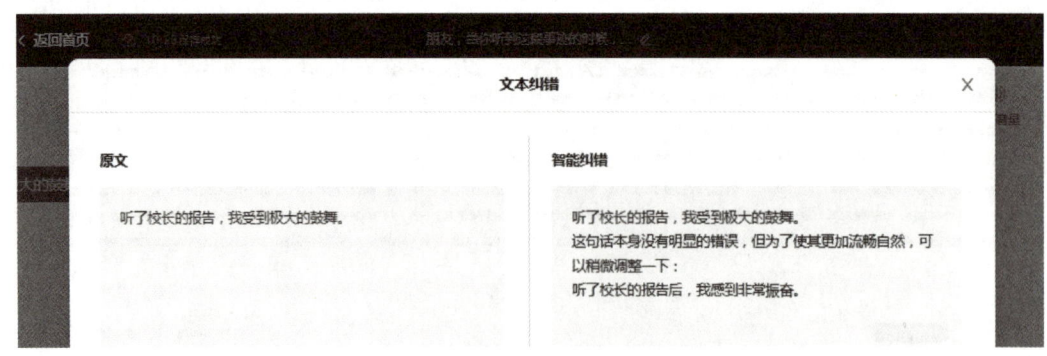

图5-42　智能纠错非病句

选中"听了校长的报告，我受到极大的鼓舞。"，运用"改写"功能，AI会将其智能改写为"聆听校长的报告，我深受鼓舞。"，如图5-43所示。

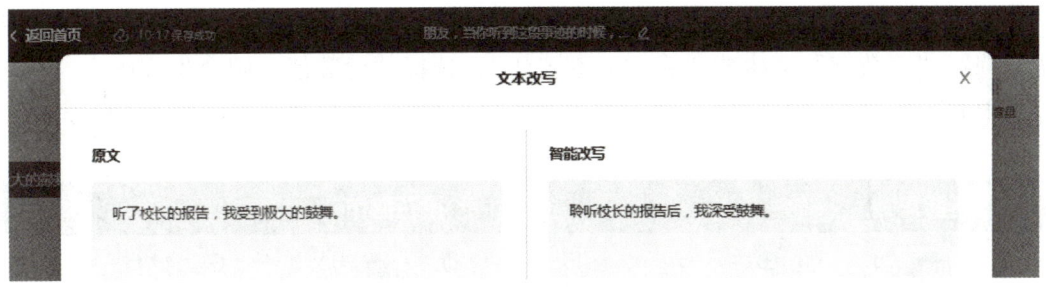

图5-43 智能改写

选中"听了校长的报告，我受到极大的鼓舞。"，运用"翻译"功能，AI会将其智能翻译为"I was greatly encouraged after listening to the principal's report."，如图5-44所示。

图5-44 智能翻译

"纠错""改写""翻译"的文本都可以选择"替换原文"或"接续原文"。

如果文本中存在多音字，可以运用"多音字"功能，选择正确的读音，如图5-45所示。

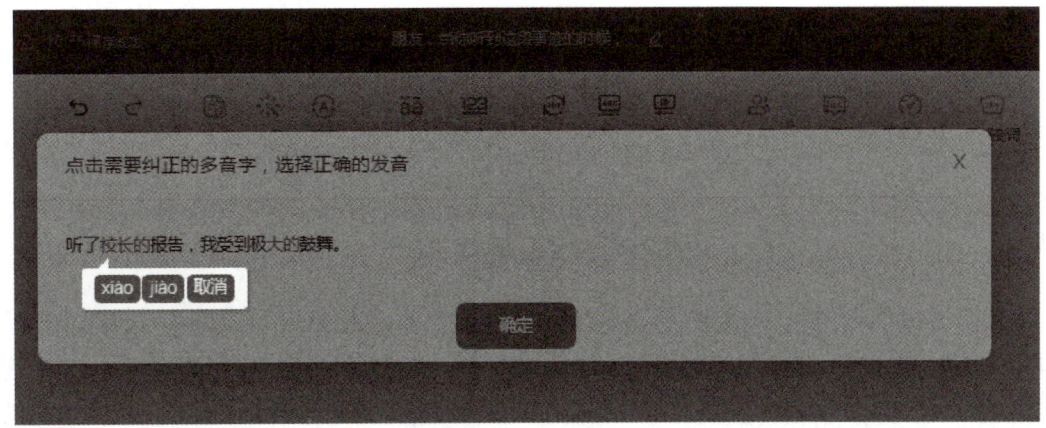

图5-45 多音字

　　如果文本中存在数字，可以运用"数字"功能，如图5-46（a）和图5-46（b）所示。选择"读数字"会生成语音"二零二伍"，选择"读数值"则会生成语音"两千零二十五"。

(a) 读数字　　　　　　　　　　　　　　　　　　(b) 读数值

图5-46　"数字"功能

　　如果生成的语音节奏不自然，可以通过光标定位在文本中添加换气、连续或停顿，其中停顿可以选择0.5秒、1秒或2秒，如图5-47所示。

图5-47　换气、连续和停顿

　　如果在同一个文本中需要多个不同的音色或多语种配音，可以使用"多人配音"功能或"多语种"功能，如图5-48所示。如果需要音色不变，只调整音频局部的速度、音调和音量，可以使用"局部变速""局部变调"和"局部音量"。需要注意的是，变速或是变调都会影响语音的音质，建议创作者谨慎使用。

图5-48 多人配音和多语种

单击"背景音乐"则可以为作品添加全局背景音乐。创作者可以根据音乐的分类选择恰当的在线音乐或者上传本地音乐，如图5-49所示。

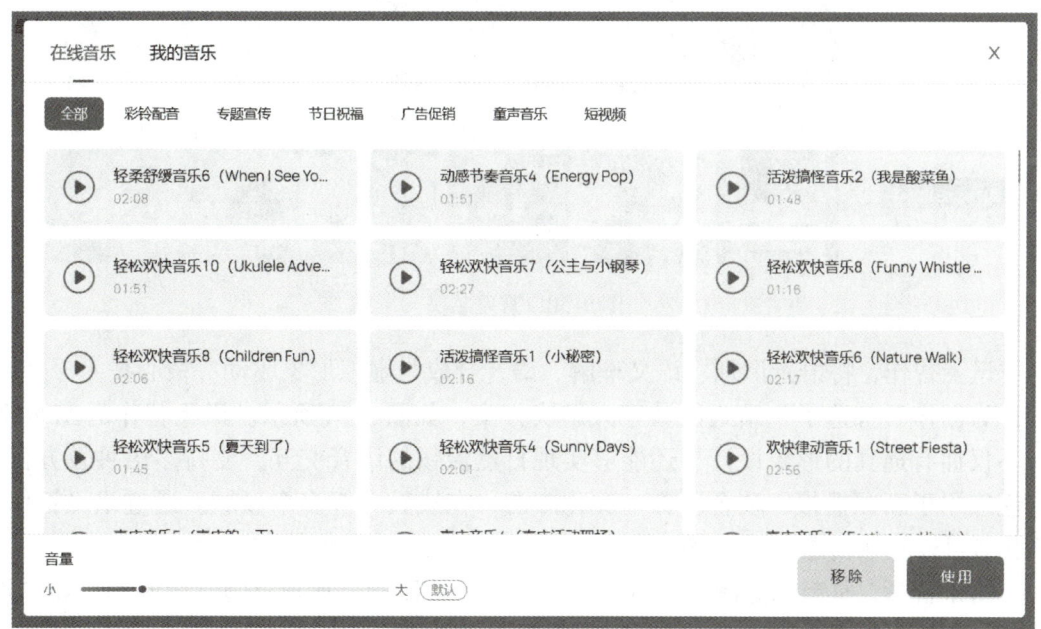

图5-49 添加背景音乐

5.4　AI 数字人

5.4.1　AI 数字人概述

　　国内的数字人制作平台近年来发展迅速，涌现出了百度曦灵、腾讯智影、讯飞智作等众多优秀的平台，这些平台利用先进的人工智能技术，为创作者提供了便捷、高效的数字人制作服务。

　　百度曦灵，为创作者提供了一个从数字人创建到内容创作、业务配置的全方位服务平台，如图 5-50 所示。曦灵不仅能够根据创作者的个性化需求，快速生成高度逼真的 2D或 3D 数字人形象，还支持多模态交互，包括语音、表情、动作等，使得数字人具备丰富的情感表达能力。通过曦灵平台，创作者可以轻松实现数字人的直播、视频创作、对话交互等多种应用场景，为品牌营销、在线教育、客户服务等领域带来全新的交互体验。

图 5-50　百度曦灵

　　讯飞智作，将语音识别、语义理解、语音合成与虚拟形象驱动等核心技术深度融合，为创作者打造了一站式的数字人解决方案，如图 5-51 所示。讯飞智作的 AI 数字人不仅拥有逼真的形象设计，还能够实现自然流畅的语音交互，支持多语种及方言，广泛应用于新闻播报、政企服务、文化旅游、在线教育等多个领域。通过讯飞智作，创作者可以轻松创建专属的虚拟数字分身，享受 AI 带来的便捷与乐趣。

　　腾讯智影，具有动态漫画、智能抠像、智能转比例、视频审阅、智能画布等多款智能小工具，如图 5-52 所示。在腾讯智影平台上，创作者可以轻松选择心仪的数字人形象，输入文字内容后，平台即可自动生成与之匹配的语音、表情和动作，快速生成高质量的短视频。腾讯智影的AI数字人支持多种风格、形象的切换，满足创作者不同场景下个性化、定制化的创作需求。

图5-51　讯飞智作

图5-52　腾讯智影

5.4.2　AI数字人视频制作

一条数字人视频可以由若干页面构成，页面则可以由若干轨道构成，轨道上存放着素材。数字人视频的结构如图5-53所示。数字人视频的页面相对独立，风格既可以统一也可以迥异，不同的页面之间可以用不同的素材。素材包括了数字人、字幕、贴纸、图像、背景等画面素材和配音、背景音乐等音频素材，用来存放视频素材的轨道称为视频轨道，用来存放音频素材的轨道称为音频轨道。

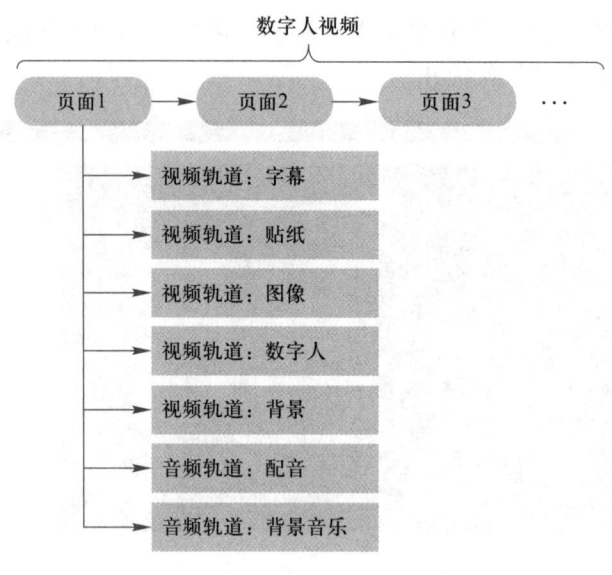

图5-53　数字人视频的结构

1. 创建视频

创作者可以在数字人视频创作平台通过模板创建视频。为了方便创作者高效地根据自己的需求创作视频，数字人视频创作平台通常会根据视频的画幅或应用场景将模板分类。按视频画幅可以分为横版和竖版，按应用场景通常分为教育培训、新闻演播、产品营销、邀请函、明信片等。腾讯智影的模板分类如图5-54所示，百度曦灵的模板分类如图5-55所示。

图5-54　腾讯智影的模板分类

图5-55 百度曦灵的模板分类

创作者可以在模板中根据内容的创作需要增加或删除页面，也可以上传本地的PPT或PDF作为页面。页面和页面之间可以自定义添加转场特效。例如，在腾讯智影中创作一个包含了三个页面的视频，页面和页面之间采用叠化转场，如图5-56（a）和5-56（b）所示。

(a) 腾讯智影的页面   (b) 腾讯智影的页面转场

图5-56 腾讯智影

2. 视频参数

视频的基础参数包括了尺寸、分辨率、帧率、码率等，不同平台可以设置的参数各有不同。

视频尺寸也可视为视频比例，视频尺寸决定了视频是横屏、竖屏、方屏或是宽屏。讯飞智作可设置16∶9、4∶3、9∶16和3∶4四种基础画幅。其中，16∶9、4∶3为横屏，9∶16、3∶4为竖屏。腾讯智影除了可设置以上的基础画幅外还可设置21∶9的宽屏、1∶1的方屏以及自由比例。21∶9的视频比例如图5-57所示。

图5-57　腾讯智影21∶9的视频比例

视频分辨率和视频尺寸共同决定了视频的画幅大小，某个角度也可以决定视频的清晰度。视频分辨率越大，视频的画幅数值就越大，视频的清晰度就越高，视频文件的存储容量也越大。讯飞智作中可以设置1080P、720P、480P分辨率。其中，1080、720和480是指视频帧短边的像素数量，"P"是指视频的扫描方式为逐行扫描。例如：视频帧画面比例为16∶9、分辨率为1080P，意味着该视频的短边有1080像素，长边有1920像素，采用逐行扫描的扫描方式。

视频的帧率通常指视频每秒显示的图像数量，是衡量视频流畅度和动态表现的重要指标，帧率越高视频播放就越流畅，视频文件的存储容量也越大。

视频的码率是指在单位时间内（通常是每秒）传输或处理的视频数据量，用比特（bit）表示。它是视频压缩和编码中的一个重要参数，决定了视频的清晰度、细节表现以及文件的存储需求。视频的码率越高，视频的声画质量越好，视频文件的存储容量也越大。

3. 创建数字人

每个数字人视频创作平台都有属于自己特色的数字人形象、动作和相应的分类。讯飞智作中创作者可以根据性别、姿势和形象选择数字人，百度曦灵中还可以根据年龄和是否带动作选择数字人，创作者可以根据自己的创作需要选择合适的数字人形象，如图5-58所示。

讯飞智作中全身姿势的景别为数字人的全身，可称为全身景，如图5-59（a）

图5-58　百度曦灵中的数字人分类

所示。半身姿势的景别为数字人的腰部以上，可称为腰景，取如图5-59（b）所示。大半身姿势的景别为数字人的膝盖以上，可称为膝景，如图5-59（c）所示。坐姿的景别根据数字人的不同则各不相同，但是和站姿有较大区别，可以很明显地看出数字人是坐在椅子上或桌子后面。讯飞智作中的坐姿如图5-59（d）所示。

(a) 讯飞智作中的数字人全身

(b) 讯飞智作中的数字人半身

(c) 讯飞智作中的数字人大半身

(d) 讯飞智作中的数字人坐姿

图5-59　景别

百度曦灵还为创作者提供了方形头像和圆形头像两种数字人镜头，如图5-60（a）和图5-60（b）所示，其中圆形头像还可以自定义背景颜色，如图5-60（c）所示。在腾讯智影中创作者可以设置方形、圆形、五角星形及心形等四种形状，某些数字人形象还可以自定义服装，如图5-60（d）所示。

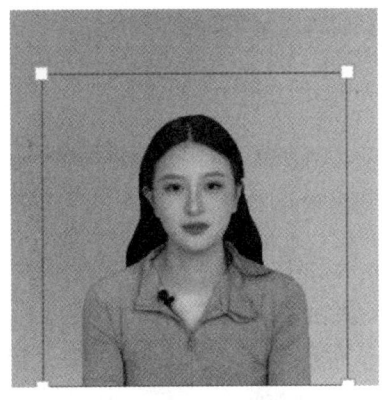

(a) 百度曦灵的方形镜头

(b) 百度曦灵的圆形镜头

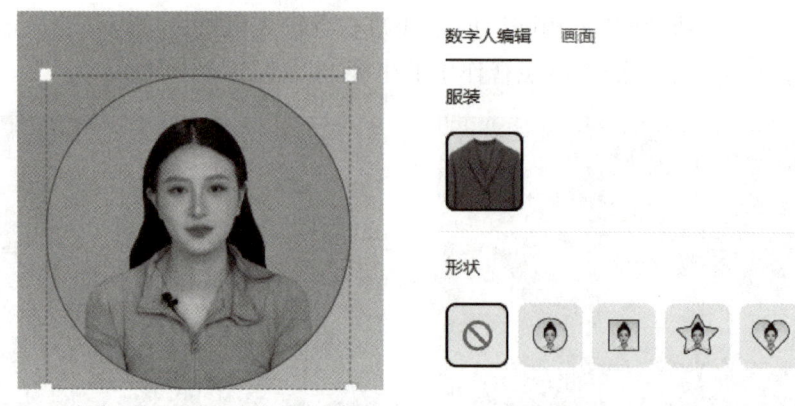

(c) 百度曦灵的圆形镜头自定义背景颜色　　　　　(d) 腾讯智影中的数字人编辑

图5-60　数字人镜头

创作者选择好数字人形象后，还可以设置数字人形象的图层次序、位置坐标、大小缩放、旋转角度、不透明度、亮度、对比度、饱和度等参数，百度曦灵中的"基础"参数如图5-61（a）所示，腾讯智影中的"画面"参数如图5-61（b）所示。

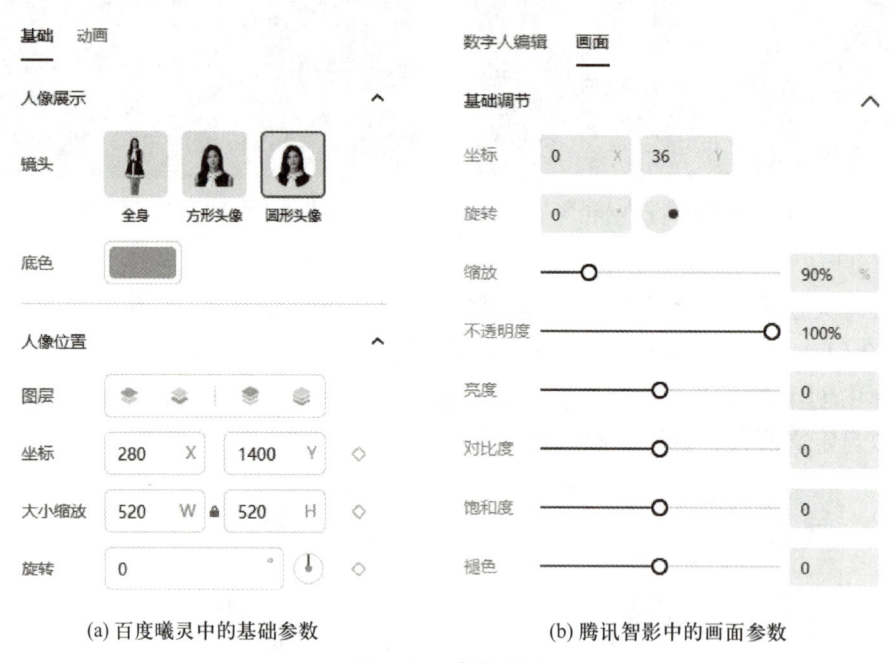

(a) 百度曦灵中的基础参数　　　　　　　　(b) 腾讯智影中的画面参数

图5-61　参数设置

百度曦灵中可以为数字人自定义渐显、渐入、滑入等入场动画及渐隐、渐出、滑出等出场动画，如图5-62（a）和图5-62（b）所示。

百度曦灵中部分数字人可以自定义左手、右手或是双手，做点头、摊手、抬手、打招呼、点赞、比心、拍胸、拜年等动作，如图5-63所示。

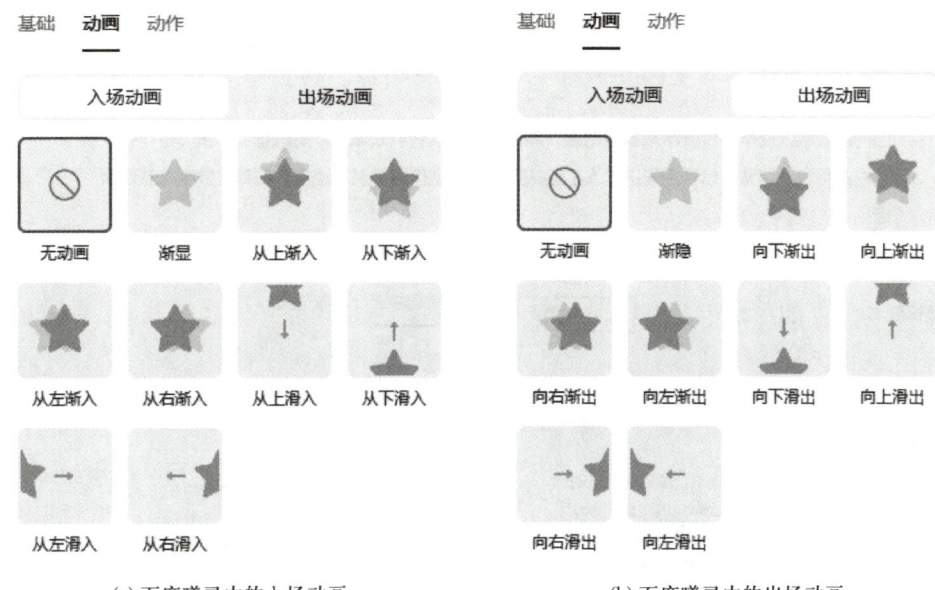

(a) 百度曦灵中的入场动画　　　　　　　(b) 百度曦灵中的出场动画

图5-62　入场动画和出场动画

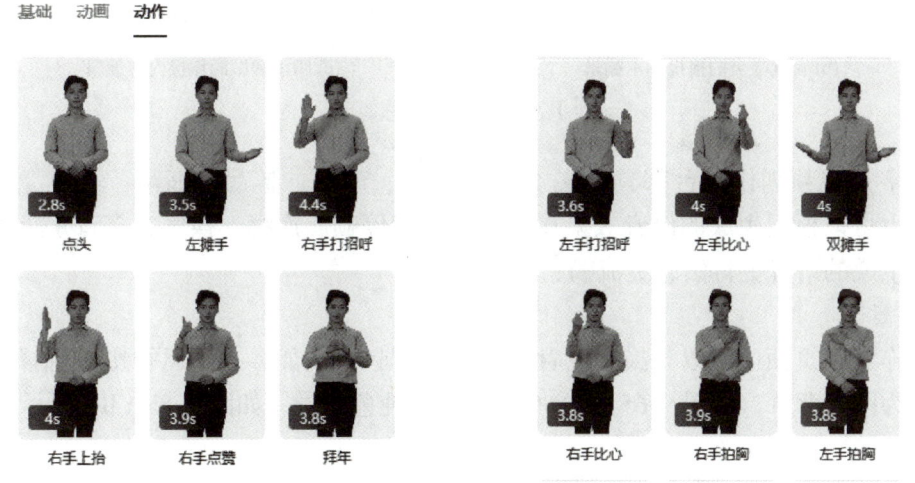

图5-63　百度曦灵中的数字人动作

4. 播报文案

　　数字人讲述的内容可以以文本的形式在数字人视频创作平台编辑或导入，不同平台支持的文本字数不同。编辑好文本内容后，数字人就可以根据文本内容生成相应的语音并配合相应的嘴形运动及肢体动作，平台还会同步生成同期声字幕。讯飞智作（纯净版）的配音内容编辑如图5-64（a）所示，百度曦灵可根据内容添加播报脚本，如图5-64（b）所示，腾讯智影的播报内容编辑如图5-64（c）所示。

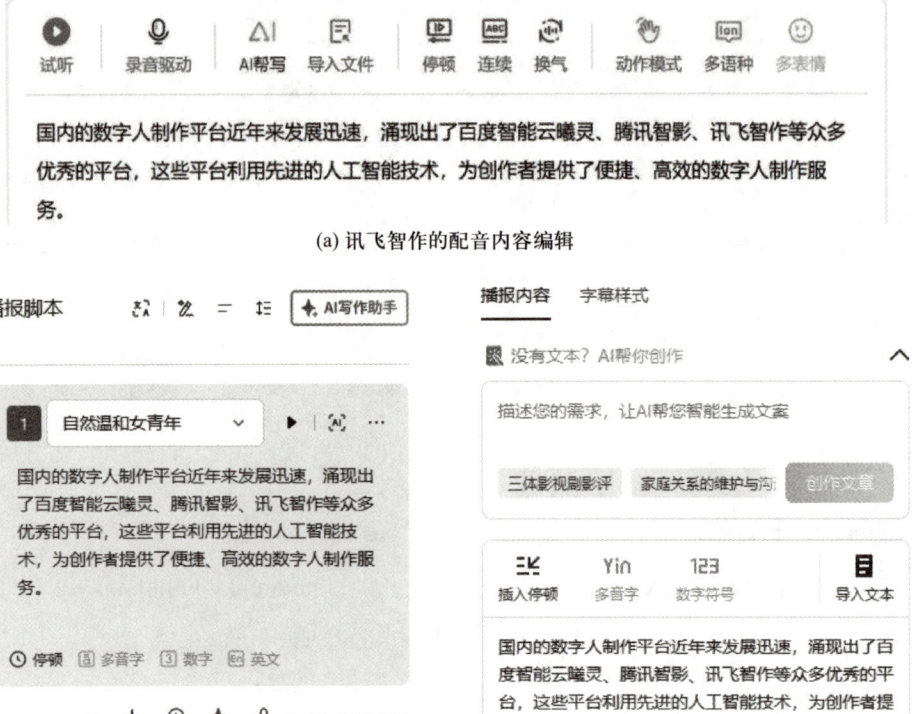

(a) 讯飞智作的配音内容编辑

(b) 百度曦灵的播报脚本编辑　　　　　　　(c) 腾讯智影的播报内容编辑

图 5-64　播报文案

数字人视频创作平台都具有文本的 AI 帮写、改写、扩写、缩写、润色、翻译等功能，也可以根据生成的语音效果在文本中添加停顿、连续、换气、多音字等修订指令，让生成的语音更自然、更流畅、更拟真。

5. 背景

创作者在页面中可以替换图片背景或颜色背景。例如，在腾讯智影中选择阳台的夜景作为图片背景，如图 5-65（a）所示；选择纯色背景，如图 5-65（b）所示。

6. 文字

创作者在页面中可以添加标题文字，并编辑文字的样式及调整文字的叠放次序。文本的样式编辑通常包括文本的内容、字体、颜色、字号、对齐、背景色、描边颜色、描边粗细、阴影、位置、角度、缩放及不透明度。例如，在腾讯智影中添加文字，文本内容为"替换纯色背景"、字体为"造字工房卓黑新潮体"、颜色为"FF0000"、字号为 100、对齐为居中、描边颜色为"FFFFFF"、描边粗细为 5、阴影颜色为"000"、阴影不透明度为 30%，阴影角度为 0°、阴影模糊为 10、阴影距离为 10、X 坐标为 –210、Y 坐标为 0、旋转为 0°、缩放为 100%、不透明度为 100%，呈现的标题效果如图 5-66 所示。

(a) 腾讯智影中设置图片背景

(b) 腾讯智影中设置纯色背景

图5-65 背景

图5-66 在腾讯智影中的添加并编辑文本

7. 贴纸

为了丰富视频的画面视觉内容，创作者可以在数字人创作平台的素材库中添加或通过本地上传贴纸、花字、图标、表情包等画面包装的图片及视频素材。讯飞智作的贴纸如图5-67（a）所示，腾讯智影的贴纸如图5-67（b）所示，百度曦灵的素材如图5-67（c）所示。

例如，在腾讯智影中插入一个"赞"的贴纸，再设置贴纸的基础参数和动画效果。其中，基础参数包括坐标、旋转、缩放和不透明度，动画效果包括进场动画、出场动画和循环动画。画面的视觉呈现如图5-68所示。

8. 背景音乐

一条优质的视频不但有精美的画面还要有合适的背景音乐。每个数字人创作平台都为创作者提供了丰富的音频素材，创作者可以从素材库中选取合适的音乐作为数字人视频的背景音乐，也可以应用各具特色的音频编辑功能编辑音频。

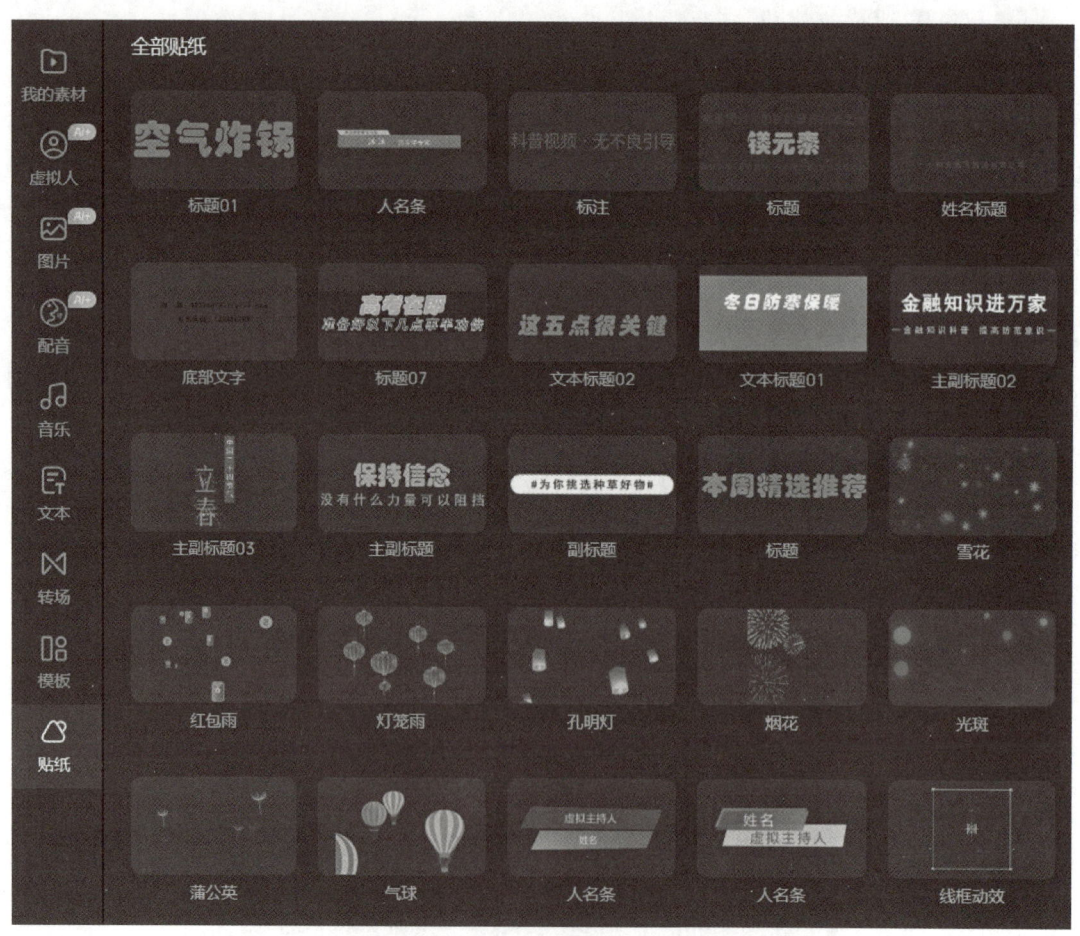

(a) 讯飞智作的贴纸

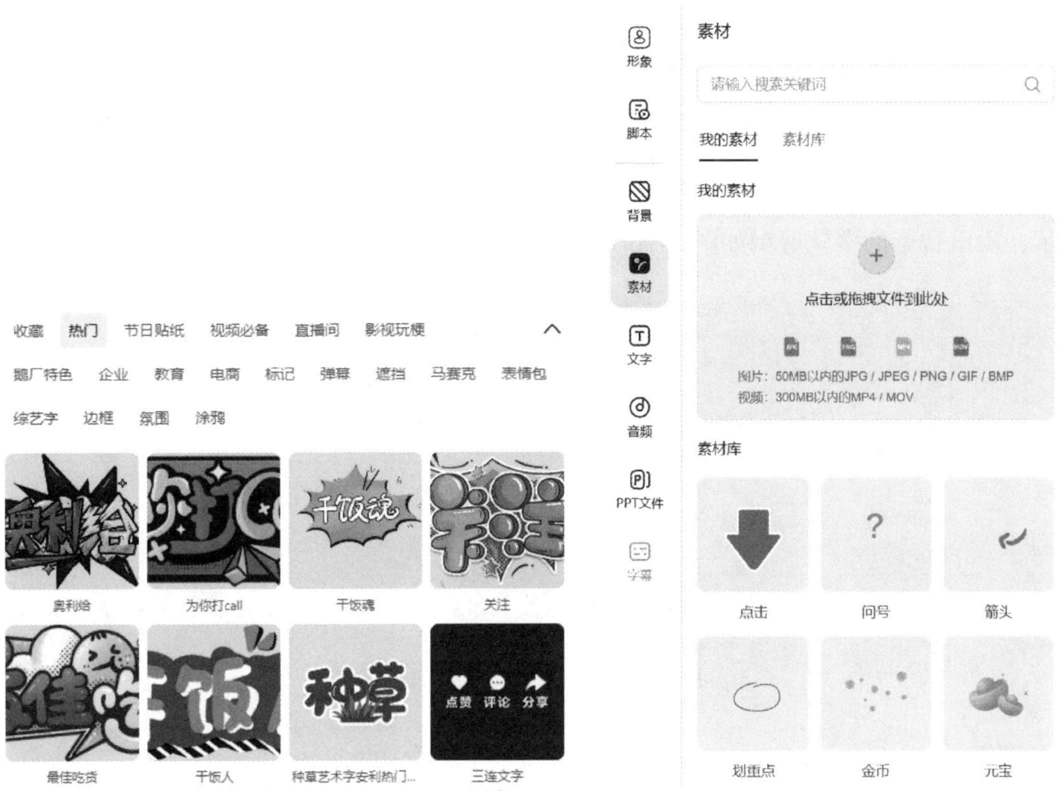
收藏 热门 节日贴纸 视频必备 直播间 影视玩梗
鹅厂特色 企业 教育 电商 标记 弹幕 遮挡 马赛克 表情包
综艺字 边框 氛围 涂鸦
奥利给
为你打call
干饭魂
关注
最佳吃货
干饭人
种草艺术字安利热门...
点赞 评论 分享
三连文字
形象
脚本
背景
素材
文字
音频
PPT文件
字幕
素材
请输入搜索关键词
我的素材 素材库
我的素材
点击或拖拽文件到此处
图片：50MB以内的JPG / JPEG / PNG / GIF / BMP
视频：300MB以内的MP4 / MOV
素材库
点击
问号
箭头
划重点
金币
元宝

(b) 腾讯智影的贴纸　　(c) 百度曦灵的素材

图5-67　贴纸

设置音频的音量是百度曦灵、讯飞智作和腾讯智影都具备的音频编辑的基本功能，百度曦灵和腾讯智影支持创作者通过上传音频文件自定义视频的音频，腾讯智影还支持设置音频的淡入淡出效果，如图5-69所示。

赞

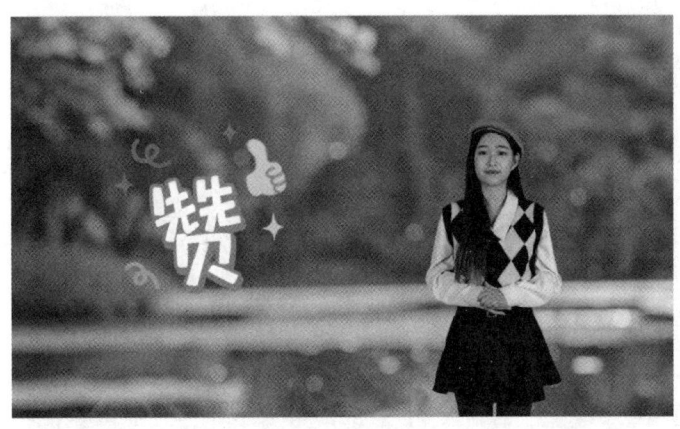

图5-68　在腾讯智影中插入贴纸的画面视觉效果

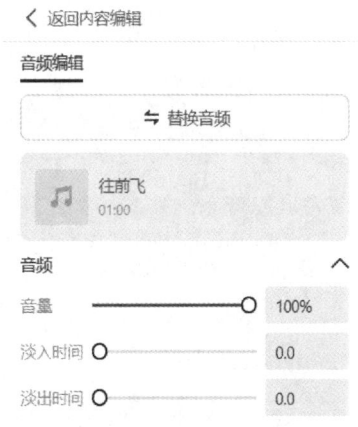

返回内容编辑
音频编辑
替换音频
往前飞
01:00
音频
音量
100%
淡入时间
0.0
淡出时间
0.0

图5-69　腾讯智影中的音频编辑

9. 多轨剪辑

在多轨剪辑中，创作者可以根据时间线的位置显示或隐藏轨道、添加或删除轨道、添加或删除素材、切割素材实现视频剪辑、调整素材的轨道位置控制素材的叠放次序、在素材之间添加转场、为素材添加滤镜和特效。

百度曦灵的多轨剪辑如图5-70（a）所示，讯飞智作的多轨剪辑如图5-70（b）所示，腾讯智影的多轨剪辑如图5-70（c）所示。

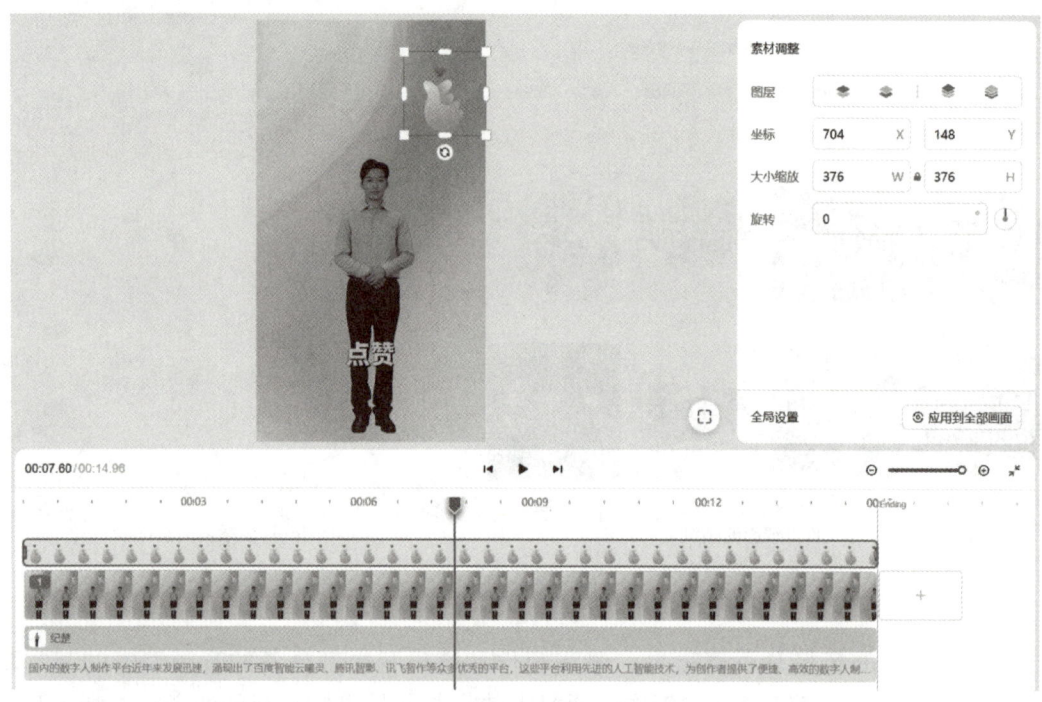

(a) 百度曦灵的多轨剪辑界面

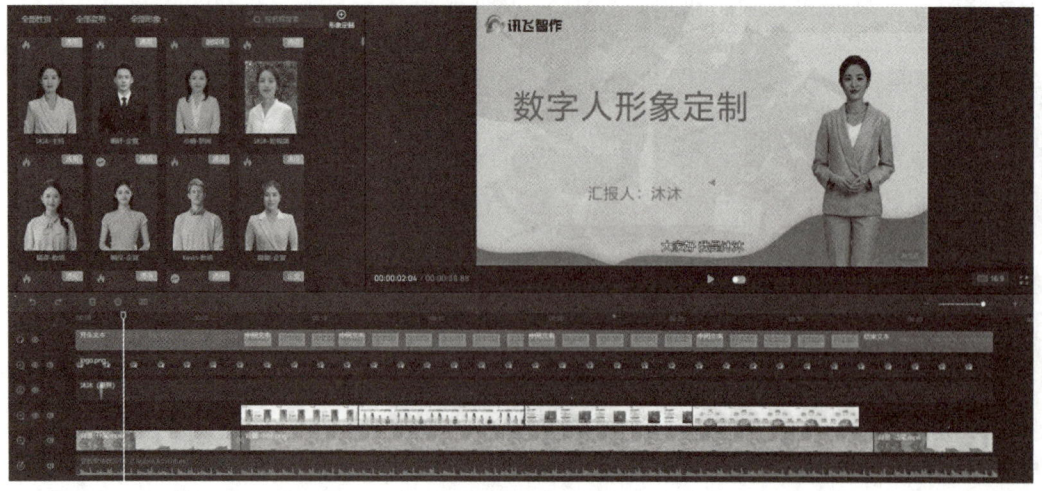

(b) 讯飞智作的多轨剪辑界面

(c) 腾讯智影的多轨剪辑界面

图 5-70 多轨剪辑

5.5 练 习 题

【习题 5.1】在你本学期的课程表中选取一门课，用 AIGC 生成一张课程海报。

【习题 5.2】以自己的证件照作为素材，为自己创作一张风格化的头像。

【习题 5.3】用 AIGC 的方式生成诗歌《乡愁》的配乐诗朗诵音频。

【习题 5.4】用 AIGC 的方式生成诗歌《乡愁》的配乐诗朗诵视频。

【习题 5.5】以第 2 章操作题的操作过程的录屏和自己的风格化头像作为 AI 数字人素材，生成第 2 章操作题的教学视频。

第6章

AIGC+编程

6.1　AIGC编程概述

AIGC技术在编程领域的应用正变得越来越广泛，它通过利用深度学习、自然语言处理等技术，能够自动生成代码、优化程序性能，甚至辅助开发者解决复杂的编程问题。对于编程零基础的学生，AIGC技术可以成为一个强大的学习伴侣和辅助工具，帮助大家更快地掌握编程技能。本章将详细阐述常见的AI工具以及应用场景的介绍，帮助零基础学生快速入门编程。

6.1.1　AI辅助编程工具

国内外有许多优秀的AIGC编程工具，这些工具覆盖了从代码编辑、调试、版本控制到项目管理等多个方面，极大地提高了开发效率。对于初学者来说，选择AI编程工具时应考虑易用性、代码生成质量、支持的语言和开发环境等因素。图6-1所示为一些适合初学者的AI编程工具。

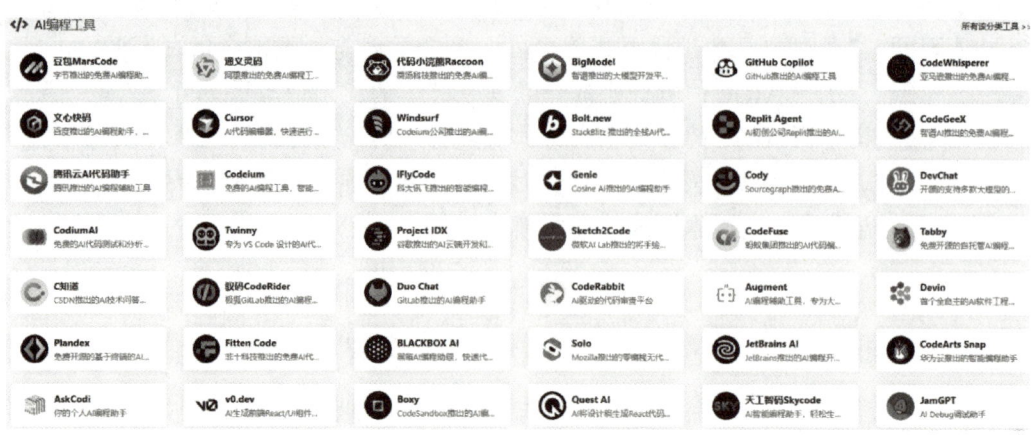

图6-1　常见的AI编程工具集

GitHub Copilot：由GitHub和OpenAI合作开发，能够根据上下文自动生成代码建议。它支持多种编程语言，并且可以与VS Code等IDE无缝集成，非常适合初学者快速上手编程。

MarsCode：由字节跳动公司推出，提供智能化的代码补全、生成、优化等功能。它支持多种编程语言和主流IDE，如VS Code、JetBrains系列，对初学者非常友好，图6-2为MarsCode官方网站截图。

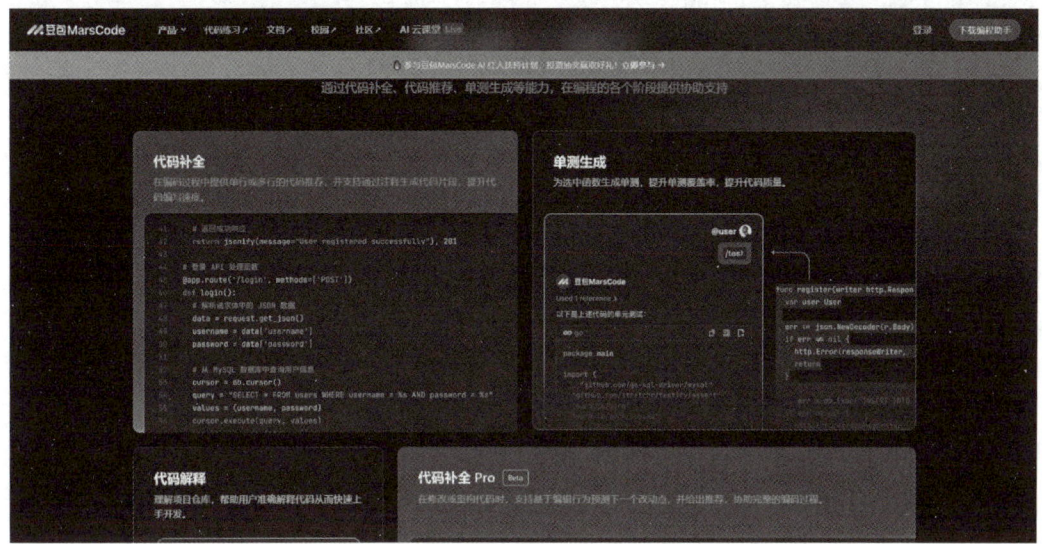

图6-2　MarsCode官方网站截图

代码小浣熊（Raccoon）：由商汤科技推出，特别针对初学者和中级开发者，提供智能代码生成和辅助工具。它支持多语言，并且具有代码分析功能，帮助开发者提升代码质量。图6-3所示为小浣熊（Raccoon）官网截图。

图6-3　代码小浣熊（Raccoon）官网截图

文心快码：由百度推出，基于文心大模型（ERNIE），支持超过100种编程语言。它能够实现实时代码补全、生成和优化，适合初学者在多种语言环境下工作。图6-4为文心快码官网截图。

图6-4　文心快码官网截图

iflycode：是由科大讯飞推出的，基于讯飞星火大模型，结合了自然语言处理和语音识别技术，提供流畅、直观的代码生成和补全功能。它支持语音输入，为初学者提供了一种全新的编程体验。图6-5为iflycode官网截图。

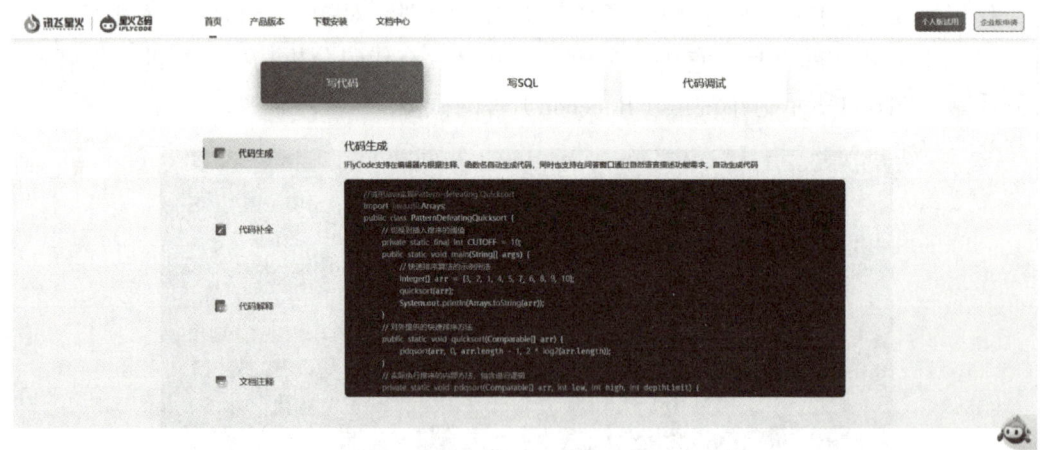

图6-5　iflycode官网截图

Cursor.so：是一个集成了GPT-4的智能AI代码生成工具，它可以帮助用户快速编写、编辑和优化代码，并且具有极简的界面设计，使得初学者可以快速上手。图6-6为Cursor.so官网截图。

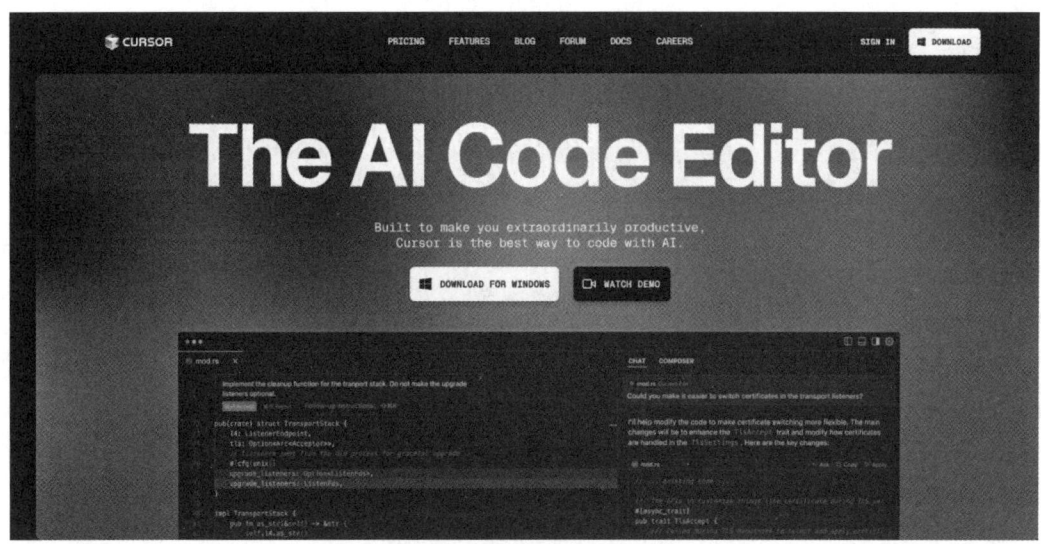

图 6-6　Cursor.so 官网截图

CodeWhisperer：由亚马逊 AWS 团队推出，专为 AWS 开发者设计，提供智能化的代码建议和补全功能。它深度集成了 AWS 服务，适合云开发者使用。图 6-7 为 CodeWhisperer 亚马逊官网截图。

图 6-7　CodeWhisperer 亚马逊官网截图

CodeGeeX：由国内智谱 AI 公司对标 GitHub Copilot 推出，是一款开源 AI 编程助手，支持多种编程语言。它的可定制性和灵活性较强，适合开发者进行二次开发和深度集成，对于喜欢开源工具的初学者来说是一个不错的选择。图 6-8CodeGeeX 官网截图。

图6-8 CodeGeeX官网截图

这些工具不仅能够帮助初学者快速生成代码，还能提供代码优化建议和错误检测，从而提高编程效率和代码质量。在选择工具时，初学者可以根据自己的编程语言偏好和开发环境需求来选择最适合自己的AI编程助手。值得一提的是，不同的AI工具在各方面的表现性能不一样，有兴趣的开发者可以尝试多工具同时使用，横向对比后选择合适工具。

6.1.2 应用场景介绍

对于编程初学者来说，生成型AI的应用场景非常广泛。以下是一些适合初学者的应用场景，如代码生成与优化、智能问答与辅导、AI数据分析与可视化以及前端界面的自动生成等。

1. 代码生成与优化

AIGC通过智能分析推断开发者输入的部分代码，能够自动生成合适的代码片段。例如，当用户输入"for"时，AIGC工具便能迅速构建出一个完整的for循环结构。如GitHub Copilot、MarsCode和Cursor等工具，都提供了先进的代码补全功能，极大地提升了初学者的编码效率，并减轻了手动编码的工作量。此外，这些工具还能提供代码优化建议，助力初学者学习如何更高效地编写代码。例如，通义灵码和代码小浣熊（Raccoon）等工具，能够根据用户的指令自动生成代码片段，进一步减轻初学者的编码负担。

对于零基础的编程新手，AIGC工具能够实现智能编程。它们通过理解开发者的自然语言描述，生成相应的代码。例如，开发者可以用自然语言描述一个加法运算，AIGC工具便能生成对应的代码实现。

在编码过程中，AIGC工具还能进行代码测试和调试，检测潜在的错误和常见代码缺陷，并提供相应的提示和建议。CodiumAI专注于测试代码并提供改进方法，这对于初学者尤其有益，因为它能帮助他们识别并修复代码中的错误。例如，当开发者使用未初始化的变量时，AIGC工具能够智能地提示错误，协助开发者及时发现并解决问题。AIGC工具还能优化代码质量，识别并解决代码中的冗余、重复和未使用的变量等问题，并推荐相应的优化方案。通过AIGC的智能提示，开发者可以迅速改进代码，提升代码的健壮性和可读性。

AIGC工具通常支持多种编程语言，包括Python、Java、C++等，为使用不同编程语言的开发者提供智能化的辅助功能。

2. 智能问答与辅导

在编程学习中遇到难题，生成型AI可以提供即时的答疑服务，通过对话形式帮助初学者解决编程疑惑，提供个性化的学习建议和资源，从而增强学习体验。AIGC工具作为智能问答系统，为学生和开发者提供全天候的学习支持，解答他们在学习过程中遇到的各种问题。例如，像ChatGPT和GitHub Copilot这样的AI工具，能够通过提供示例代码和解释编程概念，帮助初学者加速学习过程。用户只需提出问题，就能获得特定函数或编程语言的详细解释。智能问答能及时解决初学者在编程过程中遇到的难题。这种即时反馈机制极大地促进了问题的快速解决，使大家学习过程更加流畅。

此外，AIGC能够根据用户提出的问题，自动生成个性化的学习路径。结合学生的学习行为和表现，AIGC工具还能进行自动化的学习评估和反馈，从而为每个学生提供量身定制的学习体验。这种个性化的学习方法不仅提高了学习效率，还增强了学生的学习动力和成就感。

3. 数据分析与可视化

AIGC工具的使用，使得数据分析不必再是高阶技能。生成型AI能够引导初学者通过简单的指令，快速实现数据的分析和可视化，使得数据驱动的决策变得更加直观和容易。

AIGC工具能够自动生成详尽的数据分析报告，涵盖图表、趋势分析和结论。例如，通过分析企业的销售数据，AIGC能够自动创建包含销售额、销售量和市场份额等关键指标的可视化报告，并辅以图表和图形来直观展示数据趋势。AIGC的智能数据可视化功能，还能帮助用户选择最合适的图表类型，并进行专业的配置，使得数据展示不仅吸引人，而且效果更佳。

此外，AIGC提供了交互式的数据探索工具，允许用户通过自然语言查询来深入探索数据。例如，用户只需询问"AI，显示我今年销售额最高的产品类别"，AIGC便能迅速生成相应的图表和分析。AIGC还能利用历史数据进行模式识别，并预测未来趋势。无论是在金融领域分析市场数据预测股票价格变动，还是在零售业预测季节性销售趋势，AIGC都能提供有力的支持。

AIGC能够根据用户的需求和偏好，生成个性化的数据故事。这些故事不仅包含数据的可视化展示，还融入了数据背后的洞察和建议，帮助用户更深入地理解数据并做出更明智的决策。AIGC的多模态数据处理能力，结合了文本、图像、音频等多种数据类型，提供了更丰富的数据分析维度。例如，在影视传媒领域，AIGC可以分析剧本文本、观众反馈和票房数据，为电影制作提供全面的分析视角。

AIGC的实时数据监控功能，能在检测到异常或关键指标变化时提供预警，这对于需要快速响应的市场分析和风险管理至关重要。总的来说，AIGC工具的使用，不仅简化了数据分析流程，还极大地增强了数据的可访问性和可解释性，为各个领域的决策者提供了前所未有的支持。

4. 前端界面的自动生成

在数字化时代，前端界面设计和开发对于构建网页和应用程序至关重要。然而，这一过程通常要求开发者具备扎实的编程技能和良好的设计感，这对初学者来说是一个巨大的挑战。幸运的是，AIGC技术的出现为这一领域带来了革命性的变化。通过生成型AI，即使是没有编程背景的用户也能通过简单的自然语言描述来创建前端界面，AI能够理解这些描述并自动生成相应的HTML、CSS和JavaScript代码，从而显著降低技术门槛并提高开发效率。此外，AI还能根据预设的设计规范自动生成界面，确保不同页面和组件之间的一致性，这对于维护品牌形象至关重要。用户可以实时看到他们的描述转化为实际界面的效果，这不仅加快了迭代过程，也使得设计改进更加迅速和直观。总的来说，AIGC技术正在改变前端开发的规则，使设计和开发变得更加高效、可访问，并且对初学者更加友好。

6.2　AI代码生成

对于编程初学者而言，AI生成代码具有多方面的重要意义。首先，它能显著降低学习门槛，通过将自然语言描述转化为符合语法规范的代码，让初学者无须从零开始编写，从而更快地理解编程语言的基本结构和语法规则。同时，生成的代码作为示例，可帮助初学者直观地学习如何实现特定功能，进而加深对编程概念的把握。

此外，AI生成代码能为初学者节省大量时间，使他们不必在基础代码编写和简单错误调试上耗费过多精力，从而有更多机会去接触和学习更复杂的编程知识，如数据结构、算法等，有效加快学习进度。而且，由于AI生成的代码可能包含一些初学者尚未接触过的概念和方法，有助于他们拓宽知识面，了解不同的编程思路和解决方案。

在心理层面，使用AI生成代码能让初学者在看到代码成功运行并实现功能时获得成就感，增强自信心，激发对编程的兴趣。同时，它也能在一定程度上帮助初学者克服编程过程中遇到的问题，缓解挫败感，让他们保持积极的学习心态。

从编程能力培养的角度看，AI生成的代码通常具有较好的逻辑结构，能让初学者直观地理解编程中的逻辑关系，如顺序、选择和循环结构等，从而培养逻辑思维能力，更好地掌握编程思想。而且，优秀的AI工具生成的代码往往遵循代码规范，初学者在使用过程中可潜移默化地学习良好的编程习惯和规范，为编写高质量代码打下基础。

最后，在实践和探索方面，初学者可借助AI生成的基础代码快速搭建项目框架，将理论知识应用于实际项目中，加深理解。同时，AI能根据不同描述生成多种实现方案的代码，初学者可以借此尝试不同的编程方法，比较优缺点，了解各种技术的应用场景，进而培养创新思维和解决问题的能力。

6.2.1 AI生产代码流程

AI生成代码的流程通常包括如图6-9所示的几个步骤。

图6-9　AI生成代码流程

1. 选择AI代码生成工具

首先在使用AI编程之前，开发者需要明确自己的编程任务，并根据任务的需求选择合适的开发工具。在本章节中，我们不将各大公司的AI工具表现性能纳入讨论范围。这是基于两个主要因素：首先，随着用户基数的不断增长，大模型的性能得到了显著提升；其次，大型企业的AI模型性能也在不断进步。因此，我们选择专注于场景与任务的区别，以便更深入地探讨和分析AI开发工具的选择及模式。

以字节跳动的豆包MarCode为例，用户可以选择两种不同的模式。第一种智能问答，基于大模型通过创建不同的智能体，开启的智能聊天对话模式，以问答的形式生成代码。第二种模式，AI智能助手内嵌于IDE之中，因此开发者需安装并下载相应的插件扩展，来完成代码操作，例如实现代码的自动补全功能，帮助快速生成代码片段，以及对代码进行修复等，从而大大提高编程效率和代码质量。

在选择使用智能对话形式来生成代码还是IDE嵌入式AI助手时，开发者可以考虑以下几个因素。

首先是使用场景和需求，智能对话形式适合于需要与AI进行多轮交互以生成代码的场景，它允许开发者通过自然语言描述需求，AI根据描述生成代码。这种方式适合于快速原型开发和探索性编程，尤其是当开发者需要AI理解复杂或模糊的需求时。IDE嵌入式AI助手则更适合于日常的编程工作流程，它可以直接集成在开发者熟悉的IDE中，提供代码补全、错误检测、代码优化等功能。这种方式适合于提高编码效率和代码质量，尤其是在大型项目和团队协作中。

其次集成性和兼容性：智能对话形式可能需要额外的工具或平台来支持，有时可能不如IDE嵌入式助手那样与开发者当前的工作流程紧密结合。IDE嵌入式AI助手如GitHub Copilot、MarsCode等，可以直接集成到主流IDE中，如VS Code和JetBrains系列，这使得开发者无须改变现有的工作习惯。

从功能丰富度和专业性角度来看，智能对话形式的AI助手，如iflyCode，提供了语音输入和自然语言解释功能，适合初学者和需要快捷编程的开发者。IDE嵌入式AI助手通常提供更全面的功能，包括代码补全、优化、错误检测等，适合专业开发者。

2. 提供需求描述

在AI编程中，编写提示词（prompt）是关键步骤，因为提示词的质量直接影响AI生成代码的准确性和质量。我们先来看编写提示词时的注意事项。

① 明确具体功能描述：尽量详细地描述我们想要实现的功能，包括功能的名称、输入输出、预期结果等。避免使用模糊的词汇，确保AI能够准确理解需求。

示例：描述需求时写"写一个计算平均值的函数"，而应写"编写一个Python函数calculate_average，接收两个参数num1和num2，返回它们的平均值。"

② 提供代码的上下文：如果提问者希望在现有代码基础上进行扩展或修改，那在提供需求描述时候能提供相关的上下文代码，这样能帮助AI更好地理解代码的结构和逻辑。

示例：如果用户希望在一个类中添加新方法，在向AI提问的时候提供类的定义和相关方法的代码，如图6-10所示。

③ 指定语言和框架明确编程语言：用户需要在提示词中明确指定使用的编程语言，确保AI生成的代码符合语言规范。

```Python
class Calculator:
    def add(self, a, b):
        return a + b

    # 在这里添加一个计算平均值的方法
```

图6-10　定义和相关方法的代码示例

示例：编写一个Python函数。

指定框架：如果使用特定的框架或库，也应明确指出。

示例：使用Django框架编写一个视图函数。

④ 提供输入输出示例：在书写AI提示词的时候，用户提供具体的输入输出示例，帮助AI更好地理解功能的预期行为。比如可以写

"calculate_average(10, 20)返回15.0"。

除了输入输出示例外，用户在提示词中可以提供类似的代码示例，帮助AI理解代码风格和结构。如图6-11所示："参考以下代码风格编写一个新的方法。"

```
def add(a, b):
    return a + b
```

图6-11　代码风格编写示例

⑤ 使用清晰的语言避免歧义：用户在使用提示词的时候，避免使用模糊或有歧义的词汇，确保提示词的表述清晰、准确。

示例：不要写"处理数据"，而应写"从CSV文件中读取数据并计算每列的平均值"，这样AI就明确知道需要如何处理数据以及处理数据的对象。

⑥ 分步描述说明：如果功能较为复杂，可以分步描述每个步骤，帮助AI更好地

理解整个流程。

示例：提示词"编写一个函数，首先读取CSV文件，然后计算每列的平均值，最后将结果保存到一个新的CSV文件中。参考一下风格：

```
def process_csv(input_file, output_file):
    # 读取CSV文件
    # 计算每列的平均值
    # 保存结果到新的CSV文件"
```

⑦ 限制代码长度：如果需要生成的代码较长，可以分段生成，避免一次性生成过多代码导致AI理解困难或生成的代码质量下降。所以我们可以将复杂的功能分段生产，并且明确地告知AI。

示例：在描述词中加入"先生成主要逻辑，再生成辅助函数"等字眼。

⑧ 生成后检查：生成代码后，仔细检查代码是否符合需求，如果有问题，调整提示词，重新生成。

⑨ 使用专业术语，使用编程领域的标准术语和概念，确保AI能够准确理解。

示例：在书写提示词时使用编程中的专业术语，比如使用"函数"而不是"方法"，使用"参数"而不是"输入"。

⑩ 提供反馈调整：如果生成的代码不符合预期，提供具体的反馈，帮助AI工具优化生成结果。

示例：生成的代码中有一个逻辑错误，指出具体错误并要求AI重新生成。

总之，明确目标和需求是编写提示词的关键。在编写提示词之前，首先要清楚地定义你想要实现的功能，这包括功能的具体描述、输入输出要求以及预期行为等。

功能描述：用简洁的语言描述你想要实现的功能。

输入输出：明确函数或代码段的输入和输出。

预期行为：描述代码在不同情况下的行为。

首先我们来看开发者如何使用豆包智能问答的形式来生成代码。

【案例6.1】作为一名大一新生学习Python语言编程课程，完成打印"hello world"的任务。具体操作步骤如下。

① 打开豆包AI网页。

② 书写提示词，在对话框中输入指令（prompt）："你好，我是一名大一新生，正在学习Python语言编程课程，我需要完成一个打印"hello world"的任务，你能帮我写一下代码吗？"，如图6-12所示。

③ 等待AI回复，确认是否为开发者所需的答案。

总而言之，高质量的提示语可以帮助AI更准确地理解用户的需求，并提供更精准的回答。以下是一些提问技巧，可以帮助开发者获得更好的回答。

明确具体：尽量详细地描述用户的问题或需求，避免模糊不清的表述。

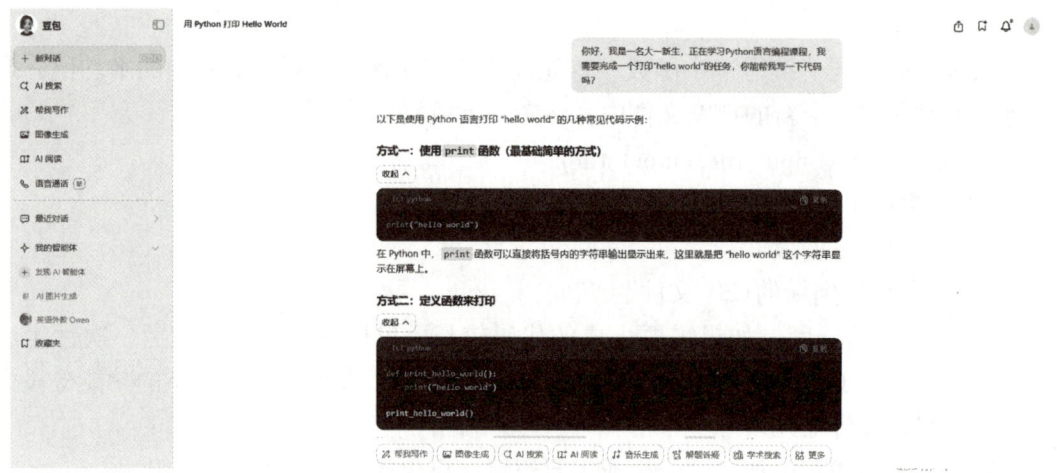

图6-12 如何用AI完成智能问答

使用关键词：在提问时使用与用户需求相关的关键词，这有助于AI快速捕捉问题的核心。

提供背景信息：如果问题涉及特定的上下文或背景，提供这些信息可以帮助AI更好地理解问题。

避免歧义：确保用户的提问没有歧义，以免AI误解用户的意图。

示例和样例：如果可能，提供一个具体的例子或样例，这样AI可以更直观地理解用户的问题。

明确期望的结果：告诉AI用户期望得到什么样的答案或结果。

避免歧义词：比如"可能""或许""大概"等词可能会让AI难以确定用户的真实意图。

直接提问：直截了当地提问，避免绕弯子，这样AI可以更直接地给出答案。

使用正确的术语：如果问题涉及专业领域，使用正确的专业术语可以帮助AI更准确地理解问题。

反馈和修正：如果AI的回答不满足您的需求，不妨提供反馈并尝试重新表述问题。

例如，在场景一中，如果想要得到关于如何使用Python打印"hello world"的更详细的指导，用户可以这样提问："我正在学习Python编程，但我是初学者。请问如何用Python编写一个程序来打印出"hello world"？我需要具体的代码示例以及运行这段代码的步骤。"

通过这样的提问，开发者提供了足够的信息，AI就能更精确地理解用户的需求，并给出更详细的回答，如图6-13所示。

除此之外，字节跳动还提供了"豆包AI智能体"，可以理解为在一个确定主题下的AI助手或轻量级应用。可以发现在首页上可选择已经创建好的智能体或者根据需求自己创建AI智能体，如图6-14所示。

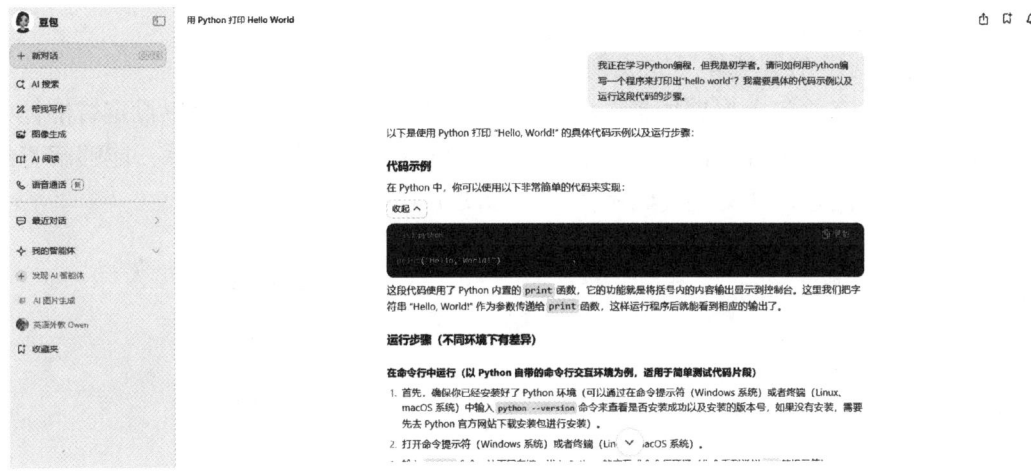

图6-13 如何更换提示词完成智能问答

图6-14 创建AI智能体

以下为创建AI智能体的步骤。

① 单击首页左侧"我的智能体",展开隐藏按钮,继续单击"发现AI智能体"。

② 单击右上角的"创建智能体"按钮

③ 创建智能体元素头像:用户上传图片作为AI智能体的头像。

昵称:AI智能体的名称。

设定描述:一个比较简单的提示词,设置了智能体所扮演的角色、拥有的技能等特点。

权限设置:包含以下几个权限。

公开——所有人可对话。

不被发现——通过链接分享可对话。

私密——仅自己可对话。

④ 单击"创建AI智能体"完成创建。

【案例6.2】在豆包上根据场景一创建AI智能体的示例中，用户可以设定智能体为"Python编程导师"，并描述它为"一个专注于Python编程教学的AI助手，能够解答编程初学者的各种问题，并提供代码示例。"，如图6-15所示。

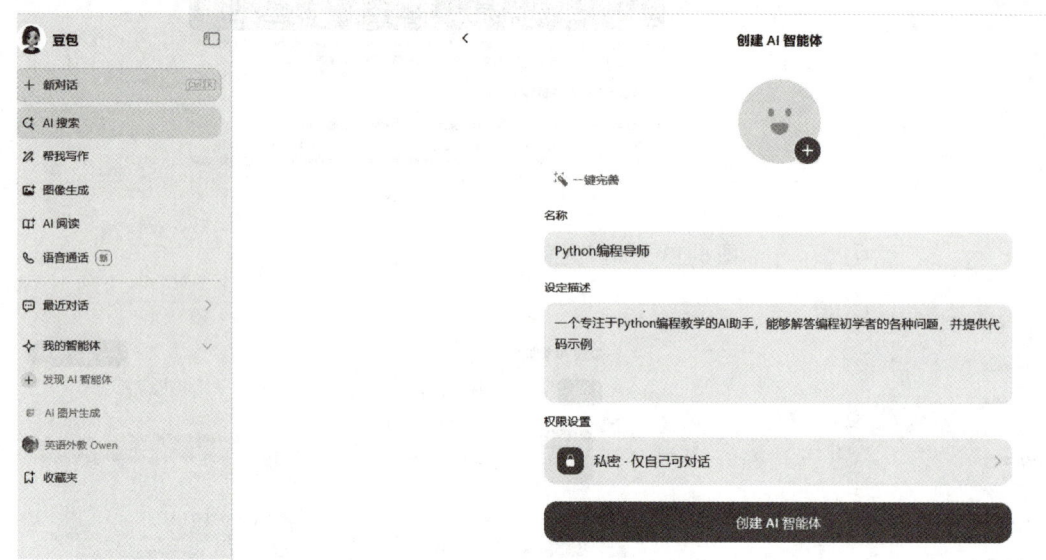

图6-15　设定智能体角色

创建后的页面如图6-16所示，至此，豆包AI智能体制作完成了。

3. 生成代码与测试

根据用户的需求和提示，AI自动生成的代码的准确性是需要开发者自行验证的。因此，开发者需要将AI生成好的代码导入开发者常用开发环境IDE中进行测试。这也是AI智能问答生成代码中非常重要的一步，可以看到期待输出是否与实际输出相符，也验证了代码生成的准确性。

这里以常用的IDE Visual Studio Code（VS Code）为例，首先，用户需要明确所需要的编译环境，将AI写的Python代码放入Visual Studio Code中进行测试，可以按照以下步骤操作。

① 安装VS Code：如果还没有安装VS Code，请先从官方网站下载并安装。

② 打开VS Code：打开VS Code，开发者可以直接拖动Python项目文件夹到VS Code窗口中，或者使用"文件"→"打开文件夹"来选择项目文件夹。

③ 安装Python扩展：在VS Code中，打开扩展视图（可以通过单击左侧的扩展图标或按Ctrl+Shift+X键），搜索并安装"Python"扩展，这将提供语法高亮、代码补全、代码格式化等功能。

图6-16 智能体创建成功

④ 配置Python环境：确保开发者已经安装了Python，并且VS Code能够识别到Python环境。开发者可以通过单击右下角的Python版本来选择或安装Python环境。

⑤ 将AI写的Python代码放入项目中：如果AI生成的是代码文件，直接将这些文件复制到项目文件夹中。如果AI生成的是代码片段，开发者可以在VS Code中打开一个新的Python文件（通过单击"文件"→"新建文件"并保存为.py文件），然后将代码粘贴进去。

⑥ 运行代码：打开用户想要运行的Python文件。按F5键或单击左侧的运行按钮，选择"启动调试"来运行代码。也可以在代码的顶部添加if__name__=="__main__":块，然后直接单击"运行"按钮或使用快捷键Ctrl+Alt+N来运行当前文件。

⑦ 查看输出：运行结果会在"终端"或"调试控制台"中显示。

按照这些步骤，开发者可以轻松地将AI写的Python代码放入VS Code中进行测试和调试。

在6.2.2节中，我们将详描述测试不同语言的代码如何在VS Code中设置环境以及测试代码步骤案例。

4. 部署

如果开发者使用AI完成项目，比如网页开发等，当评估AI生成的代码的正确性和适用性，并根据需要进行调整，并通过测试后，开发者便可以将其部署到线上服务器，例如使用Vercel、Netlify等平台（详见案例）。

6.2.2　AI生成不同语言代码

根据开发者项目需求选择合适的AI代码生成工具，如豆包MarsCode的插件支持多种语言和框架，能满足前端、后端、App开发项目的需求。

如果没有安装VS Code的可以通过安装教程，如图6-17所示，先安装VS Code。

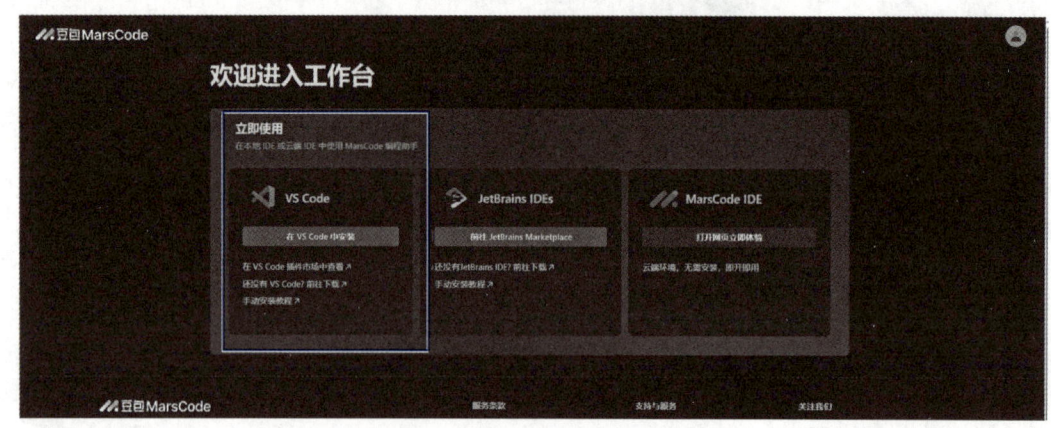

图6-17　安装MarsCode入口官网截图

如果想要使用AI代码插件，可以按照以下步骤操作。

① 安装插件：打开你的开发工具（如VS Code或IntelliJ IDEA）。

② 进入插件市场（VS Code：按Ctrl+Shift+X键；IntelliJ IDEA：选择File→Settings→Plugins）。

③ 在搜索框中输入插件名称（如GitHub Copilot、MarsCode、Cline等），找到对应的插件后单击"安装"。

④ 安装完成后，重启开发工具以使插件生效。

⑤ 注册与登录。

⑥ 开始使用：插件安装和配置完成后，即可开始使用其功能。例如，GitHub Copilot可以通过快捷键（如Ctrl+Alt+I）唤醒。

可以通过输入代码片段或注释来获取AI生成的代码建议。

【案例6.3】如何在Visual Studio Code中安装豆包插件？

首先开发者需要在常用IDE中安装插件，以Visual Studio Code为例。

① 打开Visual Studio Code。

② 如图6-18所示，单击左侧导航栏中的"拓展"按钮，进入插件市场。

③ 搜索"豆包""MarsCode"关键词，找到插件并安装。

④ 重启Visual Studio Code。

⑤ 使用快捷键（Windows：按Ctrl+U键；macOS：按Command+U键）打开豆包MarsCode编程助手侧边对话框。

⑥ 单击"登录"按钮，登录账号。

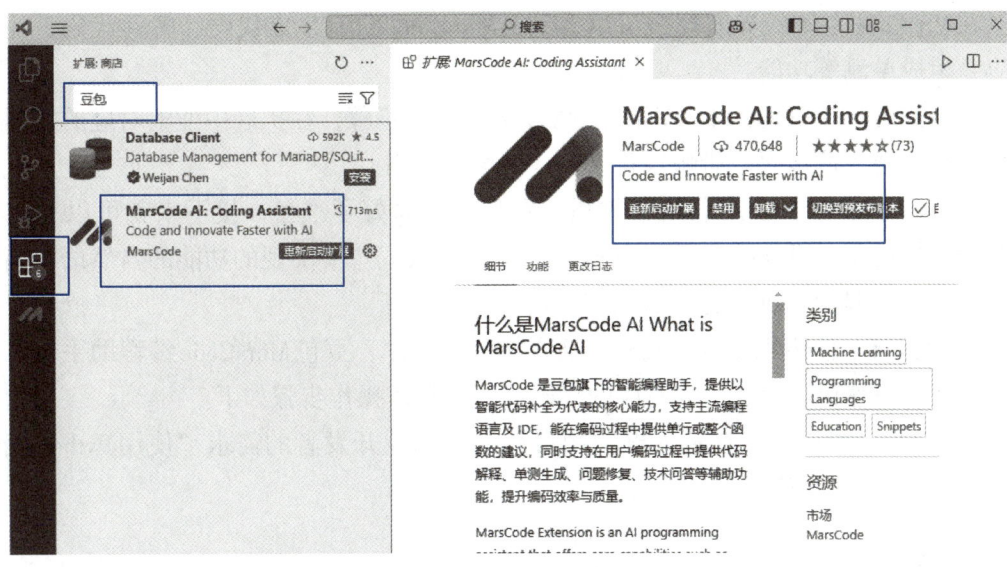

图6-18　安装MarsCode插件

⑦ 返回IDE。

如图6-19所示，插件准备完成，开发者可以开始体验AI能力。

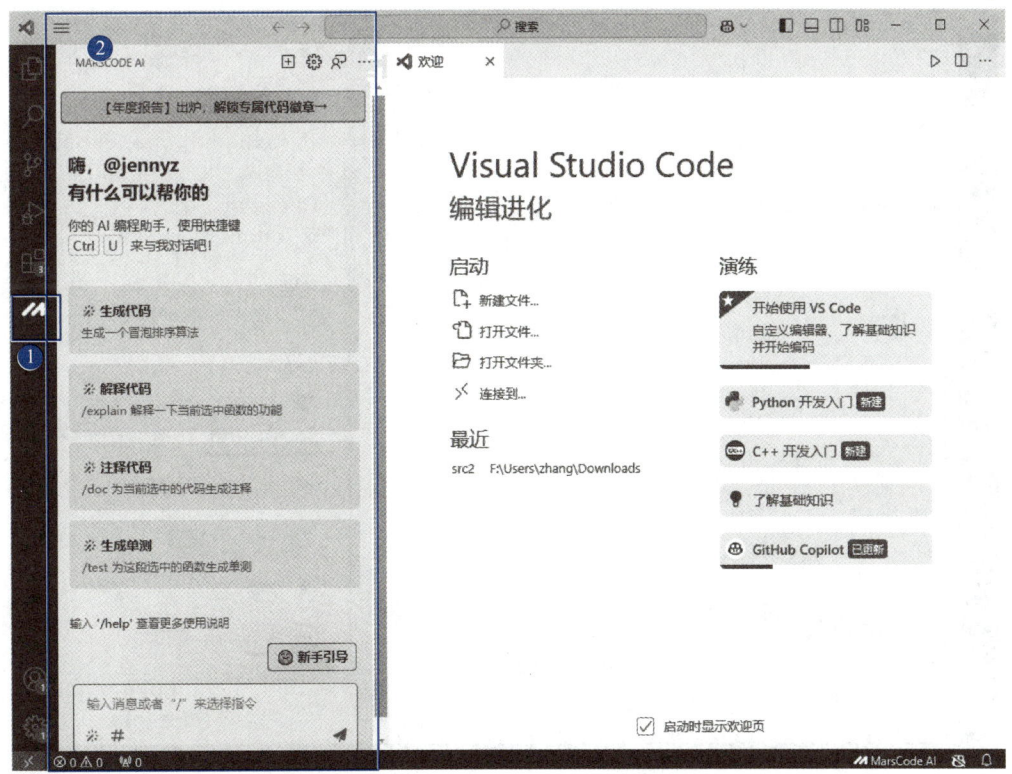

图6-19　Visual Studio Code 中使用豆包 MarsCode

在VS Code左侧的导航栏中可以看到，MarsCodeAI有生成代码、解释代码、注释代码、生成单测等功能。

如果想要使用它的AI代码插件，可以按照以上步骤，在扩展中搜索对应的拓展的名称进行安装，按步骤注册账号并登录，就可以使用。

在了解了如何安装AI代码插件后，我们已经做好了准备，接下来就可以利用AI工具生成代码了。具体操作是：在AI工具中输入我们想要实现的功能的自然语言描述提示词，AI工具会根据描述生成相应的代码。

【案例6.4】使用Python生成一个插入排序的程序，豆包MarsCode编程助手可以根据开发者的自然语言描述生成对应的代码片段。具体操作步骤如下。

① 如图6-20所示，在输入框中用自然语言描述开发者的需求"使用Python生成一个插入排序的程序"。

② 单击"发送"按钮或按Enter键。

豆包MarsCode编程助手将生成所需代码片段。

③ 如果用户尚未创建新文件，可以单击"添加文件"按钮，VS Code将自动创建一个.py文件，并将生成的代码粘贴到其中，如图6-21所示。

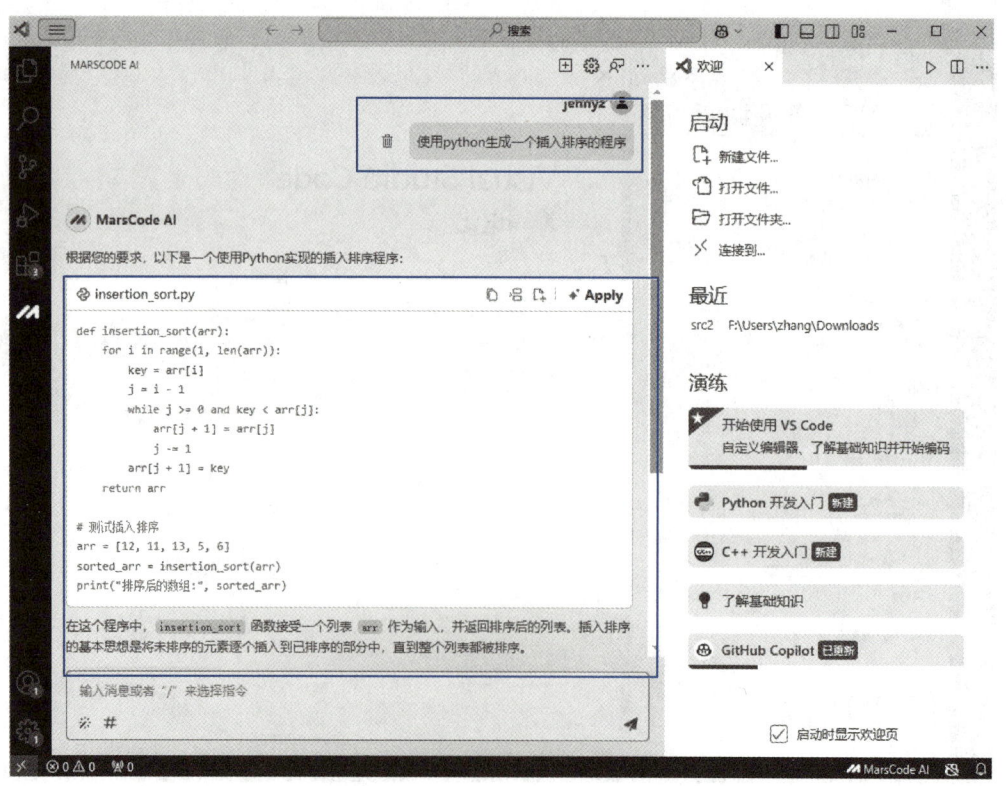

图6-20　使用自然语言生成Python代码

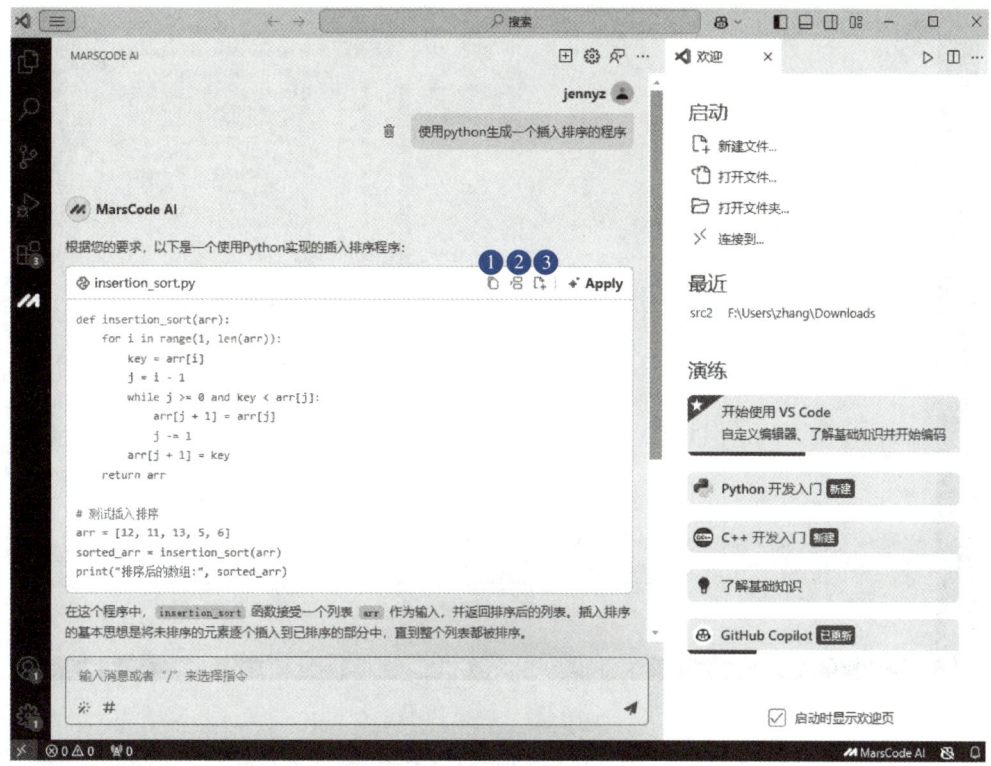

图6-21　添加生成的代码到新测试.py代码中

① 单击"复制"按钮，复制代码框中的代码片段。

② 单击"插入"按钮，将代码片段插入至对应的位置。

③ 单击"添加文件"按钮，将代码片段生成为一个单独的文件。

④ 单击图6-22右上方的测试按钮，通过编译的代码显示在右下方的控制台中。

这些步骤共同构成了AI生成代码的基本流程，通过这些步骤，AI可以帮助开发者提高开发效率，减少错误，并促进学习新代码模式。

除了前述的Python案例之外，开发者现在可以便捷地在集成开发环境（IDE）或在线对话平台中，通过简单地更换语言指令来生成多种编程语言的代码。

【案例6.5】现在不使用Python，使用Java生成一个插入排序的程序。与案例6.4步骤相似：① 输入提示词（使用Java生成一个插入排序的程序）；② 添加文件，③ 测试代码；④ 验证结果。请思考，如果报错，应如何处理？

提示：若你是首次在VS Code中使用Java语言，系统将自动弹出提示框，如图6-23所示，建议你安装Java扩展包。此时，单击"安装"按钮即可。当然，你也可以在拓展里自行搜索Java拓展包，单击安装来配置开发环境。安装Java扩展包的方法如图6-24所示。

① 如图6-25所示，在配置完环境并单击测试后，我们注意到代码出现了编译错误。请记住，在编程过程中遇到编译失败的情况是很常见的，应保持冷静，我们将逐一解决这些问题。

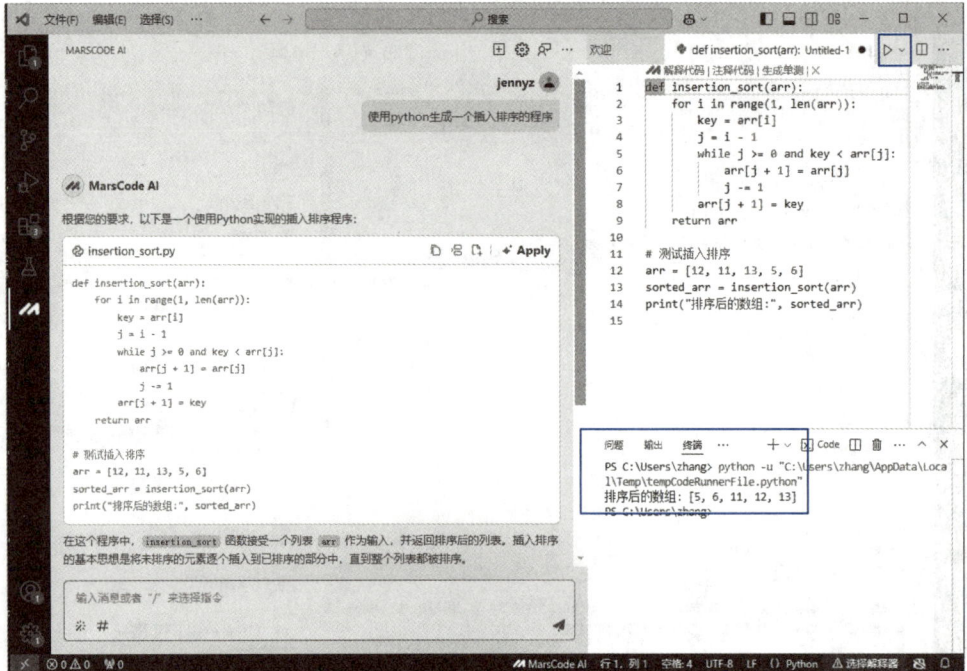

图6-22　测试代码

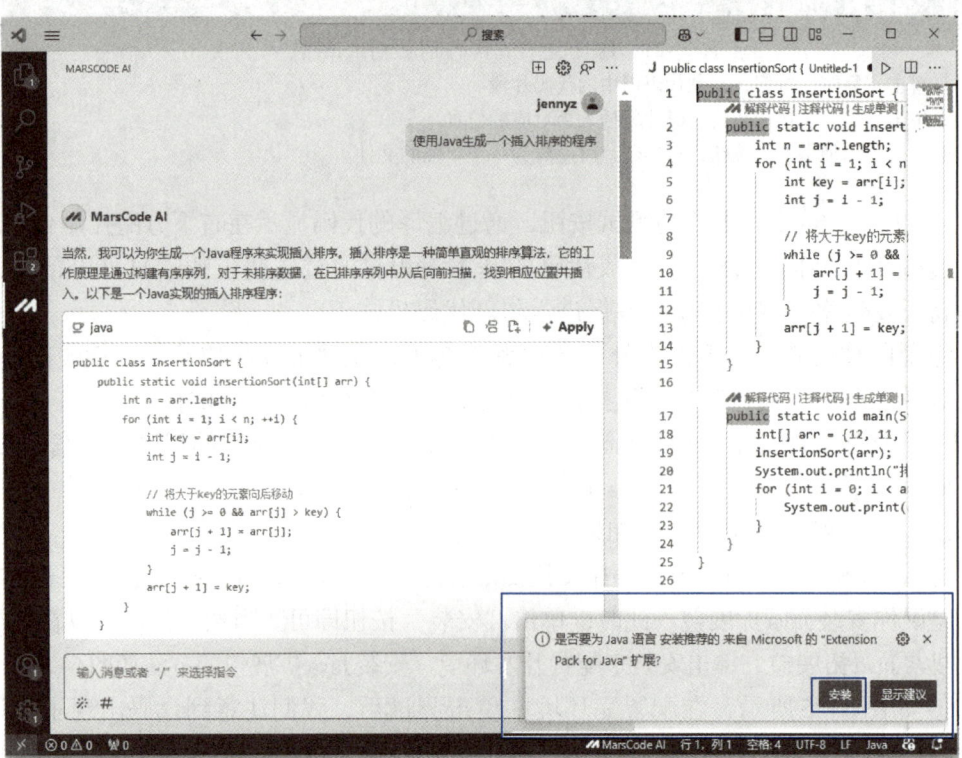

图6-23　安装Java拓展包提示语

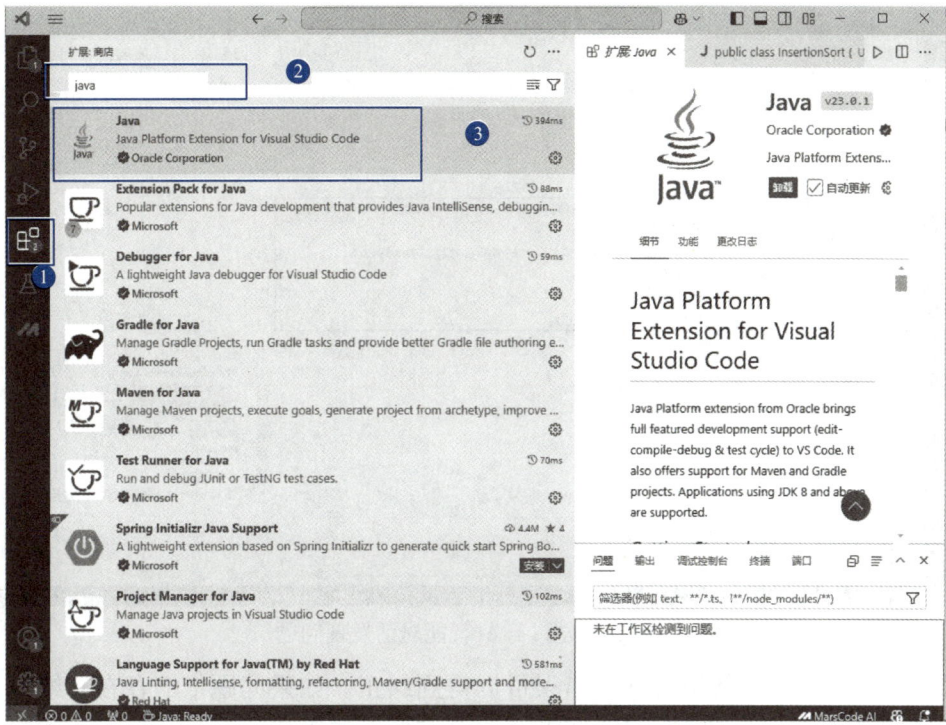

图6-24　如何安装Java拓展包

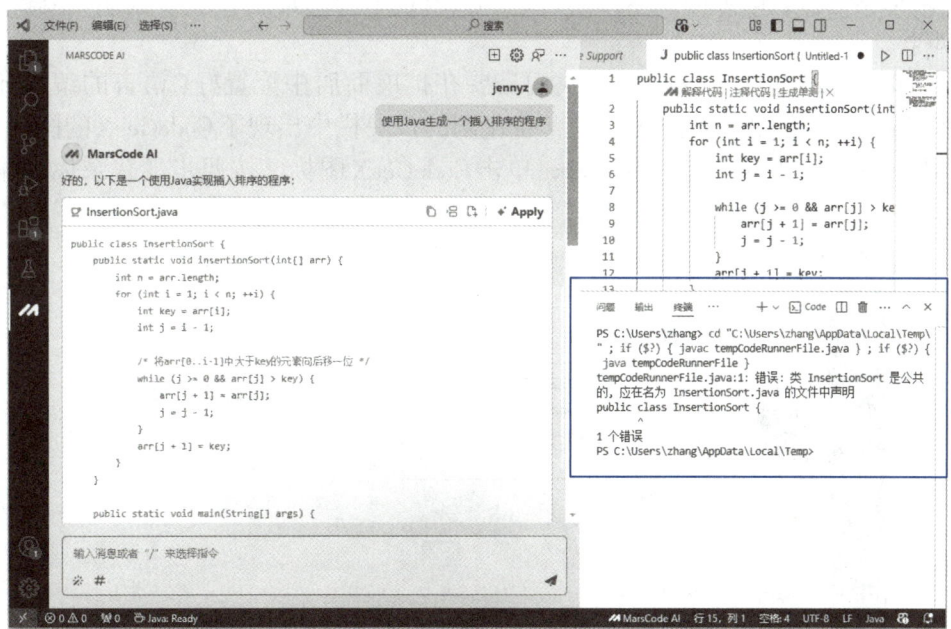

图6-25　测试Java代码

②如图6-26所示，将错误复制到AI对话框中，与MarsCode AI助手进行对话，在对话中我们发现了解决方案，按步骤执行。

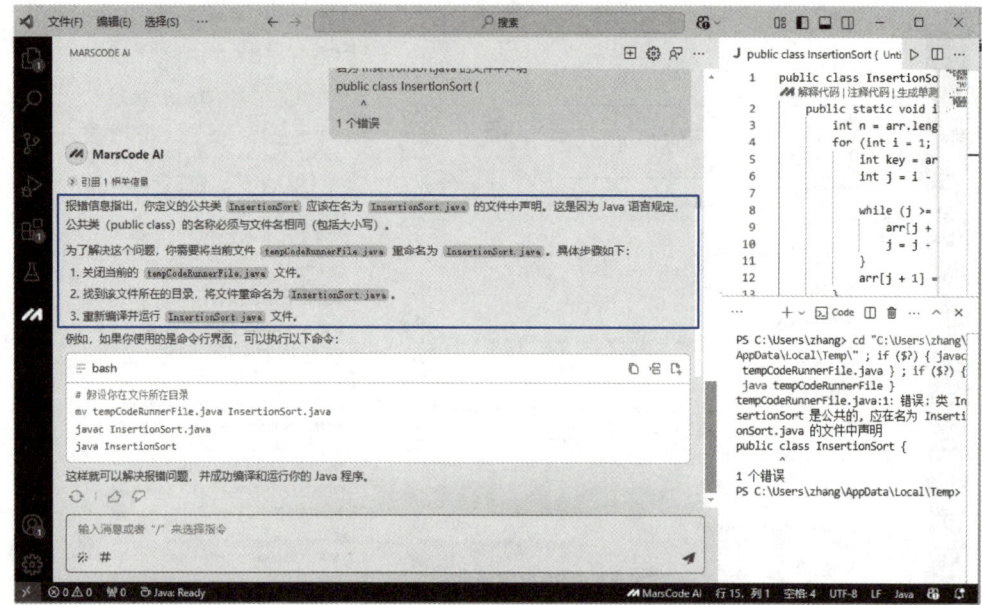

图6-26　通过与AI智能对话发现问题

③ 遵循AI提供的解决方案，错误可以得到纠正。如果问题依旧存在，继续与AI交流，请求其协助分析错误原因，并提供进一步的解决策略。

【案例6.6】使用CodeGeeX生成一个用C语言书写的插入排序的程序。具体操作步骤如下。

① 如图6-27和图6-28所示，我们需要在扩展商店中配置好C语言的编译环境，并安装CodeGeeX扩展包，单击登录，若左侧的扩展栏中出现了CodeGeeX的图标，则表示AI插件已经准备就绪。接下来，单击CodeGeeX图标，按照步骤登录你的账号。若尚未拥有账号，请前往网页进行注册。

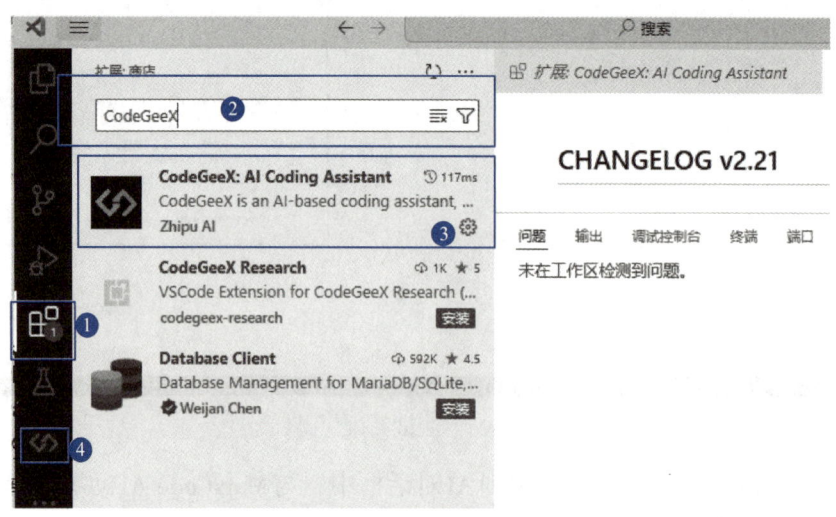

图6-27　在扩展安装CodeGeex插件

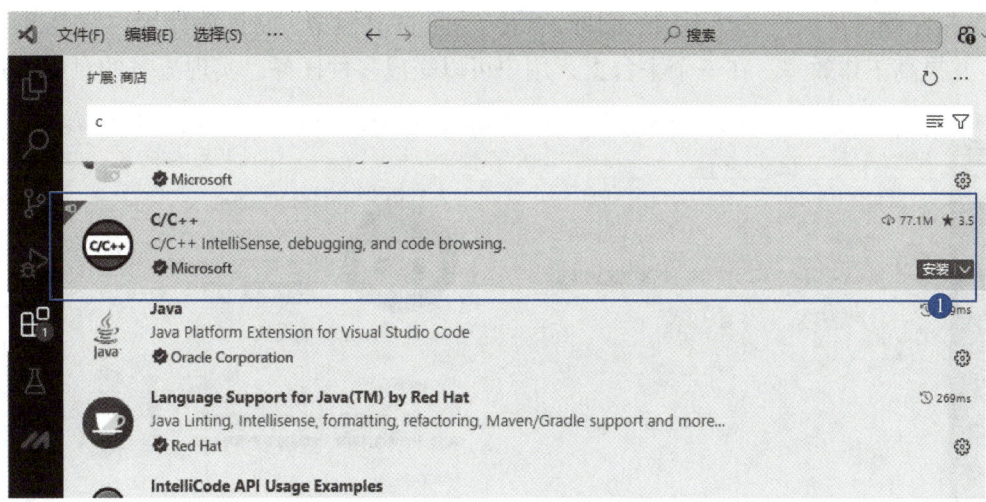

图 6-28　在 VS Cdoe 中安装 C 语言扩展包

② 如图 6-29 所示，在选定工具后，我们单击 CodeGeeX 图标进入对话界面，输入提示词"生成一个用 C 语言编写的插入排序程序"，生成代码后，选择单击"新文件"后进行代码测试。

③ 测试步骤与之前一样，单击右上方的"编译"按钮，完成编译测试。

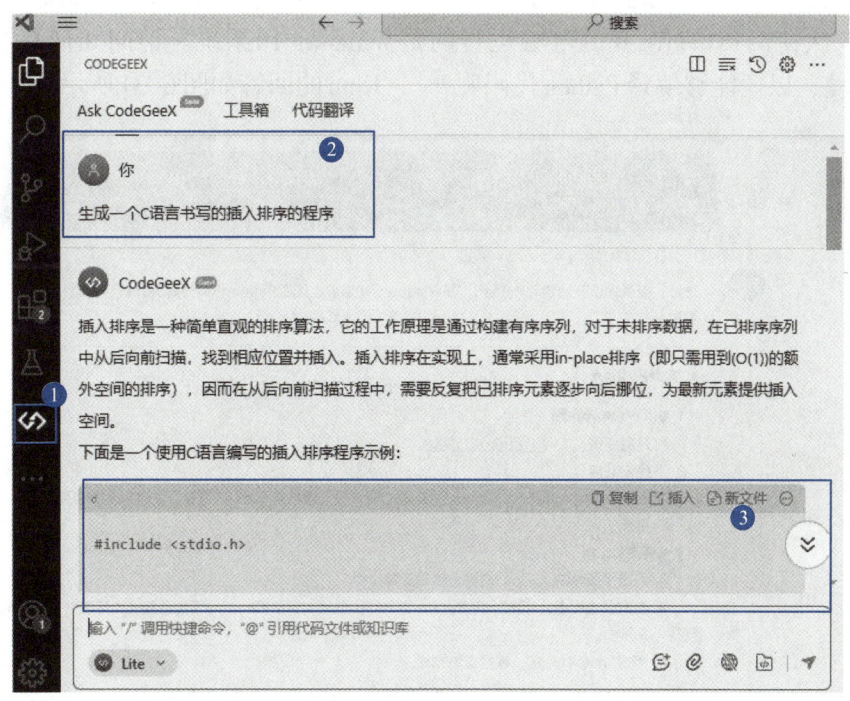

图 6-29　在 VS Code 中使用 CodeGeeX 生成 C 语言代码

除了 CodeGeeX，如图 6-30 所示，还有科大讯飞的 iFlyCode 等插件，用户可以通过

VS Code左侧的扩展栏选择不同的图标，切换不同的AI模型，从而确保用户获得最优答案，并提高工作效率。在一个平台上，用户可以完成多种任务，实现流畅的对话体验。

图6-30　iFlyCode科大讯飞扩展包

在这里要提示一下，不管用哪一种语言来编程，我们都需要提前在自己的计算机中配置好环境，VS Code只是一个编辑器，用户需求自行搜索如何在计算机PATH中添加环境路径，对于这个问题用户同样可以问AI，然后按步操作即可。如输入提示词："我是第一次使用Python，我的电脑运行的是Windows 10系统。请问如何在我的电脑上配置环境，以便能够编译Python代码呢？"，Kimi的回答如图6-31所示。

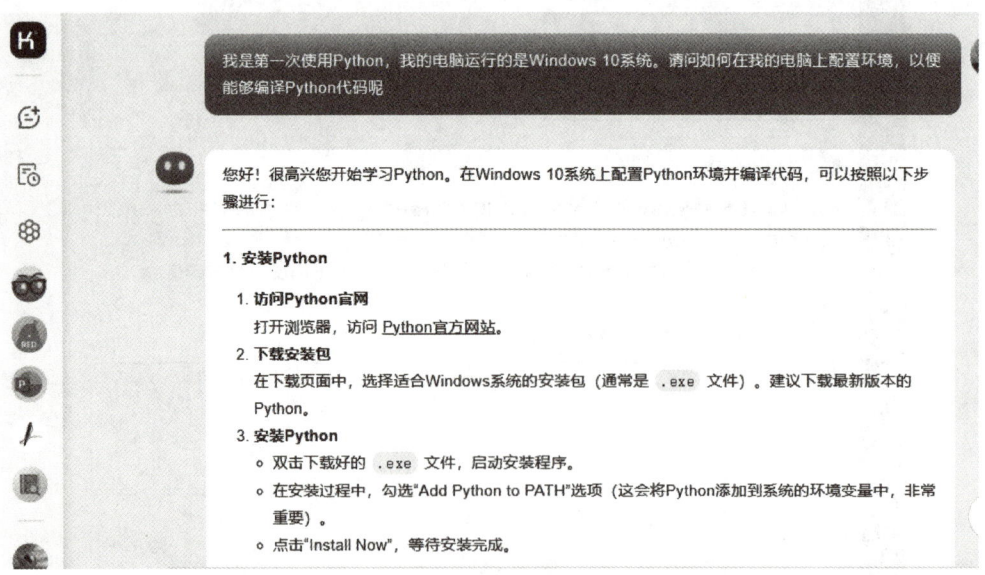

图6-31　使用AI工具了解如何配置计算机环境

用户按步骤操作即可。

6.2.3　AI代码优化

代码优化是让程序运行更快、更节省资源，同时也更易读和易维护的重要方法。比如，选择高效的算法能让程序更快完成任务，就像提升效率一样；使用合适的数据结构可以提高数据处理效率，比如用字典快速查找数据或用集合存储唯一值。我们还可以删除多余的代码，把重复的功能封装成函数，让代码更简洁、更清晰。减少不必要的文件读写或网络请求，或者用多线程让程序同时做多件事，也能节省时间。另外，使用生成器逐个处理大量数据，可以避免一次性占用太多内存。借助代码分析工具（如pylint）和性能分析工具（如timeit），可以快速找出代码中的问题和瓶颈。优化代码时，一定要保持代码的可读性，不要让代码变得复杂难懂。总之，优化代码就像给程序"减肥"和"加速"，但同时也要让它易于维护。

在编程中，代码优化是一个很重要的环节。它可以帮助我们让代码运行得更快、更节省资源，同时也能让代码更清晰、更容易维护。现在，有了AI工具的帮助，代码优化变得更加简单和高效。下面将为大家介绍一些简单易懂的方法，帮助用户使用AI工具优化代码。

AI工具是一种智能编程助手，它们能够通过分析代码，自动提供优化建议，甚至直接生成优化后的代码。这些工具宛如你的编程"小帮手"，能够发现代码中的问题并提供相应的解决方案。

1. 使用AI工具优化代码的常见方法

（1）代码自动补全与生成

AI工具可以像一个聪明的"秘书"，根据你已经写的代码，自动帮你补全代码片段，甚至生成完整的函数。比如，GitHub Copilot是一个很流行的AI工具，它可以根据你的输入，自动推荐代码片段，帮你节省很多时间。就像你写作文时，它会帮你自动写出下一句话一样。

（2）代码质量检测

AI工具可以像一个严格的"老师"，检查你的代码中有没有问题。比如，代码是不是太复杂了？有没有重复的代码？有没有可能出错的地方？像DeepCode这样的工具，会仔细检查你的代码，并告诉你哪里需要改进。它还会给出具体的建议，帮助你把代码写得更好。

（3）生成注释

生成注释是AI工具协助用户编写代码说明的过程。注释相当于代码的"指南"，帮助他人（或未来的你）理解代码的功能。AI工具能够依据用户的代码内容，自动产生注释，阐释每个函数、类或代码段的作用。例如，某些工具能够自动创建函数的文档注释，明确函数的输入、输出及功能。如此一来，开发者便无须投入过多时间手动编写注释了。

（4）代码重构

有时候，代码写得有点乱，AI工具可以帮助你整理代码。比如，把重复的代码变成一个函数，或者把复杂的代码变得简单一些。这些工具就像一个"整理师"，帮你把代码变得更有条理。

（5）性能优化

如果你的代码运行得很慢，AI工具可以帮助你找到原因，并给出优化建议。比如，它会告诉你哪些地方可以用更快的方法来处理，或者哪些地方可以并行处理，让代码运行得更快。

（6）生成代码文档

AI工具还可以帮你写代码文档。代码文档就像是代码的"说明书"，帮助别人理解你的代码是做什么的。AI工具可以根据你的代码自动生成文档，让你不用花太多时间去写这些内容。

2. 如何选择和使用AI工具?

（1）选择合适的工具

各种AI工具各具特色，功能各异。例如，GitHub Copilot专长于代码的自动补全，而DeepCode则在代码质量检测方面表现出色。根据个人需求，可以挑选出最适合你的工具来提供帮助。

（2）结合人工审查

尽管人工智能工具非常强大，但它们并非无所不能。在某些情况下，AI提供的建议可能并不完全契合你的项目需求。因此，你仍需亲自审视AI的建议，判断其是否真正适用。

（3）持续更新工具

AI工具也在不断进步，所以要记得定期更新它们，这样才能用到最新的功能和优化能力。常见的AI工具、功能、特点及安装方法如表6-1所示。

表6-1 常见的AI工具的功能特点及安装方法

工具名称	功能特点	安装方法
GitHub Copilot	代码补全、生成完整函数或类、支持多种语言	在VS Code扩展市场中搜索"GitHub Copilot"，单击安装
Continue	代码补全与生成、对话功能、支持多种AI模型、需配置API密钥（如DeepSeek）	在VS Code扩展市场中搜索"Continue"，单击安装。需配置API密钥
Codeium	代码补全、生成代码建议、支持多种语言、提供免费版本	在VS Code扩展市场中搜索"Codeium"，单击安装
TabNine	代码补全、学习个人编码风格、提供离线模式	在VS Code扩展市场中搜索"TabNine"，单击安装
CodeGeeX	代码生成、补全、添加注释、代码互译、问题解答	在VS Code扩展市场中搜索"CodeGeeX"，单击安装

续表

工具名称	功能特点	安装方法
IntelliCode	智能代码补全、API使用建议、适合初学者学习新语言或框架	在VS Code扩展市场中搜索"IntelliCode"，单击安装
DeepSeek	代码补全、生成与优化、高性价比、支持多语言编程	需通过Continue插件接入并配置API密钥
通义灵码	代码生成、问题修复、单元测试生成、多文件代码修改、与人类协作开发	在VS Code扩展市场中搜索"通义灵码"，单击安装
豆包MarsCode	代码补全、单测生成、代码解释、生成注释、错误修复、AI问答	在VS Code扩展市场中搜索"豆包MarsCode"，单击安装。安装后重启VS Code并登录
科大讯飞	语音转文字、手写识别、多语言支持、适用于国际化开发	暂无直接VS Code插件，需通过API集成或与其他工具结合使用

用户可根据不同AI工具的功能、特点等选择合适的优化工具。利用AI工具对代码进行优化，仿佛拥有了一个机智的"小帮手"，它能够识别代码中的问题，并提供改进建议，甚至直接协助用户重写代码。借助这些工具，不仅能够使用户的代码运行得更加快速，资源利用更加高效，还能使代码结构变得更加清晰、易于维护。

【案例6.7】在案例6.6中，我们利用CodeGeeX来编写一个用C语言实现的插入排序程序。那么，如何在CodeGeeX平台上进行代码的优化工作呢？具体操作步骤如下。

① 如图6-32所示，选中我们需要操作的代码段，单击CodeGeex图标。

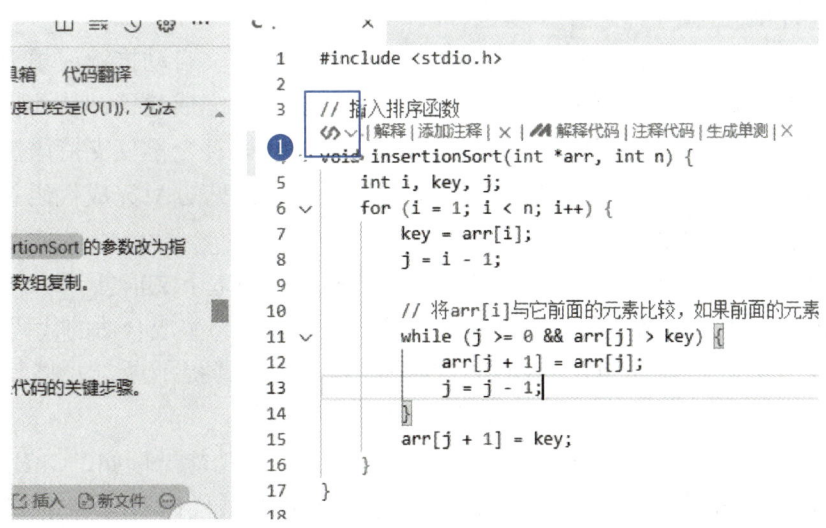

图6-32 在VS Code中使用CodeGeeX优化代码1

② 如图6-33所示，选择输入的指令，静待AI在左侧的指令框中展示优化结果和回应。

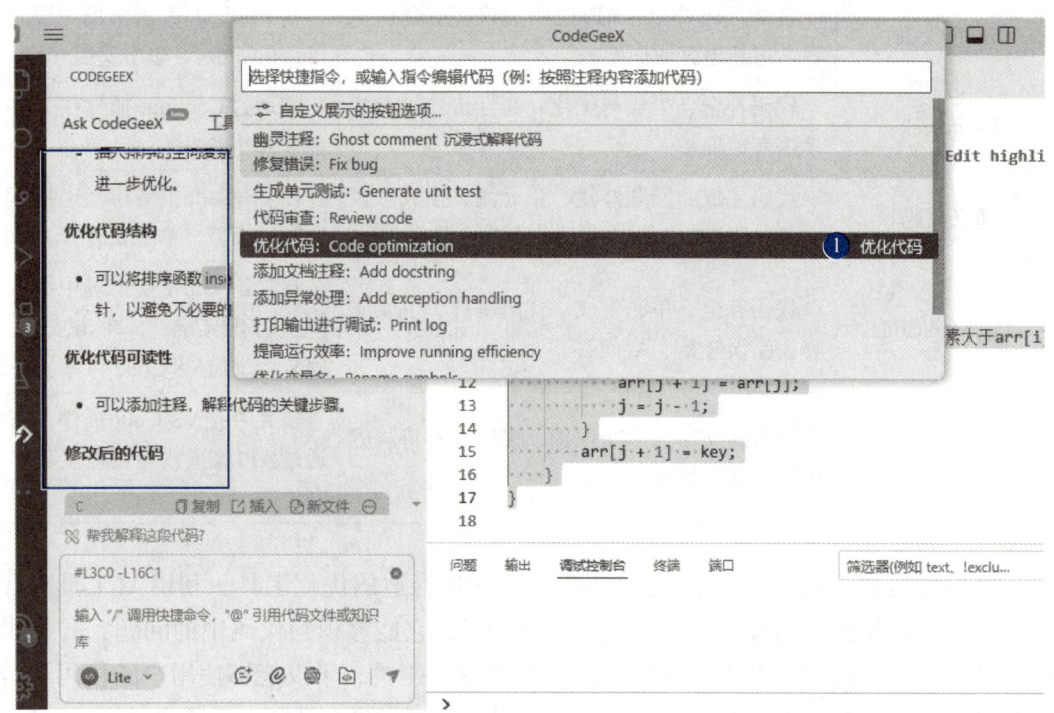

图6-33　在VS Code中使用CodeGeeX优化代码2

6.2.4　其他常用AI代码功能

1. 代码补全

代码补全是一种功能，它可以根据用户的输入和上下文自动推荐或填充代码。这个功能可以显著减少编码时的手动输入，提供代码提示和完成建议，从而提高开发效率、减少手动编码的时间和错误，并提升代码质量。代码补全不仅支持语法关键字的补全，还包括对变量、函数名、模块名等的智能提示。常见的AI完成代码补全的步骤通常涉及以下几个阶段。

代码语义解析：分析当前光标位置前后的代码，获取上下文信息。

智能提示生成：根据上下文信息和已有的代码片段库，生成合适的代码提示。

用户交互处理：捕捉用户的操作，如按键输入、选择提示项，并将其插入到代码中。

目前，许多IDE和代码编辑器都集成了智能代码补全功能。例如，GitHub Copilot、Amazon CodeWhisperer、CodeGeeX等工具通过AI技术提供代码补全、生成和优化功能，帮助开发者提高编码效率。

例如，当使用豆包MarsCode进行代码补全时，用户必须确保已安装MarsCode扩展并登录。在相应的代码位置按Enter键，AI助手将基于代码上下文预测并提示接下来应编写的内容，自动补全后续代码。接着，按下Tab键即可将所有提示的代码自动补全到你的代码中。如果只需要部分代码提示，可以使用Shift+Tab键进行逐行补全。有时，如果代码提示干扰了正常的逻辑编码，用户可以在"MarsCode"设置中单击"全局禁用补全"来关闭此功能。

2. 代码修复

代码修复是指识别并纠正代码中存在的各种问题的过程，这些问题可能包括语法错误、逻辑错误、性能问题、安全漏洞、代码异味（是一种对代码质量的直观描述，指的是代码中那些"看起来奇怪"或"不正常"的部分）、兼容性问题以及不符合编码标准的情况。这一过程不仅可以通过开发者的人工审查和修改来完成，还可以借助自动化工具和人工智能技术来辅助识别问题并提出或直接实施修复方案。自动化工具如静态代码分析器能够识别潜在问题并提供改进建议，而AI工具则能更进一步，自动生成并应用修复代码，从而提高修复的效率和准确性。代码修复对于提升软件质量、减少缺陷、增强性能和安全性，以及降低长期维护成本至关重要，是软件开发和维护过程中不可或缺的一环。

在代码修复方面，豆包MarsCode的AI修复功能能够通过理解报错信息、调用栈的代码、全局的项目代码，去分析错误原因，从而直接给出针对性的修复建议，如图6-34所示。具体来说，MarsCode可以修复的代码错误类型包括以下几种。

语法错误：AI推理引擎能够实时分析代码中的潜在错误和性能问题，包括语法错误等。

逻辑错误：MarsCode可以分析代码逻辑，识别并修复其中的逻辑错误。

性能瓶颈：利用静态代码分析技术和AI推理能力来发现并优化性能瓶颈问题。

【案例6.8】下面展示的是案例6.6中用C语言编写的插入排序程序。那么，如何利用MarsCode进行代码修复呢？具体操作步骤如下。

① 切换至MarsCode的对话界面。

② 选择需要修复的代码段。

③ 在代码框中输入"/fix"并发送。

④ 等待MarsCode提供回复。

⑤ 根据反馈继续后续操作。

3. 生成注释

代码注释是代码中的文本说明，旨在阐释代码的功能、逻辑、实现细节或使用方法。注释不会被编译器、解释器执行，其主要目的是为开发者提供额外的上下文信息，帮助理解代码的意图和行为。注释通常以特定的语法标记（如//、/* */或#）开始，以区分代码和注释内容。

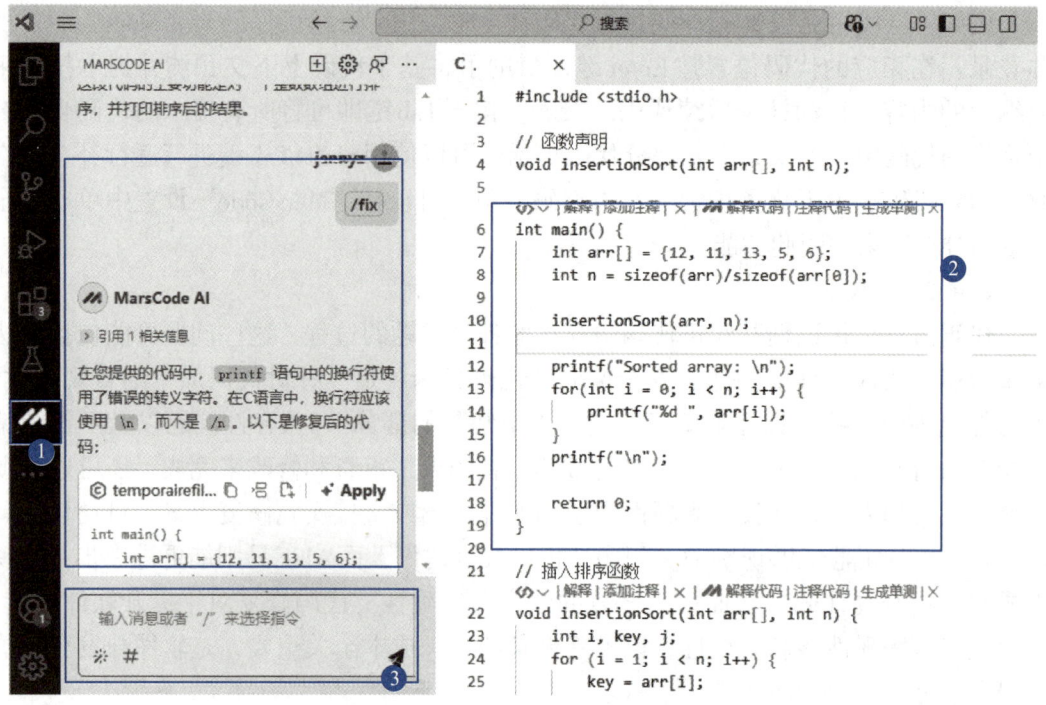

图6-34 使用MarsCode完成代码修复

良好的注释习惯能够显著提升代码的可读性和可维护性，帮助开发者迅速把握代码逻辑和功能，减少阅读和调试代码所需的时间。同时，注释为团队协作提供了便利，确保团队成员对代码的理解保持一致，降低沟通成本。此外，注释还能辅助教学和学习，帮助新手更好地理解代码实现，支持自动生成文档工具，确保文档与代码同步更新，避免文档过时。总之，良好的注释习惯有助于优化代码质量，提升开发效率，减少后续维护成本。

在代码中生成注释常见的方式有以下3种。

① 在VS Code中，选中你希望生成注释的代码片段。

在侧边对话框的输入框中输入自然语言描述（如"为所选代码生成注释"）发送注释生成指令。

② 在VS Code中，选中用户希望生成注释的代码片段，输入斜杠指令/doc。

③ 右击选中的代码片段，在弹出的快捷菜单中，选择MarsCode→Generate Doc。

单击代码顶部或左侧的Doc按钮（如果可用）。

【案例6.9】这是案例6.6中使用CodeGeeX生成一个C语言书写的插入排序的程序，那我们如何添加注释呢？具体操作步骤如下。

如图6-35所示，首先根据需求选择合适的AI工具，通过左侧的任务栏显示其对话框，我们可以通过拓展商店正确安装拓展包。

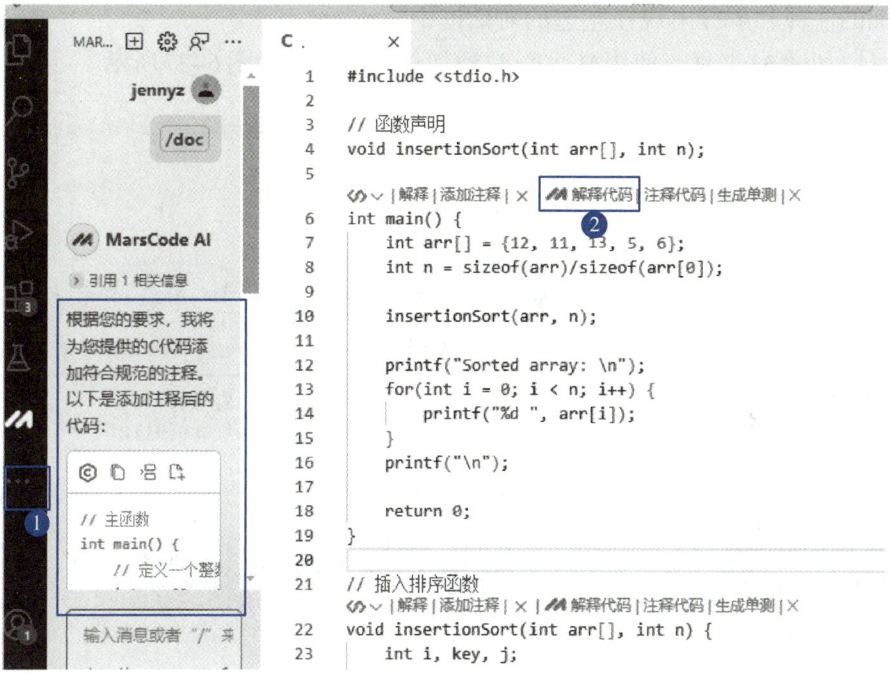

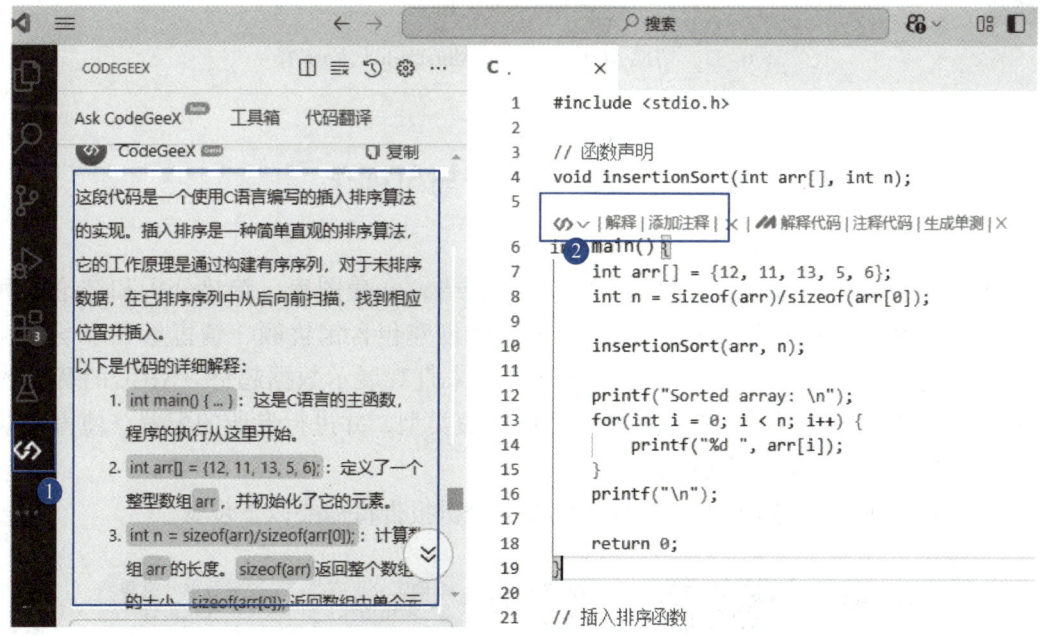

图6-35 使用CodeGeeX添加注释

如图6-36所示，在需要操作代码的顶部有按钮，我们单击对应AI的功能，CodeGeeX提供了"解释"以及"添加注释"等功能。

图6-36 使用CodeGeeX添加注释

添加的注释和解释出现在左边的对话框中。

还可以切换AI工具，使用MarsCode添加代码注释，如图6-37所示。

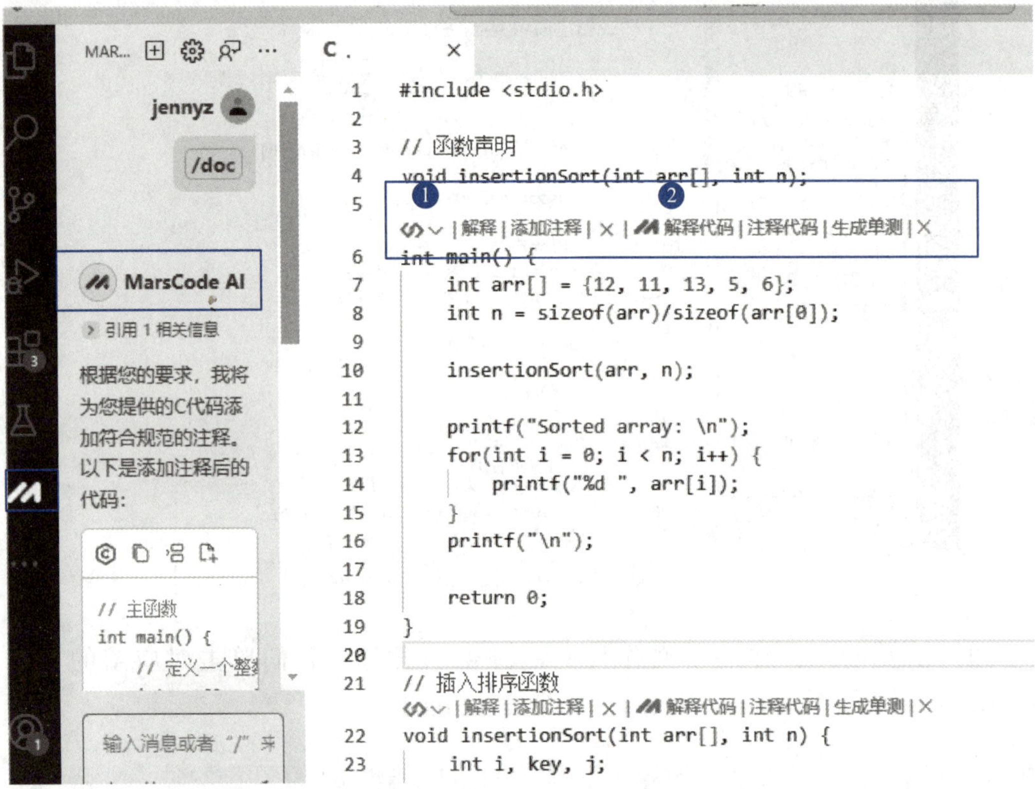

图6-37 切换AI工具，使用MarsCode代码解释

6.3 AI数据分析与可视化

AIGC工具能够自动生成详尽的数据分析报告，涵盖图表、趋势分析和结论。例如，通过分析企业的销售数据，AIGC能够自动创建包含销售额、销售量和市场份额等关键指标的可视化报告，并辅以图表和图形来直观展示数据趋势。AIGC的智能数据可视化功能，还能帮助用户选择最合适的图表类型，并进行专业的配置，使得数据展示不仅吸引人，而且效果更佳。

如图6-38所示，使用AIGC工具生成数据分析报告将需要以下步骤。

数据准备 → 选择合适的AIGC工具 → 导入数据到AIGC工具 → 确定分析内容和指标 → 生成数据分析和可视化内容

图6-38 生成AI分析生成视图的步骤

6.3.1 数据准备

1. 收集数据

确定分析的主题和目标,例如分析企业销售数据,就需要收集包括销售日期、产品类别、销售额、销售量、销售地区等相关数据。这些数据可能来自企业内部的销售记录系统、数据库,也可能是通过外部市场调研获取的。

数据的格式要规范,例如是表格形式(如csv、Excel文件),确保数据的完整性和准确性,避免数据缺失或错误的情况。

2. 数据清理

检查数据中的重复记录、错误值和缺失值。对于重复记录可以通过工具提供的数据去重功能进行处理;对于错误值,如销售数量为负数等不合理情况,需要根据实际情况进行修正或者删除;对于缺失值,可以采用均值填充、中位数填充或者其他合适的统计方法来处理。

6.3.2 选择合适的AIGC工具

不同的AIGC工具在数据分析和报告生成方面有不同的特点。有些工具擅长可视化,如Tableau的AIGC插件;有些则在自然语言处理和数据分析综合能力上较强,如一些基于大模型API的数据分析软件。

查看AIGC工具是否支持所需的数据类型和分析任务,例如是否能够处理时间序列数据、分类数据等,以及是否能够进行复杂的统计分析,如相关性分析、聚类分析等。

6.3.3 导入数据到AIGC工具

1. 数据连接或上传

如果数据存储在数据库中,如MySQL、Oracle等,一些高级的AIGC工具可以通过配置数据库连接来直接读取数据。这个过程需要提供数据库的连接信息,如主机名、端口号、用户名、密码等。

对于本地文件数据(如Excel、csv文件),通常可以通过工具的文件上传功能将数据导入。在上传过程中,要确保数据的编码格式正确,避免出现乱码的情况。

2. 数据验证和预览

导入数据后,AIGC工具一般会提供数据验证和预览功能。你可以查看数据是否正确导入,数据的列名、数据类型等是否与原始数据一致。如果发现问题,可以及时调整。

6.3.4 确定分析内容和指标

1. 明确分析问题

根据分析目标,通过自然语言或者工具提供的界面来明确要分析的问题。例如,你可以输入"分析各产品类别在不同地区的销售情况"或者"找出销售额与销售量之间的关系"等问题。

对于复杂的问题，可将其分解为多个子问题，例如分析销售趋势可以包括分析长期趋势、季节性趋势等。

2. 选择关键指标

确定与问题相关的关键指标，如分析销售情况时，关键指标可能包括销售额、销售量、市场份额、客单价等。AIGC工具可以帮助你根据问题自动筛选出相关的指标，或者你也可以手动选择。

6.3.5　生成数据分析和可视化内容

【**案例6.10**】根据Excel的销售记录表做出商业分析。具体操作步骤如下。

① 准备数据，如图6-39所示。

	日期	订单号	商品	区域	门店	品类	收入	数量	销售单价	成本	毛利	业绩
2	6/5/2017	103046	神奇伸缩带柄滴水筛/沥水	辽宁	大西街店	置物	175.23	3	58.41	88	87.23	
3	9/6/2017	103544	新款日式整理鞋架	辽宁	大西街店	置物	203.48	4	50.87	100	103.48	
4	6/28/2017	103216	小精灵布艺纸巾抽（黄色）	辽宁	大西街店	纸巾抽	197	10	19.7	98	99	
5	10/30/2017	102960	FFXS时尚红酒伞(鸟语花香	辽宁	大西街店	雨伞	61.31	1	61.31	30	31.31	
6	9/1/2017	102690	立体时钟12音	辽宁	大西街店	益智玩具	37.1	1	37.1	19	18.1	
7	4/20/2017	103328	大即丫敲琴 脚丫子五音琴	辽宁	大西街店	益智玩具	38.98	1	38.98	19	19.98	
8	1/19/2017	103618	MR.P套套表情牙签筒-哭脸	辽宁	大西街店	牙签盒	194.56	8	24.32	97	97.56	
9	8/5/2017	103244	强力银河老品牌 毛球修剪	辽宁	大西街店	卫浴清洁	98.16	2	49.08	49	49.16	
10	5/22/2017	103263	长方形超大双面吸盘-白色	辽宁	大西街店	卫浴清洁	44.32	8	5.54	22	22.32	
11	7/10/2017	103358	新款一次性手套(150只装)	辽宁	大西街店	卫浴清洁	156	2	78	78	78	
12	11/30/2017	103401	好神/真神/好惠拖专用拖把	辽宁	大西街店	卫浴清洁	172.1	10	17.21	86	86.1	
13	1/17/2017	103545	简装爱心超强双面吸盘贴粘	辽宁	大西街店	卫浴清洁	380.94	6	63.49	190	190.94	
14	10/28/2017	102654	方形测防外线手机链	辽宁	大西街店	手机周边	166.96	8	20.87	83	83.96	
15	7/16/2017	102746	新款七彩月亮小人灯	辽宁	大西街店	发光玩具	868.41	9	96.49	434	434.41	
16	11/14/2017	103499	浪漫满屋声控蜡烛灯(七彩)	辽宁	大西街店	发光玩具	163.6	8	20.45	81	82.6	
17	11/5/2016	100186	ROCKY镶钻款手表	山西	铁西分店	钟表	447.95	5	89.59	223	224.95	
18	4/26/2016	100507	炫彩四面钟	山西	太平分店	钟表	52.9	2	26.45	26	26.9	
19	1/18/2017	102751	2011年最新 DIY墙贴画钟	山西	太平分店	钟表	19.54	1	19.54	9	10.54	
20	1/30/2017	102818	自然声音乐吧焕彩球雨钟	山西	太平分店	钟表	215.44	4	53.86	107	108.44	
21	11/13/2017	103008	FIYKL款手表	山西	铜锣湾店	钟表	65.9	5	13.18	32	33.9	
22	2/16/2017	103055	自然声音乐吧焕彩球雨钟	山西	铜锣湾店	钟表	253.19	7	36.17	126	127.19	
23	8/18/2017	103094	进口机芯 韩版街头渐女手	山西	太平分店	钟表	37.35	5	7.47	18	19.35	
24	8/9/2017	103603	韩国潮人街女式手表	山西	太平分店	钟表	368.32	8	46.04	184	184.32	
25	6/7/2016	100052	Z形鞋架	山西	铁西分店	置物	351.28	8	43.91	175	176.28	
26	11/29/2016	100193	信和多功能组合式大碗盘收	山西	铁西分店	置物	241.71	3	80.57	120	121.71	
27	7/5/2016	100259	创意油漆滴落挂钩	山西	太平分店	置物	181.5	6	30.25	90	91.5	
28	2/11/2016	100351	高品质彩色旅行折叠衣架	山西	太平分店	置物	3.12	8	0.39	1	2.12	
29	2/18/2016	100510	信和多功能组合式大碗盘收	山西	铁西分店	置物	419.93	7	59.99	209	210.93	

图6-39　案例准备Excel销售记录表

② 将准备好的Excel中的数据拖入Kimi的对话框中，然后输入提示词：

"作为会计，根据Excel表格，分别计算出2016年和2017年的销售总额？"

等待kimi给出回答，如图6-40所示。

用户还可以根据我们需要的分析内容对AI工具进行进一步提问。

人工智能在数据分析和可视化领域的应用，涉及使用AI技术自动化地分析数据并将其转换为直观的图表。这种技术极大地促进了用户对数据模式、趋势和关联性的快速理解，从而支持更明智的决策制定。AI工具支持创建包括实体关系图、时间线、甘特图、思维导图和流程图在内的多种图表类型，通过AI技术简化了数据可视化流程，提升了数据理解和展示的效率。

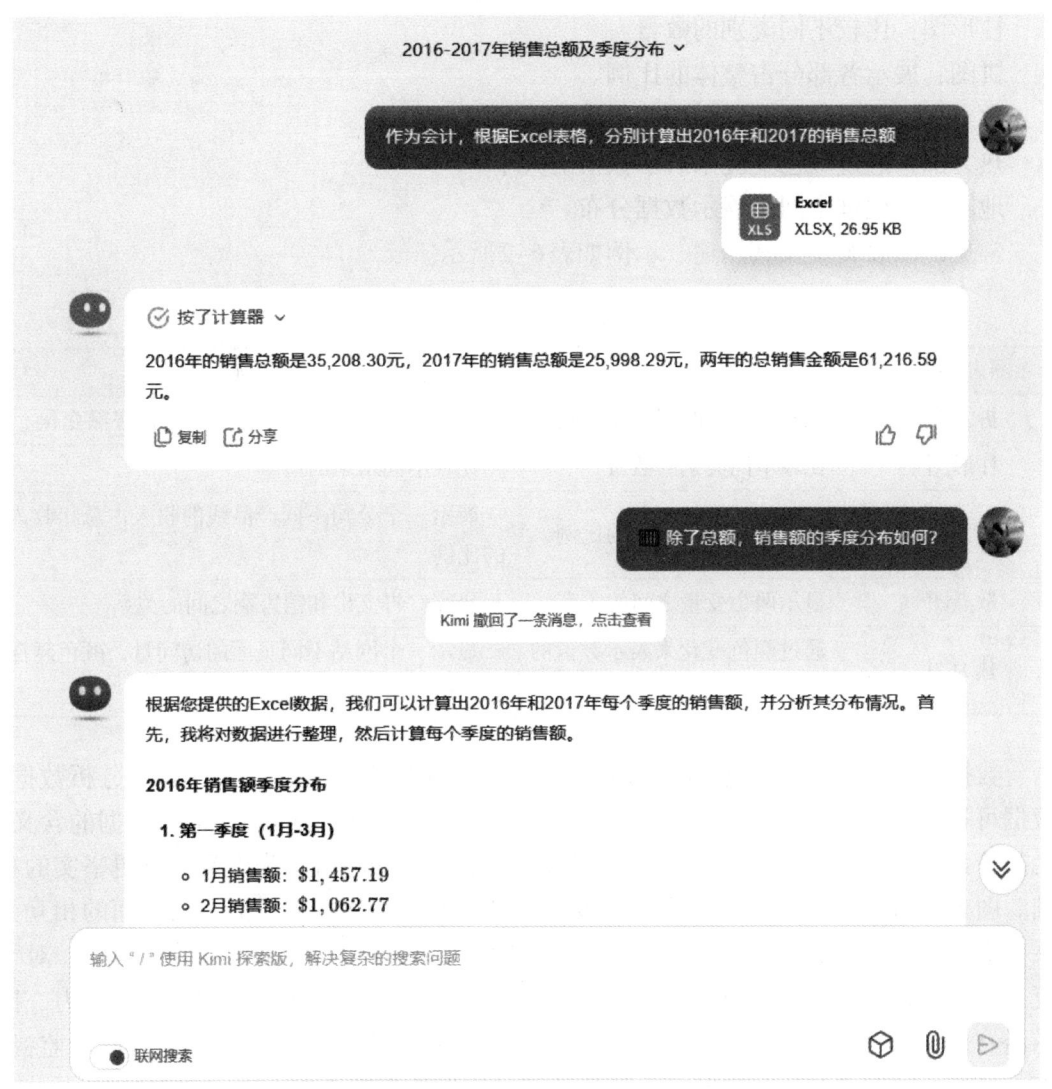

图6-40　将数据导入，并与AI提问聊天，分析数据

借助这些AI工具，用户能够更高效地执行数据分析和可视化任务，无须深入掌握复杂的数据科学或设计知识。这些工具通常支持自然语言输入，能够理解并解释用户提供的数据，并自动选择最恰当的图表类型，迅速生成高质量的图表。AI技术的应用使得数据分析和可视化变得更加便捷，无论用户是否具备专业数据科学或设计背景。

什么是数据可视化？数据可视化是将数据转换为图形或图像的过程，其目的是利用人眼对视觉信息的快速理解能力，来识别数据中的模式、趋势和异常。数据可视化可以包括各种图表、图形和信息图，例如：

折线图：展示数据随时间变化的趋势。

柱形图：比较不同类别的数量。

饼图：展示各部分占整体的比例。

散点图：显示两个变量之间的关系。

热力图：通过颜色变化来表示数值的大小。

地图：在地理空间中展示数据分布。

常见的图表类型及其用途、示例如表6-2所示。

表6-2 常见的图表类型及其用途、示例

图表类型	用途	示例
折线图	展示数据随时间变化的趋势	展示一个商店一年内每个月的销售额变化
柱形图	比较不同类别的数量	比较不同水果的销量
饼图	展示各部分占整体的比例	展示一个公司不同产品线的收入占总年收入的比例
散点图	显示两个变量之间的关系	研究广告支出和销售额之间的关系
热力图	通过颜色变化来表示数值的大小	显示一个网站不同页面的访问量，颜色越深表示访问量越高

数据可视化工具和技术可以帮助人们以直观和易于理解的方式探索和分析数据。数据可视化是将数据转化为易于理解的图表形式，使我们能够迅速把握数据的含义，无须费力解读数字。它有助于我们识别数据中的模式和趋势，为决策提供更坚实的基础。图表的直观表达方式尤其便于非技术背景的人士理解，同时揭示数据间的相互关系，促进新发现。美观的图表更能激发人们对数据的兴趣，帮助记忆关键信息。对于复杂数据集，图表简化了理解与处理过程。交互式图表赋予我们探索数据的能力，揭示潜在的洞察。在企业和政府机构中，数据可视化使决策过程更加透明，便于监督。综上所述，数据可视化是提升数据易读性和可用性的有效手段。

那么，我们如何运用人工智能来创建各种图表呢？

在此，我们不深入探讨数据处理的细节，而是将焦点集中在图表的制作过程上。可以参照前一个案例，以更好地理解数据准备和处理的步骤。

【案例6.11】请使用HTML、JS、Echarts来制作一个三维柱形图案例，数据可以随机生成，生成10个维度数据，请写出一段完整的代码来完成。具体操作步骤如下。

① 打开AIGC工具，以下是Kimi为例。

② 如图6-41所示，输入提示指令："请使用HTML、JS、Echarts制作一个三维柱形图案例，数据可以随机生成，生成10个维度数据，请写出一段完整的代码来完成。"

③ 将生成的代码完整保存成.html格式，如图6-42所示。

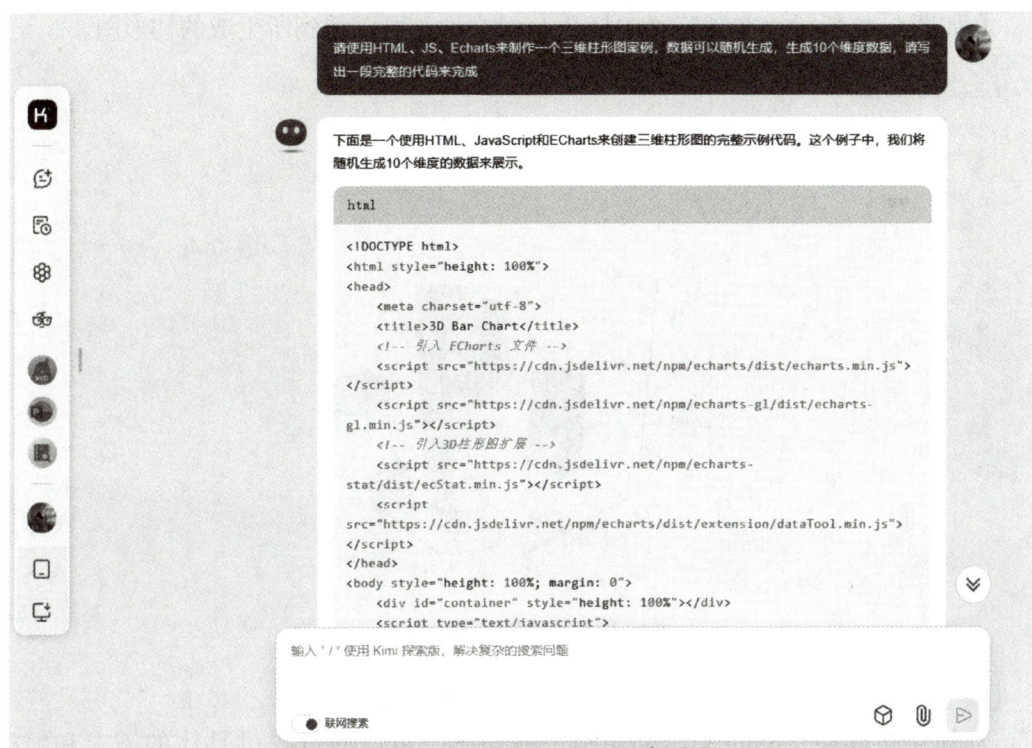

图6-41 使用AIGC生成代码

```
1  <!DOCTYPE html>
2  <html>
3  <head>
4      <meta charset="utf-8">
5      <title>ECharts</title>
6      <!-- 引入 ECharts 文件 -->
7      <script src="https://cdn.jsdelivr.net/npm/echarts@5/dist/echarts.min.js"></script>
8      <!-- 引入 ECharts GL 扩展 -->
9      <script src="https://cdn.jsdelivr.net/npm/echarts-gl@2/dist/echarts-gl.min.js"></script>
10 </head>
11 <body>
12     <!-- 为ECharts准备一个具备大小（宽高）的Dom -->
13     <div id="main" style="height:700px"></div>
14     <script type="text/javascript">
15         // 基于准备好的dom，初始化echarts实例
16         var myChart = echarts.init(document.getElementById('main'));
17
18         var data = [];
19         for (var i = 0; i < 10; ++i) {
20             data.push([Math.random(), Math.random(), Math.random(), Math.random() * 100]);
21         }
22
23         option = {
24             tooltip: {},
25             visualMap: {
26                 max: 100,
27                 dimension: '3'
28             },
29             xAxis3D: {},
30             yAxis3D: {},
31             zAxis3D: {},
32             grid3D: {
33                 light: {
```

图6-42 将生成的代码复制进文本编辑器中并打开html代码

④ 如图6-43所示，在浏览器中打开.html文件，可以看到所生成的柱形图。

① 文件　F:/Users/zhang/Desktop/e.html

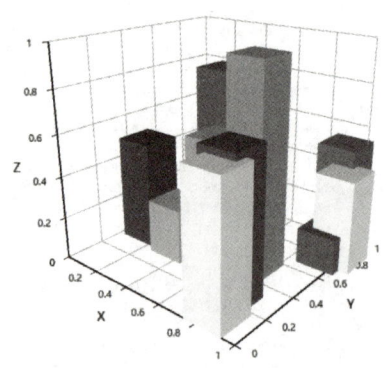

图6-43　打开生成的柱形图

【案例6.12】利用Kimi生成饼图。具体代码步骤如下。

① 如果想要使用Kimi来帮助生成一张饼图，可以通过提供具体的需求和数据来写提示词。以下是一些示例提示词，用户可以根据实际情况进行调整，如图6-44所示。

示例提示词：

"请帮我生成一张饼图，展示以下数据的市场份额：

−产品A：66%

−产品B：15%

−产品C：7%

−产品D：6%

−产品E：5%

−其他：1%

图表标题为"市场份额"，并为每个扇区添加标签和百分比"

② 将代码在保存成.py文件运行。

● 确保你的计算机上已经安装了Python以及安装了matplotlib库，如果尚未安装，可以通过运行pip install matplotlib来安装。

● 将上述代码复制到一个Python文件中，例如命名为market_share_pie_chart.py。

● 在命令行或终端中，导航到该文件所在的目录，然后运行命令python market_share_pie_chart.py。

● 运行后，将看到一个如图6-45所示的窗口显示生成的饼状图。

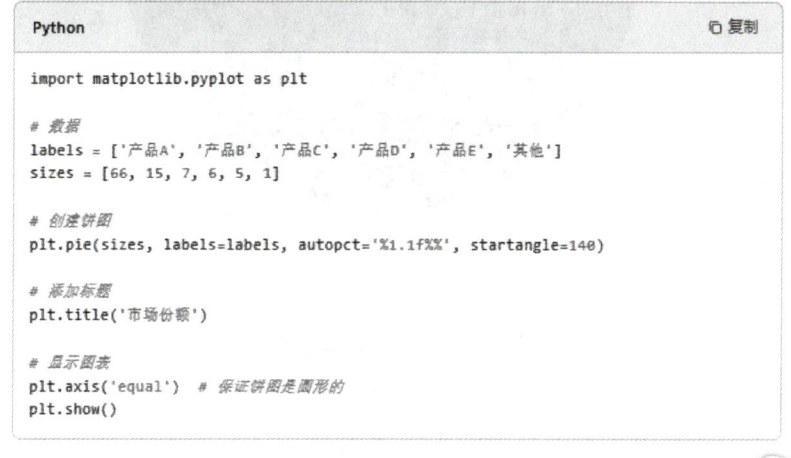

图6-44　与Kimi对话生成饼状图代码

【案例6.13】学生希望建立一个小程序，并配备登录页面。借助AI工具，可以绘制出相应的流程图。具体操作步骤如下。

① 这里以Kimi为例，我们可以打开Kimi官网或者小程序。

② 写出用于指导AI工具绘制一个小程序登录页面的流程图的提示词。

提示词：

"请帮我设计一个小程序登录流程的流程图。该小程序面向学生群体，需要包含以下功能：

启动小程序：用户首次打开小程序时的界面。

登录选项：用户可以选择登录或浏览公开内容。

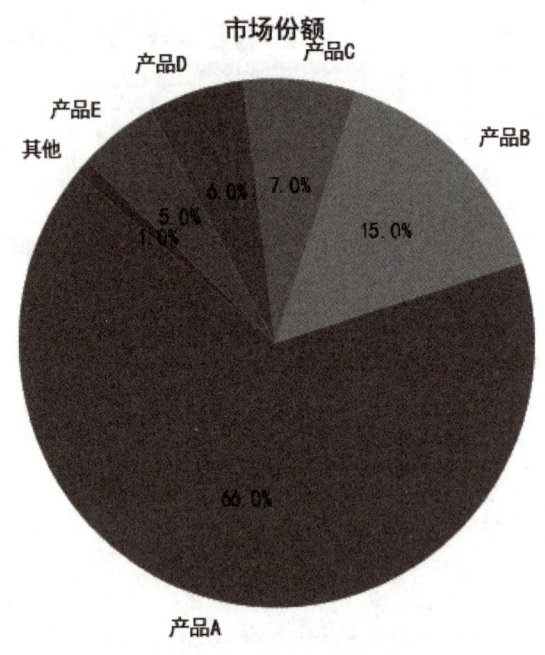

图6-45 生成的饼状图

登录页面：若用户选择登录，引导至登录页面。

用户输入：要求用户输入用户名和密码。

验证过程：系统验证输入信息的正确性。

成功登录：若验证成功，用户将被引导至主界面。

登录失败：若验证失败，提示错误信息并允许重新输入。

注册引导：若用户无账号，提供注册选项并引导至注册页面。

用户输入注册信息：收集用户的注册资料。

注册信息验证：检查注册信息的有效性。

注册成功：若验证通过，用户将被引导回登录页面。

注册失败：若验证失败，提示错误并要求重新输入注册信息。

浏览公开内容：若用户选择不登录，允许其访问部分公开内容。

结束：用户完成操作或退出小程序。

请使用清晰的图形符号和流向箭头来表示流程中的每一步，并确保流程图易于理解。"

这个提示词更详细地描述了小程序登录流程的每个步骤，并明确了用户在每个步骤中的选择和系统响应。这样的提示词可以帮助AI工具更准确地理解需求，并生成一个清晰、完整的流程图。

③ 如果不清楚如何撰写提示词，也可以直接使用自然语言来描述场景和指示词："学生希望建立一个小程序，并配备登录页面"。

④ 利用AI工具，可以绘制出相应的流程图。如图6-46所示，等待kimi回答。

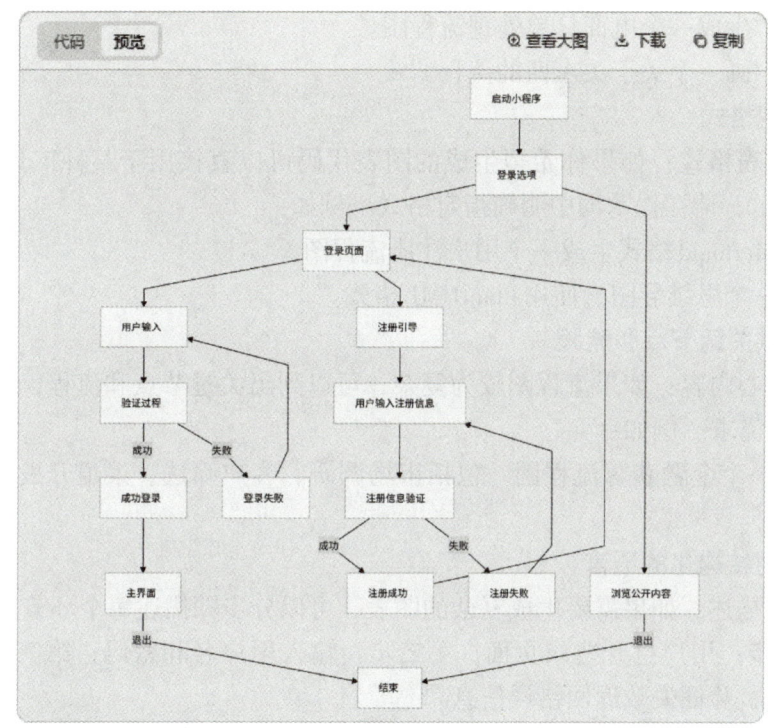

很抱歉呀，我没办法直接生成图形化的流程图呢。不过我可以使用mermaid格式来描述这个小程序登录流程的流程图，你可以将下面的内容复制到支持mermaid格式的工具（比如在线的mermaid live editor）中，就可以生成流程图啦。

图6-46　Kimi所生产的流程图

使用Kimi生成流程图或其他图表时，提示词的书写非常关键，它直接影响到生成结果的质量和准确性。以下是一些在AI数据可视化时书写提示词时的注意事项。

1. 明确目标

具体描述需求：清晰地说明你想要生成的图表类型（如流程图、思维导图、时序图等）和具体内容。例如：

"请用Mermaid格式画出用户登录流程图。"

"生成一个项目管理的流程图，包括项目启动、执行、监控和收尾阶段。"

2. 使用简洁的语言

避免模糊表述：尽量用简洁、明确的语言描述需求，避免使用模糊或过于复杂的句子。例如：

正确："生成一个电商订单处理流程图。"

错误："画一个关于买东西的流程。"

3. 指定格式

明确图表格式：如果你希望生成的图表代码可以直接用于某种工具（如 Mermaid 或 PlantUML），请在提示词中明确指定格式。例如：

"请用 Mermaid 格式生成一个用户注册流程图。"

"生成一个思维导图，使用 PlantUML 格式。"

4. 提供关键节点和流程

描述核心内容：如果流程图较为复杂，可以列出关键节点和流程，帮助 Kimi 更好地理解你的需求。例如：

"生成一个金融获客流程图，包括市场调研、客户筛选、渠道开发、效果评估等环节。"

5. 使用结构化的语言

分步骤描述：如果需要生成复杂的图表，可以分步骤描述每个环节。例如：

"第一步：用户打开登录页面；第二步：输入用户名和密码；第三步：验证成功跳转到主页，验证失败返回错误信息。"

6. 提供上下文信息

补充背景信息：如果图表涉及特定领域或背景，提供相关上下文可以帮助 Kimi 更准确地生成内容。例如：

"生成一个电商订单处理流程图，包括下单、支付、发货、售后等环节。"

7. 指定输出要求

明确输出格式：如果你需要将生成的图表用于特定场景（如文档、演示文稿等），可以在提示词中说明输出要求。例如：

"生成一个项目管理流程图，输出为 PNG 格式。"

"生成一个思维导图，导出为 Markdown 格式。"

8. 避免歧义

检查提示词：在提交提示词之前，仔细检查是否有歧义或模糊的表述，确保 Kimi 能够准确理解你的需求。

以下是一些示例提示词，帮助你更好地使用 AIGC 生成流程图。

"请用 Mermaid 格式生成一个用户登录流程图，包括打开登录页面、输入用户名和密码、验证成功跳转主页、验证失败返回错误信息。"

"生成一个电商订单处理流程图，使用PlantUML格式，包括下单、支付、发货、售后等环节。"

"生成一个金融获客流程图，输出为PNG格式，包括市场调研、客户筛选、渠道开发、效果评估等环节。"

在利用AI制作图表时，需留意以下要点：首先，明确目标，准确描述你期望生成的图表类型及其内容；其次，采用简洁明了的语言，避免使用含糊或复杂的表达；再者，确定图表格式，例如Mermaid或PlantUML；同时，提供关键节点和流程，明确核心环节；此外，补充必要的背景信息，以便AI更好地理解上下文；最后，仔细审查提示词，排除歧义，确保表述清晰无误。遵循这些注意事项，用户能够更高效地运用AI工具，制作出高质量的图表。

数据分析之所以至关重要，是因为它能将数据转化为宝贵的信息，支撑明智的决策制定、流程优化、机会挖掘以及问题解决。通过深入分析数据，企业和个人能够依据客观事实而非单纯依赖直觉来指导决策，预测市场趋势，评估策略成效，并适时调整战略方向。数据分析同样有助于识别数据异常和潜在机遇，优化资源分配，提升效率和生产力，使企业在竞争中占据优势。此外，数据分析能够增强用户体验，通过提供个性化服务和优化产品设计来提高用户满意度和忠诚度。同时，它在风险管理方面也发挥着重要作用，能够预测潜在风险，监控异常状况，并确保业务活动遵循合规标准。综上所述，数据分析不仅是一项技术工具，更是一种思维模式，它帮助我们在复杂多变的环境中更深刻地理解现状、更准确地把握未来，从而在各个领域实现更高效、更精确的发展。

6.4　AI Web界面设计

AI Web界面设计是指利用人工智能（AI）技术来辅助或自动化Web界面的设计过程。这种方法通常涉及使用AI算法和工具来分析用户需求、生成界面原型、优化用户体验，并最终创建出既美观又实用的Web界面。AI在Web界面设计中的应用可以大大提高设计效率，减少重复劳动，并帮助设计师探索更多创新的设计解决方案。

使用AI工具进行Web前端开发是一个高效且系统化的过程，它从需求分析和规划开始，明确项目目标和用户需求，然后选择合适的AI辅助开发工具并搭建开发环境。接下来，创建项目结构和初始化相关代码，利用AI工具根据需求描述生成HTML、CSS和JavaScript代码，并手动调整和优化这些代码以满足具体设计要求。完成代码编写后，进行功能测试、兼容性测试和性能测试，确保所有功能按预期工作并且在不同浏览器和设备上都能正常显示。测试无误后，将网站部署到生产环境，选择一个合适的 Web 托管服务如 Netlify 或 Vercel，并设置域名和 SSL 证书。最后，持续监控网站性能，收集用户反馈，并根据这些信息对网站进行必要的更新和维护，以确保提供最佳的用户体验。通过这一系列步骤，AI 在 Web 前端开发中的应用不仅可以加速开发流程，还能帮助开发者创建出高质量、用户友好的网站界面。

将 HTML、CSS 和 JavaScript 合并成一个完整的网页项目，通常涉及以下几个步骤。

① 创建项目结构。

② 创建一个项目文件夹。

③ 在文件夹内创建以下文件。

index.html：网页的主文件。

styles.css：存放 CSS 样式的文件。

script.js：存放 JavaScript 代码的文件。

④ 编写代码。

在 index.html 文件中编写 HTML 结构。

在 styles.css 文件中编写 CSS 样式。

在 script.js 文件中编写 JavaScript 逻辑。

⑤ 在 index.html 文件中通过 <link> 标签引入 styles.css 文件，通过 <script> 标签引入 script.js 文件。

【案例6.14】设计一个电商行业的 PC 端管理后台的会员积分明细功能导入页面。具体操作步骤如下。

① 明确操作流程和页面需求，通过与 Kimi 对话得到页面文字描述。

输入提示词："帮我在设计电商行业的 PC 端管理后台的会员积分明细功能导入页面，页面包含 1.'导入'按钮，2.会员积分明细列表，3.文本框'手机号'，4.'搜索'按钮，可以搜索列表。在设计电商行业的 PC 端管理后台的会员积分明细功能导入页面时，我们需要考虑用户体验和操作的便捷性"。结果如图6-47所示。

② 如图6-48所示，确认文字描述符合要求之后自动生成 html CSS 与 JavaScript 代码。

输入提示词："根据这个设计要求，分别创建 HTML、CSS 和 JavaScript 代码"

等待 Kimi 回复。

③ 将生成的 html、css、js 代码分别保存成 index.html、styles.css、script.js。并放入同一个文件夹中。（推荐使用 Notepad++ 代码编辑器，可以保存成对应格式的代码文件）

如图6-49所示，代码存储为 html 格式文件。

如图6-50所示，代码存储为 css 格式文件。

如图6-51所示，代码存储为 js 格式文件。

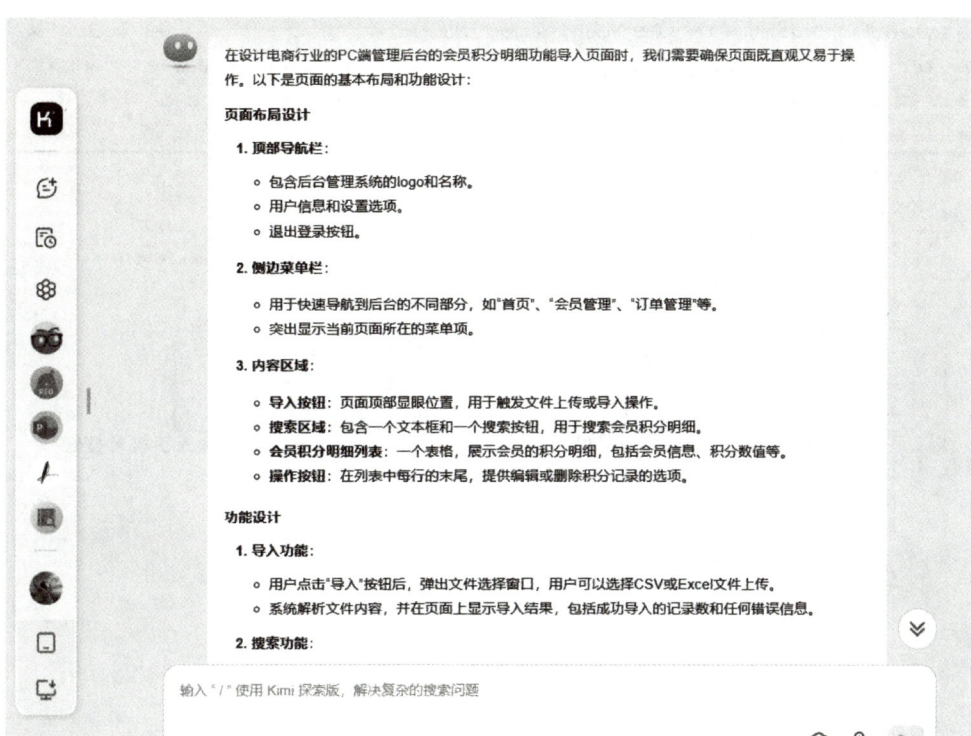

图6-47　使用自然语言描述所需要的页面需求

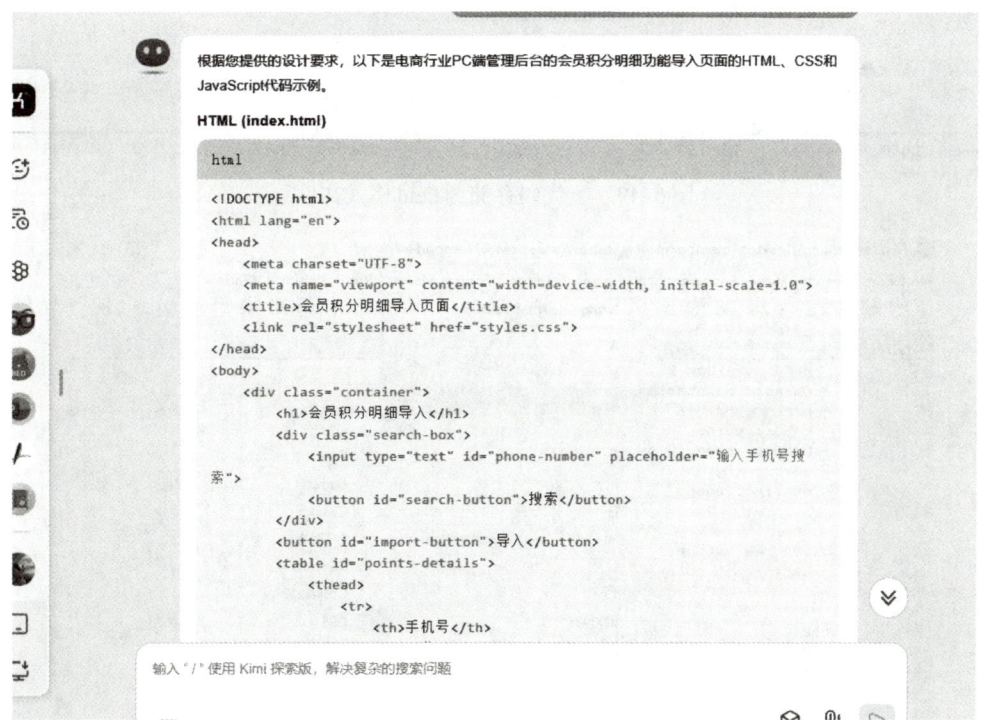

图6-48　使用Kimi生成代码

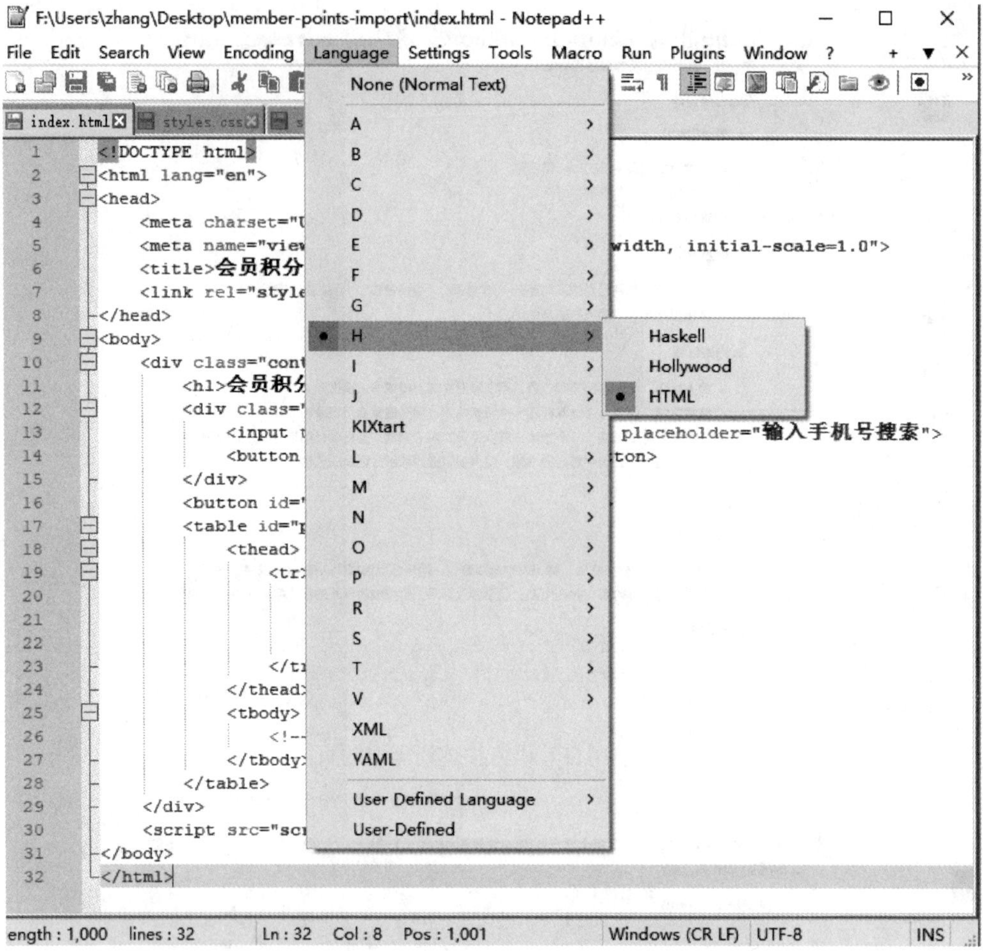

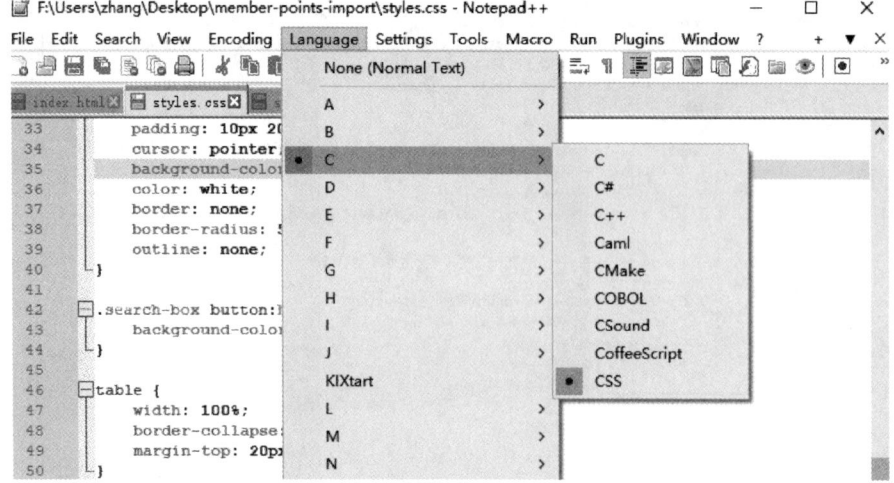

图6-49　代码存储为html格式文件

图6-50　代码存储为css格式文件

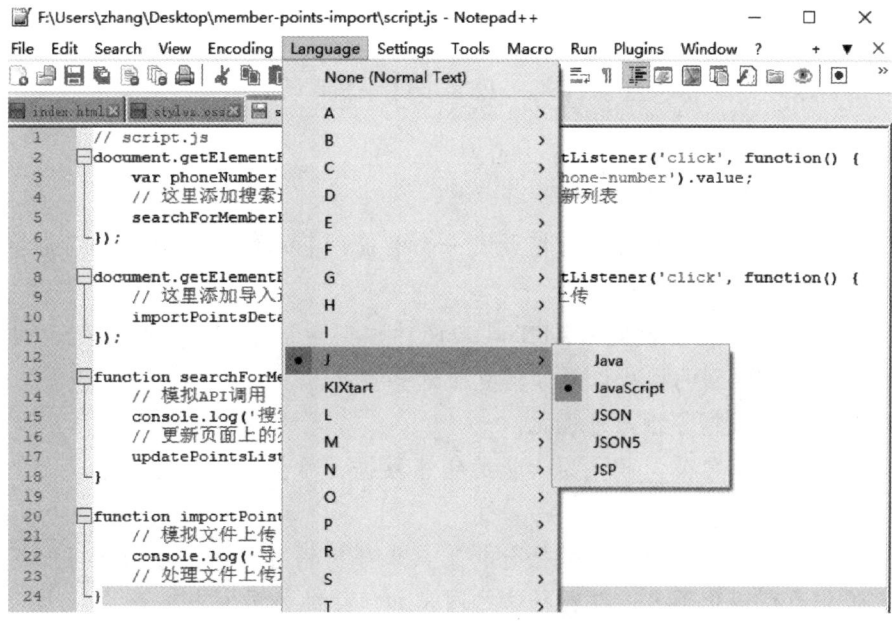

图6-51　代码存储为js格式文件

④ 如图6-52所示，将三个文件放在一个项目文件夹中，通过双击.html文件在浏览器中打开设计的页面。

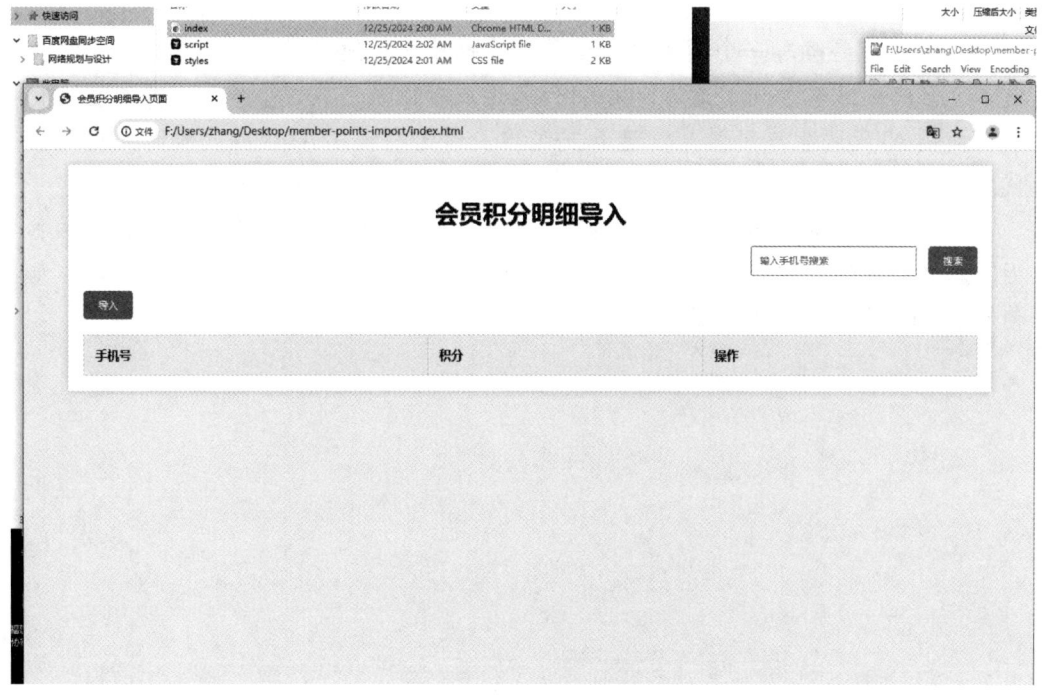

图6-52　生成Web页面

6.5　练　习　题

【习题6.1】智能问答。

背景：一家在线教育公司计划开发一个智能问答系统，以提供24/7的学生支持服务。

问题：描述你将如何使用AI工具来设计和实现这个智能问答系统。讨论在开发过程中可能遇到的挑战以及如何克服这些挑战。

【习题6.2】数据分析与可视化。

背景：一家零售公司积累了大量的销售数据，希望分析这些数据以优化库存管理和营销策略。

问题：描述你将如何使用数据分析工具来分析销售数据。讨论你将如何将分析结果转化为可视化图表，并解释这些图表如何帮助公司做出决策。

【习题6.3】前端界面的自动生成。

背景：一家软件开发公司需要快速开发多个具有相似功能的前端界面。

问题：描述你将如何使用AI工具来自动生成这些前端界面。讨论在自动生成过程中如何确保代码的质量和可维护性。

【习题6.4】AI代码生成的应用。

假设我们要编写一个简单的C程序，该程序的功能是计算并打印出从1到10这十个自然数的累加和。请你使用AI代码生成功能来完成这个任务。并描述你将如何使用AI代码生成工具来加速开发过程。讨论在使用AI生成代码时如何进行代码优化和测试。

【习题6.5】通过与AI工具的协作，我们可以开发出一个学籍系统的登录界面。本文将描述开发流程，并展示如何借助AI编程工具来辅助完成这一任务。如何利用AI编程工具实现前端页面设计？